Die Körperstrafen

bei allen Völkern

Von der Urzeit bis zum 20. Jahrhundert

Kulturgeschichtliche Studien

Von

Dr. Richard Wrede

Mit vielen Illustrationen

fourierverlag

Nachdruck der Auflage OB Maastricht
von 1908 ohne Kürzungen.

Genehmigte Lizenzausgabe für Fourier Verlag GmbH,
Wiesbaden 2003
Covergestaltung: Thomas Jarzina, Köln
Bildmotiv: AKG, Berlin
Gesamtherstellung: GGP Media, Pößneck

ISBN 3-932412-25-7

Erster Abschnitt.

Begriff und Arten der Körperstrafen.

I. Begriff der Körperstrafen.

Strafe ist ein Übel, welches demjenigen, der sich gegen die Gesetze des Staates oder einer anderen Gemeinschaft vergangen hat, zugefügt wird. Der Begriff der Körperstrafe, wie er in diesem Buche gebraucht wird, ist einmal enger, dann aber auch weiter, als der obige Begriff der Strafe.

Körperstrafe ist ein physisches Übel, ein Übel, welches den menschlichen Körper oder einzelne Teile desselben treffen soll und trifft, und zwar in der Absicht, Schmerzen zu bereiten, und durch die so bereiteten Schmerzen noch einen anderen Erfolg, wie Ablegung eines Geständnisses, Versetzen in demütige Stimmung, Einprägung eines Befehls u. s. w. zu erreichen. Also die Freiheitsstrafen, Geldstrafen, Ehrenstrafen, die das heutige Strafgesetzbuch als Strafen kennt, fallen aus, nur die Todesstrafe würde unter die Körperstrafen zu rechnen sein, die Todesstrafe, die allerdings nicht, wie jetzt, einfach durch Enthauptung u. s. w. vollzogen wird, sondern die qualificierte Todesstrafe.

Wir verstehen also unter Körperstrafe jedes dem menschlichen Körper absichtlich unmittelbar zugefügte objective Übel.

Wesentlich für den Begriff der Strafe ist ihr Grund und Zweck. Die Strafrechtswissenschaft hat Strafrechtstheorien aufgestellt und behandelt in ihnen die Frage nach dem Wesen und Zweck der Strafe.

Man unterscheidet:

a) relative
b) absolute } Theorien.
c) Vereinigungs-

Die relativen Theorien sehen die Berechtigung der Strafe in einem äußeren Zwecke, der durch die Strafe erreicht werden soll. (Poena est relata ad effectum.) Die absoluten Theorien sehen in der Strafe die sittliche und notwendige Folge des Verbrechens und rechtfertigen die Strafe aus ihrem Grunde. (Poena est absoluta ab effectu.) Die Vereinigungs-Theorien haben die Ideen der relativen und absoluten Theorien verbunden.

Die wichtigsten relativen Theorien sind folgende:

1) Die Abschreckungstheorie; sie will durch den Strafvollzug Abschreckung erzielen.

2) Die Theorie des psychologischen Zwanges; sie will den Verbrecher durch die angedrohte Strafe zum Bewufstsein bringen, dafs das Übel, welches ihm bevorsteht, gröfser ist als der Vorteil aus dem Verbrechen.

3) Die Warnungstheorie; sie will durch die Warnung an das sittliche Gefühl des Thäters appellieren.

4) Die Spezialpraeventionstheorie; sie beruht auf dem Satz Senecas: nemo prudens punit, quia peccatum est, sed ne peccetur. Die Strafe soll also darnach an dem Verbrecher vollstreckt werden, damit er nicht von neuem delinquiert.

5) Die Besserungstheorie; der Thäter soll durch die Strafe gebessert werden.

6) Die Verteidigungstheorie; der Staat will sich durch die Strafe gegen den Verbrecher sichern.

7) Die Ersatztheorie; die durch das Verbrechen erschütterte Achtung vor dem Gesetz und das dadurch gegebene böse Beispiel müssen ausgeglichen werden.

8) Die Vertragstheorie; sie beruht auf dem staatsrechtlichen Begriffe des Bürgervertrages. Wer den Bürgervertrag verletzt, müfste eigentlich aus dem Staate ausgestofsen werden; an Stelle der Ausschliefsung tritt die Bestrafung, die also eine Geltendmachung des Bürgervertrages ist.

Die Wissenschaft hat die sämmtlichen relativen Theorien als unrichtig verworfen, weil die Strafe unabhängig von der Erreichung eines bestimmten Zweckes ist; an die Stelle der relativen traten die absoluten Theorien, deren Hauptvertreter Kant und Hegel waren.

1. Kant faßt die Strafe auf als die notwendige Wider-vergeltung des Unrechts: Du hast verbrochen, also wirst Du gestraft. Die Vergeltung soll eine Talion sein; Verbrechen und Strafe sollen einander, wenn auch nicht formell, so doch materiell gleich sein.

2. Hegel sieht in dem Verbrechen eine Verletzung, eine Negation des Rechts; dieses verletzte Recht muß wieder hergestellt werden, und das geschieht durch die Strafe. Ist nun das Verbrechen die Negation des Rechts, so ist die Strafe die Negation einer Negation. Diese Negation richtet sich quantitativ und qualitativ nach dem verletzten Recht.

Die absoluten Theorien sind an sich richtig, aber insofern einseitig, als sie außer acht lassen, daß mit der Strafe auch äußere Zwecke erreicht werden sollen. Diese Einseitigkeit haben nun die Vereinigungstheorien zu beseitigen versucht durch eine Verschmelzung der beiden, relativen und absoluten, Theorien.

Unser Begriff der Körperstrafe ist, wie wir oben sagten, auch ein weiterer, als der der Strafe im allgemeinen; das erhellt aus einem Vergleich einzelner Körperstrafen mit den obigen Strafrechtstheorien und aus dem Versuche, sie unter die Kategorie einer dieser Theorien zu subsumieren

Das große Gebiet des Flagellantismus enthält eine Reihe von Strafen, die ja garnicht einmal für ein schon begangenes Delikt angeordnet werden, sondern es sind prophylaktische Mittel, es sind Unterstützungen für die Schwachheiten des Geistes oder Fleisches; die häuslich erziehlichen Strafen, die z. B. wegen sogenannter Unartigkeit angewendet werden, sind auch nicht immer nur Strafmittel, sondern sollen die Autorität der Eltern den Kindern einschärfen. Die Körper-strafe in unserem Sinne kann, je nach ihrer besonderen Art, Strafe im engeren Sinne sein, sie braucht es aber nicht. Es wird sich darum handeln, welche Art von Körperstrafe vorliegt.

———

II. Die verschiedenen Arten der Körperstrafen.

Die Körperstrafen teilen wir in folgende große Gruppen

1. religiöse,
2. polizei- und richterliche,
3. militärische,
4. herrenrechtliche,
5. paedagogische,
6. häuslich züchtigende,
7. curiose und sexuelle.

In dem vierten Abschnitte unserer Darstellung werden wir den historischen Werdegang jeder einzelnen dieser Arten eingehend darzustellen haben.

Andere Gesichtspunkte, die in Betracht kommen, sind: ob die Körperstrafen öffentlich oder geheim vollstreckt werden, ob sie mit Zustimmung oder gegen den Willen des Gestraften zwangsweise angewendet werden, ob und welchem Zwecke sie entsprechen oder ob sie rechtswidrig sind. Ferner müssen wir unterscheiden nach dem Subjekt, welches Vollstrecker der Strafe ist, nach dem Objekt, an dem vollstreckt wird, nach den Instrumenten, die gebraucht werden, nach den Körperteilen, auf die die Strafe wirkt.

Die Instrumente, die in raffinierter Ausgeklügeltheit eine stattliche Anzahl bilden, sind im folgenden Abschnitt einzeln kurz zu schildern.

Zweiter Abschnitt.

———————

Die Instrumente für Körperstrafen.

Die Instrumente, welche für die Körperstrafen verwendet
wurden, können wir in zwei Gruppen teilen. Die Geifsel-
und dann die Folterinstrumente. Im vorigen Abschnitte hatten
wir verschiedene Arten von Körperstrafen angenommen; es
verteilen sich die Instrumente nun im wesentlichen folgender-
mafsen:

Geifselinstrumente	Folterinstrumente
1. religiöse Körperstrafen,	2. polizei- und richterliche
3. militärische „	Körperstrafen.
4. herrenrechtliche „	
5. paedagogische „	
6. häuslich-züchtigende „	
7. curiose und sexuelle „	

Die Grenzgebiete sind nicht immer genau bestimmt, und
es kann im einzelnen fraglich erscheinen, ob wir von einem
Geifsel- oder Folterinstrumente sprechen sollen, mehr noch,
ob die Körperstrafe eine religiöse oder richterliche ist. Das
hängt damit zusammen, dafs im Mittelalter, dem goldenen
Zeitalter der Körperstrafen, weltliche und geistliche Rechtsprechung nahe miteinander verwandt waren.

Die Geifselinstrumente, insbesondere die religiöser Art,
sollten meist durch ihre Anwendung innere, seelische Zwecke
erreichen, wogegen die Folterinstrumente durch ihre Anwendung äufsere Erfolge erzielen sollten; die Geifselinstrumente
waren Sühnemittel, die Folterinstrumente Richt- und Zwangs-
mittel. Aber auch bei dieser Abgrenzung ist die starre Begriffs-
formel der Methodologie zu eng für die wahnentsprungenen
Mannigfaltigkeiten der Wirklichkeit.

Selbstverständlich ist, dafs die Geifselinstrumente thatsächlich zur schärferen Wirkung der Folterinstrumente
gebraucht werden können, begrifflich würde jedoch nichts
an der Einteilung geändert.

I. Die Geisselinstrumente.

Das einfachste Geifselinstrument ist die. eigene Hand oder Faust; dann folgt wohl der Stock, aus Rohr, Bambus, auch Eisen, wie bei den Indern.

Die Rute und Peitsche sind auch noch verhältnifsmäfsig einfache Instrumente, obwohl die Rute aus verschiedenen, so Myrtenzweigen, Birkenreisern, Brennnesseln, Bestandteilen zusammengebunden werden konnte. Aber schon die Geifsel kann so mannigfache Formen haben, aus so verschiedenartigem Material gefertigt, mit soviel Complikationen ausgestattet sein, dafs es unmöglich ist, jede einzelne Unterart zu verzeichnen. Es gab Geifseln mit und ohne Knoten, eisernen Stacheln, Widerhaken, bleiernen Kugeln, Ferulae sind einfache glatte lederne Riemen, Scuticae sind aus mehreren Streifen Pergament zusammengedreht, Flagellum ist die aus Ochsenleder gefertigte Geifsel; Disciplina bedeutet sowohl den Akt der Geifselung, als auch das Instrument.

Die neungeschwänzte Katze läfst schon durch ihren Namen ihre Beschaffenheit erkennen. Sie war hauptsächlich in der englischen Marine in Übung.

Die Knute, das russische Prügelinstrument, besteht aus Riemen, in deren Enden Draht eingeflochten ist.

Das Tragen härener Gewänder,

Knien auf Erbsen, Treppenrutschen, Fasten, besonders häufige und lange Gebete, Wallfahrten ergänzen das System der Bufsmittel.[1]

Erwähnt sei hier schon, dafs das Schlagen besonders in Deutschland sehr üblich war; battre à Allemand war berühmt; „schlagende Beweise" bei den Deutschen gang und gäbe; eine reiche Auswahl von Provinzialismen ist leicht zu sammeln.

II. Die Folterinstrumente.[2]

Man wendete bei der Untersuchung oder Inquisition gegen einen Inculpaten nicht sofort Folterinstrumente unmittelbar an, sondern versuchte es erst mit den sog. Territionen, der Einschüchterung, dem Erschrecken; man unterscheidet dabei zwei Arten: die Verbal- und die Realterrition. Erstere besteht in dem Hinführen in die Folterkammer, Zeigen und Beschreiben der Instrumente; bei der Realterrition wird der

[1] Vergleiche J a c o b i G r e t z e r i Opera omnia. Tomus IV. Ratisbonae 1734 und J. B o i l e a u, Historia flagellantium Parisiis 1700, sowie die Bussbücher.

[2] Sammlungen von Folterwerkzeugen giebt es an vielen Orten, die berühmtesten Sammlungen Deutschlands befinden sich zu B e r l i n im M ä r k i s c h e n M u s e u m, im N a t i o n a l - M u s e u m zu M ü n c h e n und im G e r m a n i s c h e n M u s e u m und im S c h l o s s zu N ü r n b e r g. Zeichnungen von Folterungen u. s w. enthält H a n s B u r k m a i r (1473—1531): B i l d e r z u S c h i m p f u n d E r n s t, sowie manches „f l i e g e n d e B l a t t". Vergleiche auch: Alt-Berlin von Oskar Schwebel, Verlag von Hans Lüstenöder.

Foltertafel.

Folterinstrumente im Märkischen Museum zu Berlin.

Beschuldigte entkleidet und die Folterinsrumente werden ihm angelegt, ohne dafs jedoch Schmerz entsteht — oder doch wenigstens entstehen soll. Die Folter wurde frühmorgens in einem abgelegenen, meist unterirdischen Gemache von rohen Henkersknechten executiert.[1]) Dafs dabei die Schergen des Gesetzes Gewalt und Unrecht, besonders Mädchen und Frauen gegenüber, begingen, ist ja selbstverständlich.

Die Folterkunst selbst hatte mehrere Grade.

I. Grad. Man begann gewöhnlich mit den D a u m e n - s c h r a u b e n oder D a u m e n s t o c k ; dabei wurden die Daumen zwischen Schraubstöcke mit stumpfen oder spitzen eingekerbten Spitzen eingespannt, dann schraubte man das Instrument langsam zu, lockerte die Schrauben auch wohl, um sie von Neuem fest anzuziehen.

Eine andere Art ist die sog. B a m b e r g i s c h e T o r t u r ; dieselbe bestand in Erteilen von P e i t s c h e n - h i e b e n bei ausgespanntem Körper.

II. Grad. D a s S c h n ü r e n m i t d e n B a n d e n oder der h ä r e n e n S c h n u r , auch Z u g oder E l e v a t i o n oder E x p a n s i o n genannt. Die Arme des Delinquenten werden meist nach rückwärts zusammengelegt und mit einer festen Schnur umwickelt. Oft drang die Schnur bis auf die Knochen, oder die Schmerzen wurden durch ein Hin- und Herziehen der Schnur erhöht.[2])

Aehnlich wie die Daumschrauben wirkten die s p a - n i s c h e n S t i e f e l n oder B e i n s c h r a u b e n , durch welche Schienbein und Wade zusammengeprefst wurden, wobei nicht selten die Knochen brachen oder zersplitterten. Zur Erhöhung der Schmerzen pflegte man noch mit dem Hammer auf die

---

[1]) „Die Orte, da die Tortur vorgenommen wird, sollen ablegen sein, auf dafs keine Leute hinlaufen, damit der Richter die Ansichten des Hexenvolkes geheim halten kann. Die Gewölbe sollen dick sein, damit der Inquisiten Geschrei und Winseln den Umherwohnenden nicht beschwerlich falle."

[2]) Ein Hauptwerk über das S c h n ü r e n ist C h r i s t i a n Ulrici G r u p e n O b s e r v a t i o j u r i s c r i m i n a l i s d e a p p l i - c a t i o n e t o r m e n t o r u m . Das Buch ist 1754 bei Johann Christoph Richter in Hannover erschienen.

Aus Luiken, Tafereelen der eerste Christenen.

Schiene zu klopfen. Statt der einfachen Beinschrauben nahm man wohl auch gezähnte.[1])

Hierher gehört noch das sog. M e c k l e n b u r g i s c h e I n s t r u m e n t, bei welchem die Daumen und grofsen Zehen kreuzweis zusammengeprefst wurden.

Aus „Théâtre des Cruautés des Hérétiques de XVII. Siècle."

III. Grad. D i e F o l t e r l e i t e r. Während durch die Anwendung der vorhergehenden Arten nur einzelne Glieder des Körpers afficiert wurden, wird bei Anwendung der Folterleiter der ganze Körper in Mitleidenschaft gezogen. Es

---

[1]) Aus einem Bamberger Protokolle geht hervor, dafs ein der Zauberei Angeschuldigter dreimal eine halbe Stunde lang mit Beinschrauben und Daumstock gefoltert und am Ende, da er nicht gestand, an einem Strick acht Schuh hoch vom Boden aufgezogen und ihm an die grofse Zehe ein Gewicht von 20 Pfund gehängt wurde.

2*

wird der Körper ausgereckt und mit rückwärts aufgereckten Armen auf einer Bank oder Leiter hochgezogen und auch noch Gewichte an die Füße gehängt. Man legte den Inculpaten wohl auch auf eine aufgerichtete Leiter, in deren Mitte eine Sprosse mit kurzen, spitzen Zacken, der ge- spickte Hase, sich befand, zog ihn langsam empor, bis die Arme verkehrt oder umgekehrt über dem Kopfe standen, ließ dann den Körper einigemale herabfallen, um ihn wieder hinaufzuziehen.

Häufig wurde die Anwendung der Folterleiter durch die Feuerfolter, das sog. Brennen, verschärft. Sechs zu einem Bündel zusammengeschnürte Lichter wurden angezündet und diese Flamme unter die Achselhöhle gehalten.[1])

Mit diesen drei Graden waren nun die Arten und Instrumente der Folterung keineswegs erschöpft.

Da ist die Pommersche Mütze, ein Instrument aus Eisen, das auf den Kopf gesetzt und dann langsam zusammengepreßt wurde.

Die Spinnen, die der Form nach einige Aehnlichkeit mit einer Spinne hatten, bestanden aus Eisen, wurden in den Körper des Opfers geschlagen und rissen große Stücke heraus.

Der Krebs war eine Maschine, zusammengesetzt aus Beinschrauben und Stachelring. Ein ziemlich breiter, eiserner Ring, innen mit Stacheln versehen, welche durch eine Schraubenvorrichtung allmählich zur Form von Widerhaken erweitert werden konnten und bestimmt waren, das Fleisch der Schenkel zu durchbohren und dann innerlich zu zerreißen.[2])

Der spanische Esel ist ein aufrechtstehendes, oben zugespitztes und ausgezacktes Brett, auf das sich der Delinquent rittlings setzen mußte, worauf seine Füße mit Steinen oder Gewichten beschwert wurden.

---

[1]) Sehr anschaulich in der Constitutio criminalis Theresiana, Wien 1769.

[2]) In einem Torturprotokoll vom 2. Oktober 1607 in Steiner's Geschichte der Stadt und Abtei Seligenstadt (Augsburg 1820) heißt es: Weil dieselbe nichts gestehen wollte, sondern auf dem Leugnen halsstarrig bestand, ist sie auf dem einen Schenkel mit dem Krebs beschraubt worden.

Das Fufsbrett ist mit scharfen Spitzen besetzt; der Angeklagte mufste mit nackten Füfsen darauf treten. Am

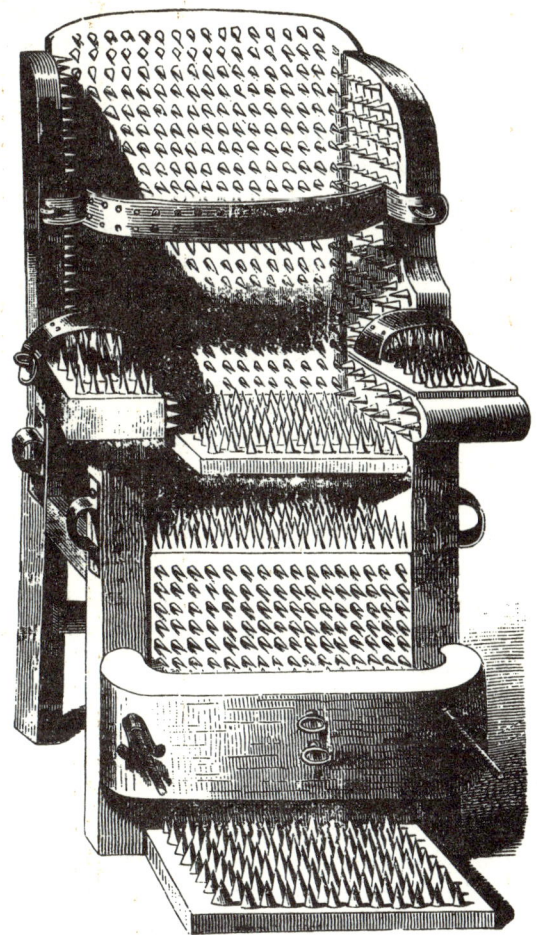

Der Beichtstuhl.

Gürtel oder an den Armen waren noch Gewichte befestigt, um durch ihr Gewicht die Fufssohlen tief in die Spitzen zu drücken.

Der Beichtstuhl oder Jungfrauenschofs oder Hackerscher Stuhl ist eine Art hölzener Armsessel, der im Rücken, Sitz, auf den Armlehnen und dem Fufsbrett mit Spitzen versehen war.

Der Dessauer Trog, dessen Vorhandensein vielfach bezweifelt ist, hat den Herzog Leopold von Dessau zum Erfinder. Er besteht in einem ausgehöhlten Balken von über zwei Meter Länge, in welchen ein Mann von normaler Gröfse hineinpafst.[1]) Mit dem oberen Brette bedeckt lagen die Inquisiten, jeder Bewegung beraubt, bis sie sich zum Geständnis bequemten. Ihre schlimmsten Peiniger waren die Insekten, deren sie sich nicht zu erwehren vermochten.

Die Schwitzbank erfand Johann Salomon Schülin; „diese besteht darinnen: es wird nämlich der Ofen in der Folterstube oder-Gewölbe dergestalt beständig geheizt erhalten, dafs selbiger immer glühet, neben dem Ofen wird eine Bank von einer Mannes-Länge gemacht, dem Inquisiten die Hände auf den Rücken gebunden, selbigem unter den Kopf ein kleines Scheit Holz gelegt, so dann der Inquisit schlafen will, weckt er solchen mit einer Spitz Ruten auf. Es thut aber hierbei der Durst am meisten, daher ich auch vor dieser Application gesuchet, dem Inquisiten scharf gesalzene Fische oder Heringe beizubringen."[2])

Eine Zwischenart zwischen Schnürung und Folterleiter ist die Wippe, die vielfach in Württemberg angewendet wurde: Man band Hände und Füfse zusammen und zog dann den Gebundenen an einem über eine Rolle laufenden Seile auf und nieder.

Das sagenumwobenste Folterinstrument ist die Eiserne Jungfrau;[3]) sie war Untersuchungs- und Hinrichtungsmaschine in Eins. „Die Jungfrau küfsen, ist nicht allewege gut" wurde von ihr gesagt.

---

[1]) Ein „Dessauer Trog" mit Figur befindet sich im Pommerschen Altertumsmuseum im Schlosse zu Stettin. Zwei fast vollständige Exemplare besitzt das Rathaus zu Frankfurt a. O.

[2]) Johann Salomon Schülin: Theatrum Conscientiosum Criminale oder Gewissenhafte, Rechtsgegründete Anweisung, wie ein jeder Richter oder Beamter in peinlichen Fällen gewissenhaft verfahren solle. 1732.

[3]) Aehnlich scheint das englische Torturwerkzeug „the scavengers daughter", des Gassenkehrers Tochter, gewesen zu sein.

Enthalten in dem Museum in Nürnberg.

(Nach einer Photographie aus dem Atelier Schmidt, Nürnberg, Burgstrasse.)

Das auf der Burg zu Nürnberg vorhandene Exemplar ist eine aus starken Eisenplatten, Schienen und Stangen zusammengesetzte, mit starken Federn versehene Gestalt und gleicht geschlossen einer Nürnberger Bürgersfrau aus dem 16. Jahrhundert mit Mantel, Halskrause und Haube; auch die menschlichen Gesichtsformen sind nachgebildet. Oeffnet man das Instrument, so sieht man in der Brust- und Bauchpartie scharfe eiserne Spitzen, unten befindet sich eine Scheibe, auf die der Delinquent treten mußte, worauf die Klappen langsam zugedrückt wurden, so daß sich die Spitzen in den Körper bohrten. Lautete das Urteil auf Tod, so wurde die Gestalt ganz geschlofsen; war der Tod eingetreten, zog man die untere Platte weg und der Leichnam stürzte ins Wasser.

Eine andere eiserne Jungfrau befand sich in den Gefängnissen des Schlosses Salzburg, eine auf dem Hradschin, eine im roten Thurm zu Wien; ferner sollen in Wittenberg, Schwerin, Cöln und Berlin derartige Instrumente vorhanden gewesen sein. Die Cölner führte den Namen Weg-schnapp, sie befand sich in einem Thurme am Rhein. An der Decke dieses Gewölbes hing ein Weifsbrod: die einzige Nahrung des Eingekerkerten; er mußte darnach springen, trat auf die Fallthür und stürzte in den messerstarrenden Schacht.

Eine andere Beschreibung meldet uns: Vormals bestand eine Todesstrafe, daß der Verurteilte einem weiblichen Automaten entgegenschreiten mußte, der ihn umarmte und in eine von Messern und Spiefsen starrende Tiefe warf. Nach den meisten Ueberlieferungen und Ueberbleibseln zu schliefsen, ist die Jungfrau ein künstlich zusammengestelltes Werk aus Eisen in der Gestalt einer stehenden Jungfrau mit beweglichen Armen und mit Schwertern in den Händen gewesen, welches in einem Gewölbe vor einer mit Fallthor verdeckten Oeffnung im Fufsboden stand, worunter ein Schacht in die Tiefe, womöglich auf fliefsendes Wasser hinging. Wurde nun ein zum Tode Verurteilter gezwungen, sich der Figur zu nähern und betrat die Fallthür, so breitete die Jungfrau die Arme aus und umschlang den Delinquenten, den sie dabei gleichzeitig mit ihren Schwertern durchbohrte.

Der Leichnam fiel darauf durch die geöffnete Fallthür in den Schacht, aus dessen Wänden ebenfalls scharfe Messer starrten, und gelangte zerstückelt in die Tiefe, wo das Wasser die Stücke fortschwemmte.

Den Ort, an dem man diese scheufsliche Strafe vollzog, nannte man das h e i m l i c h e G e r i c h t; die Strafe selbst den J u n g f e r n k u f s.

Unter der Regierung Joseph Buonapartes soll im Inquisitionsgebäude zu Madrid auch eine aus Holz und Eisen gemachte Figur vorhanden gewesen sein, die mater dolorata[1]) genannt wurde und als Werkzeug zum letzten und schärfsten Grade der Tortur diente.

Eine andere Schilderung dieser Tortur lautet[2]): In der That war die eiserne Jungfrau ein Werkzeug der Tortur, das durch gleichzeitige Einwirkung auf den Geist, wie auf den Körper, den festesten Mann zum Wanken bringen konnte. Im Hinter-

---

[1]) „In einem abgelegenen Winkel eines unterirdischen Gewölbes, das an den Untersuchungssaal grenzte, stand eine Holzfigur — Mönche hatten sie konstruirt —, sie stellte die Jungfrau Maria dar. Ein vergoldeter Glorienschein umgab ihr Haupt, und in der Rechten hielt sie eine Fahne. Sofort beim ersten Anblick kam uns allen der Gedanke, dafs sie trotz des seidenen Gewandes, das in reichen Falten von ihren Schultern fiel, verdächtig sei und eine Art Küraſs tragen möchte. Die Arme und Hände waren zusammengeklappt. Durch eine mechanische Vorrichtung konnte das Vorderteil der Gestalt geöffnet werden. Im Innern war dieselbe mit äufserst spitzen und kleinen schmalen Messerklingen versehen, die sich mit den Spitzen auf den Zuschauer richteten. Ein Bediensteter der Inquisition mufste auf Befehl des Generals die Vorrichtung „arbeiten" lassen, wie er es zu nennen beliebte. Die Figur öffnete sich und streckte die Arme aus, als ob sie jemand recht liebevoll an das Herz drücken wollte. Der vollgepackte Tornister eines polnischen Grenadiers wurde ihr statt eines lebendigen Opfers gegeben. Die Gestalt zog ihn immer enger an sich heran, und als der Diener auf Befehl die Gestalt wieder die Arme öffnen und in die vorige Position zurückkehren liefs, war der Tornister zwei bis drei Zoll tief durchbohrt und blieb an den Spitzen der Nägel und Messerklingen hängen. Solch satanischem Zweck und dazu in einem Hause, das zu Ehren des reinen Glaubens errichtet war, mufste die Madonna dienen " (Persecutions of Popery, von Shoberl, Bd. 1, S. 130—134, London bei Bentley).

[2]) J. von Lenau.

grunde des dunklen Gewölbes stand einsam und schrecklich das eiserne Bild mit dem bleichen Antlitz ohne Regung — eine entsetzliche Maschine in Menschengestalt, ohne Gefühl, ohne Mitleid, ohne Barmherzigkeit. Geheimnifsvoll schweigend stand sie da, geschlossen ihr furchtbares Innere noch den Blicken des Angeklagten bergend, den man aus dem Kerker des heimlichen Gerichts schleppte.

Bis dahin war er standhaft geblieben, vielleicht hatte er nichts einzugestehen, vielleicht schwieg er, um nicht Andere mit in das Verderben zu ziehen. Vielleicht hatten auch Privatrache, Hafs und Neid einer mächtigen Person ihn bis zum Kusse der Jungfrau gebracht!

Die Henker entkleideten ihr Opfer und führten es vor die Jungfrau mit der Aufforderung, ihr einen Kufs zu geben. Sobald jedoch der Unglückliche auf die Folterthüre trat, umschlangen ihn die Arme der entsetzlichen Maschine und ebenso langsam, wie die Gewichte abliefen, drückte sie den nackten Körper gegen die Stacheln und Dolche, welche sichtbar wurden, indem sie auseinanderklappte. Langsam zog sie ihr Opfer an sich, immer näher kamen die Spitzen der aufgeschlagenen Wandungen den zuckenden Gliedmafsen, denn auch die Hälften der eisernen Maschine begannen sich langsam zusammenzuziehen.

Unter der geöffneten Fallklappe rauschte das Wasser und blitzten im Fackelscheine die Messer und Schwerter des Abgrundes, über dem der Delinquent schwebte, gehalten von den eisernen Armen der Maschine.

In dieser furchtbaren Lage wurde er wieder zum Geständnis aufgefordert. Blieb er standhaft, so drangen die Dolchspitzen und Stacheln tiefer in sein Fleisch, und zwei furchtbare Spitzen näherten sich seinen Augen, um sich langsam in dieselben einzubohren.

Vielleicht gestand er jetzt, da die Spitzen die Augäpfel bereits berührten, und wurde dann, aus vielen Wunden blutend, von der Maschine befreit, oder er schwieg und gab alsdann seinen Geist im Innern der Maschine auf, deren Stacheln ihm zuletzt durch die Augen in das Gehirn, sowie in das Herz und die inneren Organe drangen.

Ein einfaches und doch sinnreiches Instrument mufs hier noch erwähnt werden: die **Folterbirne**; sie wurde dem Angeklagten tief in den Mund gesteckt und dann durch einen Druck auf eine Feder weit auseinander getrieben, um das Schreien während der Tortur zu verhindern.

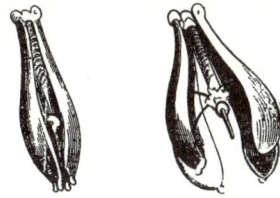

Folterbirne zum Verhindern des Schreiens der Delinquenten, in geschlossenem und geöffnetem Zustande.

Für einige Körperstrafen waren besondere Instrumente nicht erforderlich: so bei dem Mittel der erzwungenen Schlaflosigkeit, dem Einfüllen von Wasser, heifsem Oel u. s. w.

Doppelgeige.

Wir wenden uns nun zu den **Richt-** und **Strafwerkzeugen**.

Da ist zunächst der **Pranger**, ein einfacher Pfahl, an den der Sträfling mit Stricken oder Ketten angebunden wurde. Zanksüchtige spannte man in die sog. **Geige**, ein Holz, das eine Oeffnung für den Kopf, zwei für die Hände, die in der

Höhe des Kopfes gehalten werden mußten, hatte; spaßhaft war die Doppelgeige, in die zwei Feinde vis-à-vis zusammen eingespannt wurden; für Verleumder gab es Strafmasken; Spieler wurden mit einer Kette aus hölzernen Karten, Würfeln u. s. w. bekleidet; unsolide Leute mußten den Schandmantel tragen, ein hölzerner, faßartiger Mantel vom Hals bis zu den Füßen, worauf allerhand unmoralische Sachen abgemalt waren; der Bäckergalgen

Strafmasken.

war ein eiserner Käfig, in dem Bäcker, deren Ware gewogen zu leicht befunden war, ins Wasser untergetaucht wurden: das Halseisen war innen, oben und unten mit Stacheln besetzt und umschloß eng den Hals; Strohkrone und Strohzöpfe mußte manches hübsche Kind wegen seines zu großen Liebebedürfnisses tragen.

Zu ernsteren Bedenken mahnen uns das Richtbeil und Richtschwert; ein Richtschwert im Märkischen Museum hat eine 84 cm lange und 4 cm breite Klinge; die

Parierstange ist 18 cm lang, der mit Geflecht umwickelte Griff läuft in einen birnenförmigen Messingknauf aus: die lederne Scheide ist mit rotem Tuch gefüttert. In der Blutrinne steht: Solo (!) Deo gloria.

Schandmantel.

Das Richtrad,[1] ein schweres Wagenrad, wurde zum Zerschlagen der Arme und Beine des Verurteilten benutzt. Auch konnte der Delinquent auf's Rad geflochten werden und so durch Umdrehen und Niederfallenlassen unter Martern getötet werden. Häufig wurde dem Geräderten noch das

[1] Das Richtrad wurde in Berlin zum letzten Mal am 2. März 1837 gegen eine Gattenmörderin benutzt.

Aus Luiken, Tafereelen der eerste Christenen.

Herz ausgerissen, und er dann mit dem Richtbeil oder Schwert gevierteilt.

S c h e i t e r h a u f e n und G a l g e n sind genugsam bekannt, so dafs hier ihre blofse Erwähnung genügen möge.

Ueber die K r e u z i g u n g sind kürzlich verschiedene neue Auffassungen aufgetaucht. Das Bild Christi, des Gekreuzigten, zeigt uns stets die Nägelmale; durch die Hände und die Füfse waren, um den Körper zu halten, Nägel geschlagen. Diese Art der Kreuzigung wird neuerdings bestritten, man hat einmal eingewendet, dafs die Nägel den Körper nicht zu halten vermöchten, andererseits auch gegen das Nageln an sich Einwendungen gemacht; es sollen die Füfse einen Halt auf einem angenagelten Holz gehabt haben und die Hände mit Stricken an den Querbalken des Kreuzes befestigt gewesen sein.

Erwähnt sei schliefslich noch die in Frankreich besonders übliche Art der E i n m a u e r u n g , so dafs der mit ganz geringen oder gar keinen Lebensmitteln versehene Delinquent Hungers sterben mufste.

Dritter Abschnitt.

———————

Das Wesen des Schmerzes.

Wir haben uns mit dem Wesen des Schmerzes in doppelter Hinsicht zu befassen, einmal müssen wir die physio-psychologischen Vorgänge bei der Schmerzenerregung verfolgen und dann auch die ethischen Wirkungen dieser physio-psychologischen Vorgänge untersuchen.

I. Der Schmerz in physio-psychologischer Hinsicht.

Noch immer ist das Wesen des Schmerzes wenig erkannt und eine Reihe von Ansichten stehen sich über das Problem gegenüber.[1]

Zunächst ist die Frage nach der Art der Zustands-Veränderung im Nervensystem, welche dem Schmerz zu Grunde liegt, dann, ob der Schmerz allen Nerven und Teilen des Nervensystems eigen ist, oder nur bestimmten, zu erwägen.

Was den ersten Punkt anbetrifft, so ist das banalste Phaenomen des Schmerzes die Intensität der Empfindung und seine Beziehung zu aufsergewöhnlichen oder sehr starken Reizen, weshalb man schlofs, dafs der Schmerz diejenige Empfindung sei, welche ganz allgemein bei jeder über ein gewisses Maafs hinausgehenden Erregung der Nerven einträte.

Es ist ferner die Behauptung aufgestellt worden, dafs es sich beim Schmerz um eine Herabsetzung der Nerventhätigkeit handle, sowie dafs bald eine Steigerung, bald eine Herabsetzung der Nerventhätigkeit vorliege.

---

[1] Ich folge bei meinen Ausführungen einer Monographie von Dr. Alfred Goldscheider, Stabsarzt und Privatdocent an der Universität zu Berlin: Ueber den Schmerz in physiologischer und klinischer Hinsicht. Berlin 1894 Verlag von August Hirschwald.

Andere wieder haben gemeint, daſs dem Schmerz eine besondere Art, eine Modification resp. Perversion der Nervenerregung zu Grunde liege.

Es ist zuzugeben, daſs der Schmerz nicht mit der Annahme einer bloſs gesteigerten Erregung der centralen Ganglienzellen abgethan ist, sondern daſs noch besondere Dinge hinzu kommen, welche diese Erregung als eine solche von besonderer Art erscheinen lassen; so breitet sich anscheinend der gesteigerte Erregungszustand in abnormer Weise auf die benachbarten Zellen aus, wofür das Ausstrahlen und die diffuse Lokalisation des Schmerzes spricht, und ferner ist wahrscheinlich die Erregung der Zellen von einer besonders langen Z e i t d a u e r.

Ferner genügt die einfache Steigerung des Reizes nicht immer, um Schmerz hervorzurufen, es muſs vielmehr eine g e n ü g e n d e E m p f i n d l i c h k e i t d e s n e r v ö s e n A p p a r a t e s vorhanden sein. So hat der Neugeborene fast kein Schmerzgefühl, durch Anästhetica kann man die Nerven so beeinflussen, daſs Druck noch gefühlt wird, aber kein Schmerz; auch in Fällen der Idiotie, des melancholischen Stupors, der Hysterie findet sich Analgesie. Soll Schmerz entstehen durch Erregung von Nerventhätigkeit, so muſs der Nerv resp. die centrale Ganglienzelle kräftig genug sein. Es muſs gewissermaſsen eine i n n e r e A r b e i t geschehen, bei der zwei Faktoren mitwirken, der äuſsere Anstoſs und die in den Nerven disponiblen Kräfte. Diese zum Schmerz notwendige innere Kraftentfaltung kann nicht bloſs durch Reize von groſser Intensität, sondern auch durch schwächere gehäufte Reize (S u m m a t i o n) angeregt werden.

Die zweite Frage des Schmerz-Problems war die, ob der Schmerz allen centripetalen Nerven eigen sei. Die eine Ansicht geht dahin, daſs der Schmerz eine besondere Art des U n l u s t g e f ü h l s sei und wie dieses im Bereiche j e d e s Sinnesorgans auftreten kann. So führe starke Erregung der Gehörnerven zu Gehörschmerz u. s. w. Die andere Ansicht glaubt, daſs der Schmerz nur' im Gebiete der G e f ü h l s nerven entstehen könne, und daſs jede andere Empfindung wohl unangenehm, aber nicht eigentlich schmerzhaft sein könne. Danach wäre der Schmerz eine besondere Qualität der Empfindung, nicht eine allen verschiedenen Qualitäten gemeinschaftliche Modifikation der Empfindung.

Es ist schliefslich noch die Annahme specifischer Schmerznerven, die in einem besonderen Nervteil, einem Schmerzzentrum endigen sollen, vertreten worden.[1] Es würde zu weit führen, in eine Nachprüfung und Würdigung der einzelnen Hypothesen einzutreten: es erscheint am besten, sich der Ansicht Dr. Goldscheider's (a. a. O. S. 13), dafs die Schmerzempfindung den Drucksinn- und Gemeingefühlsnerven eigen ist, allen übrigen aber fehlt, anzuschliefsen.

Über die Bedingungen, durch welche es zum Schmerze kommt, wissen wir, dafs an den mit Gefühl begabten Teilen die gewöhnlichen Reize von einer gewissen Grenze der Intensität an Schmerz erzeugen, seien es nun mechanische, chemische, thermische oder elektrische.

Wichtig ist insbesondere die aus physiologischen und klinischen Beobachtungen und Forschungen erkannte Bedingung der Entstehung des Schmerzes durch Summation mehrerer unterschmerzlicher Erregungen.[2]

Die Summation findet wahrscheinlich in eingestreuten Zellen statt: im Rückenmark werden sich die sensiblen Bahnen spalten: die Erregung läuft einmal in der langen Hinterstrang-Bahn dem Bewufstseins-Zentrum zu, und trifft andererseits auf dem Wege der Collateralen auf die Zellen der grauen Substanz, welche die Erregungen nicht einfach fortleiten, sondern zunächst nur in einen veränderten Erregbarkeitszustand gerathen. Erst nachdem mehrere Erregungen hintereinander auf diese Art zur Zelle gelangt sind, wird die aufgespeicherte Energie in Arbeit angesetzt: die Zelle sendet nunmehr selbst Erregungen aus, welche gleichfalls zum Sensorium geleitet werden.

---

[1] Richet: Recherches experimentales et cliniques sur la sensibilité Paris 1877 und M. v. Frey: Die Gefühle und ihr Verhältnis zu den Empfindungen. Leipzig 1894. .

[2] Naunyn im Archiv für experimentelle Pathologie und Pharmakologie. Band XV.

Schiffs[1]) Versuche begründeten die Anschauung, dafs
der Schmerz von a n d e r e n L e i t u n g s b a h n e n herzu-
geleitet werde, als Tasteindrücke; sie ergaben, dafs bei Durch-
schneidung der grauen Substanz keine schmerzhaften, wohl
aber noch Tasteindrücke percipirt wurden. Man hat sich die
Beziehung der grauen Substanz zum Schmerzgefühl so vorgestellt, dafs nur die stärkeren Reize im Stande seien, den
Weg durch das Zellen-Netz der grauen Substanz, welcher
mehr Widerstand biete, als derjenige durch die langen
Leitungsbahnen, einzuschlagen. Es bleibt jedoch unklar,
weshalb der Schmerzreiz beim Wegfallen dieser Bahn nicht
einfach die anderen von geringerem Widerstande einschlägt.
Dieser Umstand legt zur Genüge klar, dafs es sich nicht
lediglich um graduelle Verhältnisse handeln kann. Vielmehr
sind nur zwei Möglichkeiten vorhanden: entweder wird der
Schmerzreiz durch die graue Substanz hindurch zu einem
besonderen Schmerzcentrum geleitet, oder die Bahn durch
die graue Substanz gewährt selbst die Bedingungen, welche
das Anwachsen der Erregung bis zur Schmerz-Schwelle erfolgen lassen.

Wundt hat diese letztere Erklärung auf Grund seiner
Theorie vom Nerven-Prozesse näher ausgeführt.[2])

Ein weiteres wichtiges Faktum ist noch zu erwähnen,
dafs nämlich eine an und für sich nicht schmerzhafte Empfindung durch die blofse Dauer nicht nur unangenehm und lästig,
sondern wirklich schmerzhaft werden kann. Ein kurzdauernder,
wenn auch starker Schmerz wird viel leichter ertragen als
ein schwächerer, welcher aber länger anhält. Es hat auch
Ch. Richet hervorgehoben, dafs der Schmerz in wesentlichem
und hervorragendem Mafse von seiner Dauer abhängt. Es
ist nun ferner zu beobachten, ob Schmerz v o n a l l e n
T e i l e n d e s n e r v ö s e n A p p a r a t e s aus erregt werden
kann, oder ob dies nur an bestimmten, den Schmerzreizen
zugänglichen Abschnitten möglich ist. Positive Kenntnis und
klare Kunde ist jedoch über diesen Punkt noch nicht gewonnen.

---

[1]) Schiff, Lehrbuch der Muskel- und Nervenphysiologie, Seite 251 ff.
[2]) W u n d t , Physiologische Psychologie. Band I, Seite 112 ff.
4. Auflage. Leipzig 1894.

Die Art der Schmerzen ist sehr verschieden. Sowohl durch äufsere wie durch innere Reize werden Schmerzen erzeugt, welche als stechend, schneidend, ziehend, dumpf brennend, klopfend, durchbreifsend, in einem Punkte lokalisiert, weit verbreitet, etc. bezeichnet werden. Es fragt sich, ob das Schmerzgefühl an und für sich so viele verschiedenartige Qualitäten und Mannigfaltigkeiten aufweist, oder ob diese nicht vielmehr durch die neben dem Schmerz stets vorhandenen, inhaltlichen Sensationen produziert werden.

Man kann die Schmerzqualitäten nach Erb[1]) einteilen nach den Verschiedenheiten

1) durch die jeweilige Beimischung von Sinnesempfindungen: brennende u. s. w. Schmerzen;

2) durch die Lokalisation und Ausbreitung: stechende u. s. w. Schmerzen;

3) durch den Wechsel des Erregungsvorganges: klopfende u. s. w. Schmerzen.

Die Eigenschaftsworte, die für die Bezeichnung der Schmerzart gewählt werden, leiten sich von denjenigen äufseren Eingriffen ab, die im Stande sind, eben diese Art von Schmerzen zu erzeugen. So ist z. B. der schneidende Schmerz ein solcher, wie er durch den mechanischen Eingriff des Schneidens erzeugt wird, d. h. eine starke Schmerzempfindung, die sich über eine gewisse, räumlich ausgedehnt gefühlte, Körperstrecke hin mit einer gewissen Schnelligkeit des Vorrückens verbindet. Besteht nun der Schmerz aus einer komplizierten Folge von Empfindungen, so reichen jene einfachen Adjektiva zur Bezeichnung und Charakterisierung desselben nicht aus, und man macht längere Beschreibungen, die dann diejenigen äufseren Einwirkungen aufzählen, durch welche nach Erfahrung oder Phantasie des Betreffenden die der gefühlten Schmerzsensationen hervorgebracht werden würden: es ist mir, als ob ich mit glühenden Zangen gezwickt würde; als ob mir eine Nadel langsam in den Kopf gebohrt würde etc.

---

[1]) Erb, Krankheiten der peripherischen cerebro - spinalen Nerven. 1874.

Unter den Bedingungen der Variation und Kombination der einfachsten Schmerzempfindungen spielt sowohl das zeitliche wie das örtliche Moment eine grofse Rolle. Der Schmerz kann unmittelbar zur höchsten Intensität anwachsen und wieder jäh abfallen; er kann langsam ansteigen, so dafs der Leidende bang und gespannt dem weiteren ihm bereits wohlbekannten Anwachsen bis zur höchsten Höhe folgt; er kann sich auf einer gewissen Höhe halten und peinigt dann oft durch die Dauer mehr als durch die Intensität; er kann kurz sein und in langen Pausen auftreten oder schnell wie die Pulse steigen und fallen. Die Lokalisation des Schmerzes entspricht der Lokalisation der Empfindungen, durch deren Steigerung der Schmerz entsteht, und hat als solche nichts eigenartiges.

Von Interesse ist noch der intermittierende Charakter des Schmerzes: das durch schmerzleere Intervalle getrennte Auftreten des Schmerzes. So erregt eine continuierlich die Haut komprimierende oder drückende, stechende Einwirkung einen intermittierenden Schmerz, dessen Pausen mit unterschmerzlichen Druckempfindungen ausgefüllt sind, bez. einen zwar continuierlichen, aber rythmisch exacerbierenden Schmerz. Man darf annehmen, dafs letztere Erscheinung nur eine graduelle Steigerung des ersteren ist. Es liegt am nächsten, bei der Erklärung auf das Phaenomen der Summation zurückzugehen. Wir haben uns den continuierlich wirkenden Reiz als eine Reihe sich folgender Reizmomente zu denken. Eine andere Ursache, durch welche bei continuierlich fortwirkendem Reiz ein intermittierendes Schwanken des Schmerzes erzeugt werden kann, nämlich das Schwanken der Aufmerksamkeit, kommt für die durch körperliche Züchtigungen hervorgerufenen Schmerzen, wie psychologisch leicht einzusehen, kaum in Betracht.

Der Schmerz ist einmal ein hartes, aber nützliches Gesetz der Natur; er ist Warner vor Gefahr und Mahner zur Vorsicht und Pflege, Gebieter zur Ruhe, Wegweiser für Hülfe; er kann aber auch Wecker ethischer Regungen sein.

II. Die ethische Bedeutung des Schmerzes.[1]

Es ist mir immer nur wie eine müssige Frage erschienen, ob der menschlichen Natur Schmerz unentbehrlich sei. Abstrakt ist die Frage nicht zu lösen, ich persönlich würde sie verneinen, denn ich halte für der Menschheit Ziel Freude, heitere hellenische Freudigkeit ohne Schmerz. Aber ich glaube, die Frage muſs individuell betrachtet werden; und da ist dann zu sagen, daſs es zweifellos Menschen geben kann, ja daſs es solche giebt, aus deren Leben aller Schmerz und alles Schmerzbringende ausgetilgt ist, und die dennoch glücklich sind. Das sind einmal jene phlegmatischen Naturen, denen Alles gleichgültig ist, und die Schmerz, der doch erst dadurch, daſs er gefühlt wird, existent wird, nicht kennen. Es giebt aber auch Lieblinge der Götter, denen nur schmerzloses Glück beschieden ist, und die sich sehr wohl dabei befunden haben und befinden.

Also, daſs das schmerzlose Leben uns, solange wir die Natur, die wir haben, behalten, bald geschmacklos und unerträglich vorkommen würde, kann ich generell nicht für

---

[1] Es sei mir gestattet, zur Erläuterung meiner Ansicht über das Wesen des Schmerzes einige Worte von mir selbst zu citieren, die ich am 17. Juli 1895 niederschrieb und sich in „Vom Baume des Lebens", Erlebtes und Erdachtes von Richard Wrede, Berlin 1897 finden:

Mein Schmerz.

Ja, nehmt mir,	Ist Erleichterung mir und Wonne.
Nehmt mir Alles.	Freude finde ich und Glück
Nehmt Geld und Gut,	Im Schmerz.
Verlacht, verhöhnt, verspottet mich	Und mich selber finde ich,
Noch obendrein.	Ich finde mich wieder,
Ich bitt' Euch d'rum sogar.	Und freue mich des Wiederfindens,
Und wo Ihr könnt,	Des Erkennens meiner Seele.
Da kränkt mich nur,	Wenn in dem lauten Schluchzen,
Kränkt tief mich. —	In den erstickten Thränen
Nur eines lasst mir, —	Der Schmerz mich ganz erfüllt,
Lasst mir meinen Schmerz,	Dann, ja dann bin ich glücklich,
Den tiefen, wahren, reinen Schmerz,	Bin ich selbst.
Meines Wesens Wesen,	Drum nehmt mir,
Mein Tröster, Glück und Heil.	Nehmt mir Alles,
In ihm mich zu versenken,	Doch lasst mir,
	Lasst mir meinen Schmerz.

richtig erachten. Ob vom Standpunkt der Entwickelung des Menschengeschlechts Schmerz und Mifserfolg entbehrt werden kann, ist eine andere Frage, die ich aber gleichfalls nicht abstrakt beantworten möchte.

Thatsache ist jedoch, dafs der Schmerz eine reinigende und sühnende Kraft haben kann, dafs er sogar selbstgerecht-beseligend, ja, geistesonanistisch möchte ich es nennen, wirken kann. Aber immer und immer wieder mufs man betonen: k a n n! Es scheinen mir daher die folgenden Ausführungen K o h l e r s[1]) nicht zutreffend: „Dafs der Schmerz diese Wirkung hat, und dies insbesondere der psychische Schmerz, lehrt uns unser inneres Bewufstsein, und dieses Bewufstsein ist ein untrügliches; man betrachte den Eindruck, den ein vom Schicksal gebeugtes Haupt auf uns macht, man be-trachte, wie ein Mensch, auch wenn das Unrecht centner-schwer auf ihm lastet, gegen allen Hafs, gegen allen Un-willen, gegen alle Anfeindung gefeit wird, wenn die kalte Hand des Schicksals ihn zu Boden geworfen hat. Jeder Schlag des Schicksals löst eine Last vom Haupte des Schuld-beladenen, und wenn ihn die Schauer des Todes umfassen, ist der Bann gewichen, der auf ihn drückte, und der Engel der Vergebung schwebt über seinem Grabe. — — — — —

Die gröfsten Religionen, und vor allem das Christentum haben daher auch in dem Schmerze die weihevolle Erlösung gefunden, welche von aller Schuld des Daseins befreit — und der Gottessohn, der die Schuld der Welt auf sich nimmt, stirbt am Kreuze, nachdem er den Kelch des Leidens bis zur Hefe geleert, nachdem er alles gelitten, was den Menschen schmerzlich berühren kann: Verkennung, Mifsgunst, Verrat, Enttäuschung über die Kleinmütigkeit seines festesten Jüngers, Hohn, Spott und alles, dessen die Brutalität eines wütenden Volkshaufens fähig ist, und dazu den physischen Schmerz des grauenvollen Sklaventodes — bis mit den Worten „es ist vollbracht" die letzte Saite des Herzens springt und der

---

[1]) Das Wesen der Strafe. Eine Studie von Dr. Jos. Kohler, Professor an der Universität Berlin. Würzburg, Druck und Verlag der Stahelschen Universitäts-Buch- und Kunsthandlung.

Genius des Todes über dem Haupte des Dulders seinen
begütigenden Fittig senkt.

Was ist diese Idee des Christentumes anders als die
weihevolle Verherrlichung des Schmerzes, als die Verwirk-
lichung der Idee von der erlösenden Kraft des Leidens?
Diese tief ethische Macht des Schmerzes zeigt sich auch im
Einzelnen: das Leiden wecket Mitleid, Teilnahme, Mitgefühl
und Mithülfe. Das Leiden vereinigt, was geschieden, und der
Moment des Todes versöhnt die Erzfeinde. Das Leiden bringt
den Leidenden zur Einkehr, Reue und Besserung; es führt
zur Ergebung, Geduld, Langmut und sittlichen Läuterung;
es führt zur höheren Würdigung geistiger, ewiger Güter,
und vor der Sonne geistiger Erhebung schwinden alle Erden-
güter wie Eis im Frühling: alles dieses Einzelne ist nur der
Ausfluß des einen Prinzips, des Prinzips von der erlösenden
Kraft des Leidens. Und fragen wir zuletzt nach der tieferen
Ursache dieser Heilkraft, so finden wir uns zurückgeworfen
zu den tiefsten Grundproblemen der Philosophie; wir finden
uns vor die Frage gestellt über den Grund des ganzen
Daseins — eine Frage, deren volle Lösung wir hier nicht
unternehmen! Nur das scheint mir sicher, daß dieses Prinzip
zusammenhängt mit dem Grund aller Individualisation; jeder
Schmerz ist ein Eingriff in den Individualismus; in jedem
Leiden zieht sich das Individuum aus seiner vorgeschobenen
Position auf die Basis des Seins zurück: jedes Leiden ist
eine Steigerung des Einsseins, eine Schwächung des Getrennt-
seins, jeder Schmerz löscht daher mit einem Stück Individualismus auch ein Stück von der Verschuldung des individuellen
Daseins — und der Tod begleicht die Rechnung des Individualismus völlig, indem er das individuelle Dasein vernichtet."

In den ganzen Kohlerschen Ausführungen scheint mir
nur das Eine richtig zu sein, daß die ethische Würdigung
des Schmerzes hauptsächlich im Christentum zu ihrem Recht
kommt: und zwar in dem Christentum, das mit sehr viel
Sklavenmoral durchsetzt ist. Sonst ist es einfach nicht wahr,
daß das vom Schicksal gebeugte Haupt immer eine zähmende
und reinigende Wirkung ausübt, im Gegenteil kann Haß und
Rachgefühl in uns gegen das Schicksal wach werden; es ist

ferner nicht wahr, dafs Leiden immer Mitleid und Mitgefühl wecken mufs. Vollends aus der Luft gegriffen ist die Behauptung, dafs das Leiden den Leidenden zur Einkehr, Reue und Besserung bringen müsse; der Verfasser nimmt stillschweigend an, dafs jedes Leiden gerechte und als gerecht erkannte Strafe ist; dafs uns Menschen alles zum Besten dienen müfste. Gewifs mögen die feigen und weichen Naturen also denken, aber es giebt doch auch noch starke männliche Charaktere, die nicht zusammenbrechen, die den Blitzen und Schlägen des Überirdischen trotzen und hohnlachen; die wohl die Folge von Schuld und Sühne anerkennen, aber selbst die Konten gegen einander aufrechnen und nicht Gott im Himmel mit einem unendlich grossen Schuldbuch dazu gebrauchen.

Das ethische Wesen des Schmerzes haben die christlichen Moralisten entdeckt und gefälscht.

Der Schmerz ist das Bewufstwerden des Gegensatzes von dem Ich und der Umgebung. [1]) Dabei sind natürlich verschiedene Arten von Schmerz, je nachdem auf welchem Gebiete, aus welchem Grunde und in welchem Mafse der Gegensatz auftritt, zu unterscheiden. Hauptsächlich werden zwei Erscheinungen beobachtet werden: entweder erzeugt der Schmerz eine Depression oder eine Exaltation der Seele. Depressionszustände werden eintreten bei intellectuell Schwachen, Exaltationszustände bei intellectuell Starken.

Ueber einen Mifserfolg, sei es bei der Bewerbung um eine Stellung, ein Amt oder um die Liebe, wird man seelischen Schmerz empfinden, da uns in einem solchen Falle unser Ich mit anderen Ichs, d. h. unserer Umgebung in Gegensatz tritt. Wir können nun in diesem Gegensatz zugleich unsere Inferiorität gegenüber der Umgebung, den Mitbewerbern,

---

[1]) Ich stelle hier eine völlig neue Behauptung auf, durch die ich nicht unwesentlich zur Klärung dieses dunklen Gebietes — Wundt sagt in seiner Physiologischen Psychologie Bd. 1 Seite 587: „Über Lust und Schmerz der Seele sagt uns aber unsere Erfahrung gar nichts“ — beizutragen hoffe und werde vielleicht noch Gelegenheit haben, diesen Satz anderweitig ausführlicher zu behandeln.

erkennen und dadurch deprimiert werden; es kann uns aber auch unser eigener Wert erst recht zum Bewufstsein kommen, uns erfüllt dann das Gefühl einsamer Gröfse, und unser Schmerz wandelt sich in Lust. Es ist ferner einleuchtend, dafs je ausgeprägter die Individualität des Einzelnen ist, desto gröfser auch der Gegensatz zu der Umgebung, d. h. desto gröfser wird der Schmerz sein, der nun wieder relativ gröfsere Lust erzeugt.

Dafs die Thränen, das auslösende Moment, als Gegenbeweis dafür, dafs Schmerz und nicht Lust empfunden werde, angeführt werden können, ist unrichtig; ein freudiger Schreck ist häufig der Grund für einen Weinkrampf, eine Todesbotschaft kann einen Lachkrampf veranlassen; es ist bekannt, dafs das Sich-Ausweinen die Seele frei macht[1]), wodurch das Bewufstsein des Gegensatzes vom Ich zur Umgebung sich meist wieder verliert.

---

[1]) Ich verweise auf Goethe's wundervolles: Trost in Thränen.

Vierter Abschnitt.

———————

Geschichte der Körperstrafen.

I.
Die religiösen Körperstrafen.

1. Die Geisselungen der vorchristlichen Zeit.

Bei den Griechen und Römern, auch bei den Aegyptern und Scythen waren Geifselungen religiöser Art üblich.

Allbekannt sind jene jährlichen Geifselungen spartanischer Jünglinge vor dem Altar der Artemis; wenn auch ein erziehliches Moment hierbei mitgespielt haben mag, so ist die Erscheinung doch wohl mehr auf religiöse Vorstellungen zurückzuführen.

Es waren recht grausame Geifselungen, das Blut flofs in Strömen, und Mancheiner sank unter den Schlägen lautlos tot nieder. Die Eltern waren bei der Ceremonie zugegen und ermutigten ihre Söhne noch würdige Spartaner zu sein. Der Tod durch die Geifselung galt als ehrenvoll, und feierlich wurde die Leiche bestattet. Ein Priester, der am Altar stand, hielt eine kleine Statue der Gottheit in der Hand, die ein unzufriedenes und trauriges Gesicht gemacht haben soll, wenn die Geifselhiebe zu langsam oder nicht kräftig genug herniedersausten.[1]

Der Ursprung dieser Geifselungen ist in Dunkel gehüllt: Lykurg wird als Urheber angeführt, der mit der Einrichtung einen volkserziehlich-politischen Zweck verfolgt haben soll; andere nehmen an, dafs es eine Milderung eines alten Gebotes, dafs an dem Altar der Artemis menschliches Blut fliefsen

---

[1] Plutarch in institutis Laconis e. a. l. Lucian, dialogus de gymnasiis Cicero, Tuscul. libr. II. lib. V. Seneca, de providente cap. IV. Tertullianus, observationes ad Martyres. Nicolaus Damascenus. Mosonius apud Stobaeum serm. XIX. u. a. m.

solle, sei, und von Orest, nachdem er das Bild der taurischen
Artemis nach Griechenland gebracht habe, eingeführt sei;
oder sollte die Geißelung ein Gegengewicht gegen die
Wirkungen der nackten gemeinsamen Tänze der Jünglinge
und Jungfrauen bilden? Auch zum Andenken an die Rettung
des Pausanias, der beim Opfern von Lydiern überfallen, nur
durch Stockschläge und Steinwürfe sich mit den Seinigen
verteidigen konnte und die Feinde in die Flucht schlug, sollen
die Geißelungen eingeführt sein.

In Rom war es hauptsächlich das Lupercalienfest,
bei dem religiöse Geißelungen vorkamen. Die Lupercalien
wurden dem Pan zu Ehren veranstaltet; es war ein uraltes
Fest, schon zu Evanders Zeiten soll es gefeiert sein.[1]) Nackt,
mit einer Geißel in der Hand stürmten die Luperken durch
die Straßen und schlugen die ihnen begegnenden Frauen in
die Handfläche oder auf den Bauch; das ·sollte gegen Un-
fruchtbarkeit wirken und die Geburt erleichtern.

Die Luperken teilten sich in zwei Gruppen, nach den
vornehmsten römischen Familien Quintilianer und Fabianer
benannt, später kamen nach Julius Caesar benannt noch die
Julianer hinzu; sogar Marc Anton beteiligte sich an dem ver-
gnügten Gottesdienste, lief nackt umher und[2]) suchte die Un-
fruchtbarkeit zu beheben.

Die Frauen waren schließlich mit den förmlichen und
sanften Schlägen in die Hand nicht mehr zufrieden,
sondern zogen gleichfalls nackt umher, um die Schläge
direkter geniessen zu können. Dadurch kam natürlich die
Sache in Verruf, wenngleich sie nun erst recht Anklang
fand. Bis ins fünfte christliche Jahrhundert standen die
Lupercalien in voller Blüte. Papst Gelasius versuchte mit
allen Mitteln diese nunmehr rein orgiastischen Ceremonien
als einen Ueberrest heidnischen Aberglaubens auszurotten.

---

[1]) Eine andere Erklärung wird aus Ovids Fasten Lib. II. 441
gefolgert; darnach soll ein Orakelspruch Frauen, die gern gebären
wollten, kniend zu geißeln befohlen haben.
[2]) Juvenal Satyr. 142. Aulerius Prudentius in Romano Martyre.
Festus Pompeius libro III. Petronius Arbiter. Bayle, Dictionaire
historique et critique T. III.

Ich will abschliefsend nur noch erwähnen, dafs der
Carneval oder Fasching, auf den später einzugehen ist,
jedenfalls die Fortsetzung dieser Luperkalien ist.

Aufser anderen schweren Strafen wurden gegen die
V e s t a l i n n e n Geifselungen angewendet. Jede Nachlässigkeit bei der Wacht über das heilige Feuer wurde mit Rutenstreichen bestraft, und zwar wurden diese von dem Oberpriester
selbst an einem dunkeln Orte vorgenommen; die Vestalin durfte
dabei ihren Körper nur mit einem dünnen Flor bedecken.¹)

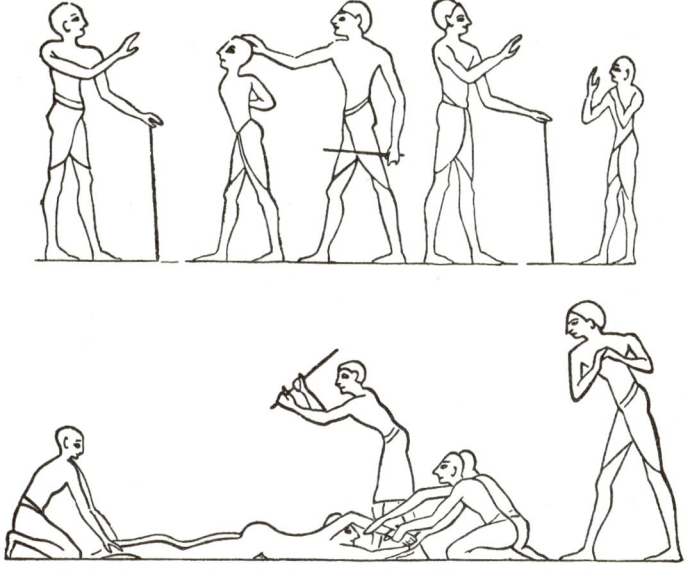

Nach altägyptischen Sculpturen. (Brit. Museum in London.)

Von den **Aegyptern** berichtet uns Herodot, dafs
beim Isisfeste die Versammelten, viele Tausend Männer und
Frauen, sich gegeifselt hätten.²)

Bei den **Scythen** oder Thrakern sollen die Geifselungen
zu Ehren der Artemis geübt sein; vornehme Jünglinge waren
hauptsächlich dabei beteiligt.³)

---

¹) Vergl. Livius, Dionysius von Halicarnas. Valerius Maximus u. a.
²) Herodot, liber II, cap. 41, 62.
³) Philostratus de vita Appolonii Tyanaei libr. VI, cap. 10.

Auch beim Kulte der syrischen Göttin wurden Geifselungen geübt, zum Schlufs der Ceremonie machten sich die Teilnehmer sogar Einschnitte in das eigene Fleisch.[1]

Überleitend zu den Geifselungen der christlichen Zeit müssen wir die Verhältnisse bei den Juden betrachten.

„Und so der Gottlose Schläge verdienet hat, soll ihn der Richter lassen niederfallen und sollen ihn vor ihm schlagen nach der Mafs und Zahl seiner Missethat.

„Und wenn man ihn vierzig Schläge gegeben hat, soll man ihn nicht mehr schlagen, auf dafs nicht, so man mehr Schläge giebt, er zu viel geschlagen werde und dein Bruder scheufslich vor deinen Augen sei."[2]

Auf diese Stelle zumeist stützt sich die Rechtfertigung der Geifselstrafe; sie ist hier ein Strafmittel der theokratischen Gerichtsbarkeit und religiösen und strafrechtlichen Charakters zugleich. Es mufs auch zugegeben werden, dafs hier mit klaren und deutlichen Worten von einer körperlichen Strafe die Rede ist. An anderen Stellen, wo es heifst: „Wen der Herr lieb hat, züchtiget er"[3] oder: „Ruthe und Strafe giebt Weisheit"[4] oder „Züchtige deinen Sohn, so wird er dich ergötzen und deiner Seele sanft thun"[5] ferner: „Und bin geplagt täglich und meine Strafe ist alle Morgen da"[6] kann

---

[1] Apuleius, Goldener Esel, VIII. Buch.
[2] V. Buch Mosis Cap. XXV, Vers 2—3.
[3] Sprüche Cap. III, Vers 22.
[4] Sprüche Cap. XXV, Vers 15.
[5] Sprüche Cap. XXIX, Vers 17.
[6] Psalm 73, Vers 14.

man sehr wohl die Züchtigung im übertragenen Sinne auf-
fassen, aber die Verteidiger der Selbstgeifselung haben natürlich auch diese Stellen mit angezogen: und nicht so sehr im
Widerspruch zum Geist des Judentums: Gott Adonai ist ein
eifriger Gott, der Gott der Strafe und Rache. Diese Züge
haften auch dem Gotte des neuen Testaments an, und selbst
in den Erklärungen Luthers zu den zehn Geboten treten sie
scharf hervor.

2. Die ersten christlichen Poenitenten und Flagellanten.

Dem Christentum[1]) ist es vorbehalten geblieben, die
Geifselungen zu Ansehen und Ehre zu bringen, eine grofse
Mannigfaltigkeit darin einzuführen und schliefslich das ganze
weite Gebiet der Geifselungen systematisch zu gliedern.

Zwei grofse Gruppen sind bei den Geifselungen der
Christen zu unterscheiden, die Poenitenten und die
Flagellanten; erstere empfingen die Geifselung von Anderen,
letztere geifselten sich selbst.[2]) Die Beurteilung der beiden
Arten seitens der Kirche war eine verschiedene: die Poenitenten sah man mit Freuden ihren Übungen obliegen, die
Flagellanten zogen sich bisweilen den Zorn der Kirchen-
fürsten zu. Dem einfach und vernünftig denkenden Menschen,
dessen Geist weder durch Mystik noch durch Autoritäts-
glauben verwirrt ist, mag es nicht ganz klar sein, dafs ein
so grofser Gegensatz darin besteht, dafs man sich geifseln

---

1) Es ist selbstverständlich, dafs ich „Christentum" hier nicht in
dem idealen Sinne gebrauche, sondern nur die jeweilig herrschende
Geistesrichtung der katholischen Kirche damit bezeichne. Wie die
Ansichten über unser Thema oft aufeinanderplatzten, wird in diesem
Teil mit dargelegt werden.

2) Die Schriftsteller über Geifselungen lassen diesen wichtigen
Unterschied nicht immer deutlich erkennen.

läfst oder sich selbst geifselt. Es handelt sich doch nur um einen Modalitäts- aber keinen Artunterschied. Aus derselben Gesinnung und Stimmung ist zumeist Beides entsprossen, wie man auch denselben Zweck damit erreichen will. Und doch sind die Geister oft und heftig aufeinandergeplatzt, mit dem gelehrtesten Rüstzeug ausgestattet, kämpfte man nach sophistischer Taktik.

Die Blüte des Flagellantismus waren die grofsen Geifslerfahrten des 13. und 14. Jahrhunderts. Die Ordensregeln der Mönche und Klöster haben die beiden Arten der Flagellations- und Poenitentsystems wieder harmonisch vereinigt und dadurch gestärkt.

Wir müssen hier einen kurzen Blick auf die Lebensanschauung des Urchristentums werfen.

Vier Sätze kann man aufstellen, in denen die grossen Wahrheiten des Christentums zusammengefafst werden:

1. Das Leiden ist eine wesentliche Seite des menschlichen Lebens,

2. Sünde und Schuld sind eine wesentliche Seite des Menschenlebens,

3. Die Welt lebt durch den freiwilligen Opfertod des Unschuldigen und Gerechten,

4. Es giebt ein zukünftiges Leben.

Es ist ein herber Inhalt, der sich in den ersten zwei Sätzen birgt, und herbe waren auch die Schlufsfolgerungen, die man aus den beiden Letzteren zog. Die Grundaxe alles Denkens war der Kreuzestod Christi, er prägte den Thaten der ersten Christen seinen Stempel, er reizte Jahrhunderte hindurch zur Nachfolge. Dem Gekreuzigten gleich zu leiden galt für herrlich. Da kamen dann die Gelehrten und münzten die Gefühle und nutzten sie aus. Noch unter der Nachwirkung des Heidentums brachte man das do ut des in der christlichen Dogmatik zur Geltung. Man marktete und feilschte mit seinem Gotte, man verlangte Belohnung für sein Leiden; die Märtyrerqualen mufsten durch einen guten Platz im Himmel vergolten werden.

Alles das ist menschlich begreiflich und psychologisch

leicht erklärlich. Da ist es denn auch weiter kein grofser Schritt vom Martyrium zur Selbstmarterung. Bufse sollte gethan werden, der Herr hatte gelitten, war gegeifselt und gekreuzigt, seine Anhänger mufsten ihm nachfolgen.[1]) So

hatte schon der Apostel Paulus an die Korinther geschrieben: „Sondern in allen Dingen lasset uns beweisen, als die Diener Gottes in grofser Geduld in Trübsal, in Nöthen, in Aengsten, in Schlägen, in Gefängnissen."[2]) An anderer Stelle: „Von

---

[1]) Matthaeus XX, 19. Matthaeus XXVII, 26. Lucas XVIII. 33.
[2]) II. Korinther VI, 4, 5.

den Juden habe ich fünfmal empfangen vierzig Streiche weniger eins. Ich bin dreimal gestäupt, einmal gesteinigt."[1]) Und an die Hebraeer schreibt er: „Etliche haben Spott und Geiſseln erlitten, dazu Band und Gefängniſs."[2]) In der Apostelgeschichte las man: „Da fielen sie ihm zu und riefen die Apostel, stäupten sie und geboten ihnen, sie sollten nicht reden in dem Namen Jesu, und lieſsen sie gehen."[3])

Petrus hatte geschrieben: „Freut Euch, daſs Ihr mit Christo leidet"[4]) und „Wer am Fleische leidet, der hört auf von Sünden."[5])

Derartiges muſste zur Nachfolge im Leiden aufstacheln.

„Der Nachahmungstrieb ist beim Menschen ganz unbestreitbar vorhanden und vielleicht der stärkste seiner Natur. Alle Menschen, frivole und ernste, alte und junge, gebildete und ungebildete unterliegen, wenn auch in verschiedenem Grade, dem Triebe, nachzuahmen, was sie sehen, was sie beobachten und erfahren. Kleiderschnitt und Regierungsform, edle Thaten und Verbrechen, Selbstmord und Verrücktheit, alle Aeuſserungen des menschlichen Lebens, die wichtigsten wie die unbedeutendsten, werden Gegenstand der Nachahmung. Es ist begreiflich, daſs diese dem Menschen angeborene Neigung zur Nachahmung sich inmitten einer Menschenmenge, da wo die Phantasie mächtig erregt ist und die Einheit der Zeit und des Órts den Austausch von Eindrücken und Gefühlen aufserordentlich steigert und blitzartig beschleunigt, nicht bloſs ihre gewöhnliche Wirksamkeit entfalten, sondern sich vervielfältigen, verhundertfachen kann.

Fragen wir nun, warum der Mensch nachahmt, warum im Kampfe der Leidenschaften sich gerade der Nachahmungstrieb am stärksten äuſsert, so kann man Angesichts der Thatsache, daſs der Nachahmungstrieb plötzlich bei so Vielen in gleicher Form hervortritt, die überraschenden und anscheinend unbegreiflichen Aeuſserungen und Handlungen

---

[1]) II. Korinther XI, 24, 25.
[2]) Hebraeer XI, 36.
[3]) Apostelgeschichte V, 40.
[4]) I. Petri IV, 14.
[5]) I. Petri IV, 1.

einer Masse auf die Wirkungen eines seelischen Kontagiums zurückführen, auf eine Suggestion."[1])

Wer zuerst die Geißel über den eigenen Rücken geschwungen, dürfte wohl nie mit Sicherheit festgestellt werden können. Hospicianus[2]) und Jacob Gretser[3]) haben sorgfältige Untersuchungen angestellt, und eine Unmenge von Einzelheiten und Einzelfällen beigebracht, aber der Primus Flagellans ist auch von ihnen nicht benannt worden. Zwei berühmte Doctoren der Theologie sind in grimmem Kampfe über diese Frage entbrannt: J. Boileau[4]) und J. B. Thiers.[5])

Der heilige Pardulph, der zur Zeit Karl Martells um 737 n. Chr. lebte, ist der erste namentlich erwähnte Poenitent: sowohl ein gleichzeitiger Autor, als 200 Jahre später, Yro, der Prior zu Clugny, teilt mit, daß der heilige Pardulph selten aus seiner Zelle gekommen, meist nur wenn ihn eine Krankheit zwang zu baden, wobei er sich dann noch mit einem Messer Einschnitte in die Haut machte. Während der Fastenzeit zog er sich ganz nackend aus und ließ sich von einem seiner Schüler mit Ruthen hauen.

Auch von dem heiligen Wilhelm, Herzog von Aquitanien, einem Zeitgenossen Karls des Großen und Ludwig des Frommen, erzählt sein gleichzeitiger Biograph Harduin, der Herzog habe sich aus Liebe zu Christum geißeln lassen und sei stets mit der Person, die ihn geißelte, allein gewesen. Aehnlich schreibt Haeftenus, der Superior des Klosters zu Afflingen, daß der Herzog von Aquitanien

---

[1]) Psychologie des Auflaufs und der Massenverbrechen. Von Prof. Scipio Sighele. Autorisirte deutsche Uebersetzung von Dr. Hans Kurella. Dresden und Leipzig. Verlag von Karl Reißner.

[2]) Hospicianus, de Monachis libri quattuor, Genevae 1669.

[3]) J. Gretseri societatis Jesu theologi opera omnia. Tomus IV. Ratisbonae 1734.

[4]) J. Boileau; Historia Flagellantium de recto et perverso flagrorum usu apud Christianos ex antiquis scripturae, patrum, pontificum, conciliorum et scriptorum profanorum monumentis cum cura et fide expressa Parisiis 1700

[5]) Jean Baptiste Thiers; Crtique de l'histoire des Flagellans et justification des disciplines volontaires. Paris 1703.

gern auf hartem Lager geschlafen habe, und dais er sich auch selbst mit einer Geifsel geschlagen habe.

Gualterus, der Abt von Pontoise, der um 900 lebte, soll sich mit einer aus knotigen Riemen gemachten Geifsel gleichfalls selbst gegeifselt haben.

Viel Schreibens und Rühmens ist von dem heiligen Romuald gemacht worden: er geifselte nicht nur sich selber, sondern peitschte auch seine Mönche tüchtig. Er soll auch bisweilen geträumt haben, dafs der Teufel ihn peitsche. Sogar seinen eigenen Vater prügelte er, als dieser, gleichfalls Mönch geworden, wieder in die Welt zurückkehren wollte: und er prügelte ihn solange, bis er seine Seele mit Gottes Hilfe wieder zum Heile zurückgeführt hatte.

Boileau hält für den ersten klassisch beglaubigten Flagellanten den heiligen Guido, Abt des Klosters Pamposa bei Ferrara. Als nämlich Heribert, der Erzbischof von Ravenna jenes Kloster abzureifsen befahl, schlofs sich der Abt mit seinen Mönchen im Kapitalhause ein und sie schlugen sich mit Ruthen. Guido starb im Jahre 1047.

Methodisch betrieb die Geifselungen zuerst der Bischof Rudolf von Eugubio; er legte sich häufig eine Bufs-übung für 100 Jahre auf und arbeitete dieses Pensum in 20 Tagen unter Anwendung von Geifseln und anderen Disciplinen auf. Aufserdem betete er jeden Tag den ganzen Psalter und peitschte sich dabei noch zweihändig mit grofsen Ruthen.

Weit überragte alle Vorgänger und auch die meisten Nachfolger Dominicus Loricatus, d. h. der Gepanzerte, weil er auf nacktem Leibe einen eisernen Panzer trug.

Petrus de Damiani, Kardinalbischof von Ostia, war früher Dominikanermönch zu Fonte Avellana gewesen, wo auch Dominicus lebte; aus eigener Anschauung kennt er also jene flagellantischen Heldenthaten, von denen er auch ausführlich berichtet: „Kaum vergeht ein Tag, ohne dafs er mit Geifselbesen in beiden Händen während zweier Psalter seinen nackten Leib schlägt, und das in den gewöhnlichen Zeiten, dann in den Fasten, oder wenn er eine Bufse zu vollbringen hat — oft hat er eine Bufsübung von 100 Jahren

übernommen — vollendet er meist drei Psalter unter Geifselschlägen. Eine Bufsübung von 100 Jahren aber wird, wie
wir von ihm selbst gelernt haben, so erfüllt: da 3000 Geifsel-
schläge nach unserer Regel ein Jahr Bufse ausmachen, und
wie häufig erprobt ist, während des Hersingens von zehn
Psalmen hundert Hiebe erteilt werden, so ergeben sich für
die Disciplin eines Psalters fünf Jahre Bufse, und wer zwanzig
Psalter mit Disciplin absingt, hat zweifellos 100 Jahre Bufse
vollendet. Doch übertrifft unser Dominicus die Meisten, dafs
er als echter Schmerzenssohn, da Andere mit einer Hand
die Disciplin ausüben, mit beiden Händen unermüdet die
Lüste des widerspenstigen Fleisches bekämpft. Jene Bufse
von hundert Jahren vollendet er aber, wie er mir selbst
gestanden hat, ganz bequem in sechs Tagen. Ich erinnere mich auch, dafs er einmal im Anfange der Fasten
verlangte, wir sollten ihm tausend Jahre Bufse auferlegen,
und diese Bufse erfüllte er fast ganz, ehe die Fastenzeit
verflofs."

Weiter berichtet Damiani über Dominicus: „Vor einigen
Tagen kam er zu mir und erzählte: Als ich zufällig erfuhr,
Du habest geschrieben, dafs ich an einem Tage neun Psalter
mit körperlicher Disciplin abgesungen hätte, erschrack ich
und wurde von Gewissensbissen gequält. Wehe mir, sagte
ich, das ist ohne mein Wissen von mir geschrieben worden,
und ich weifs doch nicht, ob ich es vollenden kann; ich
will es also nochmals versuchen. Nun zog ich mich aus,
bewaffnete meine beiden Hände mit Geifseln und die Nacht
durchwachend, hörte ich nicht auf Psalmen zu beten und
mich zu schlagen, bis ich am anderen Tage zwölf Psalter
vollendet und im dreizehnten bis zum einunddreifsigsten
Psalm gekommen war."

Nie verliefs Dominicus das Kloster, ohne eine Geifsel
mitzunehmen und er gab sich, den Verhältnissen entsprechend,
so gut es ging, die Disciplin. Konnte er sich nicht nackt auskleiden, so schlug er seinen Leib, Beine, Schenkel, Kopf und
Hals mit Faustschlägen und Ohrfeigen.

Das Aussehen des grofsen Geifslers mag sich Jeder
selbst ausmalen, nur das Wort Damianis will ich noch er-

wähnen: sein Körper habe ausgesehen wie die Kräuter, die der Apotheker zu einer Ptisane gestofsen habe.

Dominicus Biograph und Schüler Petrus Damiani (1006 –72) übertraf den Lehrer noch: er war Theoretiker und Praktiker zugleich; er sammelte Beispiele, Anekdoten, Belege für die Zweckmäfsigkeit des Geifselns; er war der erste Organisator des Systems.

Vier Punkte betonte Damiani hauptsächlich, weshalb Geifselungen gut und nützlich sein: um Christo nachzufolgen[1]), Märtyrerwerke zu thun[2]) das Fleisch zu strafen[3]) und um Bufse zu thun[4]).

Auf die scharfsinnigste Weise wurden diese Sätze dann erläutert und praktische Ratschläge erteilt; aber schon erhob sich Zweifel und die allzugrofse Spitzfindigkeit führte zu Streit über die Einzelheiten in der Vollstreckung der Disciplin.

Zwei Streitfragen erregten insbesondere die Gemüter: ob die Geifselung auf den bekleideten oder nackten Körper erfolgen solle, und ob der Rücken oder das Gesäfs und die Lenden geschlagen werden sollten. Damiani verlangte: Man solle sich ganz nackt und in Gesellschaft eines Anderen geifseln: derselben Ansicht war des Cardinal Robert Pullus, der um jene Zeit Erzkanzler der römischen Kirche war. Den Vorwurf, dafs die Entblöfsung bei der Disciplin unanständig sei, wies Damiani als Heuchelei zurück und berief

---

[1]) Petrus de Damiani: epistolae ad Monachum Petrum Cerebrosum VI, 27. Hoc disciplinae genus nequaquam modernis est studiis noviter adinventum, sed ex sacrae Scripturae potius auctoritate prolatum. Novimus enim Dominum Salvatorem a praesidis militibus verberatum, beatos apostolos in conciliis a sacredotium principibus caesos. Nonnullos etiam sanctorum martyrum legimus virgis ac flagris durioribus lanciatos.

[2]) ibidem l. c. Quid absurdum est, quid ineptum, si nunc sancta ecclesia in pacis otio utitur, quo dudum utebatur in bello?

[3]) ibidem l. c. Carnem et spiritum scopo, qui me delinquisse per carnem et spiritum recognosco

[4]) ibidem V, 8. Optime paenitet qui dum carnem verberibus mactat, lucrum quod delectatione carnis amiserat, afflictionibus recompensat et salubrem ille nunc amaritudinem ingerit, cuius olim noxia delectatione peccavit.

sich auf Christi Blöfse bei der Kreuzigung. Da einige
Gegner Damianis — diese waren der Cardinal Stephan und
die florentinischen Geistlichen — plötzlich starben, hielt man
solches für ein Zeichen des Himmels, und der Ueberlebende
behielt Recht.

Dürer, Büfser.

Die Frage, ob das Schlagen des Rückens oder des
Gesäfses und der Lenden empfehlenswerter sei, ist mehr
medizinischer Art. Man meinte, dafs die Geifselhiebe aut
den Rücken die Augen angreifen, und das zu häufige Bluten

dem Gehirne schade. Man wuſste aber auch, oder merkte doch, daſs Schläge auf das Gesäſs und die Lendenmuskeln geschlechtlich aufreizend wirkten.

Das System war nunmehr wohl eingeführt; die Geiſselungen wurden als Absolutionmittel für d⌀n Beichtstuhl angeordnet; sie wurden als Strafmittel in den Orden und Klöstern beliebter, und bald sollten ganze Menschenmassen unter ihrem Einfluſse stehen. Wir wollen hier nur noch einige Einzelerscheinungen jener Zeit erwähnen.

Drei gekrönte Häupter, die Kaiser Heinrich II., König Heinrich III. von England sowie Ludwig IX. von Frankreich lieſsen sich disciplinieren. Wilhelm von Nangis erzählt, daſs der eine Beichtvater Ludwigs diesem doch zu gut discipliniert habe, zwar hätte er bei dessen Lebzeiten sich nicht beklagt, aber dem Nachfolger Gotfredus de Bello-Loco es scherzend gestanden. Heinrich III. lieſs sich zur Beschwichtigung des Zorns seiner Prälaten und des Widerstandes seiner Vassalen geiſseln. Kaiser Heinrich II., der edle Sachsensproſs, soll, wie Reginhardt berichtet, seinen Kaiserlichen Schmuck niemals eher angelegt haben, bevor er nicht die Erlaubnis eines Priesters dazu erhalten und sich durch Beichte und Geiſselung würdig vorbereitet hatte.

Daſs Frauen noch leichter sich mönchischer Zucht unterwarfen und die neu aufgekommene Mode gern mit machten, ist leicht erklärlich: Brigitte von Schweden, Elisabeth von Thüringen, Hedwig von Polen, Maria von Clugny, Hildegard leuchten vor allen.

Die heilige Brigitta von Schweden soll schon als zehnjähriges Mädchen die Gewohnheit gehabt haben, völlig entblöſst vor einem Crucifix zu beten. Ihre Muhme überraschte sie einmal bei dieser Andacht und züchtigte sie mit der Ruthe. Jetzt hatte die kleine Prinzessin von der süſsen Frucht gekostet und geiſselte sich selber in der Mutter Gegenwart.

Auch ihre Tochter Catharina muſste sich der Disciplin unterziehen. Anfangs bat diese den Beichtvater, recht tüchtig zuzuschlagen, aber bald gab sie an, daſs sie keine Versuchungen mehr ankämen.[1]

---

[1] Vita St. Brigittae et St. Catharinae Suenensis.

Energischer betrieb die Landgräfin von Thüringen, Elisabeth, Tochter König Andreas von Ungarn, ihre Disciplin. Oft schlich sie sich nachts aus dem ehelichen Gemache, weckte ihre Frauen und liefs sich von ihnen geifseln, bis diese sie mit Thränen beschworen, Milde gegen sich walten zu lassen. Später begab sich Elisabeth unter die Leitung Konrads von Marburg, des blutgierigen Ketzerrichters. Einmal soll Elisabeth derartig gegeifselt worden sein, dafs vier Wochen nachher noch die Streifen zu sehen gewesen sind. Den Schenk von Argula, einem alten Freund und Vertrauten hat die Landgräfin, als er sein Mifsfallen und den Argwohn über das Verhältnis Konrads zu ihr aussprach, die Merkmale der Disciplin gezeigt mit den Worten: „Seht da die Liebe, die der heilige Mann zu mir trägt, und die ich zu ihm trage."

Die Herzogin Hedwig von Polen tötete die Glieder ihres Leibes auf das Härteste mit Geifseln ab. Sie nahm das Kreuz der täglichen Züchtigung auf ihre Schultern und wollte Christus zu Ehren und Liebe ein Opferlamm werden. In den dünnsten und schlechtesten Kleidern, die sie nur notdürftig bedeckten, lag sie ihren geistlichen Uebungen ob. Im Winter und Sommer trug sie nur ein einziges Gewand und einen einfachen Mantel. Ihr Leib war infolge des Fastens ganz abgezehrt, die Haut war schmutzig und bleich, von eigentümlicher Färbung, mit Striemen und Wunden überdeckt. Aber sie achtete nicht den Trost, der den Aufsenleib quälte, sie fühlte nur die heilige Liebe im Innern brennen.[1]

---

[1] L. Surii Vitae Sanctorum.

3. Die erste grosse Geisslerfahrt 1260—61.[1]

In Italien tobte seit dem Canossajahre der Kampr
zwischen Kaisertum und Papsttum; reichlich war der Boden
unter dem ewig blauen Himmel mit Blut gedüngt. Laut
hallten dann die Kriegsrufe der Guelfen und Ghibellinen;
die Städterepubliken fingen an sich zu mehren und trugen
zur Vergröfserung der Anarchie bei. Da soll es der heilige
Antonius von Padua gewesen sein, dessen Predigten
wie unwiderstehliche Feuerströme viele Sünder zur Reue
und Bufse entflammten. Damals fingen die Menschen zuerst
an, unter Geifselschlägen und unter Absingen frommer Lieder
in Processionen aufzuziehen.

Derartige Prozessionen waren nicht etwas ganz Neues;
schon im Altertume waren zu Zeiten grofser Mifsgeschicke,
Krankheiten und Kriegsleiden festliche öffentliche Bitt- und
Bufsaufzüge zu den Altären der Götter üblich. Nur die
Geifsel war jetzt neu dabei, aber sie war ja das modische
und beliebte Bufsinstrument jener Zeit. Ganze Gegenden
waren wie von einer Geifselepidemie ergriffen; die einzelnen
Privatgeifsler vereinten sich nun und so entstehen die
Geifslerfahrten. Ueber die ersten Fahrten, die in die Zeit
von 1230 bis 1260 fallen, sind kaum Nachrichten erhalten.

1260 begannen neue, die historisch beglaubigten Geifselfahrten. Ein Franziskanermönch Johannes von Vicenza
und ein Einsiedler, Rainer von Peruggia werden als
Haupteiferer für diese Prozessionen genannt.

Ein Chronist meldet über diese Fahrten[2]):

Als ganz Italien voll von Lastern und Verbrechen
jeglicher Art war, da ergriff plötzlich eine seit Jahrhunderten
unerhörte Gottesfurcht zuerst die Einwohner von Peruggia,
dann die Römer, endlich fast alle Völker Italiens. Der Tag

---

[1]) Schoettgen, de secta flagellantium Lipsia 1711, führt von
vorkommenden Namen an: 1. Flegeler, Bengeler, 2. Tritae, 3. Plagiferi,
Geifselbrüder, 4. Cruciferi, Crucifigeri, Crucifratres, Cruciflagellatores,
5. Circumcelliones, Chorisantes, 6. Poenitentes, Devoti, Acephali,
7. Beghardi, 8. Fratres in Albis.

[2]) Monachi Paduani Chronicon. Liber III in German. Historicor.
illustr. Tom. I. 1585.

des Herrn, das jüngste Gericht schien hereinbrechen zu
wollen; dieser Schrecken bemächtigte sich ihrer dergestalt.

Aufzug der Geifsler. (Nach einem alten Kupfer.)

dafs Edle und Gemeine, Junge und Alte, ja selbst Kinder
von fünf Jahren ganz nackt, bis auf die bedeckten Schamteile, in feierlicher Procession paarweise durch die Strafsen

5

der Stadt zogen. Jeder hielt in der Hand eine Geitsel von ledernen Riemen, womit sie sich die Schultern blutig schlugen. Sie jammerten und seufzten und vergossen Ströme von Thränen, man hätte glauben mögen, sie sähen mit eigenen Augen das Leiden des Heilandes. Sie flehten zu Gott um Erbarmung und zur Mutter Gottes um Beistand; sie flehten um Verzeihung den an, der ja immer den aufrichtig reuigen Sündern Verzeihung geschenkt habe. Diesen Aufzug machten sie bei Tage und des Nachts, mit brennenden Kerzen in der Hand. Keinen Eintrag that ihrem Bufseifer die Rauhheit der Jahreszeit, die Strenge des Winters. Angeführt von Priestern mit Kreuzen und Fahnen, durchzogen sie zu Hunderten und Tausenden die Städte und wallten zu den Altären, vor denen sie demütig niederfielen. Dasselbe thaten sie auch in den Flecken und in den Dörfern, so dafs die Berge und Thäler von ihrem Klageschrei wiederhallten.

Da schwiegen alle Freudenklänge, da schwiegen alle Liebeslieder, nur die Klagesänge der Büssenden erfüllten Stadt und Land. Diese traurigen wehmütigen Töne erweichten die Hartherzigsten und entlockten Thränen den Verstocktesten. Auch die Frauen nahmen Theil an der aufserordentlichen Bussübung; nicht nur gemeine vom Volke, sondern auch vornehme Frauen, selbst die zartesten Jungfrauen verschlofsen sich in ihre Kammern und übten Geifselbufse. Da versöhnte sich wer in Feindschaft lebte. Die Wucherer und Diebe beeilten sich, ihr unrechtes Gut zurückzuerstatten. Alle die sich eines Verbrechens schuldig gemacht hatten, beichteten demütig und besserten sich aufrichtig. Die Gefängnifse wurden geöffnet, die Gefangenen frei gelassen, die Verbannten in die Heimath zurückgerufen. Die Menschen thaten so viel gute Werke und übten so viel Werke der Barmherzigkeit, dafs sie zu fürchten schienen, die Vorsehung wolle sie durch Feuer im Himmel verzehren oder durch ein Erdbeben verschlingen lassen, oder ein anderes jener grofsen Strafgerichte, welche die Sünder treffen, über sie herabschicken . . . . .

Schnell verbreiteten sich diese Bufsübungen, an denen Arm und Reich, Gelehrte und Ungelehrte, Mönche, Priester,

Aebte, selbst Bischöfe teilnahmen, in den verschiedenen Provinzen Italiens.

Einige Beispiele für die Stimmung: zu Reggio schlofsen sich die Bürger samt dem Podesta den Geifslern an; in Parma traten die Magistratspersonen und die Bürgerschaft mit gesenkten Fahnen, barfufs und unter Geifselungen zum Zuge. Nur Wenige verschlofsen ihnen ihre Thore und verboten den Eintritt; so verwahrte Manfred, der Bastard Friedrichs II. den Geifsleren das Betreten seiner Königreiche Sicilien und Apulien bei Todesstrafe, auch in Cremona wurden sie von dem Markgrafen Palavicino, einem Freunde Manfreds zurückgewiesen. Aus diesen Thatsachen zumeist hat man den Schlufs gezogen, dafs die Geifsler auch eine politische Bedeutung und Aufgabe gehabt haben, sie hätten durch die religiöse Begeisterung der Sache des Papstes und der Welfen dienen sollen. Thatsache ist, dafs in manchen Städten Zwiste und Parteifehden durch die Geifsler ausgeglichen wurden.

Im Frühjahr 1261 begannen die hochgehenden Wogen religiösen Fanatismus zu ebben. Das Zusammengeifseln und Zusammenleben der beiden Geschlechter erregte auf die Dauer Anstofs und brachte die Vernünftigen zur Einsicht und Abkehr.

Aber die Geifselmanie war über die Alpen geflogen und in Deutschland eingedrungen.

Ottokar schildert in seiner Reinchronik die Vorgänge also:

Ain Volckh deselbing jars phag
Ainer Puezz, de waz frömd,
Weib und Man heten da Hemd
Da waren Gugel an gesniten
Nu hört mit wie getanen Siten
Dew Puezz he ze Lande chom.
Im Lampparten sy sich von erst nam.
Yegleich Pharr-Volckh sampt sich
Und giengen gemainklich,
Die man sunder geschört
Parfuez und mit Part.
Sunst sach man sew wanndern,
Von ainer Chirchen zu der andern,

Die Alten zu den jungen,
Ir Pues-Lied sy sungen,
Sy waren Gotleich darczu,
Sy warn auf dez Smorigens frue,
Und wan sy chomen in der nahen,
Daz sy ein Chirchen sahen,
So slugen sy sich selb an
Mit Gaislen, daz das Plut ran
Nach dem Ruckch hernieder,
Umb die Chirchen und herwider,
Darnach sy in die Chirchen giengen,
Ir Puezz sy darinn begiengen
Mit Gaislen und mit Gebet.
Hört wie die Frawen schar tet.
Die giengen dez Smorigens frue
In die Chirchen und sparten zue,
Unzct daz von jn ward volbracht
Ir Puezz und ir Andacht,
So legten sy sich wieder an.
Dacz Wahlen mans ein erst begann.
Sunst gie ez ymer mer
Unzct zu den Dewczschen Lannden her
Da liessen sy jns enplannden
Mit paiden jrn hannden
Payde Man und Frawen.
Da mans von erst begund schawen
Umb die Lichtmezz daz geschach,
Und wert also darnach
Gar gancze acht Wochen,
Da ward dew Puezz zebrochen,
Daz sy nicht andechtig wer,
Manig vnuczes mer
Wart davon gesait.
Nu wart ez den Pfaffen lait,
Und predigten darauf,
Daz man süder tet den lauf,
So lang vnczt darvon liez,
Do ez die Pfaffheit also hiez.

Die Geifsler sollen Krain, Kärnthen, Steiermark, Baiern, Oesterreich, Böhmen. Mähren, Ungarn und Polen durchwandert haben, Von Strafsburg wird berichtet, dafs im Frühjahr 1261 eine Schaar von 1200 Bufsbrüdern aus Italien ihren feierlichen Einzug gehalten, denen sich 1500 Einwohner anschlossen.

Bald war jedoch das Feuer des Fanatismus verraucht; und 73 Jahre vergingen, bis wieder eine grofse Procession von Geifslern zu Stande kam. Aber im geheimen und einzeln wurde das Geifseln von jener Zeit an weiter betrieben, und wir werden auch dieses an späterer Stelle zu betrachten haben.

4. Die Geisselfahrten in den Jahren 1334 und 1340.

Die inneren Zwistigkeiten in Italien dauerten fort, die Päpste hatten ihren Sitz nach Avignon verlegt und liefsen ihre Sachen durch Legate führen. 1333 hatte Johannes XXII. Legat eine schwere Niederlage erlitten, und es stand schlecht um das Ansehen des Papsttums. Da erhob sich ein Dominikanermönch zu Bergamo, Venturinus[1]), und sammelte durch seine schwärmerische Beredsamkeit eine grofse Menge zu Bufs- und Geifselzügen.

In lange weifse Kutten, darüber einen blauen oder purpurnen Mantel, mit weifsen Strümpfen und ledernen Halbstiefeln, auf dem Stirnband das Zeichen J. H. J., auf der Brust eine weifse Taube mit dem Friedensölzweig im Schnabel, in der rechten einen Pilgerstab, in der linken einen Strick mit sieben Knoten, das Paternoster, zogen die Geifsler aus.

Um Christus nachzuahmen, gingen sie sechs Abteilungen von je zwei zu zwölf, ein dreizehnter folgte. Er trug auf

[1]) Die Legende berichtet von Venturinus, dafs während er sprach, eine Flamme aus seinem Munde kam und eine weifse Taube häufig über seinem Haupte schwebte.

seinem Stabe ein kleines Kreuz mit dem Bilde der Mutter Gottes und dem Jesuskinde auf der einen, der heiligen Martha auf der anderen Seite. So durchwanderten diese Abteilungen die Lombardei und Toscana, bis nach Rom. Grofse Ehrenbezeugungen wurden Venturinus erwiesen, so dafs er, um nicht eitel zu werden, flüchtete. In Avignon, wo man gegen den Lebenswandel des Papstes auftrat, wurde Venturinus wegen Ketzerei gefangen genommen und nach seiner Freilassung verbot man ihm das Predigen und weitere Veranstalten von Geifselfahrten.

Eine interessante Unterbrechung bietet die von einem schönen, frommen Mädchen gegründete Geifslerschaft zu Cremona, die im Jahre 1340 auf 10 000 Teilnehmer sich belaufen haben soll. Die Heilige war aber nur die Geliebte eines Priesters; sie sollte ihr gottloses Unterfangen auf dem Scheiterhaufen büfsen, wurde jedoch von den Gonzagas gerettet.

---

5. Die grosse Geisselfahrt nach Strassburg 1349.[1]

1349 ist das Hauptjahr der „Pest" oder des „schwarzen Todes."[2]

Diese furchtbare Seuche war eine morgenländische Beulenpest, kenntlich an Brandbeulen und Drüsengeschwülsten. Schwarze Flecken, die sich auf der Haut zeigten, gaben

---

[1] L o u i s S c h n e e g a n s : Le grand pélegrinage des flagellants à Straßbourg en 1349. Strasbourg chez Silbermann 1837. Matthias Neoburgensis Chronica. C. G. F ö r s t e m a n n, die christlichen Geifsler-gesellschaften Halle 1828. Die handschriftliche C h r o n i k F r i e d r i c h C l o s n e r's, der Priester und Vicar an der Kapelle der heiligen Catharina im Strafsburger Münster war, ist vom Jahre 1362 datiert und besteht aus 60 Pergamentblättern.

[2] C o n t i n u a t o r G u i l l e l m i d e N a n g i s apud Dacherium tomo XI pag. 807. A u g u s t H e c k e r. die grofsen Volkskrankheiten des Mittelalters, Seite 19 ff. Berlin 1865.

ihr den volkstümlichen Namen. Es bildeten sich grofse
Eiterbeulen an Oberschenkeln und Armen, aus denen sich
bei Oeffnung übelriechende Jauche ergofs, was aber das
Uebel erleichterte. Begleiterscheinungen waren betäubender
Schlaf, Zungenlähmung, bei anderen Schlaflosigkeit, brennen-
der Durst und Blutspeien.

Von Asien war die entsetzliche Seuche ausgegangen;
Handelsschiffe hatten sie nach Constantinopel gebracht, sie
verbreitete sich über die Inseln des Mittelmeers, drang in
die Häfen Italiens ein, wütete dann in Italien, Frankreich,
Deutschland, in den übrigen Ländern des europäischen
Continents, gelangte nach England und sogar nach Island
und Grönland. Tausende und Abertausende sanken dahin;
die Lebenden reichten oft nicht aus, die Toten zu bestatten;
Jammer, Elend und Verzweiflung herrschte überall. Das
Schicksal des kommenden Tages schwebte quälend über
Allen: die Einen ergaben sich wilder Schlemmerei und Ausgelassenheit, die Anderen suchten in strenger Bufse ihre
Rettung. Ein drittes Rettungsmittel glaubte man auch in
fanatischer Verfolgung und Bestrafung der Juden zu finden.
Sie sollten die Quellen und Brunnen vergiftet haben: auf
der Folter brachte man einige zum Geständnis, und so begann
eine allgemeine Judenverfolgung. Die Bethätigung des Juden-
hasses bildet einen hervorragenden Teil der Andachtsübungen
der Geifsler.

Man sieht ein furchtbares Tobuwabohu der Geister,
das noch vermehrt wurde durch die Furcht vor der bevor-
stehenden Ankunft des Heilands zum jüngsten Gericht.
Selbst die Frömmsten fühlten sich als Sünder und ver-
doppelten ihre Bufsübungen, um den Zorn Gottes zu besänftigen.

In jene Zeit fällt die grofse Geifselfahrt der Kreuzbrüder;
kurze Zeit — so meldet der Chronist — nach der Ermordung
der Juden war es, da wurden alle Glocken der Stadt ge-
läutet, das ganze Volk war in Bewegung und eilte die
Mauern hinaus: eine Schaar Geifsler, der ein grofser Ruf
von Frömmigkeit und Heiligkeit bereits vorausgegangen
war, wallfahrtete auf Strafsburg zu. Die Zahl der Brüder

Procession

Aus Picart: Cérémo

Flagellanten.
et coûtumes religieuses.

belief sich auf zweihundert. Einer, der an ihrer Spitze ging, trug ein Kreuz; zehn andere, welche hinter ihm folgten, hielten prächtige Fahnen von carmesinrotem Sammet mit Goldstickerei; mehrere andere hatten Kerzen in der Hand. Nach ihnen kam die ganze übrige Schaar. Alle trugen Mäntel und Hüte, welche beide ein rotes Kreuz auszeichnete. Sie gingen paarweise in feierlichem Aufzuge und wiederholten chorgemäfs die Klagelieder auf das Leiden und den Tod Christi, welche zwei bis vier von ihnen vorsangen. Die Gesänge führten den Namen Leis oder Leich. [1])

Der Leis, den die Geifsler im Gehen sangen, lautete:

Nu ist die bettevart so her,
Crist reit selber gen iherusalem,
Er fürt ein krütze an siner hant,
Nu helf uns der heilant.
Nu ist die bettevart so gut,
Hilf uns herre durch din heilges blut,
Daz du an dem krütze vergossen hast,
Unn uns in dem ellende gelossen hast.
Nu ist die strosze also breit,
Die uns zu unsere lieben frowen treit,
In unsere lieben frowen lant,
Nu helfe uns der heilant.
Wir süllent die busze an uns nemen,
Daz wir gote deste bas gezemen,
Aldort in sines vatters rich,
Des bitten wir dich sünder alle gelich.
So bitten wir den vil heiligen Crist
Der alle der welt gewaltig ist.

Hatten die Geifsler nun ihren Einzug in eine Stadt gehalten, so begaben sie sich feierlich von Kirche zu Kirche unter beständigem Läuten der Glocken und von der Menge, die in frommen Erstaunen befangen war, begleitet. Waren

---

[1]) Leis, Leiss oder Leich ist wohl aus Kyrie eleison corrumpiert; ob eine Beziehung zu dem französischen lai oder virilai statthat, vermag ich nicht festzustellen. Vergleiche: Hoffmann, Geschichte des deutschen Kirchenliedes. Breslau 1832. Seite 79—98.

sie in einer Kirche angelangt, so warfen sie sich auf die Knie und sangen:

> Jhesus wart gelabet mit gallen
> Des süllent wir an ein krütze vallen.

Hierauf fielen sie kreuzweise zur Erde, mit einer solchen Heftigkeit, dafs die Vorhöfe der Kirche davon wiederhallten, oder, wie Closner sagt, „daz es klaperte." Sie blieben so eine Zeitlang liegen, bis ihr Vorsänger mit lauter Stimme die Verse sang:

> Nu hebent uf die üwern hende,
> Daz got dis grosze sterben wende:
> Nu hebent uf üwere arme,
> Daz sich got über uns erbarme.

Hierauf standen sie auf; aber erst nachdem sie diese Uebungen drei Stunden lang wiederholt hatten, verliefsen sie die Kirche. Die Bürger warteten auf das Ende dieser Ceremonie und nun galt es nur, sich eines dieser Heiligen zu bemächtigen und ihn als Gast heimzuführen. Es gab Bürger, die deren 10 bis 20 bei sich aufnahmen.

Die Kreuzbrüder geifselten sich des Tages zwei Mal; das erste Mal am Morgen, das zweite Mal am Abend. Diese Bufsübungen geschahen öffentlich und fanden nach unseren Chroniken auf folgende Weise statt:

Um sich ihren sonderbaren Uebungen bequem hingeben zu können, ging die Schaar die Stadt hinaus und begab sich auf die Metzgerau. Das war ein grofser Platz, der damals noch nicht angebaut war. Alle Glocken der Kirchen und der Klöster erschallten wie an Festtagen. Die Geifsler zogen paarweise auf, hatten die Geifsel am Gürtel hängen und sangen ihre Leis; dabei wurden ihre Kreuze und Fahnen vorausgetragen und eine gerührte Menge, die noch stärker klagte und schluchzte als die Geifsler selber, lief hinterdrein.

Waren sie in der Metzgerau angekommen, so legten sie ihre Kleider sammt ihrer Fufsbedeckung ab und behielten nur eine Art Kittel oder Hemd an, das von den Lenden bis zu den Füfsen reichte: der obere Teil des Körpers war entblöfst. In diesem Zustande warfen sie sich zur Erde, oder liefsen sich vielmehr zur Erde fallen, dergestalt, dafs ihre hingestreckten Körper einen weiten Ring bildeten. Dabei nahm jeder Büfsende eine eigentümliche Lage ein, um augenscheinlich die Sünde anzuzeigen, die er sich vorzuwerfen hatte. Der Meineidige legte sich auf die Seite und hob drei Finger zum Himmel auf; der Mörder schlug mit der Faust auf den Boden; der Dieb streckte die Hand aus, indem er sie auf und zumachte; der Ehebrecher legte sich auf den Bauch; wer zu gut gelebt hatte oder dem Trunke ergeben gewesen war, hielt den Mund offen, und so fort.

Wenn sie nun alle so dalagen, schritt ihr Meister mit der Geifsel in der Hand über sie hinweg; er ging von einem zum andern, indem er jeden mit der Geifsel schlug und zu ihm sagte:

> Stant uf durch der reinen martel ere,
> Unn hüt dich vor der sünden mere.

War einer mit der Geifsel getroffen, so stand er auf. Nun folgte er dem Meister, ging mit ihm über die hinweg, die noch ausgestreckt dalagen und berührte sie, wie er, unter Wiederholung der oben angeführten Worte, mit der Geifsel. Diese Ceremonie dauerte so lang, bis alle aufgestanden waren.

Alsdann begann erst die Geifselung. Alle Brüder stellten sich in einem grofsen Kreise auf. Mehrere von ihnen, welche die schönsten und stärksten Stimmen hatten, traten in den Mittelpunkt und sangen das Lied vor, dessen Refrain die ganze Schaar wiederholte. Nun gingen je zwei und zwei von den Brüdern um den Ring herum und geifselten sich mit Riemen, die Knoten hatten, in welchen eiserne Spitzen befestigt waren. Sie schlugen sich so heftig, dafs das Blut von ihren Schultern herabflofs. Während der ganzen Zeit sang die gesammte Schaar mit ihren Vorsängern einen Leis, der die Brüder einlud, heranzukommen und Bufse zu thun, auf dafs sie der Hölle entgehen und Verzeihung ihrer Sünden erlangen möchten, indem sie zur Ehre Gottes ihr Blut verspritzten. So sangen sie nämlich:

1 Nu tretent herzu die buszen wellen
Fliehen wir die heiszen hellen,
Lucifer ist ein bose Geselle,
Sin mut ist, wie er uns verwelle,

5 Wande er hette daz beih zerlon,
Des süllen wir von den sünden gon.
Der unsere busze welle pflegen,
Der sol bihten unn widerwegen,
Der bihte rehte lo sünde varn,

10 So wil sich got über in erbarn.
Der bihte rehte lo sünde rüwen,
So wil sich got selber im ernüwen,
Jhesus crist der wart gevangen,
An ein krütze wart er erhangen,

15 Daz krütze wart von blute rot.
Wir klagen gotz martel unn sinen tot.
Durch got vergieszen wir unser blut,
Dasz si uns für die sünde gut.

20 Dasz hilf uns liber herre got,
Des bitten wir dich durch dinen tot.
Sünder womit wilt du mir lonen,
Drie nagel unn ein dürnin kronen,
Dasz krütze fur, eins speres stich,
Sünder, daz leit ich alles durch dich.

25 Waz wilt du liden nu durch mich.
So rufen wir us lutem done,
Unsern dienest gen wir dir zu lone,
Durch dich vergiszen wir unser blut,
Daz si uns für die sünde gut,

30 Daz hilf uns lieber herre got,
Des bitten wir dich durch dinen tot.
Ir lügener ir meinswerre,
Dem hoheste got sint ir un mere,
Ir bihtent kein sünde gar,

35 Des muszent ir in die helle dar.
Dovor behüt uns herre got,
Des biten wir dich durch dinen tot.

Hierauf fielen sie alle auf die Kniee, streckten die Arme kreuzweise aus und sangen die schon erwähnten beide Verse:

> Jhesus der wart gelabet mit gallen,
> Des süllent wir an ein krütze wallen.

Nun fielen sie alle auf die Erde, erhoben sich dann wieder auf die Kniee und sangen:

> 40 Nu hebend uf die üwern hende,
> Daz got dis grosze sterben wende:
> Nu hebend uf die üwern arme,
> Daz sich got über uns erbarme.
> Jhesus durch dienen namen drie,
> 45 Du mach uns herre on sünden fri,
> Jhesus durch dine Wunden rot,
> Behüt uns vor dem gehen tot.

Jetzt standen sie auf, gingen zum zweiten Male sich geiſſelnd um den Ring herum und sangen einen andern Leis. Nach einigen Versen über den Schmerz Maria's unterm Kreuze ihres Sohnes heiſt es darin, Jesus habe im Zorne über die Verderbtheit der Menschen eines Tages alle seine Engel versammelt und ihnen erklärt, weil ihn die Christenheit verlassen wolle, habe er die Vernichtung der Welt beschlossen. Allein, heiſt es weiter, seine Mutter sei bei ihm Fürsprecherin für die Menschheit geworden und habe ihn bewogen, seinen Plan aufzugeben; doch habe sie ihm versprochen, die Menschen zu besseren Gesinnungen zurückzuführen und zur Buſse zu bewegen. So lautet der Leis selber:

> Maria stunt in groszen noten,
> Do sü ir liebes kint sach toten,
> 50 Ein swerte ir durch die sele sneit,
> Daz lo dir sünder wesen leit.
> Des hilf uns lieber herre got,
> Des biten wir dich durch dinen tot.
> Jhesus riefe in hiemelriche
> 55 Sinen engeln alle geliche,
> Er sprach zu in vil sendelichen:
> Die cristenheit wil mir entwichen,
> Des wil ich lon
> Die welt zergon,

60 Des wiszent sicher one wan.
   Dovor behüt uns herre got,
   Des bitten wir dich durch dinen tot.
   Maria bat irn sun den süszen:
   Liebes kint, lo sü dir büszen,

65 So wil ich schicken daz sü müszen
   Bekeren sich,
   Des bit ich dich.
   Viel liebes kint, des gewer du mich.
   Des bitten wir sünder och alle gelich.

70 Welich frowe oder man ire e rü brechen,
   Daz wil got selber an sie rechen,
   Swebel, bech unn och die gallen
   Güszet der tüfel in sie alle,
   Fürwar sie sint des duwels bot.

75 Dovor behüt uns herre got,
   Des bitten wir dich durch dinen tot.
   Ir mordere, ir strosrobere,
   Noch ist die rede en teil zu swere.
   Ir wellent üch nieman erbarn,

80 Des mussent ir in die helle varn.
   Dovor behüt uns herre got,
   Des bitten wir dich durch dinen tot.

Nach diesen Zwischenhandlungen, die vor der zweiten Geifselung stattfanden, schritten sie zur dritten Geifselung unter einem Leis, der an die verschiedenen Sünder gerichtet ist und sie auffordert zur Besserung und Bufse, damit sie den Qualen der Hölle entgehen möchten.

So heifst er:

   O we ir armen wuchere,
   Dem lieben got sint ir un mere,

85 Du lihest ein marg al umbe ein pfunt,
   Das zühet dich in der helle grunt.
   Des bistu iemer me verlorn,
   Derzu so bringet dich gottes zorn.
   Dovor behüt uns herre got,

90 Des bitten wir dich durch dinen tot.
   Die erd bidemet, es klinbent die steine,
   Ir herten hertzen ir sullent weinen,
   Weinend togen mit den ogen,
   Schlahent uch sere

95 Durch cristus ere,
   Durch got vergiszen wir unser blut,
   Daz si uns für die sünde gut.
   Das hielf uns lieber herre got,
   Des bitten wir dich durch dinen tot

100 Der den Fritag nüt envastet,
   Zwar dr müsze in der helle pin.
   Eweklich verloren sin.
   Dovor behüt uns herre got,

105 Des bitten wir dich durch dinen tot.
   Die e die ist ein reines leben,
   Die hat got selber uns gegeben,
   Ich rat frowen unn ir mannen,
   Daz ir die hochfahrt laszet dannen,

110 Durch got so lant die hochfart varn,
   So wil sich got über uns erbarn,
   Des hilf uns lieber herre got,

113 Des bitten wir dich durch dinen tot.

Während die Geifsler ihre grausame Bufsübung aus-
führten, war die Menge von diesem Anblick so tief erschüttert,
dafs sie schluchzte, wehklagte und heifse Thränen vergofs.
Fromme Bürger, gerührt von einem so aufserordentlichen
Bufseifer, fingen an unter den Zuschauern Geld zu sammeln,
der Ertrag der Collection sollte den Geifslern zum Ankaufe
von Fahnen und Kerzen dienen. Man kann sich leicht
denken, dafs kein Beutel ungeöffnet blieb; jeder zog ihn
gern, um zu einem so frommen und verdienstlichen Werke
beizusteuern.

Hatten nun die Geifsler ihre Kleider alle wieder angezogen, so erhob sich einer von ihnen und las mit lauter
Stimme einen Brief vor, den ein Engel vom Himmel gebracht
und auf den Altar des heiligen Petrus zu Jerusalem nieder-

gelegt haben sollte. Darin hiefs es, wie in einem Leis, Jesus Christus sei erzürnt über die Verderbtheit und über die Sünden der Menschen, namentlich über die Entweihung des Sonntags und die Uebertretung der Freitagsfasten, über die überall verbreiteten Lastern des Geizes und des Ehebruchs. Darum habe er die Menschheit mit allerlei Plagen heimgesucht; er habe den Sarazenen und den Heiden befohlen, das Blut der Christen, die ihren Herrn vergessen hätten, zu vergiefsen, sie unter die Füfse ihrer Pferde zu treten und sie als Gefangene wegzuführen; er habe ihre Kinder durch Wölfe und andere wilde Thiere verschlingen lassen, er habe über sie Erdbeben herabgeschickt, dazu Ueberschwemmungen, Mifswachs und Hungersnot, Gewitterstürme. Hagel und Frost, Schaaren von Heuschrecken, von Raben und Mäusen, Krieg und Tod; das alles, um sie zu strafen und ihnen die Augen über ihre Lasterhaftigkeit zu öffnen. Da aber alle diese Trübsale ohne Erfolg geblieben und nicht im Stande gewesen wären, die entartete Menschheit zu ihm zurückzuführen, so habe er den Beschlufs gefafst, die Welt zu vernichten. Nun seien jedoch die heilige Jungfrau und die Engel Cherubim und Seraphim mit Fürbitten zu ihm getreten: dadurch habe sich Gott erweichen lassen und wolle der Menschheit Verzeihung schenken, wenn sie sich anschicke Bufse zu thun, und Hafs und Feindschaft vergesse. Er lasse aber seine Gnade und seine Barmherzigkeit nur unter der Bedingung angedeihen, dafs jemand vierunddreifsig Tage lang sein Vaterland verlasse und sich geifsele.

Ein Engel ward beauftragt — so heifst's im Briefe weiter — der Welt diese glückliche Nachricht mitzuteilen, welche Gott mit seiner eigenen Hand auf eine Marmortafel geschrieben hatte. Derselbe begab sich in die Kirche des heil. Petrus zu Jerusalem und las den Brief dem Patriarchen, den Priestern und der versammelten Gemeinde vor. Während er noch die Tafel unter seinen Armen hatte. liefs sich eine Stimme vom Himmel hören und ermahnte die Menschen zur Reue und zum vollen Glauben an Gott und an seine Botschaft. Bei diesen Worten erhob sich der Patriarch mit der Geistlichkeit und mit dem Volke, und der Engel wiederholte ihnen seinerseits, dafs der Brief von Gottes eigener Hand geschrieben wäre und dafs sein Zorn über alle herabkommen würde, die diesem neuen Evangelium den Glauben würden verweigern. Das Volk richtete alsdann seine Blicke auf die göttliche Tafel; diese leuchtete wie ein Blitz und durchstrahlte die ganze Kirche. Bei dem Anblicke warf sich die Menge auf ihr Angesicht nieder, richtete heifse Gebete an Gott und bat ihn, ihr anzuzeigen, wie die Menschheit seinen Ingrimm versöhnen könnte. Darauf nahm der himmlische Gesandte das Wort wieder und erklärte ihnen, dafs die Menschen zu ihrer Versöhnung mit Gott ihre Sünden bereuen und, wie der Heiland vierunddreifsig Jahre auf Erden zugebracht habe, so sie alle vierunddreifsig Tage lang ihr Vaterland verlassen müfsten, indem sie dabei ihr Blut vergössen, damit das Blut Christi für die Menschheit nicht verloren sein möchte.

Auf die Ablesung dieses Briefes folgte die eines andern Dokuments, in welchem ein Bruder an die Stiftung der Brüderschaft erinnert, sowie an ihre Zwecke, an die Länder, die sie schon durchzogen hatte und an die Völker, welche die Geifselfahrt bereits ausgeführt hatten. Er schlofs mit der Angabe der vorzüglichsten Mittel gegen die schreckliche Seuche, die eben damals im Volke wütete.

Es lautet die ganze Urkunde mit der Ueberschrift:

Der Geissler Bredic.

Dis ist die botschaft unseres herren ihesu christi, die vom hiemel herabe kommen ist, uf den altar der guten herren sant peters zu iherusalem, geschriben an eine marmelsteinin tafel, von der ein licht erschein als eine blikze. Die tavel haet gotes engel ufgerecket. Do daz ersach daz volke gemeine, do fielent die lüte nieder uf ir antlitz, unn schrüwent kyrieleyson. Daz ist also vil gesprochen, alse herre erbarme dich über uns. Die botschaft unseres herren sprach also:

Ir menschenkinder, ir hant gesehet unn gehoret, waz ich verbotten habe, unn habent daz nüt behütet. Darumbe daz ir ungerecht und ungelobig sint, unn och nüt behütet

habent minen heiligen sunnendag, unn habent daz nüt ge-
buszet unn gebessert, unde och von üwern sünden nüt an
wollent lon, die ir begangen hant, unn hant wol gehoret in
deme ewangelio, Hiemel unn erde mus vergan e mine wort
iemer vergant. Ich han üch gesant von korne, von wine,
unn oleis genug, wol noch rehter mosze, unn daz hab üch
alles genomen, von üwern ogen umbe üwere bosheit, unn
umbe üwere sünde, unn umbe üwere hochfart, wand ir nüt
behütet habent minen heiligen sunnendag, unn minen heiligen
fritag mit rasten unn mit fieren. Darumbe gebüt ich den
saracenen unn andern heideschen lüten, daz sie vergieszent
üwer blut, unn vil gevangen mit in fürent. Es ist in kurtzen
iaren vil iomers geschehen, Ertbidemunge, hunger, feur,
matschrecken, rappen, muse, schür, rifen, fuste, blitzen,
groszen strites vile, daz hob ich üch alles vorgesant, darumbe
daz ir nüt habent behütet minen heiligen sunnendag. Sit ir
danne also blint sint an den ogen üwere sele, unn üwer
oren so tob, daz ir hüt wollent horen die wort miner stimme,
darumbe han ich üch angesant vil smertzen unn plagen, unn
daz vil tiere wilde sollent freszen üwer kinder. Ich han üch
gesant durre iar, unn regen mit güsen, unn groszen waszer,
unn habe daz ertrich gekrenket, daz es unfruhtber worden
ist. Och han ich über üch gesant daz heidensche volke, daz
üwer kinder hart gevangen. Ich schuf daz ir duwes holtz
vor hunger mustent eszen one brot in manigen landen, unn
die danzappen unn hasczapfen, unde daz krut in den garten,
unde nebent den stroszen, daz mustent sü vor hungers not
eszen. Selig waz der dem es werden mohte, darube daz ir
nüt behütet hant minen heiligen sunnendag unn och minen
fritag. O ir ungetrüwen, unn ir ungelobhaftigen, bedenket
ir üch nüt, daz min gottes zorn über üch komen ist, umbe
üwer bosheit, der ir üch gewenet hant. Ich hette mir gedaht,
daz ich zersteren unn zerteilen wolte die wite welte umbe
üwern ungelobens daz ir üch nüt verston vellent, uf mine
heiligen wort des heiligen evangelii, daz ich gesprochen
han, daz hiemel unde erde müsze vergon, mine wort
vergont niemer. Der worte hant ir vergeszen, unn hant nüt
behüten minen heiligen sunnendag, unn minen heiligen

fritag, mit vasten unn mit andern guten werken. O ir
vil armen bedenket ir nüt doz Crütze gottes unde
sprechent also: wir sint brudere unn sünt doch nüt ware
brudere. Ir sint einander fient, unn machent enander
gevatterschaft, unn haltent sü nütt alse ir zerehte süllent.
Darumbe gedaht ich daz ich üch zerteilen wolte in die
welte wite von enander. Daz hat mich gerüwen, durch üwen
willen nüt, sunder me durch die menic miner heiligen engele,
die mir zu füsze sint gevallen unn mich erbetten hant,
daz ich minen zorn von üch gewendet han, unn ich
min barmetheitzekeit mit üch geteilet han. O ir viel
armes geschlechte, daz ich den helleschen lüten den Juden
han geben die alten e uf deme berge Synai, unn die behaltent iren samestag. Aber ich habe üch geben die e des
heiligen töffes mit miner sele selber. unn ist och daz ir nüt
behaltent den heiligen sunndag, unn och den heiligen fritag,
unn ander hochgezitlich tage miner lieben heiligen, so wil
ich über üch laszen gan minen zorn, daz die wolfe unn
andere wilde tiere freszent üwere Kinder unn wil dun daz
ir iungen sterbent. Un daz der saracenen rosze füsze üch
ertreten muszent, unn an üch rechent die tage miner heiligen
ufferstaeunge. Werlich die worheit sag ich üch behaltent
den heiligen sunnendag, von dem samestage zu mitteme
dage, bitz an den mendag zu liehten morgen. Ich gebüt
üch priestern unn brüdern, daz sü setzent Crütze verte
vasten unn betten, daz sol sin an eime fritage. Globent
mir, unn behaltend ir nüt min gebot, so wil ich loszen vallen
blutigen regen, dicker alse der schürhagel. Ich hatte gedaht
an dem zehenden tage des sübenden monen, daz ist an dem
sunnendage noch unser frowen tage, alse sü geboren wart,
daz ich getotet wolt haben alles daz lebendig waz uf erden.
Daz hat mich wendig gemachet mine liebe muter marie unn
die heiligen engel cherubin unn seraphin, die nüt abe stent
für üch zu bittende. Durch die habe ich üch vergeben
üwer sünde, unn mich erbarmet über üch sünder. Ich
swere üch bi minen heiligen engeln, daz ich üch senden wil
etliche tier unn geflügel, daz ir nie vorgesehen hart, unde
die sunne würt alse vinster, daz ein menche daz ander totet.

Ich kere min antlitze von üch unn würt unmenschliche klage mit manigen stimmen. Uewer selen sullent dorren von deme füre daz nüt endes hat. Ich wil über üch wisen ein gruwelich volck, die üch schlahent unn verwüsten üwer lant, umbe üwere sünde. Ich swer üch bi minre rechten hant, daz ist bi mime gotlichen gewalte unn bi minre wirde-keit, ist, daz ir nüt behaltent minen heiligen sunnendag, unn minen helgen fritag, ich verderbe üch so gar, daz üwer niemer me gedoht wirt uf erden. Verware sprich ich ist, daz ir üch bekerent von üwern sünden, so wil ich über üch dun minen heiligen segen, so bringet daz ertrich fruht mit gnoden, unn würt alle die welt erfülle mit miner wirde-keit. Ich wil ingeben mine grosze frode, also daz ir üwers nüwen mit dem viernen hinbringent, unn wil mines zornes gen üch vergeszen, unn wil erfüllen alle üwere huser mit miner gotlichen güte, unn wenne ir kument für min gerihte, so wil ich üch mine barmhertzekeit mitte teilen, mit den uszerwelten in deme ewigen riche, Amen.

Ich schaffe welich mensche nüt gelobet an die botschaft der würt in die alte verbannen mins vaters von himel. Aber wer es gelobet, deme kummet min segen in sin hus. Sehent wer der mensche ist, der sinen ebengenoszen erzürnet hat. der sol sich versünen mit ime, e danne er enphahe minen heiligen lichamen. Wer den andern nötet oder reiszet zu sweren an deme Sunnendage, der ist verfluchet mit deme, der den eit sweret. Die gerihte an mine Sunnendage hant, sint verbannen iemer eweihliche. Wiszent daz ich gewalt habe, über alle creature in hiemel unn in erden, unn im abgrunde unn an allen steten, unn ir siet sogar ungetüme unn verstant, daz ir nüt verstant. Die rüme noch ablas üwere sünde nüt enphahent. Darumbe haltent ir nüt minen heiligen Sunnendag, unn och den fritag unn andere mine gebot, unn sint sogar vol dumbes sinnes, unn sint or witze. unn verstont nüt die ewige rüwe, unn die ewige frode. Die tage die sint min, ich habe sü geschaffen, unn alle zit. Ich han üch geggeben alles daz ir hant, unn ir kennent nüt die tagezite, oder mich selber, unn etliche creature erkennent iren schepfer. O ir armen ir tumben, ir erkennent nüt üwern

schöpfer, do von wer üch beszer, daz ir nüt geschaffen
werent, doz ir nüt besitzen süllent das ewige leben. Sehent
mine tage sint bi ewigen rüwen alle zit, unn die creature die
dienet, die sol würdig sin zu enpfohende dieselben ewicklichen
rüwen, unn ir armen ir erbent nüt mine rüwe. Ir haltend
nüt min heiligen Sunnendag unn ander hochgezittage miner
lieben heiligen, unn wer der priester ist, der den brief miner
botschaft hat, unn den nüt erlüset vor deme volke, unn den
birget in siner haltunge, der ist gottes fient unn behaltet nüt
sin gebot. Ja sint es etteliche priester, die darumbe priester
werdent, doz sü wol eszen unn trinken wellent, unn gottes
wort nüt bredien wellent, daz kummet ir alles uf ir hobet
vor gottes gerihte. Ist doz ir horent mine stimme unn
haltent min gebot, unn üch bekerent von üwern sünden,
so verfluch ich üch nüt iemer unn iemer. Werlich ich swere
üch bi minen zeswen hant, unn bi minen hohen armen, unn
bi den tugenden miner engele, ist, doz ir behaltent minen
heiligen Sunnendag unn minen fritag, doz ich üch gelobet
habe doz leist ich üch vollekliche. Wer der mensche ist,
der gern zu kirchen got, unn sin almusen, unn ander lob
mir erzeget, der arbeit wil ich ime danken, mit maniger
liebe, in deme tage mines gerihtes unn an deme ende. Alle
die wucherere unn alle die do gesuch nement unn die dar-
noch stellent, über die kummet gottes zorn, ob sü nüt
beszernt. Werlich alle ehbrecher un ehbrecherin, die sint
mi enander verloren unn vertamet eweklichen, ob sü nüt
beszernt unn buszent unn alle die bi gotte sweren frevelliche
unn daz nüt beszernt sint och verlorn, wan die sint unn
heiszent gottes marteln. O ir vil armen, ist daz ir nüt gebent
üwern zehenden reht, gottes zorn geht über üch. Wer die
sint, die zu der Kirchen gont, an mine heiligen sunnendage
unn an andern heiligen dagen unn ir almusen teilent mit
den armen, die erwerbent erbarmunge mins vatters.

Wan der brief der heiligen botschaft von dem engel
gelesen wart, unn er in ine der hant hielt, so kam eine
stimme vom himel unde sprache: Globent ir mit rüwendem
hertzem an üwern schöpfer, unn an die gute botschaft, die
ich üch enbotten habe, wan hin ir üch trostent zu fliehende,

do mag sich nieman verbergen vor minen ogen. Do stunt
uf der patriarche mit sinen priestern unn daz volk gemeine.
Do sprach der engel: horent gemein unn vernement, wand
ich üch swere bi den tugenden unseres herren ihesu christi,
unn bi siner muter der reinen meyde unn bi den tugenden
aller engele, un bi der kronen aller marteler, daz die botschaft keines menschen hant geschrieben hat, wan der kunig
vom himel mit siner hant, unn wer daz nüt gelobet, der ist
verkert, unn verbannen, nun gottes zorn kummet über in.
Wer es aber gelobet, der sol gottes erbarmunge haben, unn
sin hus in dem ewigen lebende, unde wer die botschaft
gottes abeschribet, unn von stat zu stat, unn von huse zu
huse, unn von dorfe zu dorf den brief sendet, min segen
kummet in sin hus. Welich priester diese botschaft höret,
unde schribet oder deme volke kündet. über den sol gen
min segen, unn sol sich frowen mit minen uszerwelten
iemer in mime riche ewekliche. Amen.

Nu swigent unn horent, so wil ich üch sagen von der
bruderschaft unn von der wallefart, wie sie her komen ist.
von dem engel des almehtigen gottes, wie daz got der welte
kuntdete, daz sü in erzürnet hette, unn schreib an ein tavel
die waz marmelsteinin, unn sü sante bi eim sim engel gen
iherusalem. Die botschaft kunte der engel. mit ufgereckter
hant, hub er uf die tavel unn sprach also: O ir armes ge-
schlehte, warumbe erkennent ir nüt uwern schöpfer. Wiszet
unn wilt du nüt fohrten gotz zorn, so wil er über üch laszen
ergan sinen zorn, unn sinen gewalt. Do daz volk ersach die
tavel, do die botschaft anstunt, do erschein die tavel unn er-
luhte daz munster, glicher wis als ein blickze. Do erschrag
das volk so sere daz sü niderfielent uf die antlitze. unn do
sü wider koment zu in selber was totent sü? sü gingent zu
enander unn berietent sich, waz sü darzu detent, daz got
lobelich were, unn daz er vergesze sines zornes. Do berietent sü sich unn gingent zu dem kunige von Cecilien unn
bottent in daz er in riete, waz sü darzu detent, daz got
sines zornes gegen in vergesze. Do riet in daz sü vielent
uf ire knie und betent den almehtigen got. daz sü kund dete,
waz sü darzu detent. unn wie sü sich mit im versunetent,

daz er vergesze sines zornes gegen der armen christenheit.
Daz volk det als er in riete unn vielent uf ir knie, unn botent
got mit gantzem ernste. Do sprach der engel: Mensche,
alse du wol daz weist, daz got XXXIIII ior uf ertrich ging,
unn nie lieben dag gewan, ich geswige siner groszen marter,
die er durch dich erliten hat an dem krütze, daz hertu im
nüt gedanket, unn wilt im och nüt danken. Wiltu dich nu
mit got versunen, so solt du wallen XXXIIII tag unn solt
niemer guten dag noch naht gewinnen, unn solt vergieszen
din blut, so wil er sin blut niemer an dir lon verloren werden,
unn wil vergeszen sins zornes gegen der armen christenheit.
Dis hub an der Kunig von sicilien, unn volebrahte die wallefart mit sime volke gemeinliche, bitze zu dem kunige von
krakôwe, der vollebraht sü bitz zu dem kunige von ungern.
Der kunig von ungern bitz zu dem von Miszen, der von
Miszen bitze zu dem von brandenburg, der von brandenburg
bitz zu dem von yesenach, die von yesenach bitz zu den
von Würtzeburg, die von Würtzeburg zu den von halle.
Die von halle zu den von esselingen, die von esselingen zu
den von kalwe, von kalwe gen will, von wil gen bulach, die
von bulach die vollebrohtent die wallefahrt zu den von
herrenberg, unn gen turingen, unn gen rotenburg, unn ist
also kummen uf den rin in alle stete grosze unn kleine, unn
in Elsas. Nu furent wir die von liechtenowe dise wallefart.
Nu bittent got daz er uns kraft unn maht gebe un sinne unde witze, daz wir sü also vollebringent, daz es gote unn
siner lieben muter Marien unn allen engeln unn allem himel-
schen her ein lob si unn allen den ein trost si, zu libe unn
zu sele, die uns oder unsern brudern, die die wallefart geton
hant, unn jetz enten dunt, unn noch dun wellent, gutelichen
geton hant, unn noch wol tunt, daz den got den ewigen lon
welle geben, unn alle die selen noch hüte derron getrostet
werdent, von allen iren erebeiten. Daz helf uns der vatter,
unn der sun, unn der heilige geist. Amen.

Allen den sol wesen kunt, die diesen brief · gesehent
oder gehorent lesen, daz von pullen, bitze zu sicilien, unn
in cippern, unn von cippern bitz zu Tuschan, unn in Kadan
zu ienne bitz gegen Avion, unn wider von Avion bitz zu

loyn von loyn bitz zu rome, unn nidewendig in allen iren
gebieten unn in badôwe, unn in iren gebieten der dirte
mensche nüt lebet.[1]) Nu ist der dot kumen bitz gen Bern,
unn in Kernden, unn in osterrich, un har bitz in Elsas.
Wer do stirbet oder tot ist, die ligent alle nüt lenger bitz
an den dirten dag unn hant andern keinen sichdagen, danne
drie. Der erst ist, welhen menschen rürt in dem hobet we,
mit groszer hitze der stirbet zu hant. Der ander heiszet
das kalte. Der dirte sint klein drüsen, unn werdent den
lüten under beiden armen unn oberwendig den Knie in der
grosze als ein haselnus, unn von den sichtagen ist gar vil
lütes dot in den lanten, unn vor die sichdagen sol nieman
erschrecken. Wer do erschricket der ist tot zu hant. Für
die sichtagen ist gut oleis von wiszen lylien unn oleis von
tillesomen alzehant heisz gemachet und ein wüllin wis durch
genomen, unn darin geleit, unn darus gedrucket, so mans
allerheiszet geliden mag, III oder V, unn uf den siechen
geleit. Eszich unn sure speise ist für den sichtagen gut.

* * *

Dieser Brief soll auf die Menge, die schon durch das
vorhergegangene Schauspiel sehr gerührt war, einen tiefen
Eindruck gemacht haben. Nach der Verlesung zogen die
Geifsler beim Geläute der Glocken, unter Wiederholung derselben Lieder und in gleicher Ordnung, wie sie gekommen,
nach Strafsburg zurück. Hier begaben sie sich in die
Kathedrale, wo sie von neuem auf ihre Kniee fielen; dann
ging jeder heim mit seinem Wirte, der über seinen frommen
Büfser und Hausgast glücklich war.

Die Geifslergesellschaft hatte bestimmte Gesetze, die
von allen, welche ihr beitreten wollten, beobachtet werden
mufsten. Einem höchsten Oberhaupt und noch zwei anderen
Oberen war Gehorsam in allen Stücken zu leisten. Der
Novize mufste zuerst nachweisen, dafs er gebeichtet hatte,
dafs er von Reue zerknirscht war, und dafs er allen seinen

---

[1]) Pullen ist Apulien, Tuschan Toscana, Kadan wohl Catanea auf
Sicilien, Jenne ist Genua, Avion Avignon, Badôwe Padua, Loyn Lyon.

Feinden verziehen hatte, ferner mußte er sich verpflichten, vierunddreißig Tage lang — so lange dauerte ja eine Geißelfahrt — in der Bruderschaft zu bleiben und alle Bußübungen auszuführen. Sodann mußte dargetan werden, daß man mindestens 21 Schilling 4 Pfennig besaß, so daß auf jeden Tag 4 Pfennige kamen; denn die Geißler durften Niemand zur Last fallen noch um ein Almosen bitten; auch war es ihnen verboten um Obdach und Gastfreundschaft zu bitten und ohne Einladung in ein Haus einzutreten. Mit den Frauen zu sprechen war den Geißlern gleichfalls verboten; wer diese Vorschrift übertreten hatte, warf sich dem Meister zu Füßen, der ihn mit der Geißel auf die Schultern schlug und zu ihm sagte:

> Stant uf durch der reinen martel ere,
> Unn hüt dich vor der sünden mere.

Die Priester waren von der Brüderschaft nicht schlechtweg ausgeschloßen, aber sie konnten nie einen Grad oder eine Würde in der Geißlergesellschaft erlangen, noch durften sie an den geheimen Versammlungen teilnehmen.

Die gesamte Buße sollte 34 Jahre dauern, so lange wie Christus auf Erden geweilt hatte. Sie sollte die Versöhnung mit Gott für ganz Europa herbeiführen, während jeder Teilnehmer sie schon durch eine 34 tägige Geißelfahrt erlangte.

Ob die Versicherung der Geißler, daß das Volk zu Jerusalem den König von Sicilien um Rat gefragt, und daß dieser die große Geißelfahrt begonnen habe richtig ist, dürfte zu bezweifeln sein. Große historische Kenntnisse haben die Geißler kaum besessen, aber sie mußten ihrer Fahrt ein autoritatives Relief verleihen und so wählten sie wohl den König von Sicilien als ihren Autor. Aus welchem Lande die ersten Geißler dieser Fahrt gekommen ist gleichfalls nicht mit Bestimmtheit festzustellen; es scheint aber als ob sie aus dem Osten Europas gekommen sind, und dem Wege, den die Pest nahm, folgten. Vielleicht haben sich auch einzelne Scharen der Geißler auf ihren Zügen durchkreuzt. Es wird in den schrecklichen Jahren der Pest wohl auch Niemand daran gedacht haben, zu fragen, woher diese

Menschen kamen, die durch den düsteren Ernst ihrer Reden und ihre grausamen Bufsübungen das Entsetzen der Menge noch vermehrten.

Der in der Predigt angegebene Weg ist ziemlich genau und stimmt mit den Angaben, die wir sonst darüber finden, nur mit Ausnahme der ersten Stationen: Sicilien, Krakau, Ungarn. Von den ersten Tagen des Jahres 1349 an hat man die Geifsler in Österreich gesehen: in der Osterwoche sind sie zu Magdeburg; Anfang Mai zogen sie in Würzburg ein, nachdem sie Meifsen, Brandenburg und Eisenach durchzogen hatten, wie es in obiger Predigt heifst, oder wie eine Ingolstädter Chronik angiebt aus Polen, Meifsen und Thüringen kommend. Von da begaben sie sich nach Schwäbisch-Hall, nach Efslingen, nach Calw, nach Weil und in einige andere Städte Württembergs; dann durchziehen sie die Markgrafschaft Baden und gelangen im Juni zu den Rheinufern. Vierzehn Tage nach Johannis (nach sungihten d. h. Sonnenwende heifst es in der Predigt) kommt die Schar von Lichtenau im Badischen nach Strafsburg, wo sie sich teilt, indem die Einen den Rhein hinab, die Anderen den Rhein hinaufzogen.

Bei ihrem Erscheinen erregten die Geifsler überall einen ungeheueren Enthusiasmus: mit offenen Armen wurden sie aufgenommen: die Gemeinden gewährten ihnen zum Ankauf von Kerzen und Fahnen Unterstützung aus den öffentlichen Kassen; viele schlossen sich ihnen an, sodafs die Scharen fort und fort wuchsen. In Strafsburg traten über Tausend der Brüderschaft bei: es gab ehrsame Bürger die drei Geifselfahrten machten: fast Niemand arbeitete mehr, die Handwerke feierten: alle Tage waren Festtage, man dachte nur an die Gesänge der Geifsler und folgte ihnen immer zu ihren Bufsübungen. Die erste Schaar wuchs so an, dafs sie sich teilte. Immer neue Schaaren kamen. Der Bufseifer ergriff Frauen, Mädchen, Jünglinge und Kinder: den Eltern nachahmend veranstalteten sie gleichfalls Geifselprocessionen. Aus den Zünften bildete sich sogar eine eigene Gesellschaft mit eigentümlichen Verordnungen und Gebräuchen, die sich in den Gärten Eberlins von Mülnheim geifselte.

Es mag eine aufrichtige Frömmigkeit gewesen sein,
welche diese Bufspeinigungen veranlafste und im Anfang
die Brüderschaft beseelte. Allein dieser ursprüngliche Geist
entartete; viel Gesindel und Landstreicher, die in diesen
Aufzügen nur ein neues Mittel sahen, die Einfältigkeit, die
Leichtgläubigkeit, den Aberglauben des Volkes zu benutzen
und eine reiche Quelle, die ihren Müssiggange den Ueber-
flufs der Menge zuströmen liefs, traten in die Geifslerver-
bindung ein. Auch mögen dann diese müssigen, aus halb-
nackten Männern und Frauen bestehenden Banden, die in
allen Richtungen die Provinzen durchstreiften und keine
Obrigkeit anerkannten, auf mancherlei Unordnungen und
schandbare Vergehungen verfallen sein. Thatsache ist es,
dafs endlich die Völkerschaften der Sekte müde wurden.
Die Begeisterung, welche die Kreuzbrüder anfangs erregt
hatten, die grenzenlose Hochachtung und Verehrung, die
ihnen das Volk anfangs geschenkt hatte, wandelten sich
endlich um in Verachtung und Ueberdrufs. Die Strafsburger
Bürger wurden dieser anfänglich so wohl verpflegten Gäste
dergestalt müd und satt, dafs sie die Glocken nicht mehr
läuteten, wenn die Brüderschaft sich versammeln sollte, dafs
sie keine Collekten mehr veranstalteten und ihnen auch keine
Gastfreundschaft mehr schenkten. Der Eifer und das Vertrauen, das die Geifselfahrt anfangs eingeflöfst hatte, hörten
bald ganz auf. Die Geifsler sahen sich vom Volke verlassen,
verlassen von eben denjenigen, auf deren Leichtgläubigkeit
sie ihre Bedeutung gegründet hatten, da mufsten sie sich
zurückziehen und verschwinden. Was aber ganz hesonders
dazu beitrug, diese Gleichgiltigkeit unter den Massen hervorzurufen und die Zauberkraft, welche die Geifsler ausübten,
zu vernichten, das waren die Verfolgungen, welche diese
Sekte von Seiten der Kirche und weltlichen Herren zu erleiden hatte.

Die Priester erkannten bald, wie sehr sie eine Sekte
zu fürchten hatten, die so viel Geltung bei den Völkern
gewonnen hatten, dafs ihr eigener Einflufs dadurch vernichtet
war; eine Sekte, die zugleich die Cultusformen und die
Lehrsätze der Römischen Kirche angriff und deren Fort-

schritte das Bestehen des Clerus gefährdete. Denn die Geifsler, deren Oberhaupt selbst aus dem weltlichen Stande war, gestanden den Laien nicht nur das Recht zu predigen zu, sie setzten ja auch an die Stelle der von der Kirche anerkannten und verordneten Bufsmittel eine neue, von ihnen selbst gewählte und ohne Mitwirkung der Geistlichkeit vollzogene Bufse und schrieben derselben eine gleiche Geltung mit den heiligen Sacramenten zu. Dadurch stiefsen sie die ganze Theorie des Ablafswesens um, sowie den Grundsatz von der Unfehlbarkeit des obersten Bischofes sammt der Lehre vom Ansehen des Papstes und der Geistlichkeit als der allein Befugter, die Vergebung der Sünden zu gewähren. Dabei kommt das noch in Betracht, dafs die Geifsler durch eben diese Umwälzung drohten, eine reiche Quelle der geistlichen Einkünfte versiegen zu lassen. War nämlich ein jeder im Stande, der göttlichen Gerechtigkeit durch eine selbstgewählte Sühne Genüge zu leisten: wozu dienten dann noch die Priester und die Beichtväter und die Beichtstühle? Die Kreuzbrüder erhoben sich endlich auch noch gegen die Verderbtheit der Mönche und der Priester; sie zeigten anfangs Vernachläfsigung, bald Verachtung gegen dieselben. Sie waren also für den Clerus zu gefährliche Feinde, als dafs derselbe nicht ein vorzügliches Interesse gehabt hätte, sie zu bekämpfen und zu vernichten.

Und der Clerus versäumte auch kein Mittel, die Geifsler in der öffentlichen Meinung herabzusetzen. Die Priester donnerten gegen diese Ketzer von den Kanzeln herab. Im Anfange, wo die Völker noch begeistert für die zum Heile der Menschheit sich hinopfernden Büfser waren, setzte sich der Priester, der gegen sie zu sprechen wagte, der Volkswut aus und war in Gefahr, seine Kühnheit mit dem Leben zu bezahlen. Allein der Clerus scheute diese Gefahren nicht, oder er vermied sie vielmehr durch seine Klugheit. Er nahm anfangs seine Zuflucht zu Intriguen und heimlichen Angriffen, und bekämpfte die Kreuzbrüder nicht eher öffentlich, als bis das Volk anfing, derselben müde zu werden und das anfängliche Ansehen derselben bereits erschüttert war. Dann nun bestritt der Clerus, um sie vollends auf immer zu vernichten, die Wahrheit der Wunder, deren sich die Geifsler rühmten, besonders die Echtheit jenes Briefes, der so grofse Wirkung hervorgebracht hatte. Beharrliche, mit Geschick geleitete Anstrengungen, auf die sich ja das römische Priestertum wohl versteht, mufsten mit einem vollen Siege gekrönt werden.

Die Bischöfe verboten anfangs in ihren Diöcesen die öffentlichen Geifselungen und befahlen denen, die sich den Uebungen dieser Bufse durchaus unterziehen wollten, dieselben im Innern ihrer Häuser vorzunehmen. In Strafsburg untersagte der Magistrat jeder neuen von aufsen herkommenden Schaar den Einzug in die Stadt. Später, als die Geifselfahrt schon ihrem Ende nahe war, erschien die Bulle des Papstes Clemens VI., zu Avignon den 20. Oktober 1349 ausgestellt. Diese erklärte die Lehren der Geifsler für ketzerisch und verbot ihre Zusammenrottung. Diese Bulle war an alle Erzbischöfe von Deutschland, von England, von Frankreich und von Polen gerichtet und wurde von diesen den Suffragan-Bischöfen mitgetheilt, die dieselben in ihren Diöcesen oft nicht in Ausführung bringen konnten, ohne von Seiten des Volkes lebhaften Widerstand zu erfahren.

Die Fürsten und die Lehnsherrn fürchteten ihrerseits so sehr wie die Geistlichkeit den Einflufs, den diese Verbrüderung auf ihre Unterthanen ausübte. Diese zahlreichen Banden, die in allen Richtungen das Land durchschritten, achteten ebensowenig auf das Ansehen der weltlichen Macht als auf die Privilegien des Clerus; sie überliefsen sich häufig Ausschweifungen und Unordnungen, welche die öffentliche Moral mifsbilligte; sie regten die Völker zum Ungehorsam auf und konnten Anstifter freventlicher Handlungen und allgemeiner Volksaufstände werden. Also hatten die Fürsten ein gleiches Interesse mit der Geistlichkeit daran, dieser die Völkertreue erschütternden Sekte ein Ziel zu stecken und vereinigten sich mit ihr zur Ausrottung derselben. Auch die Gelehrten blieben keine ruhigen Zuschauer bei dem so unerhörten Ereignisse; sie nahmen Teil am begonnenen Kampfe und verfafsten viele Schriften gegen dieselben. Dabei war vor allen andern thätig Gerson, der berühmte und gelehrte Kanzler der Universität zu Paris. Und diese Universität auch selbst, die in jenen Jahrhunderten so glänzend und bedeutend dastand, verdammte durch einen feierlichen Spruch die ketzerischen Lehrsätze der Kreuzbrüderschaft. So von allen Seiten angegriffen, verfolgt von den Mächtigen der Erde, getroffen von den Bannstrahlen des Vaticans und der Sorbonne, sowie bekämpft durch das Schwert der weltlichen Gewalt, mußten die Geißler endlich den vereinten Schlägen der Gegner erliegen. Das Volk kam allmählich zurück von der abergläubischen Verehrung, die es erschreckt durch den verheerenden Tod und überrascht durch das neue erschütternde Schauspiel dieser Sekte gezollt hatte; es sah allmählich vor seinen Augen den Heiligenschein verschwinden, der um das Haupt der Geißler gewoben gewesen war; es sah in diesen Leuten nur noch eine unbequeme Last, deren es sich zu entledigen trachtete; es versagte ihnen die Beweise von Hochachtung, die es erst vor Kurzem so entzückt an sie verschwendet hatte; man zog die Glocken nicht mehr, wenn sie ihre Bußhandlungen vornehmen wollten. Kurz, so sehr sie bei ihrem Auftreten waren geachtet und verehrt worden, so sehr wurden sie am Ende verachtet und verabscheut.

Nach Verlauf dreier Monate endete zu Straßburg diese Geißelfahrt, die vierunddreißig Jahre dauern sollte; der Sturm, der ein halbes Jahr lang das westliche Europa durchtobt hatte, legte sich rasch; die alleinseligmachende Kirche sah die Macht dieser Sektirer gebrochen zusammensinken.

———

Aus Luiken, Tafereelen der eerste Christenen.

6. Die Bianchi.

Noch einmal flackerte die Begeisterung der Massen für Bufs- und Geifselfahrten auf: es war gegen Ende des 14. Jahrhunderts[1]) als in Italien, wo die politische Lage, die Sittenverderbnis und die Gräuel der Kriege die verzweifelte und trostlose Stimmung der Gemüter fort und fort bestehen liefs, ein Haufe von achtzehn Männern bald das ganze Land in Bewegung setzten. Christus soll in Gestalt eines schönen Jünglings einem frommen Landmann erschienen sein und ihn bewogen haben, diese Geifselfahrt zu unternehmen.

In weifsleinenen Kitteln zogen die neuen Geifsler aus, weshalb sie den Namen Bianchi, die weifsen Büfsenden erhielten. Im wesentlichen finden wir dieselben Erscheinungen, wie bei den übrigen Geifselfahrten.

Günstiges und ungünstiges wird über die Bianchi berichtet. Sie sollen viel gefastet, die schlechtesten Lager, besonders auf Kirchhöfen gewählt, die Bufskleider nie ausgezogen und in keinen Betten geschlafen haben. Andererseits wird ihnen Betrug, Ausschweifung und Anarchismus vorgeworfen.

Es wird noch eine Secte erwähnt, die leicht mit den Bianchi verwechselt werden könnte: die weifsen Brüder, die 1324 oder 1444 in Preufsen aufgetreten sein sollen.[2])

Von den Bianchi sollen nach der Auflösung um 1399 viele Bufscompagnien übrig geblieben sein, die nun stets noch in weifsen Gewändern Kirchen und geweihte Stätten besuchten, am Gottesdienst teilnahmen und sich in ceremonieller Form geifselten. Diese Battutti waren nicht die ersten ihrer Art, wir werden diese stehenden geheimen und öffentlichen Bufs- und Geifselbrüderschaften noch eingehender zu würdigen haben, müssen vorher jedoch die Stellung zweier Männer zu den Geifselungen und Geifselfahrten darlegen, deren gegensätzliche Ansichten und Polemiken eine Klärung und ent-

---

[1]) Ob die Geisselfahrten mit den Jubeljahren 1349, 1399 etwas zu thun gehabt, ist schwer zu sagen.

[2]) Hartknochius Historia Ecclesiae Prussiae I.

Secte der Flagellanten.
Aus Cooper, Flagellation und the Flagellants.

scheidende Wendung in dieser Verwirrung der Geister herbeigeführt haben, es sind Vincentius Ferrer und Johannes Gerson.[1])

7. St. Vincentius Ferrer und Johannes Gerson.

„Der Stern von Spanien", „das Licht aus Valencia", „das Muster der Dominikaner" wurde Vincentius Ferrer (1357—1417), der Mönch aus Valencia, genannt.[2]) Reiche Kenntnisse und eine fascinierende Predigtkunst hatten ihm früh Ansehen und Amt verschafft. Benedikt XIII. zeichnete ihn durch sein besonderes Vertrauen aus, er wurde sein Beichtvater und Magister sacri Palatii. Mit unerbittlicher Strenge hat er seinen Bufsübungen obgelegen, fast jede Nacht geifselte er sich mit Stricken, oder liefs es, wenn er krank war, von Anderen thun. Die bekannten Folgeerscheinungen traten ein; die Phantasie arbeitete; im Fieberwahn glaubte er sich von Christus zu einem neuen Predigtamt und berufen, des Inhalts, die sündige Menschheit durch Bufsübungen zu bessern. Daher nahm er vom Papste Abschied und zog als apostolischer Prediger und Legat a latere mit unbeschränkten Vollmachten aus, seine Mission zu erfüllen. Mit einer Begleitung von fünf Mönchen zog Vincentius umher, sie unterstützten seine Bekehrungs- und Versöhnungsversuche und leiteten die Bufsübungen. Unter Orgelspiel, Psalmensingen, Gebeten gingen dieselben vor sich. Ordnung und Anstand wurden dabei gewahrt; Laien und Priester, Männer und Frauen waren von einander abgesondert. 40 000 Sünder, Mörder, Räuber, Diebe und Huren sollen so bekehrt sein.

---

[1]) Ob und in welcher Verbindung Vincentius Ferrer mit den Bianchi gestanden, ist nicht festzustellen; überhaupt ist besonders über die Entstehung und die Züge gerade der Bianchi so viel gefabelt worden und so wenig positiv ersichtlich, dass ein näheres wissenschaftliches Eingehen darauf unmöglich ist.

[2]) Der Hauptbiograph St. Vincents ist der Dominikaner Petrus Ranzanus (1455). Auch in den Acta Sanctorum, Antverpiis, findet sich vieles über St. Vincentius.

Kirchenpolitisch wirkte Vincentius dadurch, dafs er Waldenser, Katharer und andere Secten wieder zur katholischen Kirche hinüberzubringen suchte und die feindliche Stimmung, die das Schisma erzeugt hatte, mildern und beseitigen wollte. In Konstanz tagte von 1414—1418 die Kirchenversammlung, welche u. a. auch den Flagellantismus als ketzerisch verdammte. Gegen Vincentius konnte man nicht ohne Weiteres das Anathem schleudern. Johannes Gerson und der Cardinal Peter von Cambrai luden ihn daher 1417 zu einem Besuche nach Konstanz ein und baten ihn seine Sympathie den Flagellanten zu entziehen.[1]

---

[1] Der Brief Gersons scheint mir wichtig genug ohne Kürzung hier veröffentlicht zu werden.

Nominatissimo Doctori et Praedicatori, zelanti salutem animarum, Magistro Vincentio, de ordine Fratrum Praedicatorum, fratri meo in Christi charitate dilectissimo, Johannes Gerson.

Tanta de virtutibus tuis, Doctor egregie, fama referente crebrius accepi, tanta specialiter in collatione familiari cum Reverendo Patre Domino Generali tui ordinis Praedicatorum, agnovi, ut mihi videaris recte figuratus, secundum nomen tuum, per illud Apocalypseos, quo speculator totius Ecclesiastici decursus Johannes; ait: Vidi, et ecce ecquus et qui sedebat, super illum habebat arcum, et data est ei corona, et exiit veniens ut vinceret. Existi quidem ut vinceres, Vincenti gloriose. Sed quales tu vinceres, qua ratione, quibus armis, quo apparatu bellico, quali arcu, ut tandem ipse coronatus triumphares? Respondit ipse, cuius es imitator, Paulus dicens: Arma militiae nostrae non esse carnalia, cum reliquis similibus qualia ipse nosti melius. Suppetunt hoc loco plurima cordi meo, quae libentius et forsan utilius verbo et ore ad os quam calamo muto referarem tuae sapientiae, nisi quod aliorsum me trahunt occupationes aliae. Et quia te gravibus assidue laboribus intentum protrahere longa scriptionis serie non visum est, satis aequum vel modestum, hoc unum, quod in votis nedum meis, sed quam plurimorum versatur aperiam. Reddunt tuae charitati tuoque zelo pacis ecclesiasticae hoc testimonium insigne, hoc celeberrimum praeconium, tum multi tum nominatim praefatus Magister Dominus Generalis, quod in inchyto Arragonum regno nunquam fuissent concordata pacis capitula, numquam subtractio, quae tam viriliter et legitime facta est ab illo, nimis proh dolor! erga matrem Ecclesiam obdurato, Petro de Luna, fuisset attentata, si non autoritatis tuae pondus et consilii robur addidisses. Cuius favoris tam egregii, nos ipsi sacro generali concilio praesentes, desideratissimae pacis, annis jam fere XL. miserabiliter exulantis, fructum et reditum proximum expectamus. Et o te felicem! o te ter quaterque beatum, si adesses praesentialiter, si non auditu solo sed propriis

Vincentius kam nicht, versicherte schriftlich dem Koncil, dafs er sich in allen Dingen unterwerfe, aber er predigte und geifselte sich weiter; 1417 soll er zu Vannes gestorben sein.

oculis coram cernere volueris propinquam velut in januis summi Pontificis electionem. Si videlicet efficaci celeritate, sepositis interim turbis, jucundum tuae praesentiae faciem huic eidem sacro concilio conspiciendam attuleris, fructum ni fallor ampliorem et te tuisque moribus digniorem afferes, quam si hoc neglecto, permanseris in inceptis. Memineris B. Pauli ad Galatas scribentis. Deinde, ait, post annos XIV., ascendi Hierosolymam cum Barnaba et Tito, et contuli cum illis Evangelium, quod praedico in gentibus: Seorsim autem his, qui videbantur aliquid esse, ne forte in vanum currerem aut cucurissem. Hoc satis pro tua re dictum puto. Est siquidem apud nos altera velut Hierosolyma: Sunt Apostolorum successores, Reverendissimi et Deo amabiles Praelati: sunt legis doctores, cum quibus tuam ipsam praedicationem conferre tam salubriter quam humiliter poteris. Ut interim sileam de alio profectu multiplici sperato si veneris. Crede mihi, Doctor emerite, multi multa loquuntur super praedicationibus tuis et maxime super illa secta se verberantium: Qualem constat praeteritis temporibus fuisse pluries et in locis variis reprobatam: Quam nec approbas, ut testantur nati tui, sed nec efficaciter reprobas. Jactantur inde varii rumores per populos et apud nos. Quorum multa, etsi neque vera neque credenda censeantur ab illis, qui te, sicut Persius loquitur, intus et in cute, norunt: nihilominus, exemplo Pauli, qui per relevationem certissimus erat, praedicationem suam esse secundum Deum, voluit propter condescensionem ad infirmos, propter autorisationem insuper pleniorem per Apostolos, descendere in Hierosolymam, et collationem habere cum Apostolis, sic agere placeat, nominatissime Magister ac Domine. Ac interim bene vale benevole susceptor huius literulae, quam in procinctu scripsi, die qua solemnitatem ipsius, quem praenominavi, Barnabae, beatissimi Petri consortis, praeveniendo recensebam IX. Julii, in vigilia sacrosancti Sacramento. Porro, quia nescio si forte non exaudiat hanc exhortationem zeli mei tua prudens discretio, nolens huc accedere de praesenti, iudicavi tecum agere, sicut mihi in veritate conscius sum, quod in simili vellem erga pravitatem meam similiter et sinciter agi. Mittimus, Reverendus Pater praenominatus et erga querelas aliquorum, quae in manus nostras nedum verbis, sed scriptis devenerunt. Et id agimus, non ad damnationem tuam, non ad inculpationem, non ad irritationem, (novit Deus) sed cautelam super his omnibus ampliorem. Scio, millies expertus quam varia semper, quam falsa de praedicantibus referuntur, partim ex auditorum imperitia, partim ex arroganti quorundam malitia, contemptu, vel invidia. Scio denique, qui ait: Da sapienti occasionem, et festinabit accipere. Interim bene vale in Domino, qui tuam in bono viam dirigat, custodiat et confirmet. Amen!

Ob Johannes Gerson, der ja gleichfalls als fromm und
sittenstreng bekannt, als Philologe, Kanonist und Moralist
berühmt und als Kanzler der Universität Paris hohes Ansehen genofs, durch die Macht seiner Persönlichkeit oder
durch das Gewicht seiner Gründe seine Ansichten durch-
drückte, oder ob es politische Erwägungen waren, die das
Koncil zum Anathem gegen das Flagellantentum bewogen,
mag dahin gestellt bleiben.

Am 1. März 1349, bei Gelegenheit der grofsen Geifsler-
fahrt, hatte bereits die Universität von Paris in feierlicher
Weise gegen die Geifsler Stellung genommen;[1]) der Wort-
laut der Thesen ist uns nicht erhalten.

Am 18. Juli 1417 legte Gerson dem Concil in Constanz
seine Schrift über das Flagellantenwesen vor, die dann von
der Versammlung gebilligt zur Verdammung desselben führte.
Diese Programmschrift lautete:

1. Lex Christi dicitur lex amoris, quam dominus, sicut dicit
Augustinus, voluit paucissimis sacramentis esse contentam. Et inde
culpat eos, qui servilibus eam premunt oneribus: conformiter ad illud
primi pastoris Petri, Act. 15. Quid tentatis Deum, imponere iugum
super cervicem discipulorum; quod neque nos, neque patres nostri portare
potuimus: sed per gratiam nostri Jesu Christi credimus salvari, quemadmodum et illi. O, pium verbum, omni acceptione dignissimum.

2. Lex Christi non minus debet in cultu suo vitare superstitiones
gentilium et idololatrarum, praesertim crudeles et horrendas, quam
antiqua lex; in qua tamen prohibitio fit per expressum Deut. 14. ubi
dicitur: Filii estote Domini vestri, non vos incidetis Glossa: non
debetis in aliquo idololatris assimilari. Et in Hebraeo habetur: Non
vos lacerabitis: hoc autem faciebant idololatrae, sicut habetur 2. Reg. 18.
ubi dicitur, quod incidebant se iuxta ritum suum cultris et lanceolis, donec
perfunderentur sanguine. Compertum siquidem est, et traditum, homi-
cidas illos, et apostatas daemones esse cupidos effusionis sanguinis,
praesertim humani.

3. Lex aliqua quanto est iniquior et daemoniis obsequentior, tanto
semper invenitur crudelior et amarior. Patet in illis, qui filios suos et
filias immolabant daemoniis. Hinc ait Dominus per Prophetam. Servities
diis alienis, qui non dabunt vobis requiem: Christus autem ex gratia
sua (sicut notatur iudicio Petri prius allegato) voluit nos misericorditer

---

[1]) Anno Domini 1349 prima die Martis post festum Omnium Sanctorum facta fuit definitio contra Flagellatores per D. Rectorem et tunc
Deputatos et a tota Universitate in Congregatione generali examinata
est et concessa. Caesar Egastius Bulaeus in Hist. Univ. Par. IV p. 315.

salvare per sanguinem suum semel effusum, per quem factus est nobis a Deo sapientia, justitia, sanctificatio et redemptio.

4. Lex Christi maximam sortitur virtutem ex misericordia et gratia sua: cuius gratiae vasae sunt sacramenta novae legis ex virtute operis operati: Et ideo quicquid avertit a sacramentis suscipiendis, praesertim a sacramento confessionis. debet rejici fideliter. Constat autem per experientiam, quod taliter se flagellantes non curant de sacramento confessionis vel poenitentiae sacramentalis, dicentes, quod haec flagellatio potior est ad delendum peccata, quam quaecunque confessio: imo eam aequi parant nonnulli, vel praeponunt martyrio: quoniam acimus, inquiunt, ultro fundendo sanguinem proprium, quod ab aliis martyres pati cogabantur. Formidandum tamen istic est, ne apud personas clericales, et in locis sacris causet haec pollutio sanguinis vel excommunicationem vel contaminationem et profanationem in eis eisdem locis sacris.

5. Lex Christi prohibet solicite poenitentias publicas dandas esse clericis, sacerdotibus et praelatis, propter reverentiam status clericalis, quanto minus debent tales personae suscipere poenitentias huius modi publicas, sicut sunt (ut fertur) multi de numero se flagellantium; qui licet videantur celare se: tamen satis cognoscuntur Similiter diceretur de personis insignibus in utroque sexu: de servanda insuper verecundia iuvencularum, et iuvenum illic se denutantium: et de non infringenda gravitate virorum, vel autoritate minuenda parentum.

6. Lex Christi, si videatur flagella indulgere, iuxta illud: Ecce ego in flagella paratus sum: nihilominus circumstantiae debent apponi, quibus rationabile fiat obsequium nostrum. Una quod huiusmodi flagellatio fiat iudicio superioris imponentis talem poenitentiam; et quod ab altero fiat, et moderate, et sine scandalo, et ostentatione, ac sine saguine, iuxta traditionem Guil. Parisiensis quemodmodum sit huiusmodi flagellatio in religionibus approbatis, et ab aliquibus devotis personis. Sed aliter longe videmus in illis, quae reprobamus, flagellis observari.

7. Lex Christi declarata per Ecclesiam (cuius autoritas maior est in sua consuetudine dicente sancto Thoma) quam sit autoritas unius doctoris, sicut Hieronymi, vel Augustini, semper sectam flagellantium se reprobavit, postquam insurgere videbatur in diversis mundi partibus: et hoc de memoria plurium hominum viventium tam in Lotharingia, quam in Alamannia, et in Francia pluribus in locis juxta narrationes hominum, et Chronicas Franciae, ac scripturas fide dignas.

8. Lex Christi frequenter prohibuit multas observationes Berghardorum et Berghardarum, quae in prima sui introductione praetendebant specie magnae religionis, ac multi fructus spiritualis in animabus, et exempla solutis et austeritatis. Prohibuit inquam propter sequelas malas et multas, quae sub hoc praetextu fieri sunt inventae. Non enim est malum quod subsistere posset, si non aliquam speciem haberet in se boni: propterea fallit haec argumentatio: Proveniunt ex hac secta flagellatorum multa bona. Non igitur tollenda, vel reprobanda.

9. Lex Christi nedum ordinat hominem ad Deum, sed etiam ad proximum, et ad **principem** seu praelatum suum: propterea non debet qualiscunque ritus introduci per populos, qui possit causare seditionem, vel partialitatem, vel superstitionem, sed debent omnia regulate fieri et ordinate de **mandato**, et ordinatione superioris, ut nullatenus ordo hierarchicus confundatur: quod fieret, si quilibet ad arbitrium suum posset instituere, vel fovere novum ritum sine duce, sine lege stabili, sine ordine ubi sunt iuvenes et virgines, senes cum iunioribus, simul in unum dives et **pauper** et illorum turba magna, de quibus ait Ecclesiastes: stultorum infinitus est numerus.

10. Lex Christi sufficienter data est in praeceptis dekalogi, quorum observatio facta cum bona simplicitate, et ut ita dicatur, grossa fide, satis est ad sulutem, praesertim laicorum et popularium, absque nova gravissimorum **onerum** impositione, iuxta apud illud Christi: Si vis ad vitam ingredi, **serva mandata.** Nec valet, si dicatur, quod populares suscipiunt voluntarie tales flagellationes sine praecepto alio, dum invenitur, quod ipsi divina praecepta liberius in multis inde contemnunt. Est enim contumax, humana natura, quae postquam destituta est ab originalis iustitiae statu. cupidius fertur in illa, quae sunt adinventionis suae, quam quae sunt divinae iussionis: et hic est unus superbiae gradus, quem apud religiosos loquitur, Berghardos inveniri, dum plus gaudent in abstinentia, vel oratione particulari spontaneo sumpta, quam in toto regulari disciplina.

11. Lex Christi sufficienter ab Apostolis et sacris doctoribus explicata, non invenitur tales novitates flagellantium, se constituisse, praedicando, vel aliter, sed potius reprobasse, tamquam suspectissimas, et periculosissimas, et quae vergere possunt in Scandalum Christianorum apud Judaeos, Saracenos et Paganos, tamquam lex Christi sit austera, crudelis, et in sanguinibus, non in miserationibus enutrita.

12. Lex Christi docet ex praemissis, et similibus multis praelatos Ecclesiae pastores, et doctores, imo et principes, quod sectam huius modi cruentam, et sanguinolentam (gallice sanglante) studeant, et laborent, destruere, seu compescere tam bonis praedicationibus, et bonis suasionibus, quam censuris, nedum ecclesiasticis, sed etiam temporalibus more praedecessorum; attento quod sub hoc velamine, ac praetextu poenitentiae fiunt innumera mala, sicut experiri testuntur, insurgent haereses, vilipenduntur proprii sacerdotes, contemnuntur confessiones et poenitentiae sacramentales, extorquentur dolosis modis pecuniae, otia, quae pigros occidunt, nutriuntur; silemus de furtis, de stupris, de adulteriis, de periculis, quae sunt in falsis fratribus, et fraudulentis solicitationibus. ad omne facinus atque flagitium, ita, ut bonis et malis hinc inde statera iusta, vel aequa lance pensatis, mala multe plura, quam bona partiri cognoscatur haec secta se flagellantium pridem, et pluries iam damnata. Propterea dum repullulat, vel excrescit toto studio funditus evellanda proterendaque censetur. Verum quoniam oportet in hoc malo iam

radicato, et quod latissime serpit, procedere pedetentim, et caute, dum quaeruntur eradicari zizania flagellatorum huismodi, simul evellatur et triticum prius seminatum boni salubrisque verbi Dei. Notetur igitur cautela quae duplex infra scripta.

13. Fiat inprimis exhortatio vehemens, et crebra, de et super autoritate facti Concilii, dum illud est. Similiter de autoritate Papae et Ecclesiae Romanae, quatenus quilibet habeat promptitudinem animi, parere, vel obedire mandatis, vel institutionibus, seu Conciliis praedictorum: quemadmodum facit egregius, et fervidus praedicator magister Vincentius, sicut patet ex literis propria manu subscriptis, novissime missis Constantiam. In quotidiana, inquit, recommendationibus sacri, et universalis Concilii Constantiensis, quas facio post sermonem docui, et doceo omnes fideles submittere omnia facta et verba, ac etiam scripta determinationi, ac etiam correctioni eiusdem sacri Concilii. Subdendo: Et sic facio in omnibus factis, ac etiam scriptis meis. Haec ibidem, quae manifestant discretam humilitatem et humilem discretionem tanti viri, quae discretio posita est a sanctis patribus ductrix, aurigaque virtutum, dum instar devoti Bernhardi plus alieno, quam proprio credit iudicio.

14. Porro non est formidandum retractionis (quae forsan opponetur), opprobrium. Sit in exemplo beatus Augustinus, cuius retractio nec inhonoravit eum, nec autoritatem dictorum suorum evertit. Nihil enim (ut quidem ait) efficacius, ad docendum, quam verbum verax, simplex et humile, nihil habens fictionis, vel superbae praesumptionis admixtum : quoniam Deus est, qui cum simplicibus graditur, dans eis gratiam et virtutem uberibus suis, sine qua laborat in vanum lingua loquentis.

15. Fiat ostensio, quemadmodum fuerunt quandoque inchoata pia devotione, quae processu temporis inveniuntur deteriores exitus accipere vel propter scandalum pusillorum, vel propter scientiae defectum, sicut loquitur de quibusdam Apostolus: Testimonium inquit, perhibeo eis, quia zelum Dei habent, sed non secundum sicentiam. Fiat itaque sic docendo sic praedicando, quod non ita reprobabuntur personae singulae, quae praesentibus temporibus flagellaverunt se : Quod videantur nunc damnandae, vel penitus execrandae, dummodo deinde obediant monitioni salutari in culcando, quemadmodum melior est obedientia, quam victimae. Et quod iussione divina in omni sacrificio tuo sol offeres. Fiat exhortatio diligens et vehemens super laudibus patientiae, quae perfectum opus habet, praeferendo eam talibus ultro acceptis flagellationibus, iuxta quod loquitur Augustinus conformirter ad Senecam: Quod adversitates seculi huius non tam infligendae sunt, quam dum evenerint patienter tolorandae, faciendo per patientiam de necessitate virtutem. Non sum tam demens (inquit Seneca) ut aegrotare velim sed si aegrotandum est, patienter tolerabo. Debebunt proinde numerari diligenter, atque sigillatim tribulationes variae, nunc temporales, nunc spirituales, quae assidue nobis dant et ingerunt, velimus, nolimus, patientiae materiam, cuiusmodi sunt infirmitates, paupertates, vexationes, angariae, mortes

parentum et filiorum, bella, rapinae, incendia, detractiones, contumeliae, labores manuum in agricolis, et mechanicis, tentationes rursum variorum peccatorum; quando intus pugnae, et foris terrores. Et quis cunctas huiusmodi tribulationes dinumeret? quae tot, et tales sunt, ut non oporteat novas super inducere: quoniam satis esset tolerantia fortis tribulationem huiusmodi quotidianarum pro purgatione magna peccatorum; praesertim adiuncta contritione et humili confessione in re, vel proposito tempore et loco. Juxta quod rogabat quidam: fiat pars purgationis meae purgatorium meum: labor quo hic per singulos dies exerceor. Et profecto sic est: plus aliquando valet pia flagellorum Dei sub eius manu tolerantia sine murmure, sine reprehensione divinorum iudiciorum, sine raucore vel odio contra superiores suas, vel alios affligentes se iuste, vel iniuste, quam si manens iracundus et impatiens, nedum flagellaret se ipsum ad sanguinem, sed laceraret, et decerperet membratim ad mortem.

16. Imo sicut non licet, hominem se ipsum propria autoritate mutilare, vel castrare nisi pro sanitate totius corporis consequenda: sic nec licet (ut videtur) quod a se ipse quis sanguinem violenter ejiciat, nisi causa medicinae corporalis: Alioquin simili ratione posset se homo cauterizare per ferrum ignitum: quod adhuc nemo posuit, vel concessit, nisi forte idololatrae, vel falsi Christiani, quales repercuntur in India, quia se putant baptizari debere per ignem.

17. Fiat in speciali velut in quadam radice provisio solers et exacta circa societatem illam multum numerosam: a qua videtur inchoata, vel saltem multum continuata et obfirmata flagellatio talis. Unde cum dicant se sub oboedientia esse, primitus imperandum est, ut desistant, et desistere suadeant alios sub moderatione, quae dicta est: videlicet nisi, vel quousque sacrum concilium vel Ecclesia Romana mandaverit, vel toleraverit haec fieri, allegando regulam naturalem, quod ubi dubitatio surgit de aliquo actu, an possit licite fieri, vel omitti tutius est omittere quam facere; praesertim ubi factio generare cernitur scandalum aliorum. Unde est illud Apostoli si scandalizet fratrem meum, non manducabo carnes in aeternum. Videtur proinde numerus talis coarctandus, et solicite purgandus, ne sub eorum multitudine etiam bonorum, mali et reprobi delitescant. Denique populus, quando erigitur ad novitates, illae sunt illis ingerendae, in quibus est tuta salubrisque devotio; sicut de misericordia sanctorum, et recursu ad eos, vel ad angelum proprium custodem; ad sanctum, cuius nomen persona gerit, ad illam matrem Dei et virginalem sponsum suum Joseph, numerando praerogativas eorum.

Proinde, si praedicandum fuerit, de finali iudicio, vel antichristo, fiat hoc in generali, concludendo quod in morte quilibet habet suum iudicium proximum et incertum. Quod si quis inducere voluerit miracula nova super antichristi adventu proximo, notet quod mundus, senescens patitur phantasias falsorum miraculorum; sicut homo senex phantasiatur in somno: Propterea sunt nunc habenda miracula valde suspecta, nisi facta prius examinatione diligenti.

18. Observandum praeterea summopere videtur tales de societate, quod nullo modo vivant damnose, si laborare possint, ut sint ad monitionem, et exemplar laborantium, ut praeterea nihil agant contentiose et velut ex vituperio, et contemptu praelatorum maiorum et minorum vel aliquorum generaliter clericorum: neque in praedicationibus faciendis, neque in confessionibus audiendis. Propterea debent in omni loco, quo primo veniunt, primitus habere collocutionem, et beneplacitum cum Ecclesiasticis, vel eorum capitibus, ne schisma forsan fiat laicorum ad Clericos, vel e contra.

19. Tandem si forte senserit doctor insignis magister Vicentius, non posse convenienter super praemissis salubriter et efficaciter providere, videtur consultius, ut ad tempus segregaret praesentiam suam. effugiens tantam societatem, quod fieri posset visitando sacrum Concilium, vel altera occasione sibi sumpta.

Haec interim notata sunt, velut in quodam transcursu magis ad rememorandum, quam ad docendum XVIII. Julii anno Domini MCCCCXVII Constant. tempore Concilii."

Eine Hauptstütze der Macht des Katholizismus ist die Ohrenbeichte und die Befugnifs der Priester, Sünden zu vergeben; die Stütze wurde durch die freiwilligen Geifselungen untergraben. Wenn Jeder selbst sich ohne Intervention eines Priesters mit Gott versöhnen und eine Vergebung seiner Sünden erwirken konnte, dann waren die Priester, wenn auch nicht überflüssig, so doch ihres Einflusses beraubt. Das war der Kern aller Erwägungen über die Ketzerei der Flagellanten. Man wollte die Masse in Abhängigkeit von der Kirche halten und mufste es auch, um dadurch die Existenzberechtigung ihrer selbst darzuthun. Aus eigner Kraft und mit selbstauferlegter Bufse wollten die Flagellanten den Weg zum Heile sich erringen, aber sie sollten sich der teuer zu erkaufenden Hilfe der Kirche bedienen. Geifselungen schlechthin waren nicht verboten: die Oberen durften sie verhängen, man durfte sich auch selber geifseln und damit ein verdienstliches Werk thun, aber man mufste sich der Kirche beugen und — zahlen. Das hatte das Koncil verkündet, und darnach wurden die Geifsler als Ketzer beurteilt und verbrannt, wenn sie sich nicht beugten. Nur im

Geheimen konnten selbstgerechte Flagellanten fortan ihr Wesen treiben und umsomehr entarten.[1]

Die Höllenstrafe des Räderns.
Facsimile eines Holzschnittes aus der ersten Hälfte des 15. Jahrhunderts.

8. Buss- und Geisslergesellschaften.

Bereits im 9. Jahrhundert findet man Spuren von frommen Brüderschaften christlicher Laien, die um gute Werke, religiöse Uebungen und kirchliche Ceremonien zu verrichten oder verrichten zu lassen, sich vereinigten. Jedoch erst im

[1] In wie weit der Geist des Mittelalters von Einfluss war oder sein konnte, ersehe man aus H. von Eicken, Geschichte und System der mittelalterlichen Weltanschauung (1887); die katholische Moraltheologie wird in dem angesehenen Compendium theologiae moralis. Editio VI, Romae 1880 2 Bde. des Jesuiten P. Gury sehr gut behandelt.

13. Jahrhundert, wo auch die Kirche ihr Auge liebevoller den Gesellschaften zuwandte, konnten sie gedeihen. Unter den Namen Sodalitates, Scholae, Confraternitates, Fratriae, Frataleae hatten sie besonders in Italien ihre Bedeutung; [1]) die grofse Geifselfahrt des Jahres 1260 liefs gleichfalls eine Reihe von Geifselbrüderschaften nach (Compagnie della Scopa, de' Battuti, Flagellanti, Scopatori Disciplinati). [2]) 1260 noch entstand in Piacenza eine Brüderschaft in dem Oratorium des St. Savinus, deren Mitglieder Processionen in weifsen Kleidern veranstalteten. [3]) In Modena, Venedig, Rom, Genua, Mantua und Bologna sollen gleichfalls Brüderschaften gegründet sein.

Dann waren es erst wieder die Bianchi, die durch ihre Geifselfahrten (1399) den Anstofs zur neuen Gründung von Bufsgesellschaften gaben. In Padua sollen sechs Brüderschaften zugleich entstanden sein.

Die Kirche suchte die Vereinigungen nach ihrem Willen umzubilden und zu benutzen; das gelang auch. Karl Borromaeus, Cardinal und Erzbischof von Mailand (1569), bemühte sich besonders, eine Reformation der Statuten der Geifsler durchzuführen und den Beschlüssen des Tridentinums Geltung zu verschaffen.

Was uns interessiert, ist, dafs das Geifseln sehr eingeschränkt wurde: nur alle Freitage durften sich die Mitglieder für ihre eigenen und des Volkes Sünden, nicht aber um Geldes Willen geifseln; auch an den Adventssonntagen, den drei grofsen Processions-Sonntagen und am Charfreitag, ferner den Tagen, wo im Weltlichen Ausgelassenheit zu herrschen pflegt, Aschermittwoch, Heilig-Abend, 1. Mai, 1. August, waren Geifselungen erlaubt.

In einem Breve vom 12. December 1572 gewährte Gregor XIII. vollkommenen Ablafs nach Genufs des heiligen Abendmahls, zehnjährigen nach gemeinschaftlicher Geifselung, siebenjährigen nach feierlichen Processionen ferner denjenigen, welche in den bestätigten Brüderschaften bleiben und den

---

[1]) Die Brüderschaften hatten in den Kirchen ihre eigenen Kapellen und Altäre. manche sogar besondere Bethäuser.

[2]) [3]) Muratori Antiquitates Italicae medii aevi.

Kirchenbuße Raymond VI. vor der Kirche Saint Gille in Valencia.

Gebrauch der Geifselung nicht aufgeben, volkommenen Ablafs und Vergebung aller Sünden, wenn sie sterbend den Namen Jesu anrufen, nachdem sie reuig gebeichtet haben.[1])

Daraufhin mehrten sich die Brüderschaften im 16. Jahrhundert sehr; überall in Italien sah man weifse, schwarze, graue, grüne, blaue u. s. w. Bufsbrüder.[2])

Von dem alten Geist jedoch blieb fast nichts mehr übrig; man beachtete die Statuten nicht mehr, schwelgte, entartete und versumpfte. Soviel über die italienischen Brüderschaften.

Auch in Frankreich war bereits 1268 eine Bufsgesellschaft gebildet: les Pénitens gris d'Avignon; die Blütezeit fiel hier gleichfalls ins 16. Jahrhundert. Im Jahre 1527 gab es in Avignon weifse, 1571 und 1577 in Toulouse weifse, schwarze und blaue, 1577 in Lyon weifse Büfsende.

In Avignon nahm im December 1574 König Heinrich III. an einer Procession der Geifsler teil und liefs sich in die Brüderschaft und zwar der Weifsen aufnehmen; die Königin-Mutter, Katharina von Medici, schlofs sich den Schwarzen und der Kardinal d'Armagnac den Blauen an. 1576 soll Heinrich III. häufig von zwei oder drei Personen begleitet, mit einem Rosenkranze in der Hand und betend, durch die Strafsen gezogen sein. März 1583 errichtete der König die neue weifse Bufsbrüderschaft der Verkündigung Mariae zu Paris. Heinrich verfolgte politische Absichten mit dieser Gründung, er wollte das Vertrauen und die Zuneigung seines Volkes wieder gewinnen, aber erntete statt dessen nur Spott. Mit Heinrichs Ermordung waren die Maskeraden zu Ende.

Von den obigen Geifslergesellschaften sind die Krypto-Flagellanten zu unterscheiden. In den Thüringenschen Landen trieben diese zumeist ihr Wesen. Es waren wohl Ueberreste

[1]) Acta Ecclesiae Mediolanensis II, 786.
[2]) Auch heute noch findet man z. B. in Florenz, Neapel u. s. w. ähnlich gekleidete Brüderschaften; allerdings erstreckt sich ihre Thätigkeit nur auf Krankenpflege und Totenbestattung. Ich habe sie selber sehr oft in Neapel bei Begräbnissen gesehen. Die vermummten Gestalten machen einen unheimlichen Eindruck; man kann sich erst dann das Aufsehen und ihren Einfluss im Mittelalter erklären, wenn man diesen matten Überrest gesehen.

und Nachwirkungen der Geifselfahrt des Jahres 1349, die uns
darin entgegentreten. Das Gericht der Kirche traf sie durch
die Inquisition. Der Hauptspürhund war ein Dominikaner,
Professor der Theologie Heinrich Schönfeld.[1])   Bereits 1369
waren in Nordhausen von vierzig Krypto-Flagellanten beiderlei
Geschlechts, sieben verbrannt. Schönfeld urteilte am 15. Januar 1414 über 34 derartige Ketzer, von denen der Führer
Konrad Schmid, mit zwei anderen, da sie nicht widerrufen
wollten, verbrannt sind. Am 21. März d. J. safs er über
fünfzig Geifsler zu Gericht. Man warf ihnen verschiedene Thesen
vor, die sie lehrten und nun widerrufen sollten.[2])

---

[1]) Auch Schonevelt, Schonveld, Schonefeldt geschrieben.

[2]) Die Sätze lauteten: 1) Die Geissler oder Kreuzbrüder haben
ihren Anfang genommen vor ungefähr sechzig Jahren durch einen Brief,
den ein Engel vom Himmel gebracht und auf Sankt Peters Altar gelegt.
2) Bei ihrer Entstehung nahm Gott dem Papste, den Kardinälen und
Bischöfen und der ganzen Geistlichkeit alle Gewalt und Aufsicht über
das Volk in geistlichen Dingen, alle Macht zu lösen und zu binden, oder
etwas zu weihen. 3) Wie Christus um der Priester Bosheit, um des
Kaufens und Verkaufens willen das jüdische Priestertum aus dem
Tempel warf und abschaffte, so hat er, um der lasterhaften Pfaffen
willen, das römische Priestertum verworfen und abgeschafft. 4) Seitdem
die Kreuzbrüder umgegangen, müssen Kirchen, Kirchhöfe, Wasser, Salz,
Asche und Oel, Chrisma und andere geweihte Dinge als ungeweiht angesehen werden; denn kein Priester konnte sie weihen. 5) Seit der
Kreuzbrüder Auftritt sind die Kirchen nichts als Steinhaufen, Wohn-
ungen der Sünde und Mördergruben. 6) Indem die Priester die Taufe
und die andern Sakramente als Gesetze predigen, ermorden sie sich
selbst und das Volk geistlich. 7) Der Sprengwedel ist des Todes Keule
und die Tropfen des Weihwassers sind lauter Funken des höllischen
Feuers. 8) Das lange Schreien und Amt-Singen in der Kirche ist nicht
besser als Hundegeheul. 9) Durch der Geissler Umgehen ist die
Wassertaufe von Gott aufgehoben und dagegen die Taufe mit eines
jeden Blut eingesetzt. 10) Wie Christus gegen das Ende des Hochzeit-
gelages zu Kana das weisse Wasser in rothen Wein verwandelt hat, so
muss auch vor der Welt Ende die Wassertaufe in die Bluttaufe verwandelt werden. Wie den Gästen auf jener Hochzeit der letzte Wein
besser geschmeckt, als der frühere, so hat Gott an der Bluttaufe weit
mehr Gefallen, als an allen früheren Sakramenten. 12) Seitdem die
Geisselbrüder umgegangen, wird Niemand ein Christ, er geissele sich
denn selbst und werde so durch sein eigenes Blut getauft.   13) Die

Eine Reihe von Chronisten aus jener Zeit melden gleichfalls von der Verfolgung und Verbrennung der Geifsler in
den Thüringenschen Landen.

1446 bethätigte sich der Dominikaner Friedrich Müller,
gleichfalls Professor der Theologie, in Nordhausen als Krypto-
Flagellanten-Spürer und Scheiterhaufenverordner.

Confirmation nutzt nichts, und ist eitel Narrenwerk; denn die Juden,
welche von den Pfaffen weder das Chrisma noch sonst etwas bekommen,
haben eben so wohl Bärte und Seelen, als die Gefirmten. 14) Das
Sakrament der Priesterweihe ist mit den Priestern von Gott verworfen.
15) Der Leib Christi ist nicht wesentlich gegenwärtig im Sakramente
des Altars; 16) denn wäre sein Leib wahrhaftig zugegen, so hätte man
ihn längst aufgezehrt, und sollte er auch so gross sein als ein Berg;
17) und da Christus sich nach der Auferstehung von Maria Magdalena
nicht wollte anrühren lassen, wie viel weniger wird er es thun im
Sakramente. 18) Es ist mit den Pfaffen nichts als Geiz, denn sie verkaufen dem Volke einen kleinen Bissen Brod mindestens für einen
Pfennig. 19) Wäre Christus wahrhaftig im Sakramente, so wären die
Pfaffen ärger als Judas, denn dieser verkaufte Christum für dreissig
Silberlinge, jene aber verkaufen ihn für einen Pfennig. 20) Das Sakrament des Altars ist der Pfaffen Kuckuk. 21) Zur Vergebung ist Beichte
und Absolution oder Sakrament nicht nötig. 22) Wer einem Pfaffen
beichtet, wird nicht reiner, als wenn er sich an einer unflätigen Sau
reibt. 23) Eine Sünde sei noch so gross, wenn man sie herzlich bereuet
und sich freiwillig geisselt, wird sie vergeben. 24) Der Ablass taugt
nichts, und ist mit den Pfaffen von Gott verworfen. 25) Der Segen
und andere Ceremonien der Pfaffen bei der Trauung schänden und ent-
ehren den Ehestand, anstatt ihm Ehre und Würde zu verleihen.
26) Es ist besser, dass einer mit wohlgestäupter und gegeisselter Haut
sterbe, als wenn die Pfaffen ein ganzes Pfund Oel an ihm verschmierten.
27) Das hochzeitliche Kleid im Evangelio bedeutet nichts, als des
Menschen Haut, freiwillig bis aufs Blut durchstäupt und gegeisselt.
28) Nach dem Auftritt der Geisselbrüder kann niemand selig werden,
er habe sich denn bis aufs Blut gegeisselt, und 29) niemand, nach der
römischen Kirche Gebrauch, der sieben Sakramente sich bedienen ohne
schwere Todsünde. 30) Statt der sieben Sakramente ist es künftig hin-
länglich, zum Andenken an Christi Leiden seinen eigenen Leib bis aufs
Blut zu geisseln. 31) Seitdem die Geissler zuerst umgegangen sind, ist
kein Mensch ein wahrer Christ, als wer sich zu ihnen hält. 32) Der
Priester und der Levit, welche an dem Verwundeten ohne Erbarmen
vorüber gingen, sind die jetzigen Pfaffen und das Volk, das ihnen anhängt und glaubt, und Christo für seine Leiden keinen Dank weiss;
33) aber der Samariter, der den Verwundeten auf sein Thier legte, ihn

8

In den anhaltischen Landen fand 1481 eine Geifsler-
sectenverfolgung statt: von den Resultaten ist uns wenig bekannt, und es ist wohl anzunehmen, dafs nur Bufsen auf-
erlegt, aber keine Todesurteile verhängt worden sind.

---

in die Herberge führte, und zwei Groschen für ihn bezahlte, bedeutet
die Geissler, die Christum an ihrem eigenen Leibe tragen, und ihn mit
dem Vater Unser und Erfüllung der zehn Gebote ehren. 34) Der Antichrist sind die Prälaten und Pfaffen, die bis jetzt die armen Geissler
verfolgen. 36) Elias ist der Beghard gewesen, der vor achtundvierzig
Jahren zu Erfurt verbrannt worden. 37) Henoch ist Konrad Schmid
gewesen, der die Weise der Geissler in Thüringen eingeführt hat und
schon lange aus der Welt gegangen ist. 38) Gott schuf im Anfange
aller Menschen Seelen zugleich, und setzte sie mit Adam ins Paradies.
39) Wenn nun die Frucht im Mutterleibe belebt werden soll, so bringen
die Engel die bestimmte Seele aus dem Paradiese; dieselbe wird der
Frucht eingeblasen. 40) Als nun jener Beghard und Konrad Schmid
empfangen wurden, brachten die Engel die Seelen des Elias und Henoch,
und gossen sie ihnen ein: so dass der Eine der wahrhaftige Elias, der
Andere der wahrhaftige Henoch war. 41) Es wird kein jüngstes Gericht
gehalten werden durch Christus, sondern es werden sieben oder acht
Gerichte durch einige dazu verordnete Richter gehalten werden.
42) Nicht Christus, sondern statt seiner Konrad Schmid, der Geissler
Oberpriester, wird das letzte Gericht anstellen. 43) Alle Schwüre und
Eide sind Todsünde; doch ist es besser, die Geissler thun einen Meineid
und schwören falsch vor den Inquisitoren, als dass sie ihre Sekte verraten sollten; denn die Meineide können sie selbst durch die Geissel
wieder versöhnen. 44) Es giebt kein Fegfeuer nach diesem Leben;
darum ist das Gebet für die Verstorbenen unnütz. 45) Vigilien, Be-
gräbniss und Seelenmessen nützen den Verstorbenen nichts; sie trösten
blos die lebenden Freunde und füllen der Pfaffen Beutel. 46) Du sollst
kein Bildniss Christi, Mariä, oder irgend eines andern Heiligen anbeten;
denn das kann nicht geschehen ohne Abgötterei. 47) Feiere kein Fest
ausser dem Sonntage, Christi Geburt und Mariä Himmelfahrt. 48) Faste
nicht auf der Pfaffen Gebot, ausser am Weihnacht-Heiligenabende, am
Heiligenabende vor Mariä Himmelfahrt und alle Freitage. 49) Fiele der
Tag der Geburt Christi auf einen Freitag, so unterlass das Fasten darum
nicht. 50) Die Geissler ehren die Priester, gebrauchen die Sakramente,
sind den Geboten der Kirche gehorsam, bringen den Geistlichen zur
gewöhnlichen Zeit die Opfer, behalten die Bilder und feiern die Feste,
blos damit sie nicht in Verdacht kommen bei den Leuten; doch sie bereuen es immer, und büssen es mit der Ruthe oder Geissel.

Spangenberg teilt die Thesen deutsch, Theodoricus Urie lateinisch
mit. (Vgl. Förstemann S. 164 ff.)

9. Die Disciplina gynopygica in Brügge.[1]

Wie Krankheiten plötzlich an einem Orte auftauchen, nur in ihm und in der nächsten Umgegend grassieren und dann verschwinden, hat die moderne Bakteriologie zu ergründen gesucht und teilweise auch erklärt. Gewisse Sektenbildungen müssen wir ebenfalls als Krankheiten des Geistes betrachten. Zwei Länder sind da besonders merkwürdig, die Niederlande und Sachsen; in beiden haben religiöse Schwärmer wiederholt grosse Gemeinden um sich geschart und die Massen fanatisiert; ich erinnere nur an die Wiedertäufer, die von Holland ausgingen und die Zwickauer Brüder. Auch in der Geschichte der geheimen Geifselgesellschaften muſs eine flanderische Stadt Brügge besonders erwähnt werden; da hatte ein Franciscanermönch Cornelius Adriaensen es verstanden, Schwärmerei und Lüsternheit den Lehren von Bufse, Abtötung des Fleisches und kirchlicher Disciplin anzupassen

---

1) Historie van B. Cornelius Adriaensen van Dortrecht, Minne Broeder binnen die Stadt von Brugghe enz Amsterdam 1596. Philipp van Marnix: Roomsche Byenkorf. E. von Meerteren: Vaterländische Historien. Brandt: Historie van de Nederlandsk Reformatie. E. Münch: Aletheia VIII. IX.

Die Schilderungen dieses Abschnittes, der sich streng an die authentischen Quellen anschliesst, klingen thatsächlich bisweilen an einen erotischen Roman an; aber trotzdem waren sie an dieser Stelle zu geben, denn die Wurzeln dieser Geisselungen liegen in der religiösen Unterwürfigkeit und sind Auswüchse der Bussdoctrin. Die Geschichte von der „Disciplina gynopygica" ist das ausführlichste und wichtigste Aktenstück über die heimlichen Geisslergesellschaften. Psychologische Schlüsse über das Verhältniss Calekens und Betkens zu Cornelius mag sich jeder selbst ziehen: ich glaube jedoch, dass mystische Religiosität zu derartigen Übungen gelangen kann, und schätze die Wirkung der Sinnlichkeit nicht besonders von Bedeutung dabei. Aber immerhin ist durch die langjährige Dauer der Übungen die Möglichkeit einer sinnlichen Differenzierung der Bussübung nicht ausgeschlossen; zu geschlechtlichem Verkehr ist es kaum dabei gekommen, höchstens müssten einzelne der frommen Büsserinnen sich privatim weiter amusiert haben. — Auf einige ähnliche, aber Einzelfälle, komme ich in anderem Zusammenhange.

und in seiner „Disciplina gynopygica" ein Institut raffinierter Sinnlickeit zu schaffen.

Cornelius Adriaensen war 1520 zu Dortrecht geboren und nach Beendigung seiner Studien in den Franciskaner-Orden eingetreten; um 1548 kam er als Professor der Theologie nach Brügge in das dortige Ordenskloster. Adriaensen war zweifellos kein gewöhnlicher Mensch und Mönch: theologische Kenntnisse und Beredsamkeit sollen ihm im hohen Grade eigen gewesen sein: er verstand in der Sprache des Volkes zu reden und konnte auch Gelehrsamkeit mit Witz und Pathos verbinden; den Männern bot Bruder Cornelius polemische Ausfälle gegen den damals noch einflußreichen Protestantismus und die Geusen; die Frauen gewann er durch eine mystische Sinnlichkeit seiner rednerischen Tropen. Brügges Frauen sind wegen ihrer Frömmigkeit und Schönheit berühmt gewesen, und das Auge des geistvollen Predigers mag wohl von der Kanzel und im Beichtstuhl mit verlangendem Wohlgefallen auf mancher von ihnen geruht haben. Aber die Entfernung war ihm doch zu weit, er wollte die Schönheit näher, er wollte sie auch unverhüllter genießen. So zog er denn einzelne an sich heran und es entstand allmählich jene geheime Geißelgesellschaft, die man später die Disciplina gynopygica genannt hat. Auch freiwillig kamen Ehefrauen, die durch die Predigten über die weltlichen Begierden und ihre Folgen sehr betrübt und bestürzt waren, zu Pater Cornelius, um sich über die Skrupel und Beängstigungen ihres Herzens Rats zu erholen. Cornelius unterwies sie freundlich und belehrte sie über die Mittel, durch welche es ihnen möglich gemacht werden könnte, im häuslich ehelichen Stande fortzuleben und doch ihr Seelenheil zu retten. Es sei vor allem nötig, den sinnlichen Neigungen und Begierden bei Ausübung des ehelichen Werkes zu widerstehen; dieses halte freilich schwer, doch könne Rat dafür gefunden werden. Das Werk selbst sei von Gott angeordnet: allein die verderbte Natur des Menschen habe es verunreinigt und befleckt: darum sei von Nöten, es also zu vollrichten, als vollrichte man es nicht, und in der Ehe zu leben, als lebe man nicht darin. Natürlich war solches den Frauen ja eine unmögliche und übermenschliche Sache, sie kamen täglich zu dem Pater mit Thränen und Herzklopfen und klagten ihm ihre Not. Denen nun, die weder jung, noch besonders schön waren, riet er an, recht fleifsig ihre Anfechtungen ihrem bisherigen Seelsorger zu beichten, um von ihm die Absolution zu erhalten; denen aber, die er in seinen Orden wünschte, sagte er, in Anbetracht, dafs sie solchen innerlichen Sünden und Begierden ihres fleischlich gesinnten Körpers nicht widerstehen könnten, müsse derselbe mit einer äufserlichen Strafe und Poenitenz kasteiet werden. Die frommen Frauen gelobten alles zu thun, was Cornelius ihnen auferlegen werde. Er hiefs ihnen, monatlich bei ihm zur Beichte zu erscheinen, und alle unkeuschen Gedanken, Begierden und Handlungen, die sie bei der Ausübung ihrer ehelichen Pflicht oder sonst sich zu Schulden kommen liefsen, frei und genau zu bekennen: je offener, genauer, deutlicher und vollständiger sie es thäten, desto besser sei es für sie. Auch hierin fügten sich die Frauen. Cornelius nahm ihnen nun einen feierlichen Eid ab, dafs sie über die zu erleidende Bufse und die geheime Anstalt tiefste Verschwiegenheit beobachten würden: denn, fuhr er fort, einmal müfsten die gebeichteten Dinge eine äufserliche Strafe empfangen und zwar mittels geheimer Disciplin und secreter Poenitenz: aber die fleischlich gesinnten Kinder der Welt würden nicht begreifen, was des Geistes sei, und wenn sie die Sache erführen, Ärgernifs nehmen und es an Verdächtigungen und Verunglimpfungen nicht fehlen lassen, darum sei das tiefste Schweigen gegen Jedermann im Interesse des Ordens erforderlich.

Wenn all das geschehen, bestellte Cornelius seine Beichtkinder in seine Disciplinkammer, die er bei einer vertrauten Freundin eingerichtet hatte. Sobald die reuigen Frauen nun dorthin kamen, gab ihnen die Wirtin eine Rute, mit der Weisung, sie mit in die Disciplinkammer zu nehmen, zum nächsten Mal aber selbst einen Besen zu kaufen, Ruten davon zu machen und jedesmal eine mitzubringen.

Cornelius sagte nun in der Disciplinkammer zu der Novize mit feierlicher Miene: Wohlan, meine Tochter, um diese heilige Disciplin und geheime Poenitenz bequem zu

empfangen, müfst Ihr Euren Körper entblöfsen. Darum befehle ich Euch, die Kleider auszuziehen! Die Frauen ge-
horchten meist sofort, und wenn sie nun nackt dastanden,
mufsten sie ihm die Rute selbst darreichen und ihn demütig-
lich bitten, ihren sündigen Körper zu züchtigen. Cornelius
gab ihnen nun langsam eine kleine Anzahl leichter Schläge,
die nicht sehr wehe thun sollten und führte dabei allerlei
Citate über das Geifseln an, insbesondere, dafs Gott die
Demut derjenigen, die sich selbst entblöfsen würden, lieber
habe, als die Schmerzen vieler harter Schläge.

Im Winter, wenn es zu kalt war, sich ganz auszuziehen,
mufsten die Disciplinkinder auf ein grofses Polster niederknieen: Cornelius hob ihnen dann die Kleider auf und schlug
sie in dieser Stellung. So machte er es auch bisweilen bei
verheirateten Frauen, die nicht lange von Hause wegbleiben
konnten, oder Witwen, die lange unter seiner Disciplin
standen. Cornelius hatte nämlich auch Witwen in seinen
Orden aufgenommen. Gerade sie hatten ja durch die Erinnerung an die genossenen Wollüste mehr mit Anfechtungen
zu ringen als die Jungfrauen, die noch nicht von der Frucht
gekostet, oder die Frauen, die Befriedigung in der Ehe
fänden; aber in demselben Mafse sei auch ihr Verdienst
gröfser, als bei den Mädchen und den Ehefrauen, wenn sie
ihre Anfechtungen besiegten. Aber der Krug geht so lange
zu Wasser, bis er bricht.[1])

---

[1]) Ich lasse hier eine Stelle aus Philipp von Marnix Bienen-
korb folgen, die das oben ausgeführte noch besser illustriert. „Wie
sollten die Ketzer gegen die Ohrenbeichte noch etwas einwenden
können? hiesse das nicht eben so viel, als ob sie unserer Mutter, der
heiligen Kirche, beide Augen zum Kopfe heraus kratzen wollten? denn
diese Ohrenbeichte ist ihr ohne Zweifel ein Paar Augen wert, das eine,
um in alle Heimlichkeiten sämmtlicher Könige und Fürsten in der
Welt hinein zu gucken, wodurch sie zu ruhigem Besitze der Herrschaft
über so viele Länder gelangt ist, das andere, um in den tiefsten
Busen junger Frauenzimmer zu sehen, ihre Heimlichkeiten zu erspähen
und ihnen solche Bussen aufzuerlegen, wodurch ihre beängstigten Gewissen getröstet und ihre Herzen bestens erleichtert werden können.
Ach! wie oft haben nicht die Herren Pfaffen den betrübten, unfruchtbaren Weiberchen in der Beichte guten Rat erteilt, der sie zu fröhlichen Kinder-Müttern gemacht hat, und durch den sie zu ihren Beicht-

Um 1553, Cornelius war also 33 Jahre alt, befand sich unter seinen Zuhörerinnen, die fast täglich zu seinen Predigten kam, eine tugendhafte und sehr geachtete Witwe Peters, die auch bisweilen ihre junge, schöne und liebenswürdige Tochter mit sich nahm; die Tochter hiefs Caleken und war ungefähr 17 Jahr alt. Sie schlofs mit einer Reihe anderer junger Mädchen, die gleichfalls eifrige Kirchengängerinnen waren, Freundschaft, und man sprach viel über den geist-vollen und feurigen Kanzelredner.

Caleken hörte da nun in dem Verkehr viel von Oboedienz, Gehorsam, Unterwerfung des Fleisches, Poenitenz und heim-licher Disciplin. Sie wurde auf ihre Fragen weiter belehrt, nur über die heimliche Disciplin erfuhr sie nichts: mit dieser könne sie nur Pater Cornelius selbst bekannt machen: er

---

Vätern von einer so inbrünstigen Liebe entzündet worden, als wären diese ihre eigenen Männer gewesen. Hält sich doch noch bis auf den jetzigen Tag zu Brügge ein Graubruder, Namens Cornelis der Geissler, auf, welcher mittelst dieser heiligen Ohrenbeichte einen grossen Haufen von Frauenzimmern ihren Leib dergestalt ertödten lernte, dass sie, um ihrer auferlegten Pönitenz Genüge zu leisten und die Absolution für ihre Sünden zu gewinnen, völlig mutternackt auf den Knien zu ihrem Beichtvater hinrutschen, und dass er, wenn er wahrnahm, ihr Fleisch sei noch nicht ganz abgestorben, mit der Rute, welche er in der Hand hielt, ihnen den Hintern so lange zerhieb, bis sie vollkommen Busse geleistet hatten. Deshalb wird er auch noch zur Stunde Bruder Cornelis der Geissler genannt. Seht doch, wenn die Ohrenbeichte ab-gestellt gewesen wäre, wie hätte er die guten Weibleins zu solcher Andacht vermocht, wie die andern Mönchsorden dem Beispiel des heiligen Dominikus gefolgt haben? Wie sollte unsere liebe Mutter, die heilige Kirche, die schöne liebliche Gemeinschaft der Weiber, welche Papst Clemens befohlen, zuwege bringen können, wenn nicht die Ohrenbeichte Gelegenheit dazu verschaffte. Aus diesem Grunde hatte Rektarius, Bischof von Konstantinopel grosses Unrecht, dass er A. 195, der Beichte aufhob, bloss deshalb, weil ein Diakonus einer Frau unter dem Rocke zur Beichte gesessen. Bei allen Heiligen, er muss ein Lutheraner oder Hugenot gewesen sein, weil er seiner lieben Mutter, der Kirche Satzungen, für nichts geachtet. Jetzt geht es gewiss anders zu. Was würde er erst gethan haben, wenn er Bruder Cornelis, den Geissler, und andere dergleichen Gäste gesehen? wahr-lich, er hätte die Beichte mit all' dem andern Plunder unter den Galgen gejagt etc. etc."

werde es sicherlich auch gerne thun, wenn sie bei ihm beichten ginge. Cornelius ward natürlich von dem Wunsche Calekens benachrichtigt, dafs sie in ihrer jungfräulichen Reinheit die heimliche Disciplin kennen lernen möchte. Er setzte also einen Tag fest, wo sie zu ihm kommen sollte.

Caleken ging am verabredeten Tage auch hin und traf noch zwei andere junge Mädchen, welche gleichfalls die geheime Disciplin durchmachten und inzwischen bei Bruder Cornelius ihre Beichte verrichteten.

Cornelius fragte nun Caleken nach der ersten Begrüfsung, ob sie wirklich in vollem Ernste daran denke, ihre jungfräuliche Keuschheit und Reinheit zu bewahren und zu dem Zwecke sich seiner Disciplin unterwerfen wolle. Caleken antwortete: „Ja, ehrwürdiger Herr, das will ich." Darauf pries er ihr den jungfräulichen Stand noch viel höher, setzte dagegen den ehelichen sehr herab, weit mehr, als er es in seinen Predigten thun durfte. Nach längeren Gesprächen darüber ersuchte er sie, jedoch nur mit Einwilligung ihrer Mutter, ihn wöchentlich an einem bestimmten Tage zu besuchen, um die nöthigen Unterweisungen für die Disciplin zu empfangen. Calekens Mutter stimmte dem Vorhaben ihrer Tochter zu, so dafs die Jungfrau nunmehr das Weitere erfahren konnte.

Bei dem nächsten Besuche sagte Cornelius zu Caleken: „Wohlan, mein Kind, nun müfst Ihr mir gehorsam alle Euren eiteln Gedanken und Begierden zu erkennen geben und nichts verschweigen, damit ich Euch davon, sowie den täglichen Sünden absolvieren und Eure jungfräuliche Reinheit unbefleckt und weifs erhalten kann." Caleken versprach ihm zu gehorchen.

Nach sechs bis sieben Wochen Probezeit und Unterweisung nahm Pater Cornelius Caleken feierlich zu seinem Beichtkinde an; sie mufste einen Eid schwören, dafs sie nie einem anderen Priester beichten wolle. Darauf forderte sie Cornelius auf, nun in die Disciplinkammer zu kommen und sich auf die Uebung wie die anderen jungen Mädchen vorzubereiten. Als Caleken in die Kammer, die sich im Hause einer Witwe, die ihrer Aufgabe wohl gewachsen war, befand, eintrat, befahl ihr Cornelius bei ihrem Gelübde des Gehorsams, ihm alle Anfechtungen und Versuchungen, welche Menschen, Männern wie Frauen, Jünglingen und Jungfrauen, überkommen können, zu beichten, namentlich die unkeuschen Träume, Gedanken und Begierden ungescheut ihm mitzuteilen, da er nur dann Mittel finden könne, die jungfräuliche Keuschheit zu schützen.

Caleken schien jedoch Cornelius nicht zu verstehen, so dafs er ihr auf die Gedanken und Worte helfen zu müssen glaubte und fortfuhr: „Pah, ich bin überzeugt, dafs Euch alle die Unkeuschheiten und Unreinigkeiten, die zwischen verheiraten, fleischlichen Weltmenschen vorkommen, bekannt sind; denn die Welt liegt im Argen und ist derartig verdorben, dafs Kinder von acht und neun Jahren ganz genau wissen, auf welche Weise sie zur Welt gekommen. Pah, ein Mädchen von siebenzehn Jahren, wie Ihr, sollte nichts von fleischlichen Versuchungen, Begierden und Anfeindungen zu sagen haben. Pah, Ihr hättet in dem weltlichen Leben bleiben sollen, Ihr wäret bald Mutter von drei bis vier Kindern." Caleken stand mit schamroten Wangen über diese Worte vor Cornelius und schlug die Augen nieder, unfähig, ein Wort herauszubringen, denn ihre Mutter hatte sie bisher vor allen derartigen Aeufserungen und Erfahrungen bewahrt. Cornelius fuhr fort: „Pah, darauf achte ich nicht; die angeborene, verdorbene und gebrechliche Natur mufs Euch in dem Alter, in welchem Ihr Euch befindet, die Kenntnis dieser Dinge lehren; es ist unmöglich, dass Ihr nicht bisweilen fleischliche Anfechtungen und Kämpfe zu bestehen habt. Wenn Ihr sie nun aber aus Scham mir verschweigt, so kann ich Euch nicht absolvieren. Meine Seligkeit hängt daran; darum bereitet Euch auf das nächste Mal besser vor. Damit entliess er Caleken und bestellte sie auf einen anderen Tag.

Bei diesem Besuche setzte Cornelius seine sinnlich-mystischen Angriffe fort, Caleken antwortete: „Ehrwürdiger Vater, ich bitte täglich unsern Herr Gott in meinem Gebete mit inbrünstigem und aufrichtigem Herzen, dass er mich um seiner Gnade willen von allen Versuchungen, Bedrängungen und Anfechtungen des bösen Feindes und Fleisches bewahren solle." Cornelius lobte das, meinte aber, sie müsse den Herrn förmlich um Versuchungen und Anfechtungen bitten, ein Zustand, in dem dieselben ausbleiben, sei keine Heiligkeit zu nennen; dergleichen zu haben, sei Ehre; man müsse die innerlich brennende Hitze hervorrufen bei Mann und Weib, um alsdann standhaft zu widerstehen. Was für ein Verdienst sei denn etwas zu bekämpfen, was man nicht fühle. Sie, als Jungfrau habe auch Fleisch und Blut, wie andere Menschen; sie möge sich vor Heuchelei und geistigen Hochmut hüten. Er wiederholte darauf sein Gebot, ihm alle unzüchtigen Gedanken und alle wollüstigen Träume frei heraus zu beichten, damit sie durch die heilige Disciplin gereinigt werden könne.

Caleken schämte sich immer mehr, über das, was sie vernahm; Cornelius aber forderte sie auf, dem Beispiel der übrigen Mädchen, die unter seiner Disciplin, zu folgen und fragte sie feierlich: ob es ihr voller und ungeheuchelter Ernst sei, ihm ihr Seelenheil anzuvertrauen? Caleken bejahte dies „Nun wohlan", fuhr Cornelius fort, „wenn Ihr mir Euer Seelenheil anvertraut, so könnt Ihr mir mit noch minderer Gefahr Eueren irdischen, vergänglichen Leib anvertrauen; denn wenn ich Euere Seele selig machen soll, so muss ich vor allem Anderen Eueren Körper rein, sauber und fähig zu allen Tugenden, Andachtsübungen und Disciplinen machen. Ist es nicht also, mein Kind?" Caleken antwortete darauf: „Ja, so ist es, ehrwürdiger Herr Pater!" Und der Herr Pater fuhr fort: „Nun wohlan, so ist es von nöten, dass Ihr mir bei der heiligen Poenitenz unterthänig seid auf die Weise, wie ich es Euch gebieten werde."

Hierauf setzte sich Cornelius auf das Bett, das in der Kammer stand, etwa zwei Schritte weg vor Caleken und befahl ihr, um jene der heiligen Disciplin und Poenitenz so hinderliche Scham besser zu überwinden, ihren Körper zu entblöfsen und sich völlig auszukleiden. Caleken antwortete erschrocken: „O, würdiger Pater, wie wollte ich das zu thun im Stande sein, wahrlich ich müsste mich zu Tode schämen." Cornelius erwiderte: „Seht mein Kind, das mufs so sein; unser Beider Seligkeit hängt daran. Überwindet Eure Scham!" Caleken antwortete ausweichend: „Ehrwürdiger Pater, lieber will ich Euch alle meine Anfechtungen und fleischlichen Ge-

danken ganz offen mitteilen, als das thun, was Ihr verlangt.
Lieber will ich sterben. Ich bitte Euch demütigst, erlasst
es mir!" Cornelius drang jedoch ungestüm weiter in sie,
sich zu fügen und setzte ihr auseinander, wie es unmöglich
sei, jemals eine vollkommene Andächtige zu werden, ohne
solche Selbstdemütigung; sie sei das erste Mittel zum be-
quemen Empfange der heiligen und heimlichen Disciplin. Er
forderte denselben Gehorsam, den alle übrigen Zuchttöchter
ihm leisteten und fragte sie, ob sie besser sein wolle als
jene. Seufzend fügte sich Caleken endlich dem Geheiß. Sie
zog Ober- und Unterkleid aus; als sie sich daran machte, auch
das Mieder aufzuschnüren, liefen ihr die Thränen aus den
Augen. Cornelius sprach ihr Mut zu und gebot ihr, fromm
und klug gegen die Scham und Heuchelei anzukämpfen und
einen Sieg zu erringen, der glorreicher als alle Triumphe und
Freuden der Welt sei. Als sie nun endlich bis aufs Hemd
entkleidet war und dieses ebenfalls ausziehen sollte, überkam
sie die Scham so sehr, daß ihre glühende Röte in tötliche
Blässe umschlug und sie in Ohnmacht fiel. Cornelius brachte
sie mit Essenzen, die er bereit hatte, bald wieder zu sich
und entließ sie mit der Bemerkung, daß es für diesmal genug
sei. Er versprach, daß bei ihrem nächsten Besuche andere
Mädchen zugegen seien, die ihr mit gutem Beispiel vorangehen
würden. Caleken sagte zu, wiederum zu kommen und gelobte
tiefe Verschwiegenheit über alles Vorgefallene. Als sie das
nächstemal wieder in der Disciplinkammer erschien, traf sie
wirklich zwei ihr von früher bekannte schöne Jungfrauen
daselbst. Auf das erste Geheiß des Paters zogen diese ihre
Kleider aus und stellten sich ganz nackt vor ihn hin. Cornelius rühmte das Glorreiche eines solchen Sieges über die
höchst schädliche Schamhaftigkeit, die alle Fortschritte in
Tugend und Andacht hemme; er deutete auf die Notwendigkeit hin, die innere Heuchelei zu überwinden. Aber damit
war die Disciplin auch diesmal zu Ende. Cornelius übte nun
Caleken, wie die übrigen mehrere Monate im Entkleiden,
damit sie freiwillig ihre Scham aufgebe und selbst die Disciplin begehrte.

Inzwischen wurde Caleken von den älteren Teilnehmerinnen der Sodalität eifrig bearbeitet: diese fragten sie über alles aus und meinten, als sie noch nichts bestimmtes mitzuteilen wufste: wenn sie die Disciplin noch nicht erhalten, so habe sie solche wohl noch nicht verdient. Ob sie etwa glaube, eine reinere Jungfrau zu sein, als alle übrigen. Weiter redeten sie ihr zu blindem Gehorsam gegen Pater Cornelius zu. bis sie versprach, sich ihm in Allem zu fügen.

Cornelius hatte naturgemäfs durch seine fortwährenden Reden über fleischliche Anfechtungen, unreine Träume und natürliche Regungen und Begierden ihre bisher ruhige Seele aufgewühlt, dafs ihr nun täglich die Dinge, vor denen sie sich hüten und wegen deren sie die Disciplin empfangen sollte, erst recht in den Sinn kamen: nun hatte sie die Gedanken und Empfindungen, die sie von Anfang an beichten sollte und nun auch getreulich beichtete. Cornelius war über diese Sinnesänderung sehr erfreut, verkündigte ihr nun ihre Befähigung, die heimliche Disciplin zu empfangen, und befahl ihr, einen Besen zu kaufen, Ruthen davon zu machen und eine derselben das nächstemal mitzubringen. Caleken erfüllte gehorsam diese Anordnungen und war nun eine vollkommene Andächtige.

Ueber die Zeit bis 1588 wissen wir nun nichts Näheres von dem Verhältnis zwischen Cornelius und Caleken: es ist aber anzunehmen, dafs sie sich den heimlichen Bufsübungen ruhig weiter unterwarf. Ce n'est le premier pas, qui se coûte!

Im Jahre 1588 feierten nämlich die älteren Mitglieder des Bufsordens einen Freudentag in ihrem Disciplinarhause: jede von ihnen brachte etwas gutes zu essen und trinken mit: man sang und scherzte und Pater Cornelius wurde so lustig, dafs er mit einer der Jungfrauen ein Tänzchen wagte: er soll sich dabei als sehr geschickter Tänzer gezeigt und seiner Partnerin die an nichts Arges denken mochte und ihm mit freundlichen Augen ansah, ein Küfschen gegeben haben[1]). Bei den jüngeren Zuchttöchtern jedoch, denen diese Scene eine der Anwesenden erzählt hat, erregte die Sache Anstofs und Aergernifs besonders bei Caleken, die gerade ihre beiden in der Nähe des

---

[1] Wie konnte sie auch: „si clericus amplectitur mulierem, interpretabitur quod causa benedicendi eam hoc faciat" heisst es ja in der Glossa Decreti.

Klosters wohnenden Basen besuchte, sie teilte diesen gleich ihre Betrübnifs und Skrupeln über das Geschehene mit: diese wollten jedoch die Sache zum Besten auslegen und fragten, was denn so Schlimmes dabei sei, aber Caleken fuhr fort: „Ich bin darüber nicht so leicht beruhigt; man steht doch mutternackt vor ihm da, und er ist auch ein Mensch; wie können wir wissen, ob ihm nicht etwas Menschliches begegnet." Base Aelken antwortete: „Wie mögt Ihr so unziemliche Redensarten über unseren ehrwürdigen Vater Euch entfahren lassen; über ihn, der so edel und heilig denkt?" Caleken widersprach: „Aber wir müssen doch zugeben, dass er auch ein Mensch von Fleisch und Blut ist." „Ein Engel ist er in Menschengestalt" sagte Aelken, „der nicht sündigen kann, allein wir können das nicht so ganz begreifen und verstehen." „Ich behaupte nicht gerade, dafs er sündigt, aber gesetzt den Fall, dass ihm bei diesem Nacktauskleiden eine menschliche Schwäche ergreifen wollte, wie wolltet Ihr Euch da benehmen, um nicht zu sündigen." „Ich würde es in Demut geschehen lassen", meinte Aelken, „und sollten auch sieben Kinder daraus werden; denn ich bin überzeugt, unser Herr Gott würde mir solches nicht als Sünde anrechnen um des heiligen Mannes willen, der ja doch diese Handlung ohne eigentlich fleischliches Gelüsten vollbrächte." Caleken schloss mit den Worten: „Nein, was meine Person betrifft, bin ich der Sache nicht so sicher, noch reicht meine Verpflichtung zum Gehorsam soweit."

Cornelius erfuhr dieses Gespräch und die Besorgnisse Calekens natürlich wieder und gerieth darüber in Verlegenheit und Entrüstung. Bei dem nächsten Besuche Calekens fragte er sie, was sie von ihm denke? Sie erwiderte: „Ehrwürdiger Vater, ich habe gar keine schlimme Meinung von Euch." Cornelius aber hielt ihr unter bitteren Vorwürfen ihren Undank und gottlosen Skrupel vor, so dafs Caleken, durch diese Kühnheit aufser Fassung gebracht, durchaus von der Nützlichkeit und Notwendigkeit der heiligen Disciplin überzeugt zu sein, zugab und ihren geäufserten Zweifel als einen vorübergehenden Leichtsinn hinstellte, dessen sie sich nie wieder wollte zu schulden kommen lassen. „So bekennt

Ihr, dafs Ihr mit Unrecht und fälschlich meine Ehre angetastet habt?" rief Cornelius. Caleken fiel auf die Knie und bat um Vergebung für ihre Missethat. Cornelius erwiderte: „Ich kann Euch nicht vergeben, ehe Ihr nicht die Hand auf der Brust bei Gott und allen Heiligen mir zugeschworen habt, dass Ihr mir Eure innersten Gedanken über meine Disciplin-übungen, womit ich die heimlichen Sünden kasteie, säubere und reinige, bekennen wollt." Caleken leistete den Schwur und ging beschämten und demütigen Herzens heim. Cornelius war aber noch nicht völlig beruhigt, er wollte etwas Schriftliches haben. Er vermochte es, dafs Caleken bei ihm zum Mittagessen erschien, an dem auch ein anderer Francis-kaner-Mönch teilnahm. Zuvor sprach er Caleken allein, bat sie, ihm behülflich zu sein, dafs er seine Ruhe wieder-finde, die er durch ihre Aeufserungen über das Tanzen und Küssen verloren habe. Sie solle in Gegenwart des alten Bruders, so oft auf die heilige Disciplin und geheime Poeni-tenz die Rede komme, sagen, dafs sie nichts davon wisse, da sie sonst in den Verdacht kommen könne, dafs sie die Disciplin wegen Hurerei und anderer schlechter Dinge ver-dient. Caleken versprach diesem Rate zu folgen. Cornelius fragte nun Caleken nach Tisch: „Meine Tochter, habt Ihr je etwas an mir bemerkt, was Euch Aergernifs gegeben?" und weiter „Habt Ihr je etwas anderes von einer heimlichen Disciplin vernommen, womit ich Sünden bestrafe, als das, was sich auf Fasten und Gebete nach abgelegter Beichte be-zieht?" Auf beide Fragen antwortete Caleken: „Nein, ehr-würdiger Vater." Darauf reichte ihr Cornelius ein Blatt Papier mit einer Erklärung in diesem Sinne hin, die sie durch ihr Handzeichen bekräftigen mufste. Der andere Fran-ciskaner stellte ein Zeugnifs aus, dafs er als Ohrenzeuge das Bekenntnifs aus Calekens Munde vernommen. Jetzt glaubte sich Cornelius hinreichend gesichert zu haben, und das war auch für zwei Jahre der Fall. Da wandelten Caleken die alten Zweifel wieder an und sie fragte Cornelius: warum denn eigentlich gerade diese heimliche Disciplin zur Selig-keit so notwendig sei, und warum man, da so viele andere Menschen auf Erden die Seligkeit ebenfalls suchten, er diese

nicht auch auf solche Weise disciplinire? Cornelius schützte
vor, man könne die heilige Disciplin nicht vor der Welt
offenbaren, der Skandale und Aergernisse willen, die daraus
hervorgehen könnten. Der Unverstand der fleischlich gesinnten Weltmenschen würde nimmermehr das Tugendliche
und Heilige daran begreifen, sondern es vielmehr nach Thoren
Weise verlachen und verspotten; es sei dieses derselbe Fall
mit allen heiligen Mysterien, wie man ja täglich sehe; es sei
nutzlos, Rosen und Perlen unter die Schweine zu werfen.
Caleken gab das wohl zu, meinte aber, alles Skandalieren,
Aergern, Mifsverstehen und Verspotten der Weltmenschen
sei nicht in Anschlag zu bringen, gegen die Wichtigkeit, so
viele Menschen, die die Seligkeit suchten, auch selig zu
machen. Man sollte gerade dahin wirken, dafs jene nicht
auch mit diesen Kindern des Fleisches zu Grunde gingen.
Cornelius antwortete: Gott ist allmächtig; er praedestiniert
oft manche Menschen durch andere Mittel zur Seligkeit.
Caleken wandte richtig ein: Wenn es möglich ist, dafs die
Menschen auch durch andere Mittel in den Himmel kommen
können, als durch die heimliche Disciplin, so ist dieselbe
nicht absolut notwendig zur Seligkeit, wie ich bis jetzt geglaubt habe? Ueber den logischen Schluss war Cornelius
etwas bestürzt und ärgerlich, half sich aber mit einem
Gleichnifs: Nehmt an, die Stadt Rom sei das Himmelreich;
eine grofse Menge Volks möchte gerne eine Reise dahin
machen: ein beträchtlicher Teil davon schlägt den Weg dahin
durch eine furchtbare Wüste ein, wo ihnen tausend Gefahren
von wilden Bestien drohen; eine andere Abteilung will diese
Gefahren vermeiden und zieht einen Pfad, wo aber Strafsenräuber und Mörder auf sie lauern; eine andere, um diese
Gefahren zu vermeiden, zieht den Uebergang über ein
hohes Gebirge vor, aber auch hier zeigen sich Gefahren,
sie können in den Abgrund stürzen, oder im Schnee
versinken, oder sonst gefährlich fallen; eine vierte Gesellschaft wählt den Weg zur See, kämpft mit Sturm und
Wellen, erleidet Schiffbruch, kann im Meer ertrinken
oder aus Hunger verschmachten. Nun giebt es aber
noch einen kleinen Haufen, der einen heimlichen, ver-

borgenen Weg gewufst hat und ohne irgend eine Mühsal
und Gefahr in Rom angekommen ist. Welchen Weg von
allen würdet Ihr nun wohl am liebsten eingeschlagen haben,
meine Tochter?" „Natürlich den zuletzt angedeuteten gefahr-
und mühsallosen", antwortete Caleken. „Aha!" rief Cornelius
aus, „findet Ihr jetzt die Anwendung meines Gleichnisses?"
Caleken bejahte die Frage, und so endete das Gespräch.
Wirklich überzeugt war Caleken nicht, sondern suchte in der
Bibel nach Beweisen und verlangte bei ihrem nächsten Besuche
von Cornelius, dafs er ihr aus der heiligen Schrift die Notwendigkeit heimlicher Züchtigung für die Erlangung der
Seligkeit darthun solle. Cornelius schwieg erst, dann wurde
er aufgebracht und rief: „Heilige Schrift, heilige Schrift, ich
merke es wohl, dafs Ihr mit Erasmianern gesprochen habt,
davon diese Stadt Brügge, Gott bessere es, wimmelt."
Caleken antwortete: „Ehrwürdiger Vater, ich komme von
keinen Erasmianern her, mit denen ich gesprochen; ich möchte
für mich selbst gerne wissen und darum Euch befragen, ob
denn dieses nackte Ausziehen und heimliche Geifseln notwendig zur Seligkeit ist, wie ich bis jetzt annahm, und da
Ihr mir selbst gesagt habt, dafs noch andere Wege zum
Seelenheil offenstehen, so hätte ich beinahe Lust, den einen
oder anderen davon einzuschlagen." Cornelius führte nun
einige Stellen aus der Bibel an, worin jedoch nur von Schlägen
und Geifseln, aber nicht von heimlicher Disciplin die Rede
war, versprach jedoch Caleken, bei ihrem nächsten Besuche
aus alten lateinischen Büchern ihre Zweifel beheben zu können.
Und wirklich las er ihr auch einige Stellen aus der Summa
Magistri Thomae de poenitentia vor; diese waren jedoch so
unglücklich und unpassend gewählt, dafs Caleken erklärte,
ohne Beweise aus der heiligen Schrift könne sie nicht mehr
an die Vortrefflichkeit und Notwendigkeit der heimlichen
Disciplin glauben. Cornelius kam dadurch in grofse Verlegenheit und befahl Caleken unter Hinweis auf ihr eidliches Gelübde, sich auf der Stelle vor ihm zu entkleiden und die
Disciplin zu empfangen. Allein die Jungfrau weigerte sich
entschieden und erklärte, nur durch Beweise aus der Bibel
wieder überzeugt werden zu können. Cornelius schlug ein

Kreuz und rief: „Jesus, Caleken! Gott behüte uns! Gott segne uns! Caleken, was führt Ihr für eine Sprache? Wo

Eines Geistlichen
Sonderbahre Scheinheilige Andacht.
bey gelinder bestraffung schöner Weiber.

Nach einem alten Kupfer.

ist Eure Oboedienz, Eure Untertänigkeit, Eure Demut? Gott, was soll daraus werden? Redet doch!" Caleken erklärte, dafs sie auf Gottes Gnade hoffe und mit seiner Hülfe ein

ehrbares, tugendsames und gottesfürchtiges Leben zu führen
gedenke. Cornelius warf ihr nun Verhärtung und Verstockt-
heit vor, beklagte, dafs sie vom Teufel erfafst, und verbot ihr
jeden Umgang mit den übrigen Teilnehmerinnen, sowie jede
andere Beratung über die Sache, als mit dem heiligen Geiste;
schliefslich gab er ihr drei Wochen Bedenkzeit für die Bekehrung.

Als Caleken nach Ablauf der Zeit in's Kloster kam, traf
sie Cornelius gerade nicht zu Hause; da beschlofs sie den
Prior selbst zu sprechen und ihn wegen ihrer Bedenklichkeiten
um Rat zu fragen. Er sah sogleich, dafs sie ein Beichtkind
des Bruders Cornelius war, und lehnte daher, da er auch den
Eid der Schweigsamkeit kannte, ihre Bitte, ihm beichten zu
dürfen, anfänglich ab, bis sie erklärte: er möge die Sache
nicht als eine Beichte, sondern als eine Beratung ansehen.

Caleken fragte nun den Prior, ob er schon etwas von
heimlicher Disciplin und Poenitenz gehört habe, der Frauen
für ihre innerlichen Sünden und sinnlichen Anfechtungen,
Begierden und Gedanken unterworfen werden konnten, und
ob er glaube, dafs dieselben zur Seligkeit notwendig seien?
Beides gab der Prior zu, unter der Voraussetzung, dafs die
Disciplin zu nichts anderem gemifsbraucht würde. Nun
fragte sie weiter: Ob er von der Art und Weise, wie Pater
Cornelius discipliniere, Kenntnis habe. Als da Prior ant-
wortete, nicht so ganz, als er wohl wünsche, teilte ihm
Caleken den Eid mit, den sie geschworen und wünschte
seine Ansicht darüber zu hören. Der Prior dachte an eine
List bei dieser Frage und antwortete ausweichend, bis
Caleken Gott zum Zeugen anrief, dafs sie nichts anderes als
Beratung suche und unter Thränen ihre Gewissensbisse so
rührend gestand, dafs der Prior sie tröstete und ihr zu verstehen gab: er wisse wohl mehr von Bruder Cornelius
Treiben, als er sich den Anschein gegeben, aber grofser
Skandal und die schädlichen Folgen für das Kloster stimmten
zur Vorsicht und Zurückhaltung, aber ihr Betragen erschüttere
sein Gewissen und er wolle der Wahrheit die Ehre geben
und ihr erklären, Bruder Cornelius gehöre zu den Menschen,
von denen Christus gesagt habe: es wäre ihm besser, dafs

ihm ein Mühlstein an seinen Hals gehängt und er in die
Tiefe des Meeres versenkt würde. Laſst Euch daran genügen, meine Tochter, Ihr wiſst nun, was Ihr künftig von
der Sache zu halten habt. Caleken dankte mit groſser Ehr-
erbietung und verlieſs das Kloster mit dem festen Vorsatze,
nie wiederzukehren, noch mit Pater Cornelius zu sprechen.
Nachdem sie auf eine Aufforderung zu kommen, höflichst
gedankt und erwidert hatte, sie würde sich allein kasteien,
abstrafen, disciplinieren und poenitenzieren und auch von
dem Besuche im Kloster ihm Mitteilung machte, setzte ihr
Cornelius doch so lange zu, bis sie sich zu einem letzten
Besuche entschloſs.

Es gab eine groſse Scene, Caleken hielt Cornelius das
Schändliche und Heuchlerische seiner Disciplinübungen
vor, und Cornelius warf sie zu guterletzt als Ketzerin
zur Thüre hinaus.

Caleken ging ruhig nach Hause, lebte still und gottes-
fürchtig und verheiratete sich bald; sie bewahrte das Ge-
heimnis der Buſsanstalt, bis 1563, wo sie in einem Processe
gegen Cornelius vor dem Magistrat alles bekennen muſste.

Zu diesem Proceſs und der Entlarvung Cornelius kam
es auf folgende Weise.

Unter den Büſserinnen des Pater Cornelius befand sich
eine Jungfrau, Namens Betken Maes, die sich, als sie zu
Jahren gekommen war, der Krankenpflege widmete. Sie
war als Pflegerin wegen ihrer Freundlichkeit und angenehmen
Unterhaltung, wie ihrer Tugend und Frömmigkeit wegen bei
Arm und Reich sehr beliebt. Auf Empfehlung einer Kranken
machte sie die Bekanntschaft eines Augustiner-Mönches,
Namens Michael, der ihr als Beichtvater bald besser zusagte,
als Pater Cornelius, gegen den auch sie seit längerer Zeit
miſstrauisch war; natürlich wurde dadurch die Empfindlichkeit ihres älteren Beicht- und Zuchtvaters sehr gereizt; er
verschrie sie daher als Erasmianerin und warnte seine Disciplinkinder vor jedem Umgang mit ihr, denn er muſste auch
von dieser Seite die Vernichtung seiner lustigen und blühenden
Anstalt befürchten. Betken lieſs sich, im Stillen darüber
seufzend, dieses feindliche Benehmen ruhig gefallen.

9*

Nun geschah es, dafs eine ihrer Kranken auf dem Sterbe-
bette lag und Betken bat, eine Mönchskapuze, die sie heimlich aufbewahrte, hervorzuholen, damit sie darin ihre letzten
Seufzer ausstofsen könne. Betken ging diesem sonderbaren
Verlangen auf den Grund und erfuhr, dafs die Kapuze ein
kostbares Geschenk des Bruders Cornelius sei, welcher der
Frau eingeredet hatte, dafs sie, wenn sie die Kapuze in ihrer
Todesstunde anlege, der Lossprache von allen Sünden und
vom Fegefeuer teilhaftig würde. Betken suchte der Kranken
ihren thörichten Glauben auszureden: aber es half nichts;
vielmehr ereiferte sich die Kranke gegenüber allen Vernunft-
und Schriftgründen über Betkens Mangel an Frömmigkeit.
Statt zu sterben, genas nun die Kranke und hatte nun nichts
eiligeres zu thun, als nach dem Franciskaner-Kloster zu
laufen und ihrem alten Beichtiger ihren Disput mit Betken
zu erzählen.

Cornelius gerieth in grofse Aufregung und Wut über
den Vorfall und suchte sein Rachegefühl auf jede Weise zu
befriedigen: er stellte in allen Privathäusern, wo er verkehrte,
Betken als Ketzerin hin, die sicher noch auf dem Scheiterhaufen enden würde: in dem Beichtstuhl, auf der Kanzel,
überall hetzte er gegen die vom wahren katholischen Glauben
Abgefallene und daher Gebannte. In dem Kloster der Karmeliterinnen hatte Cornelius eine Nichte, die er, wie auch
die anderen Nonnen, häufig besuchte: hier gleichfalls, wo
Betken sonst immer freundliche Aufnahme gefunden, ver-
leumdete er sie, dafs man ihr die Pforte verschlofs. Der
Pöbel auf der Strafse verspottete und verfolgte sie.

Auch der Augustinerbruder Michael wurde in die Sache
verwickelt; Cornelius beschwerte sich bei dem Provinzial
über seine Umtriebe mit der eidvergessenen Betken; so dafs
dieser, um nicht mit dem heftigen und gefürchteten Franciskaner in Fehde zu geraten, den Bann über den schuldlosen
Mönch aussprach.

In ihrer Not beschlofs Betken, zu den Augustinern zu
gehen und bat um eine Unterredung mit dem Provinzial.
Sie beichtete diesem den wahren Grund vom Hasse des
Paters Cornelius und enthüllte die Geheimnisse seiner heiligen

Poenitenzanstalt. Der Provinzial suchte zwischen Betken und Cornelius eine Versöhnung zu erzielen und es gelang ihm auch, durch Vorstellung der Gefahren, welche aus einem öffentlichen Skandal folgen würden, diesen zu einem förmlichen Widerruf des Gesagten auf der Kanzel, im Karmeliterinnenkloster und in den Privathäusern zu bewegen. Indefs der Widerruf ward so versteckt abgegeben, und Cornelius suchte seine Bedeutung durch allerlei neue Redereien, dafs er in Hinsicht auf die Erasmianer gezwungen sei, völlig abzuschwächen.

Betken war immer noch verfolgt und aus Furcht vor der Inquisition erzählte sie nun in mehreren Familien die Betrügereien des Franciskaners und die Einzelheiten seiner heiligen und heimlichen Disciplinanstalt. Anfangs glaubte man ein von Rachsucht eingegebenes, phantastisch ausgeschmücktes Märchen zu hören; als aber die Sache dem Magistrat zu Ohren kam, beschlofs dieser, eine genaue Untersuchung der Angelegenheit einzuleiten.

Von einem Magistratsmitglied erfuhr Cornelius von der Sache und ging den Augustiner-Provinzial um seine nochmalige Vermittelung an; jetzt gab es jedoch für Betken Maes kein zurück mehr; sie könne, wenn sie eidlich vernommen würde, ihre Aussagen nicht verweigern.

So wurde die heimliche Disciplinanstalt nun allgemeines Stadtgespräch und Pater Cornelius mehrte noch den Groll durch sein zorniges Schimpfen auf der Kanzel, er stellte den Magistrat als ketzerisch gesinnt hin, und gab sich für das Opfer des Parteihasses aus; dann drohte er wieder mit der heiligen Inquisition und verwahrte sich gegen die freche Einmischung der weltlichen Behörden in Kirchensachen.

Der Procefs begann; alle Mädchen, Ehefrauen und Witwen, die als Mitglieder der Disciplina gynopygica bekannt waren, mufsten zum Verhöre erscheinen; viele vornehme Damen befanden sich darunter. Auch Caleken Peters mufste trotz Eid und Handzeichen aussagen; ihrem Ehemann hatte sie klugerweise vor der Verheiratung von der Angelegenheit Kenntnis gegeben. Natürlich war der Aerger und die Scham in den Familien grofs; der Spott traf die frommen Büfserinnen, besonders als manche immer noch an Pater Cornelius' Tugend glauben wollten.

Das Urteil lautete dahin, dafs, da kein thätlicher Angriff auf die Ehre der Frauen nachzuweisen war, nur eine unanständige Ausübung der Theorie von Beichtstuhl und Bufse vorliege und daher eine Versetzung nach Ypern als Strafe erkannt werde.

Nur drei Jahre blieb Cornelius in Ypern, dann kehrte er zurück, und ohne die Ermächtigung seiner Oberen predigte er mit wütendem, unversöhnlichem Hasse gegen die Erasmianer, Geusen und Oranier. Er stellte seinen Procefs und die ihm zu Grunde liegenden Vorgänge als Verleumdung und Parteifeindschaft dar, durch die man ihn, den treuen Wächter der Religion und des wahren katholischen Glaubens, habe vertreiben und unschädlich machen wollen. Während viele von den frommen Töchtern seiner Zucht durch ihn so den katholischen Glauben verachten gelernt hatten, dafs sie mit ihren Familien zum Calvinismus übertraten, glaubten andere immer noch an ihn und sollen seine Poenitenz wieder an sich haben ausüben lassen.

Bis 1581, zu seinem Tode, predigte und wirkte Cornelius in Brügge weiter, im heftigsten Kampfe mit seinen Gegnern, die mit Pasquillen auf Strafse und Kanzel ihn angriffen und seine Wut, die sich in den gemeinsten Schimpfereien erging, nur steigerten.

Pater Cornelius Adriaensen, der „Athanasius von Flandern", wie ihn seine Freunde nannten, wurde trotz alledem für einen Heiligen gehalten und blieb ein Held der Volkssage.

10. Die Geisselung als Ordensdisciplin.[1]

Das religiöse Leben des christlichen Mittelalters war bis zur Zeit der Kreuzzüge ein gesundes und naturwüchsiges; das Christentum hatte sich mit dem Volksbewufstsein zu amalgamiren gewufst, und das Mönchtum, dessen Ausartungen späterhin so verderblich wurden, suchte und fand in künstlerischer, wissenschaftlicher und praktischer wirtschaftlicher Betätigung grofse Aufgaben zu lösen. Die ersten Verfasser von Ordensregeln haben die Selbstgeifselung, mit der wir uns oben beschäftigten, nicht vorgesehen, sondern nur als Strafmittel gegen Widerspenstige Schläge anzuwenden befohlen. Diese Art von Geifselung ist also wohl von der S. 53 erwähnten zu unterscheiden; der Zweck der ordensdisciplinarischen Geifselung ist Strafe für ein Vergehen gegen die Ordensregeln; die Poenitenten und Flagellanten wollten freiwillig büfsen und sich so mit Gott versöhnen u. s. w.; die ordensdisciplinarische Geifselung kann nur von einem Oberen verhängt werden, oder mufs ausdrücklich in den Regeln vorgesehen sein; Flagellant oder Poenitent konnte dagegen ja Jeder sein, der meinte, dafs ihm die Geifselungen zur Abtötung seines Fleisches oder zur sichereren Erlangung der Seligkeit nützlich seien. Die Geifselung selbst, die Schläge sind ja in beiden Fällen ebenso wie die Mittel dieselben; also nur das „cur", nicht das „quomodo" ist ein anderes.

Das Material über diesen Teil der Geifselungen ist ein ungeheueres; denn die Statuten fast jedes einzelnen Orden sind hierin minutiös ausgearbeitet, und die Ordensgeschichte bietet vielfache interessante und amusante Beispiele für die Anwendung derselben; also der Dogmatiker wie der Historiker findet seine Rechnung. Es kann im Folgenden nur auf die

---

[1] Die Hauptquellen sind hier: H e n r i o n : Histoire des Ordres Monastiques. M u s s o n : Pragmatische Geschichte der vornehmsten Mönchsorden, Leipzig 1774—84 I S c h e i b l e : Das Kloster. 13 Bände. Stuttgart 1845—49. W e b e r : Die Möncherei oder geschichtliche Darstellung der Klosterwelt. Stuttgart 1834.

Stellung der bedeutendsten Orden und auf besonders be-
merkenswerte Erscheinungen oder Abweichungen hingewiesen
werden: im Wesentlichen sind die Bestimmungen die gleichen.

Der Benediktiner-Orden,[1]) 528 von Benedikt
von Nursia auf dem Monte Cassino bei Neapel gegründet,
dessen grofse Verdienste auf den kulturellen und wissenschaftlichen Gebieten unleugbar sind, hatte, da er seinen Mitgliedern nützliche und praktische Bethätigung bot, die Dis-
ciplinvorschriften nicht so nötig: Ruthe und Geifsel wurden
mit Mafs angewendet, meistens nur gegen Novizen. Vielfache
Reformversuche wurden gemacht und veranlafsten Neubild-
ungen und Abzweigungen.

In den weiblichen Benediktiner-Orden traten viele Damen
aus den ersten Familien ein, die auch eine zartere Behandlung beanspruchten. Allerdings liefs Anna von Oesterreich, für
die Sünden, die sie mit Cardinal Richelieu begangen, sich
wie eine gewöhnliche Laienschwester züchtigen; sie bot den
stolzen, königlichen Leib willig den sühnenden Streichen dar
und küfste die schmerzbringende Geifsel, züchtigte sich auch
bisweilen selber.

Der Kamalduenser-Orden, der von Romuald
dem berühmten Flagellator begründet war (1072 vom Papst
bestätigt), und dem auch Petrus de Damiani (S. 58 ff.) angehörte, liefs natürlich der Geifsel einen weiten Spielraum
und grofse Ehre angedeihen. Wasser und Brod war die
gewöhnliche Nahrung der Mönche. Während der grofsen
Fasten wurde ein vierzigtägiges Schweigen beobachtet.

Die Coelestiner, deren Orden von Petrus von
Murrone, dem späteren Papst Coelestin V., um 1254
gestiftet war, straften hauptsächlich den Bruch des Fastens
und Schweigens; für Unkeuschheiten wurden oft drei Monate
Poenitenz verhängt; selbst die gewöhnliche Beichte war von
sanften Disciplinen begleitet, auch bisweilen wurden ohne besondere Veranlassung Schläge erteilt, entweder der Gesellschaft wegen, oder als Vorschufs auf künftige Sünden; die
Geifselinstrumente waren teils Stricke, teils scharfe Ruthen.

---

[1]) Mabillon: Annales Ordinis S. Benedicti. Paris 1703—39.
Brunner: Ein Benediktinerbuch. Wien 1880.

Die Oberen sahen bei den Geifselungen durch die Gitter zu, um sich von der Ordnungsmäfsigkeit zu überzeugen. Manche Vergehen wurden durch öffentliche Geifselungen vor versammeltem Kapitel gesühnt.

Die Kartäuser,[1] 1084 vom heiligen Bruno aus Köln gestiftet (1176 vom Papste bestätigt), sind durch ihre strengen Büfsungen und ihr monotones Klosterleben bekannt. Die Abschnitte der Statuten, welche von der Disciplin handeln, sind besonders sorgfältig ausgearbeitet. 1134 erhielten sie von Guigo, ihrem fünften Generalprior, noch besondere Statuten. Schon für leichte Versehen wurde gegeifselt. Die Mönche mufsten Schuhe, Strümpfe und Ordengewand ablegen, mit Ruten in der Hand vor ihren Oberen erscheinen und sich demütig züchtigen lassen. Wegen schwerer Vergehen und Abfall wurde meist eine Poenitenz, bestehend aus vierzigtägigem Fasten und vierzigtägiger Geifselung vor versammeltem Konvent verhängt. Den Mönchen soll diese Strafe eine besonders angenehme Augenweide gewesen sein. Auch auf den Reisen wurden die Kartäuser streng beobachtet und etwaige Vergehungen ebenso geahndet. Postulanten und Novizen wurden gleichfalls tüchtig gegeifselt.

Besonders arg wurde aber den Laienbrüdern mitgespielt, sie wurden wie Sklaven behandelt; an bestimmten festlichen Tagen mufsten sie ganz nackt, erscheinen und wurden vom Nacken bis zur Kniekehle mit Ruten gepeitscht.

Die Frauen in den Kartäuser-Klöstern wurden gleichfalls, und zwar von den Mönchen, gegeifselt.

Der Cistercienser-Orden[2] genofs des Rufes besonderer Üppigkeit; sein Begründer (1098), der Benedektinerabt Robert von der Champagne, mufste wiederholt dagegen auftreten und zur Einfachheit mahnen; mit der Geifsel konnte er nicht viel strafen. Auch später hat man viel zu reformieren

---

[1] A. Pascal: Le désert de la grande Chartreuse et l'histoire des Chartreux. Grenoble 1892. Le Vasseur: Ephemerides ordinis Cartusiensis. Montreuil 1891—93.

[2] Janauscheck: Origines Cisterciensium. Wien 1877. Brunner: Ein Cistercienserbuch. Würburg 1881. Gieseke: Über den Gegensatz der Cluniacenser und Cistericenser. Magdeburg 1886.

gesucht, drei Versuche sind besonders bemerkenswert; die Kongregation des heiligen Bernhards von Clairvaux (1113) und die Kongregation der Töchter des heiligen Blutes; besonders die dritte hielt auf die strengste Observanz und die heftigsten und gründlichsten Geifselungen.

Eine Menge von einzelnen Kongregationen, die aus dem Cistercienser-Orden hervorgegangen waren, hat es überall in katholischen Landen gegeben; strenge Bufsübungen und Streitigkeiten zeichneten sie aus.

Zweier Cistercienserinnen sei hier noch Erwähnung gethan: der heiligen Hildegard von Köln und der Mutter Passidea von Siena.

Hildegard soll lange Zeit in Cîteaux in Mönchskleidern gelebt haben. Die Mönche merkten wohl instinctiv, dafs der Mitbruder nicht war, was er schien, unterliefsen es aber, sich von der wirklichen Männlichkeit zu überzeugen. Viele Geifselungen, Fastengebote und Aderlässe fallen Hildegards unheiliger Maskerade zur Last, die noch bei den wegen nächtlicher unfreiwilliger Vorgänge verhängten Geifselungen der jungen Mönche zuschaute.

Passidea geifselte sich schon in frühester Jugend, und zwar so arg, bis sie sich den ganzen Leib zerfleischt hatte und sich fast in ihrem Blute baden konnte. Sie schlief abwechselnd auf Besenreisern oder auf Erbsen und kleinen Bleikugeln. Eine Hauptfreude war für sie, sich ganz nackt auf stachlichten und spitzen Gegenständen zu wälzen. Fast völlig unglaublich klingt, dafs sie, mit dem Kopf nach unten, sich in einen Rauchfang aufgehängt habe und nun darunter ein Feuer von nassem Heu' oder Stroh anzünden liefs.

Die Mitglieder des Feuillanten-Orden, der auch von den Cisterciensern, 1577, sich abgezweigt, waren gleichfalls strenge in ihren Bufsübungen; besonders die Novizen mufsten harte Prüfungen durchmachen; die Nonnen unterstanden der Rute der Mönche.

Die beiden letzten Reformgründungen des Cistercienser-Ordens waren la Trappe und Septfonts.

Rancé, der Organisator von la Trappe, war ein talentvoller und geistreicher, aber auch abenteuernder und frivoler

Aus Luiken, Tafereelen der eerste Christenen.

Jüngling und Mann gewesen, der trotz seines geistlichen Standes Weiblein und Knäblein gar gern hatte. Der Tod seiner Geliebten, der Herzogin von Montbazon, stimmte ihn äufserst melancholisch und mystisch. La Trappe wurde von ihm nun in die schauerlichste Bufsanstalt, die nur die teuflischste Ueberlegung ersinnen kann, verwandelt. Denn aufser unmäfsigen Kasteiungen und Geifselungen, die ihm den Namen „Scharfrichter der Religiösen" eintrugen [1]), verbot Rancé jede Art von Arbeit und legten den Ordensbrüdern ewiges Schweigen auf, verdammte sie zum geistigen Lebendigbegrabensein.[2])

Zu solchen Mitteln hatte sich allerdings der Reformer von Septfons, Eustach de Beaufort (1662), nicht verstiegen, obwohl auch hier harte Zucht herrschte. Die Bedeutung wie der Trappistenorden, hat diese Reformanstalt überhaupt nicht erlangt, denn selbst nach der Restauration hat jener sich in Frankreich wieder Macht und Ansehen zu erwerben gewufst und auch das alte Stammkloster zurückerhalten.

Die Prämonstratenser,[3]) 1119 durch Norbert den Heiligen gegründet, haben recht ausführliche Statuten über ihre Bufseinrichtungen festgesetzt, die als Durchschnittstypus eine eingehendere Darstellung verdienen.

An jedem Tage wird ein Bufskapitel abgehalten, an dem Jeder teilnehmen mufs: die Religiösen, selbst die untadeligsten und frommsten sollen nicht anders denn zitternd erscheinen.

---

[1]) Das eine der trappistischen Marterinstrumente bestand aus einem etwa handbreiten Gürtel oder Cilicium von Eisendraht, der aus vielen mit einander verbundenen Ringen bestand, deren jeder mit zwei eisernen Spitzen versehen war. Man trug denselben auf dem blossen Leibe, so dass die Spitzen nach innen gekehrt waren. Dazu kam noch der breitere, von Pferdehaaren oder Wildschweinborsten verfertigte Gürtel, der sich dem Leibe eng anschloss. Die Schläge wurden mit einer Geissel erteilt, die aus einem Büschel von harten, knotigen Zwirnfäden bestand, wodurch meist die Haut völlig aufgerissen wurde. Oft zwängte man den Kopf des Züchtlings in eine Oeffnung in der Thür (le trou patri), sodass er nicht einmal sehen konnte, wer ihm die Schläge erteilte.

[2]) Auf die Wirksamkeit des Trappisten im Schulfach kommen wir im betreffenden Abschnitt zurück.

[3]) Timmermans: Brevis dissertatio de fine et instituto ordinis Praemonstratensium. Lille 1892.

Ist der Abt zugegen, so haben auch sämmtliche Kloster-
bedienstete zu erscheinen.

Der Prior beginnt mit dem: Benedicite! Die Fratres
verneigen sich und antworten: Dominus! Nun wirft sich
Jeder, der sich einer Sünde bewufst ist, mitten in dem
Kapitel auf die Knie; die jüngsten beginnen mit der offenen
Beichte und erwarten vom Prior die Verhängung der Strafe. Bei
schweren Vergehen haben sie sich vor den Anwesenden auszukleiden. Nach Verkündigung der Strafe bleiben sie auf der Erde
liegen, bis der Prior ihnen aufzustehen erlaubt: dann begeben
sie sich nach einer tiefen Verbeugung wieder auf ihren Platz.

Die Geifselung nimmt der Prior oder Superior an den
Brüdern vor: die Novizen erhalten von ihrem Lehrmeister
jeden Freitag eine Züchtigung; Dauer und Grad sind dabei
nicht vorgeschrieben, sondern es ist jedem Prior überlassen,
besondere Verfügungen zu treffen. Manche lassen längere,
aber nicht so nachdrückliche Züchtigungen erteilen, andere
wieder umgekehrt.

Die Vergehen werden in vier Klassen geteilt: die geringe
Sündenschuld: die mittlere: die schwere und die schwerere.

Zu der ersten Klasse, den geringen Sünden, wird gerechnet: auf den ersten Glockenton sich nicht sofort zu den
betreffenden Uebungen anschicken; Fehler beim Singen
machen; zu Tisch oder in die Barbierstuben zu spät kommen;
im Kloster oder im Schlafsaal Geräusch machen: ein Buch
vergessen; als Vorleser früher zu lesen beginnen, als man
den Segen erbeten hat.

Die Strafen für diese Versehen und Nachlässigkeiten
sind milde: Hersagen einiger Gebete u. s. w., bisweilen wird
schon in dem eigenen Geständnifs Strafe genug gefunden.

Die mittleren Sündenschulden sind Uebertretungen der
Mönchszucht und Klosterordnung. Es sind: Am Weihnachts-
tage nicht vor der Vorlesung des Martyrologiums sich einfinden: im Chore nicht achtgeben; im Chore lachen, oder
andere zum Lachen bringen; im Chore, im Kapitel oder bei
Tisch ohne Erlaubnifs fehlen; in der Frühmette erst nach
dem Venite kommen: ohne den Segen zu sprechen, essen
oder trinken: ohne den Segen zu nehmen, aus- oder eingehen:

die Ordensbrüder nennen oder anrufen, oder Frater oder Bruder zu sagen: das Stillschweigen brechen.

Als Strafe hierfür wird verhängt: den Brüdern die Füsse küssen: mit kreuzweis ausgestreckten Armen etliche Vaterunser beten u. s. w.

Die schweren Sünden sind: Aergernifs durch freie Reden oder unanständige Sitten gegeben: unehrbare und unzüchtige Reden führen: Lügen, vorsätzliche und Notlügen: gerne nach Frauenzimmern schielen;[1] seine eigenen oder auch eines anderen Vergehungen entschuldigen: seine Verwandten oder sonst Jemanden ohne des Superiors Erlaubnifs sprechen.

Wenn bei einer schweren Sünde der schuldige Bruder demütigen und reuigen Herzens um Gnade und Vergebung bittet, so wird er zu zwei Tagen Fasten bei Wasser und Brod und drei öffentlichen Geifselungen verurteilt: lässt er sich aber förmlich anklagen, so wird er zu dreitägigem Fasten und vier Geifselungen verdammt.

Fälle der schwereren Sündenschuld sind z. B. Fluchen und Schwören: Würfelspielen: Spielen um Geld; Widerstreben gegen den Superior; Verklagen der Vorgesetzten bei der weltlichen Obrigkeit: im Zorn schlagen; Rauben.

In allen diesen Fällen wird auf Poenitenz erkannt von sechs bis zu dreissig Tagen.

Es sind nun noch casustisch eine Reihe von Fällen angegeben, in denen gleichfalls auf die Poenitenz und auch auf Gefängnifs erkannt werden kann. Es sind das im wesentlichen Delikte, die auch das Strafgesetzbuch straft: Mord, Totschlag, Diebstahl, Notzucht, Unzucht; dazu kommen noch Klosterapostasie und hartnäckiger Ungehorsam, die beide sehr schwer geahndet wurden.

Es soll in jedem Kloster zwei Gefängnisse geben; ein gelinderes, nicht ganz finsteres und ein härteres, engeres und finsteres.

---

[1] Das mag oft vorgekommen sein, denn Mönche und Nonnen lebten in einem durch eine Mauer geschiedenen Doppelkloster.

Der Dominikaner-Orden,[1][2]) gegründet 1215 von Dominikus de Guzmann, bestätigt am 22. Dezember 1216, der seinem berühmten Namensvorgänger (S. 58 ff.) in allem nachzueifern suchte, hat nicht so sorgfältig ausgearbeitete Disci-

[1]) C a r o : Der heilige Dominikus und die Dominikaner. Regensburg 1854. D a n z a s : Etudes sur les temps primitifs de l'ordre de Saint Dominique. Poitiers 1874—76.

[2]) Ueber die Aufnahme in den Dominikanerorden enthält ein „Geheimnisse der Inquisition" betiteltes Buch von V. von Féréal, Leipzig, Druck und Verlag von B. G. Teubner 1862 ein allerdings etwas romanhaft geschriebenes Kapitel, das mir jedoch auszugsweise der Wiedergabe nicht unwert erscheint.

Der Profess.

In einiger Entfernung von Sevilla, auf einem lachenden Hügel, stand ein Dominikanerkloster, ein grosses prächtiges Gebäude, das aussen von allen Reizen einer üppigen Natur umgeben uud im Inneren schön und bequem eingerichtet war, um den Schülern Dominiko's die Entsagung und Selbstverleugnung leicht zu machen.

Dieses Kloster, oder vielmehr dieser Palast, die ehemalige Wohnung eines maurischen Fürsten, enthielt etwa dreissig Mönche, die bestimmt waren, in dem Inquisitionstribunale zu sitzen.

An diesem Tage rief sie eine wichtige Angelegenheit an diese heilige Stätte, denn es sollte eine glänzende Ceremonie stattfinden, der die Anwesenheit des Inquisitors eine erhöhte Feierlichkeit geben musste.

Alles im Kloster war schon am frühen Morgen auf den Beinen gewesen — — —

Gegen neun Uhr erschallte feierlicher Gesang in der Kapelle, die bereits mit zahlreichen Gästen, meist Damen und Herren vom Hofe gefüllt war. Die Mönche kamen langsam in drei Reihen heran und sangen das Gloria in excelsis. Jeder trug eine brennende Kerze. Diese düsteren Gestalten verhüllten so völlig irdische Leidenschaften schlecht unter dem Anscheine von Askese; aber der lange Zug von Männern, die mit den Zeichen des Grabes, Weiss und Schwarz, bekleidet waren, hatte etwas schauerliches, das das Blut erstarren liess. Der Prior in bischöflichem Ornat beschloss den Zug. Nach Beendigung des Gesanges blieben die Mönche stehen und stellten sich einander gegenüber. Der Prior schritt durch die Reihen hindurch; zwei Mönche folgten ihm und führten den Novizen, der die reiche und anmutige Tracht der spanischen Ritter trug.

Alle vier knieten in der Mitte des Chors auf sammtenen Kissen nieder.

Ein spanischer Grande vertrat die Stelle des Vaters Don José's.

Pedro Arbues sass auf seinem erhöhten Sessel.

Nach der Verlesung des Evangeliums folgte die Predigt, eine

plinstatuten, wie die obigen. Dominikus litt an mystischem
Wahnsinn; er geifselte sich oft, dafs er für tot liegen blieb.
Dann glaubte er sich von der Mutter Gottes unter Beihülfe

---

schwülstige und mystische Rede über die Herrlichkeiten des Klosterlebens, die weder zu dem Herzen noch zu der Phantasie sprach, aber
den einzigen Zweck, den Rom immer im Auge hatte, zu erreichen
suchte: zu erlöschen, um zu beherrschen.

José war bleich, aber sein Auge hatte einen seltsamen Ausdruck
und seine Züge verrieten eine gewisse Freude.

Nach der Messe trat der Prior zu dem Novizen und fragte ihn:
„Was suchst Du so geschmückt im Hause Gottes?"

„„Ich suche das Heil meiner Seele zu finden.""

„Glaubst Du dies in der Herrlichkeit der Welt zu finden?"

„„Ach, ich entsage der Herrlichkeit der Welt.""

„Das ist nicht genug; Du musst auch dem Fleische und Deinem
Willen entsagen."

„„Ich werde das Gelübde der Keuschheit ablegen; ich werde
demütig sein und gehorsam gegen den, der mich auf den Weg des
Heils führen soll.""

„So gehe", endete der Prior, worauf sich zwei Mönche des
Novizen bemächtigten und ihn hinter den Altar an einen zu seiner
Aufnahme vorbereiteten Ort führten. Er war düster und von einer
Grabeslampe beleuchtet, die an der gewölbten Decke hing. In der
Mitte stand auf dem mit schwarzem Tuche belegten Boden ein mit dem
Grabtuche überhangener Sarg, um welchen vier weisse Wachskerzen
brannten. Auf dem Sarge lag ein grinsender Totenkopf, auf zwei
kreuzförmig gelegten Knochen. Darüber befanden sich an der Erde
befestigt, gleich zwei schauerlichen Standarten, das grosse silberne
Kreuz und die Manga, welche man bei Begräbnissen zu tragen pflegt.

Am oberen Ende des Gewölbes, neben einem Betstuhle, auf dem
ein kleines Crucifix stand, sah man eine schwarz behangene Tafel, auf
welcher die für den Novizen bestimmten neuen Kleidungsstücke lagen,
während am anderen Ende, dem Betstuhle gegenüber, eine grosse
glänzende Metallplatte an der Wand alle diese schauerlichen Gegen-
stände abspiegelte und vervielfältigte.

Der Ort hiess der Heilskeller und in ihm liess man den Novizen
allein.

Er legte seine weltliche Kleidung ab und das Gewand der
Dominikaner an. . . .

Dies Alles währte ungefähr eine halbe Stunde. Die Hand des
Novizen zitterte, als schüttelte sie das Fieber; sein Herz klopfte in
raschen, ungleichen Schlägen und über sein bleiches Gesicht rann kalter
Schweiss. Er kniete dann vor dem Crucifixe nieder und begann mit
klagendem Tone zu beten. Aus seiner Brust quollen schmerzliche

dreier schönen Jungfrauen gerettet: jene nahm ihn auf den Schoofs in ihren Arm und streichelte und tröstete ihn. Die

Seufzer . . . Unterdess erfüllte die Orgel mit ihren herrlichen Tönen die Kapelle und ihnen schloss sich der Gesang der Mönche an. . . . Der

Der Profefs.

Gesang verwandelte sich für José in eine grausame Ironie, er sah nur noch Blut und Schaffot vor sich, so dass er die Worte der heiligen Schrift vor sich hinmurmelte: Sie werden Alle hingehen, wo Heulen und Zähneklappern ist.

Es war ihm, als lege sich eine glühende Hand auf seine kalte Hand und als flüstere ihm eine heisere Stimme der Hölle zu: „komme!"

10

Teufel aber erfüllten das All mit ihrem Wutgeheul; sie
ahnten, wie viele Seelen er ihnen entreifsen würde.

Er gab unwillkürlich diesem unsichtbaren Führer nach, ohne dass er
sich aufzurichten brauchte. Er fühlte, wie er von Abgrund zu
Abgrund, durch eine warme Atmosphäre hindurch in eine unermessliche
Tiefe hinabsank. Er befand sich nun im Schoosse der Erde und Dunkel
umhüllte ihn wie ein schwerer, schwarzer Mantel. Sein Athem wurde
kurz und er glaubte, lebendig in ein Grab eingeschlossen zu sein. Aber
in dem Augenblick öffnete sich eine Thüre vor ihm und es stellte sich
das seltsame Schauspiel dar.

Es war ein unermesslich grosser, entsetzlicher, glühend heisser
Raum, aus dem eine übelriechende Flamme hervorschlug. Seltsame,
hässliche Ungeheuer flatterten schwer über dem schwarzen Dampfe des
Feuers und wurden durch häutige, grosse Flügel getragen, welche
schwarzen Pergamenten glichen. Diese Ungetüme stiessen ein grauen-
haftes Freudengeheul aus, dann lachten sie grinsend und wiederholten im
Chor mit schauerlicher, kreischender Stimme: „Sie sind da, sie sind da!"

Zahllose Mönche drängten sich am Eingange dieser unermesslichen
Hölle . . . Er sah sie Alle, Einen nach dem Anderen vorüberziehen und
in dem Masse, wie sie in diesem Orte erschienen, legten sie ihre erste
Gestalt ab, um in dem roten Glühscheine des ewigen Feuers schändliche
oder seltsame Gestalten anzunehmen, während sie trotz dieser Verwand-
lung die Wünsche, Triebe, Neigungen und den Verstand des Menschen
behielten, aber dem Instinkte des unreinen Geschöpfes folgen mussten,
in das sie verwandelt waren. . . . Auf diese Bilder seiner Phantasie
folgte eine gänzliche Ermattung, und als man kam, ihn wieder in die
Kirche zu führen, konnte er sich kaum aufrecht erhalten; sein Gang
war langsam und unsicher, sein Haupt sank auf die Brust und er vermochte kaum zu athmen. Erst als er an den Altar trat und Pedro Arbues
auf dem bischöflichen Stuhle sitzen sah, schien er wieder aufzuleben. . .

Er sprach sein Gelübde mit fester Stimme . . . die Mönche
stimmten das Te Deum an, — um Gott zu danken, dass eine Seele dem
Teufel entrissen sei.

Nach dem Gesange legte man José in einen Sarg und begann die
Beerdigungsceremonie. José schlief ein, überwältigt von seinen Gefühlen
und der Ermattung. . . .

Als er aus schwerem Schlafe erwachte, befand er sich allein in
dem Grabgewölbe der Abtei, umgeben von Särgen und Totengebeinen."

Soweit Féréals Schilderung über die Aufnahmeceremonien. Es
sei betont, dass sie einen mehr physio-psychologischen Wert, denn einen
historischen haben. In wieweit der „Heilskeller" mit dem „Zimmer der
Andacht" der Freimaurer zu vergleichen und ob er nach Ausspruch eines
Priors der Hieronymiten zu Madrid, wie Féréal in einer Note anführt,
den Namen „Teufelshöhle" verdient, kann und will ich nicht beurteilen.

Die Dominikaner sollen sich gegenseitig wie die Hunde behandelt haben.¹) Sie hieben mit dicken Bündeln scharfer Ruten auf einander los; die übliche Geifselung war auf den bis zum Gürtel entkleideten Körper; die Nonnen bekamen sie auf das Gesäfs oder mufsten sie sich auch selber geben. Die Cilicien, härenen Gürtel und eisernen Armbänder waren sehr üblich. Nonnen, die man ohne Strümpfe, Stirnband und Gürtel schlafend im Bett traf, wurden scharf gezüchtigt, ebenso jene, die das Silentium brachen. Die Disciplinen zerfielen in gewöhnliche und aufsergewöhnliche, wurden in Gegenwart der Superiorin und aller Schwestern erteilt. Da die Nonnen die Strafe abwechselnd an sich vornehmen mufsten, so revanchierte sich die, welche keine Schonung gefunden, auch an ihrer Geifslerin, wenn sie diese züchtigen mufste.

Der Begründer des Franciskaner-Ordens²), Giovanni Bernardone, genannt Franciskus von Assisi, war gleichfalls ein wunderlicher Heiliger; er bekehrte sich nach einer lustigen Jugend 1208 zum Herrn und beschlofs, der Welt zu entsagen. Er demütigte nun Geist wie Körper und that es den meisten Asketen seiner Zeit zuvor. Nackend lief er oft durch die Strafsen, frafs Heu wie ein Pferd und Disteln wie ein Esel; er liefs sich von Strafsenjungen züchtigen und nahm, wenn die Sinnenlust ihn übermannte, einen Schneemann in die Arme, „bis er vor gottseligem Entzücken überflofs, wie wenn es schöne Damen oder Jünglinge gewesen wären, die er in den Armen hielt". Von seinem Vater erhielt er für seine Thorheiten viele Schläge, bis er einmal alle Kleider, selbst das Hemd auszog, es seinem Vater vor die Füfse warf und ihm wegen seiner unchristlichen Grausamkeit scharfe Vorwürfe machte. Franciskus fand an hohen Geistlichen Rückhalt und ward allmählig als frommer, heiliger Mann in der Umgegend berühmt. 1221 gab er seinem Orden die Statuten.

---

¹) Domini canes, die sarkastische Entymologie bezieht sich auf ihre Verfolgungen bei der Inquisition.

²) Andere Bezeichnungen sind Fratres minores, Minoriten, Barfüsser, seraphische Brüder, graue Brüder. Thomas de Celano: Vita S. Francisci 1229. Magliano: Storia compendiosa di S. Francesco e d'Francescani. Rom 1874—76.

Die Frauen waren von dem Orden ausgeschlossen, aber es traf sich, dafs der „pater seraphicus" eine verwandte Seele fand: Klara Seiffo, die ihrerseits selbständig vorging und 1212 den Klarissinnen-Orden begründete.[1]) Während des Besuchs, den Klara Franciskus abstattete, sollen sie täglich fleifsig gebetet, sich mystisch geküfst und auch gegeifselt haben, so dafs Franciskus es lebhaft bedauerte, seine geistliche Braut, Schwester und Freundin nicht in sein Kloster aufnehmen zu dürfen.

Franciskus entwarf 1224 für den Klarissen-Orden eine mildere Regel als sonst üblich, aber die Stifterin selbst war gegen sich ungemein strenge und liebte Bettelbrod, Bettelsack und Geifsel über Alles.

Nach Klaras Tode, 1253, zweigten sich die Damianistinnen, die Klosterfrauen Francisci d' Assissi's, die armen verschlossenen Frauen, die Urbanistinnen und Kapuzinerinnen ab, von denen besonders die letzteren auf strenge Observanz im Sinne Klaras hielten.

Es werden uns über hervorragende Ordensschwestern, so Isabella, die Tochter Ludwigs VIII., die Begründerin des Urbanistinnenordens, über die Kapuzinerinnen Maria Laurentia Longa und Donna Maria d'Erbe noch manche Wundersachen berichtet, deren Quintessenz Ehescheu und Geifselmanie ist.

Der Franciskaner-Orden zersplitterte gleichfalls nach seines Urhebers Tode in verschiedene Kongregationen; so die Cäsariner, Cölestiner, Spiritualen, Klareniner, Philippisten, Observantisten und Konventualen, einzelne wieder mit Unterabteilungen.

Die Augustiner[2]) (der Orden ist 1244 aus der Vereinigung mehrer Einsiedlergesellschaften in Italien gebildet) hatten bei ihren Poenitenzen auch vier verschiedene Grade. Die Regel selbst, die nach den Reden und Briefen des heiligen Augustins aufgestellt war, ist milder als die der Dominikaner und Franciskaner, sie wurde aber selbst gegen

---

[1]) Lempp: Die Anfänge des Klarissinnenordens in dem 13. Bd. der Zeitschrift für Kirchengeschichte. 1892.

[2]) Luther und Staupitz waren bekanntlich Augustinermönche. Vgl. Kolde: Die deutsche Augustiner-Kongregation und Johannes von Staupitz. Gotha 1879.

Doktoren, die im weltlichen Leben standen, wenn sie sich verfehlt hatten, in dem Kloster, dem sie ursprünglich angehört hatten, angewendet. Hierbei geschah es oft, da diese ja nicht mehr an die Schläge gewöhnt waren, dafs sie ohnmächtig wurden; bisweilen weigerte sich auch einer die Kleider abzulegen; er wurde dann ins Gefängnifs geworfen und mit doppelt strenger Disciplin bestraft. Es mag für die stolzen Doktoren auch nicht angenehm gewesen sein, in einem schlechten Rocke, bis auf die Hüften entblöfst, statt der Thesen oder des Vortrags eine Rute in der Hand, zu Füfsen des Priors zu liegen und demütig um die Geifselung und nachher um Lossprache vom Banne zu bitten.

Eine besondere Abteilung der Augustiner bildeten die Barfüfser oder Unbeschuheten. Dreimal in der Woche wurden die Novizen gegeifselt; diese Übungen dauerten drei Jahre; dann traten die gewöhnlichen Freitags- und Kapitel-Disciplinen an die Stelle. In den Frauenklöstern dieser Observanz wurde besonders darauf Obacht gegeben, den Körper der Nonnen für den Seelenbräutigam Christus durch Bearbeitung der Haut rein und sauber zu machen; aber er sollte mehr gescheuert und geglättet als mifshandelt und verstümmelt werden.

Der Karmeliter-Orden, 1156 auf dem Berge Karmel in Palästina von Berthold, einem Kreuzfahrer aus Kalabrien, nach der Klostersage vom Propheten Elias gegründet, erhielt 1171 seine Ordensregeln vom Patriarchen zu Jerusalem, 1226 vom Papste bestätigt; darnach haben die Karmeliter in getrennten Einzelzellen zu leben, sich abwechselnd bei Tag und bei Nacht mit Handarbeiten und Gebet zu beschäftigen und zu gewissen Stunden ein strenges Schweigen zu beobachten. 1247 erhielten sie von Innocenz IV. eine mildere Regel, ebenso 1431 von Eugen IV., so dafs schliefslich eine Trennung in die strengere Richtung, Observanten, oder Barfüfser-Karmeliter und die Konventualen oder beschuhte oder graduirte Karmeliter, die von den Milderungen Gebrauch machten, stattfand.

Der Karmeliterinnen-Orden wurde 1452 von dem Karmeliter-General Johann Baptist Soreth nach der ursprünglichen Ordensregel gestiftet.

Die Sünden, welche bei den graduirten Karmelitern mit Poenitenzen bestraft wurden, zerfielen in fünf Klassen, die leichte, mittlere, schwere, schwerere und allerschwerste. Die Klassificierung und auch die Strafen sind im wesentlichen dieselben, wie die bei den Prämonstratensern ausführlich beschriebenen. Die Novizen, welche die Disciplin empfingen, mufsten niederknieen, Gürtel und Rock losmachen, das Skalpulir rückwärts über den Kopf werfen, und dann den Rücken entblöfsen. Sie wurden darauf abwechselnd mit Ruten und Geifseln gezüchtigt. Hierauf mufsten sie sich für die Strafe bedanken und den Saum des Skalpulirs des Züchtigenden küssen.

Die unbeschuhten Karmeliter, sowie die Karmeliterinnen waren in ihren Disciplinen noch weit strenger; jeden Montag, Mittwoch und Freitag geifselten sich die Mönche, alle Ferien und Freitage die Nonnen mit Ruten. In manchem der Klöster waren sogar besondere Magazine mit Ruten gefüllt.

Viele geifselten sich auch während der Nacht; einer Nonne schien die gewöhnliche Disciplin nicht ausreichend; sie schlug sich mit einem grofsen Feuerhaken. Im Kloster zu Pastrane gab es eine Zelle, die mit den verschiedensten Poenitenzinstrumenten gefüllt war, woraus sich nun Jeder nach seinem Geschmack ein Stück aussuchen konnte. Eine besondere Geifselprocedur war das sogenannte Ecce homo: in einer Reihe zogen die Mönche durch das Refektorium; der Erste nackend bis an den Gürtel, das Gesicht mit Asche bestreut, mit einem schweren hölzernen Kreuze unter dem linken Arm, der Dornenkrone auf dem Kopfe und einer Geifsel in der Rechten. Gesang und Geifselung begleitete den Aufzug.

Die heilige Theresa war die Mitbegründerin des Karmeliterinnen-Ordens. Sie war von früher Jugend auf schwärmerisch dem flagellatorischem Mysticismus zugethan gewesen; ein hysterisches Naturell und eine feurige Phantasie war erzieherisch verwahrlost und den laxen Moralbegriffen und religiösem Fanatismus preisgegeben. Schon als Mädchen von sieben Jahren soll sie mit ihrem älteren Bruder hauptsächlich die Lebensbeschreibungen der Heiligen gelesen haben; die geschilderten Geifselungen und Martern begeisterten sie so,

daſs sie beschloſs, mit ihrem Bruder ins Land der Mauren
zu gehen und dort um Christi willen sich geiſseln, martern,
schänden und töten zu lassen. Die Geschwister wurden jedoch
in der Ausführung ihres Vorhabens gehindert und erhielten
eine tüchtige Züchtigung. Theresa führte nun auf den Gütern
ihres Vaters eine Art Eremitenleben, nach dem Muster der
syrischen und aegyptischen Anachoreten. Vom zwölften Jahre
ab kam Theresa in ein Kloster, da ihr Vater Bedenken trug,
sie dem Welttreiben zu überlassen. Hier brach der Mysticismus
wieder durch und wiederholte Krankheiten veranlaſsten sie,
nun der Welt völlig zu entsagen und sich ganz dem Himmel
zu weihen. Als Novizin zeichnete sich Theresa vor allen
anderen Jungfrauen in der Lust an körperlicher Geiſselung
aus; überall erschien ihr der Heiland, wie er von den Juden
gegeiſselt wird. Theresa wurde eingekleidet und gewann
durch ihre Geiſselart, die sich gegen sie selbst und andere
richtete, ein groſses Ansehen. Die Mönche schämten sich
sogar, daſs sie in der Buſsübung hinter den Schwestern
Theresas zurückstehen muſsten. Mit Ehrfurcht und Ergeben-
heit wurde die Strenge der Reformerin anerkannt.

Die Novizen wurden jetzt überall schlimmer gepeinigt
als früher; eine besondere Art von Disciplin war, ihnen
Papier auf dem bloſsen Rücken zu verbrennen. Von Zeit
zu Zeit wurden geradezu Geiſseltragikomödien aufgeführt;
der Novizen-Meister muſste sich stellen, als wolle er seine
Zöglinge fortjagen; hierauf baten diese um schärfere Züchtigung
unter Bewegungen und Geberden wie Affen und Hunde.
Man band ihnen wohl auch Knebelhölzer über die Lippen,
bis das Blut herausspritzte, oder verband ihnen die Augen
und sie muſsten wie Hunde auf allen Vieren umherkriechen
und die Thüre suchen, um den Ausgang zu finden.

Die reguläre Disciplin unterschied leichte, mittlere und
schwere Sündenschuld. Zu der ersteren gehörte, wenn eine
Nonne ohne Erlaubniſs in der Küche oder dem Backhause
sich aufhielt, oder zu lange Zeit zu ihrer Toilette gebrauchte
Die meisten Vergehen wurden gegen die Regeln über das
Sprechzimmer begangen; es wurde schon selten und ungern
die Erlaubniſs erteilt, dort einmal wieder in Verbindung mit der

Aufsenwelt zu treten, und man liefs meist eine ältere Nonne mitgehen, die das Gespräch überwachen mufste; insbesondere waren weltliche Dinge vom Gespräch ausgeschlossen; verstiefs die Nonne zum drittenmal gegen dieses Verbot, so ward sie neun Tage ins Gefängnifs gebracht und jeden dritten Tag im Refektorium gegeifselt; dieselbe Strafe traf die Aufseherin, die es unterlassen hatte, der Priorin die nötige Anzeige zu machen. Schon das einfache Betreten des Sprechzimmers war eine Verschuldung, und zwar die eigentlich schwere: drei Geifselungen vor den versammelten Schwestern und drei Tage Einschliefsung bei Wasser und Brot waren die Sühne für solchen Frevel. Hatte eine Nonne aber sich auch unterhalten, so mufste sie zur Strafe auf den Boden sich niederwerfen und demütig um Verzeihung bitten, darauf entblöfste sie ihren Oberkörper und empfängt die Geifsel, so lange und so heftig, wie die Priorin es anordnet. Dann verfügt sie sich in die Strafzelle, verliert auch Sitz und Stimme im Kapitel für die Zeit der Strafe; an den Mahlzeiten darf sie nur nackt auf dem Boden im Refektorium liegend teilnehmen, d. h. Brot und Wasser geniefsen. Während der Horen mufste die Nonne sich vor die Thüre des Chores legen, die Schwestern schritten über sie hinweg und traten sie mit Füfsen.

Auch das zu viele Arbeiten, Neugierde und ein heiteres Lächeln zählen in der Theresianischen Reform zu den schweren Vergehungen.

Katharina von Cardona suchte es der heiligen Theresa gleich zu thun; sie trug, als sie noch Hofdame in Madrid war, ein Cilicium, das scharf ins Fleisch einschnitt und eiserne Ketten; sie geifselte sich auch, so oft sie nur konnte mit Ketten, an den spitzige Häkchen befestigt waren. Aber das genügte ihrem Eifer nicht; sie ging in die Einsamkeit, verkleidete sich dort als Eremit, nahm sogar eine gröbere Stimme an, um völlig unerkannt zu sein. Eine enge Höhle diente ihr fortan zur Wohnung, die blofse Erde als Lagerstatt, ein Stein zum Kopflager und ihr grobes Kleid als Decke. Unter ihrem Kleide trug Katharina noch ein Gewand aus scharfem kratzenden Haartuch, das mit mehreren eisernen

Platten, die wie Wollkämme und Reibeisen aussahen, besetzt war. Ketten, die mit scharfen Spitzen durchzogen waren, umgürteten ihren Leib; in ihre Geifselinstrumente waren Nadeln, Dornen und Rosenzweige eingeflochten. Zuletzt soll ihr Wahnsinn soweit gestiegen sein, dafs sie wie ein Schaf auf der Erde umherkroch und das Gras mit dem Munde abfrafs.

Zwei „Fällen", die beide Karmeliterinnen betreffen, haben wir noch unsere Aufmerksamkeit zuzuwenden, es sind das die der Maria Magdalena von Pazzi und der Nonne Alberta. Beide sind wohl als typische Beispiele, die oftmals vorgekommen, anzusehen.

Maria Magdalena de Pazzi[1]) (geboren 1566 zu Florenz) soll schon im zehnten Lebensjahre alle Grade von Ab-tötungen des Fleisches durchgemacht haben; sie schlief in einem Bett aus alten Säcken und geifselte sich täglich mehrere Male. Nachts band sie bisweilen noch einen Kranz von stachlichen Zweigen um ihre Schläfe.

Mit ihrem siebenzehnten Lebensjahre trat Magdalene in ein Kloster des Karmeliter-Ordens ein; hier erreichte sie eine seltene Stufe in bufsfertiger Geifselung. Das Füfse-küssen der Schwestern, Betteln im Refektorium, Geifselhiebe in Gegenwart sämmtlicher Schwestern von der Priorin auf die entblöfsten Lenden wechselten mit einander bei ihr ab. Im Sommer wie im Winter trug sie einen dürftigen Rock aus Flicken und Lumpen; Hände und Füfse waren ihr zu Winterszeiten beständig gefroren. Sie schlief auf der blofsen Erde und gab sich auch Nachts eine Disciplin. Das Gelübde der Armut beobachtete sie mit peinlichster Ge-wissenhaftigkeit. Einmal, als sie von der Priorin etwas Seide zur Ausbesserung ihres Kleides erhalten hatte, fand sie, dafs es gerade nicht nötig gewesen, die Reparatur vorzunehmen, sie brachte daher in ihrer Herzensangst der Priorin die Seide wieder, bat sie, eine Poenitenz festzusetzen und dankte

---

[1]) Vie de Marie Magdalène de Pazzi. Paris. Eine psychologisch erklärende und künstlerisch vollendete Darstellung des Klosterlebens und der seelischen Stimmungen der Nonnen findet sich in „La Religieuse" von Diderot.

Christus, dafs er sie nicht auf der Stelle mit einem schnellen
Tode bestraft hatte. Sie war unglücklich, dafs sie nichts
entbehrte, oder wenigstens den Mangel nicht als Mangel
fühlte, obwohl es ihr ja doch an Allem gebrach.

Häufig geriet Magdalena in wunderbare Verzückungen;
die erste, von der uns berichtet wird, hatte sie nach einer
Communion, vierzig Tage nach ihrem Gelübde. „O Liebe,
wie soll ich deine unendlichen, deine herrlichen Eigenschaften
genug loben. O Liebe, o Liebe, wenn du wiedergeliebt sein
willst, so gieb dich mir hin." Derartige Exaltationen sind erklärlich, wenn wir erfahren, dafs sie an einem Tage sechszehn Stunden
das Crucifix in der Hand, Betrachtungen über das Leiden Christi
anstellte. Sie sah und fühlte alle die Martern, die der Erlöser
erduldet hatte, um die Menschen zu retten. Thränen ent-
strömten ihren Augen, dafs ihr Lager¹) nafs davon wurde, als
wenn es durchs Wasser gezogen wäre; dann sank sie in
eine totenähnliche Ohnmacht, so dafs man ihr Ende fürchtete.

Auch Gott sah Magdalena während einer Verzückung
deutlich und schilderte das also: Ich kann nicht recht sagen,
ob ich tot oder lebendig war, ob ich noch einen Körper
hatte, oder ob ich nur Geist war. Ich schaute Gott in seiner
eigensten Herrlichkeit und Schönheit; ich sah eine vollkommene Einheit in einer Dreifaltigkeit, einen Gott voll un-
endlicher Milde, Barmherzigkeit und Güte; sonst sah ich
nichts als Gott und auch mich selbst nur allein in Gott.
Diese Seligkeit dauerte wohl ungefähr eine Stunde; da vernahm ich eine Stimme, die mir die Worte des Apostels
zurief: Kein Auge hat es gesehen, kein Ohr hat es gehört
und keines Menschen Herz hat es vernommen, was der Herr
denen bereitet hat, so ihn lieben."

Wieder ein anderes Mal, auch nach der Communion,
fühlte sie in der Entzückung, wie die vereinigende Liebe sie
auf unzertrennliche Weise mit Jesus verbunden hatte; der
göttliche Bräutigam habe ihr dann befohlen, unaufhörlich
über die Verblendung der irdischen Kreaturen zu weinen
und zu girren wie eine traurige Turteltaube.

¹) Magdalena soll ja allerdings auf der Erde geschlafen haben.

Am Abend vor Mariä Verkündigung des Jahres 1585 beschäftigte sich Magdalena mit dem Geheimnifs der Menschwerdung und grübelte besonders über das Wort: „Und der Logos ward Fleisch." In ihren Augen ging dann ein Freudenschimmer auf und über ihrem Antlitz lagerte eine stille Herzensruhe, dann fing sie an auszurufen: „Das ewige Wort ist in dem Schoofse des Vaters unermefslich grofs und unendlich, aber in Mariens Schoofs ist es nur ein Pünktchen. Deine Gröfse ist unergründlich und Deine Weisheit unerforschlich, mein süfser, liebenswürdiger Jesus." Plötzlich sprang sie auf, setzte sich auf einen Stuhl gegenüber dem Bilde des heiligen Augustins, entblösfte ihre Brust und bat ihn, an der Stelle, wo das Herz wäre, diese Worte: „Das Wort ist Fleisch geworden", einzuschreiben. „Das Blut ist schon bereit; die Feder ist geschnitten; eile, grofser Heiliger und bereite mir diese Freude!"

Die innere Aufregung Magdalenens war so grofs, dafs sie fortwährend rief: „Es ist genug, mein Jesus! entflamme nicht stärker das Feuer, das mich verzehrt; siehst Du nicht, wie eine gröfsere Heftigkeit mir gefährlich werden könnte, dafs meine Schwäche solch' äufserster Gewalt unterliegt. Nicht diese Todesart wünscht sich die Braut des gekreuzigten Gottes; sie ist mit zuviel Vergnügen und Seligkeit verbunden." Dann wieder zu dem Bilde Augustins gewendet: „Nun hast Du das hohe hehre Wort meinem schlichten Herzen eingedrückt. Johannes zeigte es dem Volke mit dem Finger, Du hast mich die Schrift fühlen und empfinden lassen." Es soll auch wirklich „Das Wort" mit goldenen und „ist Fleisch geworden" mit silbernen Buchstaben auf ihrem Herzen geschrieben zu finden gewesen sein.

Einige Tage darauf flehte Magdalena Christus demütig um die Gnade an, sie doch wenigstens einen Teil der Leiden empfinden zu lassen, die er für die Sünden der Menschen erduldet. Ihr Gebet wurde denn auch erhört; sie verspürte alsbald die heftigsten stechenden Schmerzen, die während der ganzen Nacht anhielten; gegen Morgen wurde ihr Gesicht bleich; die Augen verloschen; der Leib war völlig erschöpft und abgemattet; man glaubte, ihre letzte Stunde sei ge-

kommen. Die Schmerzen wurden noch heftiger, Schweifs
bedeckte ihren Körper, Thränen flossen stromweise, aus
dem Munde kam eine gelbe Flüssigkeit; sie schwoll so auf,
dafs man fürchtete, sie würde zerplatzen.

Von Zeit zu Zeit schlug Magdalena die Augen auf und
von dem Schmerz, den ihr der Anblick ihres göttlichen
Bräutigams verursachte, durchschüttelt, rief sie aus:

„Ach! mein Jesus! Deine Martern sind doch gar zu un-
aussprechlich grofs; und ich bin das allerverwegenste Ge-
schöpf, dafs ich gewünscht habe, dieselben mit Dir zu teilen.“
Der himmlische Geliebte rief ihr dann die Worte zu: Komm
und siehe, was ich in Deiner Seele gewirkt habe; Wirkungen,
die zwischen uns beiden, Dir und mir allein, vorgehen
müssen und die Niemand sonst begreifen kann als jene, die
reines Herzens sind! Magdalena warf sich nun vor dem
Kreuze des Heilands nieder und wiederholte fünfmal die
Worte: Verbirg mich in den Wunden Deiner Liebe!

Am Grünen Donnerstage desselben Jahres hatte Magdalena eine Verzückung, die fünfundzwanzig Stunden währte.
Die ganze Passionsgeschichte durchlebte sie; sie sah Christus
vor Herodes stehen, und wie dieser ihn verspottete; dann
wie er an eine Säule gebunden von Henkern gegeifselt
wurde. Sie nahm nun die Stellung von Christus an und
machte solche Bewegungen und Geberden, dafs es den
Anschein hatte, als würde sie von unsichtbaren Händen mit
ebensoviel Geifselhieben geschlagen als der Heiland. Sie
vergofs bittere Thränen und stiefs bei jedem Streiche, den
ihr Körper unsichtbar erhielt, ein heftiges Geschrei aus.
Nachdem sie ihre Kleidung wieder angelegt, nahm sie ein
Kreuz, schleppte es durch mehrere Zellen bis ins Refektorium
und betete zum Herrn, dann warf sie sich auf die Erde
nieder und streckte Hände und Füfse so aus, als ob sie
sollte gekreuzigt werden.

Christus konnte, wie Magdalenens Biograph berichtet,
solcher heiligen Leidenschaft den Lohn nicht länger vorent-
halten. An einem schönen Maientage rief er ihr nach Tisch
mit sanfter liebreicher Geberde zu: „Komm, meine Braut,
ich bin es, der Dich aus meinen ewigen Gedanken erzeugt,

der Dich in Deiner Mutter Leib hervorgebracht hat, auf dafs
Du Gegenstand meiner Liebe und meines Wohlgefallen
werden solltest." Schliefslich verlobte sich Christus förmlich
mit Magdalena, steckte ihr einen goldenen Reifen an den
Finger und bereitete eine förmliche Seelenhochzeit. Der
heilige Augustin und die heilige Katharina von Siena waren
Zeugen der hohen Feier. Magdalenens Antlitz glänzte in
blühend jugendlicher Schönheit; ihre Augen, feuriger und
lebhafter als sonst, glänzten wie zwei funkelnde Sterne. Ihr
Busen ward von nie gefühlten Wollustschauern bewegt.
Jesus war in vollem Glanze seiner Majestät und von allen
Herrlichkeiten des Himmels umstrahlt erschienen. Die
Trauung fand förmlich statt: als Brautgeschenk erhielt Magdalena auf ihr inständiges Bitten die Dornenkrone Christi; auch
die Aufsetzung der Krone ward durch ein besonderes Fest
wiederum unter Assistenz der beiden Heiligen gefeiert. Vier
Tage und vier Nächte brachte Magdalena dann im Himmel
zu. Die Engel und Seligen waren ihr entgegengegangen
und hatten sie feierlich empfangen. Sie mufste sich dem
himmlischen Gemahl zur Seite auf einen erhabenen Thron
setzen und empfand nun die allerreinsten und unbeschreib-
lichsten Freuden der ewigen Seligkeit.

Am Pfingstfeste kam der heilige Geist zu Magdalenen
und zwar in verschiedener Gestalt: acht Tage von morgens
9 Uhr an wiederholte sich der Besuch, so dafs Magdalena
nur täglich zwei Stunden Zeit für ihre Geifselungen und
Gebete übrig behielt. Ende Mai kam Gottvater selber und
offenbarte Magdalenen, dafs sie noch viel Kreuz und Leiden
um seinen Namen erdulden müsse.

Fünf Jahre lang lebte Magdalena in diesen fortwährenden Verzückungen, die oft durch sinnliche Liebesanfälle
unterbrochen wurden. Auch Zweifel stiegen in ihr auf,
liefsen ihr die himmlische Brautschaft als eine lächerliche
Einbildung erscheinen. Der Teufel drohte ihr oft, wenn sie
vor dem Priester stand, um das Abendmahl zu empfangen,
die Brust mit Dolchen zu durchstofsen, verführte sie auch
wohl zu Gotteslästerungen. Am schlimmsten aber waren
die wollüstigen Phantasien, denen sie mehrmals zu erliegen

drohte. Bei solchen Gelegenheiten züchtigte sie sich so hart
sie konnte, ging in den Holzstall, band einen Haufen Dornen-
sträuche los und wälzte sich nackt darauf umher, bis ihr
ganzer Leib eine einzige Wunde war und das strömende
Blut die Flamme der Wollust dämpfte.

Während wir hier ein typisches Beispiel des durch
übertriebene Selbstgeifselungen und naturwidrige Lebensweise
erzeugten hysterisch-mystischen Wahnsinns sehen, liegt bei
der Nonne Alberta grausame Strafflagellation vor, deren
Folgen schliefslich durch eine verbrecherische That verdeckt,
und deren Opfer beseitigt werden sollte.

Als Ende des vorigen Jahrhunderts die Klöster teilweise
aufgehoben wurden, kam manche grobe Unregelmäfsigkeit
und manches Geheimnifs ans Licht. Viel mag ja Erfindung
und Übertreibung gewesen sein, aber im wesentlichen wird
der Volksmund doch die Wahrheit verbreitet haben.[1]

Also in einer Stadt N.[2] erschien der Regierungs-
kommissarius, der die Auflösung des Karmeliter-Nonnen-Klosters
zu leiten hatte, um den versammelten Mitgliedern im Konvent
zu eröffnen, dafs sowohl im Interesse des Staates, als nicht
minder der Religion der Regent bestimmt habe, das Kloster
aufzuheben. Die Aebtissin wurde dann aufgefordert, den
Vollzug der allerhöchsten Verordnung zu veranlassen, ihm
die nötigen Verzeichnisse über den Personalstand, das Besitz-
tum und übrige Vermögen des Klosters und der Kirche zu
übergeben. Bei der vergleichenden Prüfung der Liste stellte
sich nun heraus, dafs das Verzeichnifs 21 Nonnen aufführte,
dagegen nur 20 im Konvent anwesend waren. Die Nonne
Alberta fehlte. Auf mehrfache Fragen nach derselben erhielt
der Kommissar zuerst keine Antwort, und als er auf ihrem

---

[1] So ist es ja auch heute noch; ich erinnere nur an den Alexianer-
Process und die Beleidigungsklage des Pastors von Bodelschwingh. Mag
auch in formeller Beziehung bisweilen eine Beleidigung gefunden
werden und nicht alles erwiesen werden, was zum Vorwurf gemacht:
aliquid semper haeret.

[2] Ich entnehme die folgende Geschichte dem Buche: „Der Flagellantismus und die Jesuitenbeichte". Stuttgart, J. Scheible'sche Verlags-
buchhandlung Die Namen der betr. Städte sind nur angedeutet, aber
es ist ersichtlich, dass es sich um Nürnberg und Würzburg handelt.

Erscheinen bestand, entschuldigte sich die Aebtissin vielmals, erklärte aber, der zeitige Zustand der Nonne mache es ihr unmöglich, sie hier vorzustellen. Darauf verlangte der Kommissar, daſs er dann nach dem Aufenthaltsorte Albertas geführt zu werden wünsche. Auch das lehnte die Priorin als unthunlich ab, da Alberta krank und ein Besuch den Regeln des Anstandes wie den Satzungen des Klosters widerstreite. Natürlich muſste der Kommissar durch derartige Ausflüchte erst recht argwöhnisch werden, so daſs er auf jeden Fall seiner Pflicht genügen zu müssen glaubte und erklärte, daſs kein Grad von Krankheit ihn abhalten könne, von der Identität der Nonne und ihrer individuellen Lage sich zu überzeugen; er verlange daher nunmehr ohne Verzug und Weiterungen zu ihr geführt zu werden. Auf erneute Fragen erfuhr er noch, daſs der jetzige Klosterarzt über Alberta gar nichts wisse, sein Vorgänger hatte ihren Zustand für unheilbar erklärt und darum sei die Sache zur Wahrung des Rufes des Klosters geheimgehalten worden; seit acht Jahren befinde sich die Unglückliche bereits in ihrer bedauernswerten Lage, ohne daſs je ein lichter Zwischenraum eingetreten wäre. Über die Ursachen und näheren Umstände des Übels wollte Niemand Auskunft geben. Der Kommissar wurde nun von ein Paar Nonnen zu dem Aufenthaltsorte der Wahnsinnigen geleitet. Der Weg ging über viele Treppen und durch dunkle Gänge bis zu einem Hintergebäude, in dem der Kommissar abermals eine kleine Stiege aufwärts gehen wollte. Aber seine Führerinnen bedeuteten ihn, daſs unter der Stiege in einem hunde- oder hühnerstallartigen Verschlage die Wohnung Albertas sei. Ein notdürftig mit Lumpen bedecktes weibliches Wesen kroch, als man die Thüre öffnete, heraus, umklammerte die Füſse des Kommissars und bat unter Thränen und Händeringen um Schonung, da sie glaubte, wieder gegeiſselt werden zu sollen. Der Kommissar bemühte sich, sie emporzurichten; die Lumpen fielen stückweise ab; ihr starkes schwarzes Haar hing in Verwirrung umher; die Füſse waren unbekleidet. Alberta war von mehr als Mittelgröſse und gedrungener Statur; ihr Alter schien 35—36 Jahre, die Hautfarbe war gelb.

Aus ihren abgerissenen und unzusammenhängenden Reden sowie aus weiteren Nachforschungen erfuhr man endlich ihre Geschichte. Alberta war die älteste Tochter ziemlich wohlhabender bürgerlicher Eltern in Würzburg; der Vater war Weinhändler. Die Jugend des Kindes floſs harmlos und ruhig dahin; etwas Nachlässigkeit in den ihr übertragenen häuslichen Geschäften lieſs sie sich zu Schulden kommen und wurde darum von den auf Erwerb bedachten Eltern gegenüber den Geschwistern zurückgesetzt. Alberta wuchs in blühender Schönheit und kraftvoller Jugend heran und knüpfte hinter den Rücken ihrer Eltern ein Liebesverhältniſs an. Im elterlichen Hause verkehrten, wie es in den Familien wohlhabender Bürger üblich war, Priester und Mönche aller Gattungen, insbesondere die barfüſsigen Karmeliter. Diese versuchten nun die Jungfrau zur Braut Jesu und ihren Vermögensanteil dem Kloster zu gewinnen.

Die Eltern boten alles auf, Güte und Härte, Überredung, Schmeichelei, Drohungen und Züchtigungen, um Alberta, die ihnen im Haushalte doch nichts nützte, zu diesem Schritte zu bewegen. Endlich gab Alberta in ihrer Charakterschwachheit und bigotten Beschränktheit dem Wunsche der Eltern, von der Last befreit zu werden, nach und nahm den Schleier.

Die erste Zeit und auch das Probejahr verliefen erträglich, als aber durch die Gelübde eine feste Scheidewand zwischen Alberta und der Welt aufgerichtet war, muſste bald ihre Täuschung schwinden. Der Ton der Oberen wurde strenger, ihre Unthätigkeit schärfer gerügt, Bosheit, Neid und Heimtücke trieben ihr Spiel. Albertas Lage verschlimmerte sich noch dadurch, daſs ihre Eltern das für die Aufnahme in das Kloster zu erlegende Geld nicht bezahlten oder doch die Zahlung ungebührlich lange hinauszogen. Die Sehnsucht nach dem väterlichen Hause und dem Geliebten rief ihrer Phantasie die Vergangenheit zurück. Das vollendete ihr Unglück. Ihrem vollsaftigen Körper war die Klosternahrung, die Einsamkeit und erzwungene Verschwiegenheit sehr gefährlich, daſs die Hysterie sehr stark bei ihr auftrat. Als sie endlich sich der Oberin entdeckte, fand sie wohl zunächst keinen Glauben, man fühlte sich aber doch veranlafst, den Klosterarzt zu Rate zu ziehen, der die Kranke denn schon in dem Grade hysterisch fand, dafs die Nymphomanie bei ihr auszubrechen drohte.

Die Oberin und der Vorstand des Mönchklosters kamen nun überein, einen Versuch zu machen, ob der Krankheit nicht durch die Befriedigung der Sinnlichkeit abzuhelfen sei, und der Mönch, im Vertrauen auf seine Manneskraft, wandte selbst dieses Mittel bei Alberta an. Der Erfolg, den man sich versprochen, trat jedoch nicht ein, sondern die Nonne wurde immer heftiger, vielleicht weil der Mönch der übernommenen Aufgabe doch nicht gewachsen war. Derselbe schlug nun seinerseits die Anwendung der Geifsel und Fasten vor. Aber auch hierdurch wurde das Feuer nicht gedämpft. sondern gerade angefacht. Wenn schon die üblichen Disciplinen bei Alberta nur stimulierend gewirkt hatten, so reizten die neuen schärferen Geifselungen, denen sie sich bereitwilligst unterwarf, noch mehr ihre Sinnlichkeit. In ihrem üppigen Körper brandete das Blut, durch die von männlicher Hand angewandte Buisrute aufgeregt. Die Bilder des Genusses wurden umsomehr in ihr hervorgerufen, als ihr die körperliche Befriedigung desselben unmöglich war, und so nahm sie denn zu den heimlichen Freuden ihre Zuflucht, die ihre physischen Kräfte gänzlich zerrütteten und durch die Nervenüberreizung und auch Gewissensqualen sie vollends dem Wahnsinn überlieferten.

Nur die Oberin und der Mönch wufsten den eigentlichen Grund und das Geheimnifs der mifslungenen Heilung. Von einer nochmaligen Consultation des Arztes nahm man Abstand, und um den Ruf des Klosters nicht zu gefährden. schlofs man Alberta fern von den Übrigen in jenem Hundestalle ein. Die notdürftige Kost, die Geifselungen und ärgere Mifshandlungen mehrten nur ihren Wahnsinn und brachten sie in jene Lage, in der der Kommissar sie fand.

Eine der seltsamsten Erscheinungen bildet der Orden von F o n t e v r a u l d, gestiftet 1109 von Robert von Arbrissel. In ihm sind nämlich beide Geschlechter vereinigt und zwar derart, dafs das weibliche über das männliche unumschränkte Macht hat, die Aebtissinnen standen sogar nur direkt unter dem Papste.

Robert von Arbrissel war ein wunderlicher Heiliger, der den sonderbaren Einfall hatte, Mönche und Nonnen zusammen wohnen, ja sogar in denselben Betten schlafen zu lassen und die Versuchungen gewaltsam herbeizuführen, in der Absicht, um sie desto glorreicher überwinden zu können.

Die Schwestern geiſselten sich auch unter einander, aber lieber noch die ihnen zuerteilten Novizen und Mönche. Die Disciplin ward bald auf die bloſsen Schultern, bald auf den Unterleib vorgenommen. Wenn eine Nonne einen Novizen disciplinieren wollte, so muſste er in ihrer Zelle erscheinen und wurde dort von ihr wie ein Schulknabe gezüchtigt; klagte er darüber bei der Aebtissin, so erhielt er von ihr die gleiche Züchtigung. Die Strafen wurden nicht allzu heftig verabreicht, wie überhaupt die Ordensregeln fast mehr Scherz als Ernst waren.

Die Novizen konnten sich, auch wenn sie anfänglich vielleicht Scham über die Geiſselung fühlten, doch eher damit abfinden, von einer vornehmen Damenhand — der Orden hatte viele Mitglieder aus adlichen selbst fürstlichen Häusern und der königlichen Familie — als von einer derben gemeinen Mönchsfaust die Disciplin zu empfangen. Die kleinste Ungebührlichkeit wurde bestraft, aber mit Maaſs und Lieblichkeit. Nach beendigter Straferteilung küſste man der Vollstreckerin galant die Hand und entfernte sich mit einer demütigen Verbeugung.

Das Ordensprincip des Gründers stützte sich auf die Worte des Johannisevangelium, die Christus am Kreuze gesprochen haben soll, als er seine Mutter seinem Lieblingsjünger empfahl: „Weib, siehe das ist Dein Sohn" und „Siehe, das ist Deine Mutter"[1]); er folgerte daraus, Jesus habe eine Gemeinschaft beider Geschlechter und die Unterwürfigkeit des männlichen unter das weibliche befohlen und dieses gewollte Verhältniſs durch seine Worte symbolisch ausgedrückt.

Der Birgitten-Orden, den eine heilige Birgitta, Tochter eines schwedischen Ritters, gestiftet hat, ist dem

---

[1]) Ev. Johannis, Capitel 19, Vers 25—27.

Fontevrauld-Orden hinsichtlich der Geschlechterverhältnisse
ähnlich organisiert gewesen. Von seiner Stifterin sei noch
beiläufig erwähnt, dafs sie bisweilen sich brennendes Wachs
auf Brust, Schultern, Hüften und Schenkeln tröppeln liefs.

"Perinde ac si cadaver essent", wie wenn sie ein
Leichnam wären, sollten sich die Jesuiten[1])[2]) den Anord-

---

[1]) Wolf: Allgemeine Geschichte der Jesuiten. Leipzig 1803.
Hoffmann: Geschichte und System des Jesuiten-Ordens. Mannheim
1870. Thelemann: Der Jesuiten-Orden nach seiner Geschichte und
seinen Grundsätzen. Zirngibl: Studien über das Institut der Gesell-
schaft Jesu. Leipzig 1870. Huber: Der Jesuiten-Orden nach seiner
Verfassung und Doktrin, Wirksamkeit und Geschichte Berlin 1875.
Henne am Rhyn: Die Jesuiten, deren Geschichte, Verfassung, Politik,
Moral, Religion und Wissenschaft. Berlin.

[2]) Während des Druckes erschien eine Schrift: Der Jevhe-
Dienst im Togolande. Verlag Dietrich Reimer, Berlin, die sehr
interessante Angaben über diese in Organisation und Tendenz den
Mönchsorden in ihrer Entartung sehr ähnliche Vereinigung enthält.
Ich entnehme der Schrift die folgenden Stellen:

"Im Jevhe-Kultus sind die Kulte mehrerer Götter vereinigt, zum
Beispiel eines Wassergottes, eines Schlangengottes und eines Blitz- oder
Feuergottes. Letzterer, Khebioso genannt, zeigt in seinem Wesen
grosse Ähnlichkeit mit dem altgermanischen Donar oder Thor; denn
gleich ihm schleudert er im Blitze die axtförmigen Blitz- oder So-Steine,
die Menschen und Bäume zerspalten und alles Lebende tödten. Die
Priester und sonstigen Anhänger des Ordens bedienen sich einer in
verschiedene Dialekte zerfallenden Geheimsprache oder "Jevhe-Sprache",
bei der, wie in der Gaunersprache, Ausdrücke gewählt sind, die kein
Uneingeweihter zu enträthseln vermag. Auch das Wort "Jevhe" selber
gehört hierher; seine Bedeutung wird auf mehrfache Weise erklärt;
nach Kwadso heisst es so viel wie Schlauheitsgraben, weil der "Dienst
der Jevhe-Gottheiten ein fein künstlich lockender Graben ist."

Die Jevhe-Gemeinde steht unter der Leitung eines Oberpriesters,
der den Titel Hubono oder Jevhenua führt. Ihm gehorchen die
Husunno oder Jevhe-Männer, die Jevheshio, Voduschio oder Jevhe-
Weiber und endlich die Hundeo beider Geschlechter oder die Spione."

"Der Oberpriester hat in allen Sachen des Jevhe-Dienstes unumschränkte Macht; er gilt als der "Vater" der Jevhe-Mitglieder und
teilt Jedem 'seine Arbeit und seinen Posten im Jevhe-Hause zu. Will
ein Mann oder ein Weib etwas für seine Eltern oder Verwandten thun,
so muss der Jevhenua die Erlaubniss dazu geben. Er hat auch das
Recht, die Jevhe-Weiber nach Gefallen den Jevhe-Männern zuzuweisen;
er kann missliebige Personen "quälen oder mit Gewalt ins Jevhe-Gehöft
bringen lassen."

nungen ihrer Vorgesetzten fügen. In dem Jesuiten-Orden
können wir wohl den bedeutendsten und bestorganisierten
Mönchsorden erblicken. Die Konstitutionen seines Stifters
des schwärmerischen Autodidakten Ignaz von Loyola sind
in ihrer Art ein Meisterwerk. Gar zu grausame Geifselungen
kommen nicht vor, alles war mehr aufs Geistige gerichtet,
man mufste und wollte zunächst die Willensfreiheit ertöten
und durfte sie nie wieder aufkommen lassen; niedrige und
widrige Dienstleistungen mufsten nur aus erziehlichen Gründen
verrichtet werden, nichts war Selbstzweck, sondern alles Mittel
zum Zweck: den absoluten Cadavergehorsam zu erziehen.

Anders als im Inneren war es mit der Anwendung der
Disciplin den Beichtkindern gegenüber, hier verfuhr man
ebenso wie die anderen Orden, man war auch nicht milder
noch strenger. Wenn gerade über die Jesuiten eine Reihe
von Historien, die sie als eifrige Geifsler hinstellen, umlaufen,
so liegt das wohl daran, dafs die Jesuiten quantitativ
wie qualitativ eine grofse Bedeutung erlangt haben, zeitweilig

---

„Wer Mitglied des Jevhe-Bundes werden will, hat zunächst gewisse „Schreckensstationen" durchzumachen, die nur zu seiner Einschüchterung dienen und ihn vom Verrat der Ordensgeheimnisse abhalten sollen. Man droht ihm mit Feuer und Wasser, mit wilden
Thieren und Khebiosos rächender Axt. Der Priester legt ihm unter
anderem einen zungenförmigen Stein vor und sagt: „Wenn Du Dich
von Jevhe abwendest, so wird Dir, während es blitzt und donnert, die
Zunge heraustreten, und Du wirst sterben." Nun bringt man ein ge-
wundenes Eisen herbei und umzieht damit den Leib des Neulings,
wobei er die Worte hören muss: „Wenn Du eine Jevhe-Sache verrätst,
so wird Dich, wenn es regnet, das Wasser so umgeben, dass Du darin
umkommst." Zuletzt verbindet man ihm die Augen, schüttet etwas
Schiesspulver auf seinen Schooss und zündet dies plötzlich unter dem
Rufe an: „Wenn Du Dich dazu verstehst, eine Jevhe-Sache zu offenbaren, so wird Dich Jevhe während eines Gewitters auf solche Art
ums Leben bringen."

Nach diesem Vorspiel lässt man den Kandidaten das geweihte
Wasser trinken, wodurch der Gott völlig in den Körper des Menschen
einzieht. Da er nun ganz in den Orden aufgenommen ist, so empfängt
er zum Zeichen seiner Würde auch einen „Jevhe-Namen". Sein alter
Name darf fortan bei schwerer Strafe nicht mehr erwähnt werden.

Die erste und vornehmste Pflicht jedes Mitgliedes ist unbedingter
Gehorsam gegen die Befehle der Priester und Oberpriester. Ebenso

im Brennpunkte des öffentlichen Interesses standen, zumeist
in Zeiten der Kämpfe, wo manches auf ihre Rechnung gesetzt
sein mag, was teils erfunden, teils auf die der anderen Orden
zu setzen war. Natürlich konnten sie den Charakter des
sich selbst und Andere quälenden Mönchtums nicht verleugnen,
nur trat es bei ihnen nicht immer offen und dann in meist
sehr raffinierter Art zu Tage. Dafs Jesuiten auch viele jener
mystisch-sinnlichen Bufssodalitäten einrichteten, mufs zugegeben werden.

Aus den Niederlanden erklangen die ersten Klagen; es
war hier eine stehende Disciplin unter vornehmen Damen
eingeführt, in der man sie wöchentlich einmal geifseln liefs
und zwar meistens nicht, wie es sonst üblich war, auf den
entblöfsten Rücken, sondern, da das weniger schädlich sei,
auf den Unterleib; man nannte das die spanische Disciplin.
Die Sache scheint den Damen sehr viel Vergnügen bereitet
zu haben, denn die theologische Fakultät der Universität

---

wird von ihm stets eine schnelle und thatkräftige Hilfe für alle in
Bedrängniss geratenen Jevhe-Männer und -Frauen verlangt. Die Jevhe-
Diener stehen noch dazu ausserhalb der Landesgesetze; sie gehen fast
immer straffrei aus, wo der gewöhnliche Mensch schwere Ahndung zu
gewärtigen hat.“

„Alle Handlungen der Jevhe-Diener laufen auf Betrug und
Heuchelei hinaus, stets in der Absicht, das Recht zu beugen und dem
Orden auf Kosten des armen, unwissenden Volkes zu immer höherer
Macht und Wohlhabenheit zu verhelfen. Wo offene Gewalt nicht angebracht scheint, da greift der Jevhe-Bündler zum Gift, zur Brandstiftung oder zum falschen Eide, und wie die Sache auch ausfallen
mag, er weiss stets seinen Nutzen daraus zu ziehen und seinen Beutel
zu füllen Denn als kluger Mann hat er sich vorher den Rücken
gedeckt und den Häuptling, die Ältesten und Reichen insgeheim um
ihren Rat gefragt. Nun erst wird zur Verhandlung geschritten und
der angebliche Übelthäter nach Massgabe der geheimen Abmachungen
in Strafe genommen. Einen Teil der Einnahme erhält selbstverständlich
der Häuptling; auch die anderen Freunde und Ratgeber dürfen nicht
leer ausgehen.

Weit schlimmer als diese gewissenlose Ausbeutung ist die frevel-
hafte Leichtfertigkeit, mit welcher sich die Jevhe-Diener an dem
Leben ihrer Mitmenschen vergreifen. Der bethörten Menge wird gesagt,
dass der Gott selber die Leute tödte, die Böses über ihn oder über
seine Anhänger zu sprechen wagen.“

Löwen mußte gegen diese wenig anständigen Bußübungen einschreiten, freilich ohne viel Erfolg [1])

Ein Pater Gersen soll eine derartige Geißelsucht gehabt haben, daß er Arbeiterinnen auf dem Felde disciplinierte.[2])

In Portugal waren unter König Alphons Regierung die spanischen Disciplinen sehr üblich. Ein Pater Nunez leitete derartige Übungen sogar bei Hofe; dann glänzte ein Pater Malagrida, dessen Einfluß Pombal mit vieler Mühe brach. Unter der Regierung der Königin Maria I. kam Malagrida wieder zu Ansehen und konnte unter den jungen Hofdamen eine Bußanstalt einrichten. Im Vorzimmer der Königin fanden die Bußübungen statt; sogar fremde Fürstinnen, Frauen und Töchter von Gesandten soll man zu dem Schauspiel eingeladen haben.

In Spanien war es üblich, die Frauen nach der Beichte mittelst körperlicher Poenitenzen zu absolvieren, so daß die Inquisition dagegen einzuschreiten sich bewogen sah.

Auch den Ländern des neuentdeckten Erdteils brachten die Jesuiten die Segnungen der Bußdisciplin: in Mexiko sollen bei einer Geißelprocession einst über 100000 Menschen beteiligt gewesen sein. Jedoch kommen für jene Länder andere Gesichtspunkte als die der ordensstatutarischen Disciplin in Betracht, es handelt sich meist um Verhängung herrenrechtlicher Körperstrafen; und wir werden das Vorgehen in Japan, Indien, Paraguay u. s. w. noch in jenem Zusammenhange zu erörtern haben; ebenso ist in dem Abschnitt über sexuelle und curiose Körperstrafen an manches hier angedeutete und kurz erwähnte nochmals anzuknüpfen und es an jener Stelle weiter auszuführen.

Hier haben wir nur noch jenes gewaltigen Skandal-Processes Erwähnung zu thun, der das Verhältnis zwischen

---

[1]) Jan von Biscop erzählt von einem Jesuiten: flagellabat virginem (ut Brugis Cornelius) ut nudam conspiceret; von einem anderen: Frater, eius socius, ludenti, flagellanti, potitanti aderat; man sieht, es ging lustig dabei her.

[2]) Pater Gersen, virgines suas nudas caedebat flagris in agris. O quale speculum et spectaculum, videre virgunculas pulcherrimas rimas imas.

dem Jesuitenpater Girard und Katharina Cadière betrifft.
Der Proceſs hat eine europäische Berühmtheit erlangt, m. E.
unverdient; aber es waren wohl die begleitenden Neben-
umstände und die praerevolutionäre Stimmung gewisser
französischer Kreise, die dazu beigetragen, den Fall über
das Maaſs des gewöhnlichen Interesses hinauszuheben. Es
ist im Grunde die alte Geschichte, wie wir sehen werden,
nur eine neue und etwas veränderte Auflage von Caleken
Peters oder auch der Nonne Alberta.

Katharina Cadière[1]) war am 12. November 1702 zu
Toulon als die Tochter eines dortigen Kaufmanns geboren;
der Vater starb früh und hinterlieſs ein ansehnliches Vermögen; die Witwe erzog die Kinder zur Frömmigkeit und
Gottesfurcht. Der älteste Sohn verheiratete sich, der zweite
wurde Dominikaner, der dritte Laienpriester. Katharina war ein
schönes und verständiges Mädchen[2]); sie hatte verschiedene
Heiratsanträge ausgeschlagen, da sie nach anderen als nach
weltlichen Freuden Verlangen trug.

Im Jahre 1728 kam Johann Baptist Girard als Rektor
des Königlichen Seminars und Schiffsprediger nach Toulon;
er war wie Pater Cornelius ein groſser Kanzelredner und
verstand auf die Frauen zu wirken. Nach nicht langer Zeit
richtete er denn auch eine heimliche Buſsanstalt ein, in die
Katharina mit vielen anderen jungen Mädchen eintrat. Sie
nahm bald des Jesuitenpaters ganzes Herz gefangen, der
sich mit ihr am meisten beschäftigte.

Katharinas Mysticismus erhielt reichliche Nahrung:
Träume, Anfälle, Ohnmachten und Visionen stellten sich ein,
die Girard zur Befriedigung seiner Lüste auszunutzen wuſste.

---

[1]) Das Hauptwerk über den „Fall" ist: Réceuil général des
Pièces concernant le Procèz entre la Demoiselle Cadière et le Père
Girard. Paris. Ein Folioband voll Kupfern soll die pikantesten Situationen
verbildlicht haben; seine Zusammenstellung wird dem Marquis d'Argens,
dem Grafen Caylus, auch Mirabeau zugeschrieben; mit Sicherheit lässt
sich die Frage nicht entscheiden, ebenso wenig, ob Marquis de Sade
zu seiner Justine durch obiges Werk angeregt ist.

[2]) Cette belle voit Dieu, Girard voit cette belle:
Ah, Girard est plus heureux qu' elle!
schrieb Voltaire unter ein Bild, das Girard und Cadière darstellte.

Stigmenbildungen traten ein, um ihr Haupt bildete sich eine Art Krone, auf dem Gesichte standen Blutstropfen — und endlich wurde Katharina schwanger. Girard versuchte es mit einem Abtreibungsmittel, das auch wirkte, aber dessen Nachwirkungen die Gesundheit des Mädchens völlig untergruben. Nun wurde sie in ein Klarissenkloster, dessen Aebtissin eine gute Bekannte Girards war, gebracht; Girard schrieb ihr und besuchte sie. Die Aebtissin wurde durch den ungenierten Verkehr beider aber doch argwöhnisch; ein Entführungsversuch Girards mißlang, vielmehr wurde Katharina auf Anordnung des Bischofs von Toulon nach dem Karmeliterkloster in Toulon gebracht, da er sich die Heilige nicht rauben lassen wollte. Hier kam denn allmählich die Handhabung der geheimen Bußsdisciplin Girards und sein Verhältniß zu Katharina an den Tag. Die Sache wird erst zu verheimlichen gesucht, aber der Bischof ließ schließlich den Proceß eröffnen. Hier wußte man Katharina erst als Ketzerin und Zauberin hinzustellen und der Gerichtshof zu Aix verurteilte sie. In der Appellationsinstanz wurden sowohl Girard wegen der an ihm sichtbar gewordenen Geistesschwäche mit 12 gegen 12 Stimmen freigesprochen, als auch Katharina straflos gelassen.

Das Urteil erregte gerechten Unwillen. Die Richter, die gegen die Cadière gestimmt hatten, wurden mit Zischen und Spottreden, die Gegner Girards mit Glück- und Segenswünschen begrüßt.

Girard starb ein Jahr nach dem Processe, was man für ein Gottesurteil hielt.

Katharina wurde zuerst überall sehr freundlich aufgenommen, man bemitleidete sie und suchte sie zu trösten. Die Jesuiten konnten den empfindlichen Schlag nicht verzeihen und intriguierten, daß sie die Gegend verlassen sollte. In der That reiste Katharina auch ab und jede Spur war von ihr seitdem verloren.[1]

---

[1] Zwei persönliche Bemerkungen mögen hier dem Autor gestattet sein; die eine, dass er bei dem im Voraus festgelegten Umfange des Werkes gezwungen ist, manche Einzelheiten nur anzudeuten und sich der grössten Kürze zu befleissigen; zum zweiten muss er sich

11. Der allgemeine Charakter der Glaubensverfolgungen.

Alle die Erscheinungen, die wir in den vorhergehenden Betrachtungen an uns vorüberziehen liefsen, haben nicht die universelle Bedeutung gehabt, wie sie die Glaubensverfolgungen haben. Zwar handelte es sich ja auch bei ihnen indirekt um Glaubens- oder Religionsfragen, aber doch mehr nur um einzelne Seiten und Folgenerscheinungen als den gewaltigen „Conflikt des Glaubens mit dem Unglauben", den Goethe einmal „das eigentliche, einzige und tiefste Problem der Weltgeschichte" nennt.[1])

Wenn die Jünglinge Spartas am Altar der Artemis gegeifselt wurden, wenn christliche Mönche dem Herrn nachfolgen zu müssen glaubten, selbst wenn Tausende von Geifslern die Länder durchzogen, oder wenn die Ordensregeln

---

gegen eine Bemerkung des „Kreuzzeitungs"-Referenten verwahren, dass von erkennbarer Gestaltung jenes „ursprünglich sittlichen Kerns, der in der reinigenden und sühnenden Kraft des Schmerzes liegt, nichts zu spüren sei." Der Herr Referent hat mich missverstanden, denn es heisst in der Einleitung: „Es sind entsetzliche Verirrungen des menschlichen Geistes gewesen, mit denen wir uns zu beschäftigen haben werden." Der von ihm angezogene Satz ist mit dem Schlusssatz der Einleitung zu verbinden, der lautet: „die Körperstrafen s o l l e n durch das Mittel des Schmerzes eine reinigende und sühnende Wirkung ausüben." Mit einem aus dem Zusammenhang und logischen Verbindungen herausgerissenen Citat ist alles zu machen und zu beweisen. Dass der sittliche Kern meist völlig durch die Auswüchse verborgen und erstickt wird, ist Schuld der Thatsachen aber nicht des Autors.

[1]) Ich möchte nicht missverstanden werden, resp. mir nicht den Vorwurf zuziehen, dass ich Goethe, der in den Noten zum westöstlichen Divan obigen Satz aufgestellt, missverstanden habe. Goethe meint nicht einen concreten Glauben, eine Religion, sondern den abstrakten Glauben und abstrakten Unglauben oder Skepticismus. Aber was für das Ganze gilt, gilt auch für einzelne Teile, und jeder concrete Glaube ist ein Teil des abstrakten.

Disciplinen anzuwenden befahlen, so geschah es aus den religiösen Anschauungen der betreffenden Kreise heraus, gegen diejenigen, die die gleiche Anschauung hatten, oder gegen sich selber, dafs man zu körperlichen Züchtigungen schritt. Man wollte, wie wir wissen, innerliche, seelische Erfolge erzielen, man wollte durch das Mittel des körperlichen Schmerzes eine reinigende und sühnende Wirkung ausüben. Anders bei den Verfolgungen um des Glaubens willen. Es ist hier nicht unsere Aufgabe, zu dem gewaltigen Conflikt des Glaubens mit dem Unglauben Stellung zu nehmen, noch all die einzelnen Phasen in den Kämpfen einzelner Glaubensgemeinschaften darzustellen; das ist, was die äufsere Seite anbetrifft, Aufgabe der Welt- oder Staatengeschichte und der inneren Seite nach der Kirchengeschichte.

Auch die Frage: „Wo ist die Wahrheit?" oder „welches ist der rechte Glaube?" kann und braucht von uns hier gleichfalls nicht beantwortet zu werden. Wir haben dieses Problem nur aus einem bestimmten Gesichtswinkel zu betrachten, wobei sich uns allerdings gerade das prägnanteste Merkmal der Glaubensstreitigkeiten darbieten wird: die „Verfolgungen der Gläubigen", die Leiden der „Märtyrer" oder die Bestrafung der „Ungläubigen" und das Gericht über die „Ketzer". Religionskriege und Glaubensverfolgungen sind die grausamsten, blutigsten und fanatischsten in ihrer Gattung. Und nur diese concreten Thatsachen, dafs man Menschen wegen ihres Glaubens oder Unglaubens, beides sind ja correlate Begriffe, gepeinigt, gefoltert und getötet hat, kommt für uns hier in Betracht.

Die beiden grofsen Glaubensverfolgungen sind die sogenannten Christenverfolgungen und die Ketzerverfolgungen, besonders durch die Inquisition. Glaubensverfolgungen konnte es eigentlich auch erst in der christlichen Welt geben; die eine bei dem Eintreten dieser neuen Religion in die Geschichte, wo sie sich ihren Platz erstreiten mufste, die andere als sie auf ihrem reformbedürftigen Culminationspunkt angelangt war und die Vernunft sich empörte. Das Wesen des Christentums, des christlichen und orthodoxen Judentums war der Glaube; auf jeder Seite der Bibel finden

wir die Bedeutung des Glaubens betont; waren es im
alten Testamente die Prophezeiungen, die erfüllt werden
sollten und an deren Erfüllung man glauben sollte, so hat
das neue Testament den Glauben als Gemütszustand verlangt. Glaubet, glaubet, glaubet! tönt es immer wieder
in Worten und Predigten des Herrn. Das antike Heidentum
hatt an Stelle dessen: Lernet! gerufen. Die Religion des
klassischen Heidentums war die Philosophie; seine Weltanschauung eine naiv-naturalistische, gegenüber der super-
naturalistischen des Christentums. Dieser gewaltige Gegensatz auf geistigem Gebiete macht es uns erklärlich, dafs erst
die Geschichte des Christentums Glaubensverfolgungen im
grofsen Stile aufweisen kann. Für philosophische und wissenschaftliche Lehren mag wohl der Einzelne sein Leben lassen:
ein Socrates, ein Giordano Bruno, ein Galilei beweisen uns
das, aber die Massen zu fanatisieren, vermag nur der Glaube.
Wir verstehen heute unter Glauben schlechtweg den religiösen
Glauben, und gerade er ist wieder zur Fanatisierung noch
mehr geeignet als z. B. der politische Glaube: die begeisterte
Überzeugung; und zwar ganz erklärlicher Weise, denn der
religiöse Glaube ist die reinste Form, er ist völlig trans-
cendental, er ist nicht zu widerlegen oder zu modificieren;
und selbst die Probe auf seine Richtigkeit, die man auf
politischem Gebiete noch allenfalls durch historische Betrachtungen und Vergleiche vornehmen kann, giebt es auf
religiösem Gebiete nicht. Maafs und Wage fehlt hier, oder
es hat sie vielmehr jeder in sich. Das ist auch des Rätsels
Lösung, dafs wir nicht verstehen, dafs diese oder jene
Religion oder Secte eine so grofse Ausbreitung gewonnen,
eine andere aber nicht; gewifs kann man den Ursachen
nachgehen, kann prüfen und vergleichen, aber ein kleiner
Rest wird meist übrig bleiben, den wir nicht erklären
können, und der dann als das Göttliche bezeichnet zu
werden pflegt.

Neben den Christenverfolgungen und der Inquisition
haben den Satanismus und die Hexenverfolgungen. Wir
wir noch eine dritte Erscheinung im Folgenden zu betrachten:
werden dabei ein Wort Friedrich Schlegels: Religion ist

Wollust, und Wollust ist Religion, das, cum grano salis
auch auf manche der oben betrachteten Religionsübungen

Das Zerfleischen mit Haken und Zangen.
Aus „Gallonio, Trattato degli instrumenti di Martirio."

Anwendung finden konnte, hierbei im vollsten Sinne bestätigt finden.[1])

---

12. Die Christenverfolgungen.[2])[3])

Im ersten Jahrhundert hatten die Christenverfolgungen noch nicht den Charakter allgemeiner Glaubensverfolgungen. Man sah in den ersten Christen nur jüdische Sektirer, denen die Ausübung ihrer Religion aus politischen Gründen erlaubt war. Als jedoch mehr von dem Wesen des Christentums bekannt wurde, und des unsichtbaren Gottes Anhänger sich in einen offenkundigen Widerspruch zu den staatlichen Religionsübungen setzten, wurden dieselben des Atheismus,

---

[1]) Man kann bei der Classificierung der Körperstrafen, die bei den Glaubensverfolgungen verübt wurden, schwanken, ob sie zu den religiösen oder richterlichen Strafen zu zählen sind. Ich habe S. 13 schon auf diese Grenzgebiete hingewiesen. Aber ich habe mich doch dafür entscheiden zu müssen geglaubt, sie zu den religiösen zu zählen. Es sind Verfolgungen und Strafen, die um des Glaubens willen erfolgen, auch sind die urteilenden Organe meistens nicht die gewöhnlichen Strafrichter, sondern besondere, so sind die Inquisitoren eine ganz selbstständige Gattung von Richtern, die eben nur über Glaubenssachen zu richten haben. Aber auch methodologisch richtig glaube ich classificiert zu haben, indem ich diese Körperstrafen hier behandele.

[2]) Für die ersten drei Jahrhunderte sind die 10 Bücher der Kirchengeschichte des Bischofs Eusebios die Hauptquelle. Eusebii Pamphili scripta historica. Leipzig 1868—70.

[3]) Das rein Geschichtliche über die Christenverfolgungen findet man mehr oder weniger ausführlich in jedem Geschichtswerke; sonst Keim: Rom und das Christentum, Berlin 1881. Aubé: Histoire des Persécutions de l'Eglise, Paris 1875—78. Neumann: Der römische Staat und die allgemeine Kirche bis auf Diokletian, Leipzig 1890. Einzelheiten enthält: Das Grosse Martyr-Buch und Kirchen-Historien: Worinnen herrliche und in Gottes Wort gegründete Glaubensbekaentnuessen, Gespräch und Disputationen wider die Ketzer und Feinde der göttlichen Warheit sampt andern denckwürdigen Reden und Thaten vieler heiligen Märtyrer beschrieben werden: Welche nach den Zeiten der Aposteln biss auf das Jahr 1572 hin und wieder in Teutschland, Franckreich, Engelland, Schottland, Flandern, Braband, Italien,

Sacrilegimus und der Magie angeklagt und nach den römischen Strafgesetzen angeklagt und verurteilt.

Die durch Nero's Beschuldigung, die Christen hätten Rom in Brand gesteckt, verursachten Verfolgungen sind mehr der caesarenwahnsinnigen Laune als einem geistigen Gegensatz zuzuschreiben.

Erst unter Trajan beginnt die eigentliche Christenverfolgung. Durch ein besonderes Edict vom Jahre 112 wurde der Procefs geregelt: wer öffentlich der Teilnahme am Christentum angeklagt, nicht von der Verbindung zurücktrat und dem Kaiser opferte, ward zum Tode verurteilt.

Unter Hadrians Regierung hatten die Christen in Palästina auch noch viel durch die jüdischen Verfolgungen zu leiden.

Hispanien, Portugal und America etc. um der Evangelischen Wahrheit willen jämmerlich verfolget, gemartert und endlich auf allerley weise erbärmlich hingerichtet worden. Anfänglich in Frantzösischer Sprache beschrieben; Hernacher auf Gottseliger und eifriger hohes und niedrigs Standes Personen Begehren treulich übergesetzet und in Teutsche Spraache geschrieben, Durch Dr. Paulum Crocium, Cycnaeum, Diener am Worte Gottes und Inspectorem zu Lasphe in der Grafschafft Witgensteim Anitzo aber biss auf das 1656ste Jahr continuieret und mit der fast unerhörten grausamen Verfolg- und Nieder-Metzelung der so genannten Waldenser, oder rechtgläubigen Christen in Piemont, Savoischen Gebiets vermehret. Allen frommen Christen in diesen letzten gefährlichen und betrübten Zeiten nützend tröstlich zu lesen. Samt zweien Registern, deren eins die Nahmen der Märtyrer vermeldet; das ander die fürnehmsten Puncten christlicher Religion, so hierinnen erkläret werden, angezeiget. Auf vielseitiges Begehren und Nachfragen aufs neue übersehen und an einigen Orten verbessert. Bremen, Gedruckt und verlegt durch Herman Brauer, des löblichen Gymnasii daselbsten bestalten Buchdrucker. Im Jahr M. DC. LXXXII.

The Book of Martyrs or the Acts and Monuments of the Christian Church. Being a Complete History of Martyrdom From the Commencement of Christianity to the present time by the Rev$\underline{d}$. John Fox A. M. Revised et improved by the Rev$\underline{d}$. John Malham. Embelliſſted with engravings. London Printed for Thomas Kelly, Paternoster Row 1811, ist dem Grossen Martyrbuch sehr ähnlich und enthält wie dieses über 850 Märtyrer-Aufzeichnungen. Die erste Ausgabe des Book of Martyrs erschien 1558 in lateinischer Sprache. Ob und in wiefern das Grosse Märtyrbuch durch das Werk Fox' beeinflusst ist, interessiert hier nicht.

Die Verfolgung 155—156 in Smyrna, bei der der Bischof
Polycarp den Märtyrertod starb, hatte Antoninus Pius an-

Das Strecken mit Riemen.
Aus Gallonio, Tratt. etc.

geordnet; Marc Aurel liefs 177 die Christen im südlichen Gallien, besonders Lyon und Vienna verfolgen.

Unter Septimius Severus hatten die Christen in Aegypten und Africa viel zu leiden.

Die erste durch das ganze Reich ausgedehnte Christenverfolgung fand unter Decius statt; unter Gallus, Vallerian und Diokletian wiederholten sich dieselben und wurden mit äufserster Grausamkeit durchgeführt.

„Sixtus, Bischof zu Rom ist geköpft worden. Laurentius sein Allmufspfleger ist auf einem Rofst gebraten worden,

Die Steinigung des Hl. Stephanus.

wie Prudentius meldet von ihm und vielen andern in seinen Lobgesängen... Er beschreibet auch die Marter des heiligen Hippolyti, der von wilden Pferden zerriffen worden. Serapion, nachdem er viel Streich empfangen an seinem Leib, ist oben von seinem Haus auf das Pflaster gestürzt worden.

Macarius, Alexander und Epimachus sind verbrant worden."

„Andere mußten sich ihrer Gliedmaßen berauben, und auf mancherley unmenschliche weiß foltern und peinigen, ja, auch von wilden Thieren zerreißen laßen."

Martertod des Hl. Laurentius in Rom i. J. 302 n. Chr.

„Zu Tyro hat man viel Christen den grimmigen Löwen und anderen Bestien fürgeworffen. . ."

„Auch hat man eine neue Weise erdacht, die Christen von ihrem tapfferem Muht abzuschrecken, und mit langwierigem Elend zu quälen. Man liefs sie bei Tausenden zusammen auf einen Platz fordern, und einem nach dem andern erstlich das rechte Auge ausstechen, darnach lähmte man ihnen mit einem glüenden Eisen die lincke Kniekehle auf dafs sie also einäugig und halb lahm würden. Darnach führete man sie ins Bergwerck, allda zu graben."

Christenverfolgungen unter Kaiser Nero.
Aus „Historie der Martelaren."

Es dürfte hier die Selbstcharakteristik und Disposition des Grofsen Martyrbuches am passendsten gegeben werden:
„Was nun die Schrifften und Bekänntniffen der Märtyrer anlanget, hab ich dieselben zusammen bracht, entweder aus ihren Brieffen, die sie mit ihren eigenen Händen aus den Gefängniffen an ihre Freunde und Mitbrüder geschrieben haben. Darnach aus mündlichen Bericht derjenigen, die solchen examinibus selbst beygewohnet, und von beyden theylen was sich zugetragen, angehöret und angeschauet

haben. Und dan aus den Gerichts Cantzeleyen und Protocollen in welchen solche Acta gerichtlich von den Notariis sind verzeichnet worden. Endlich aus dem Mund warhafftiger

A. Das Bohren, B. Erdolchen, C. Einschlagen von Nägeln.
Aus „Gallonio, Tratt. etc."

A. Das Aufhängen an den Füssen, B. Bestreichen mit Honig und der Sonne Aussetzen, C. Knebeln der Glieder und mit Gewichten beschwert aufhängen.

Aus „Gallonio, Tratt. etc."

A. Das Zerreissen durch Bäume. B. Eintreiben von Keilen unter die
Nägel.

Aus „Gallonio, Tratt. etc."

Zeugen, welche also beschaffen, dafs niemand ihr Zeugnifs verwerfen kan, es sey dan, dafs er ein muhtwilliger Liebhaber der Lügen sey, und den Glantz der Warheit nicht dulden oder leyden kan. Bisweilen habe ich mit groffer Mühe und Arbeit etlicher Märtyrer Brieff, welche sehr übel unordentlich und in ungleicher Sprach, ja auch mit der Gefangenen Blut in finsteren Stancklöchern geschrieben waren, verlesen, und auf einen gewissen Sententz und Meynung doch alles auffs aller getreulichst, und mit unverletztem Gewissen gebracht.

Die Frag und Antworten, so ich aus den Cantzeleyen von guten Freunden bekommen, sind gemeinlich nach der Notarien Gefällen, die ihren Unverstand oder Bosheit haben mercken lassen, dunckel ·und unordentlich verzeichnet gewesen: Aus welchen ich gleichfalls die Summ und eigentlichen Inhalt treulich gezogen hab. Und damit ich schlieffe, so ist difz je und allweg mein Zweck gewesen, dafz ich in diesem Werck sonderlich fürgenommen hab, das Leben, die Lehr und das End nur derjenigen Märtyrer zu beschreiben, welche unfehlbare Zeugnifz und Kennzeichen haben, dafz sie die warhaffte Lehr des H. Evangelii recht verstanden, und dieselbe auch mit ihrem Blut und Tod versigelt haben. In summa, wer den Zustand der Christlichen Kirchen zu unsern letzten Zeiten, gleich als auf einer Taffel mit lebendigen Farben abgemahlet sehen will, der lese fleifzig diese gantze Histori in 12 Büchern verfasset. So wird er gleich als in einem hellen Spiegel schauen und lernen, wie er sich beyde zur Zeit des Wolstandes, und der Verfolgung erzeigen und verhalten soll.

Und damit ich nun zur Abtheilung dieser Historien schreite, und dieselben kurtz dem Christlichen Leser für die Augen stelle (dan der vielfältigen nutz dieser Geschichte nach der läng zu erzehlen und auszuführen, würde zu lang werden) so will ich allein summarischer weifs erklären, was für unterricht und Trost wir zu gewarten haben, wan wir uns das gantze Werck mit Fleifz zu lesen und in der Furcht GOttes zu bedencken nicht werden verdrieffen laffen.

Abtheilung und Inhalt der zwölff Bücher
dieser Historien.

Das erste Buch.

Im ersten Buch werden beschrieben die Verfolgungen der ersten Christlichen Kirchen, nach dem Tod unseres HErrn JEsu Christi und der meisten Apostel. Nemlich unter

Chrystenen met een papiere bepickte rok aan. of met vlas en hars bewonden. Langzaam by nacht verbrand. 46

Die Fackeln des Kaiser Nero
Aus Luiken, Tafereelen.

Nerone, dem sechsten Römischen Kayser, und darnach unter seinen Nachfolgern Domitiano, Trajano und andern, welche überaus viel unschuldig Blut der H. Märtyrer Christi vergossen haben. Darneben wird angezeigt, wie schreckliche Grausamkeit die Wenden, Saracener, Türcken, und andere Feinde GOttes, an den Christen geübt haben. Endlich wird vermeldet, wie die Bischoffe zu Rom von der reinen Lehr, Gottesfurcht und Heiligkeit der treuen Kirchendiener, so

zuvor in derselben Statt gelehret, und der Gemein des
Herrn vorgestanden allgemacht abgewichen und sich hernach
viel Jahr aneinander in den Tempel GOttes gesetzt, daselbst
eigens Gewalt freventlich zu gebieten, und die Glieder des
HERRn JEsu Christi zu verfolgen bis auf die Zeit Wickleffs,
inmaſſen daſſelbe kurtzlich erkläret wird. Alle und jede
stück der Historien des ersten Buchs allhie ausführlich zu
setzen, ist unvonnöhten, damit nicht der Leser überdrüſſig

Christenverfolgungen der Türken.
Aus „Historie der Martelaren."

werde, sondern mit verlangen die gantze Historien zu lesen
für sich nehme. In welcher wir allen frommen Christen zu
gut kürtzlich für Augen stellen die alten Verfolgungen, nach
Anleitung Eusebie in seiner Kirchenhistorien und anderer
mehr, die uns die Geschichte ihrer Zeiten schrifftlich hinter-
lassen haben. Belangend den Glauben der Märtyrer, so
damals hingerichtet worden, und deren, so sich vor Wickleffs
Zeiten des Pabsts Tyranney auf mancherley weise widersetzt
haben, stimmet er im Grund und in den fürnemsten Puncten

überein mit der Lehr, zu welcher sich die Märtyrer zu unseren Zeiten bekennen, nemlich dafs beyde die alten und neuen Märtyrer, ihr ewig Heyl und Seligkeit suchen in der Barmhertzigkeit und Gnad des himmlischen Vatters, der ihnen durch den einigen Mittler und Heyland JEsum Christum versöhnet ist. Durch welches Mittel sie umgestoffen, und

Christenverfolgungen in Holland. „Das Schmäuchen."
Aus Luiken, Tafereelen etc.

zu schanden gemacht haben, nicht allein die Abgötterey der Heyden, sondern auch den Aberglauben, deren so sich Christen rühmen, und gleichwohl die wahre Eigenschafft und Art des lebendigen GOttes, so viel an ihnen ist zunichtmachen: Indem er weder vollkommen gerecht, noch vollkommen barmhertzig ist, wo man ihren Menschensatzungen wolte Glauben geben. Wir wollen aber hie nicht viel disputiren, sondern unsern Glauben und Bekantnifs in diesen

Büchern aller Welt zuerkennen, und nach der Richtschnur Göttliches Wort davon zu urtheilen geben, und nun kommen zu dem Inhalt der nachfolgenden Bücher.

Das zweyte Buch.

Als die Welt nicht allein mit Finsternifz der Abgötterey und Aberglaubens, sondern auch mit Sophisterey und falscher Lehr gantz und gar umringet und vertieffet war: Hat GOtt gleich als mitten aus der Nacht und Finsternifz das Licht seiner Warheit herfür gebracht, dafs die Stralen gleich als durch kleine Ritz und Klunsen geleuchtet haben, dem Teuffel und seinem Anhang zu trotz, der sich mit Gewalt dieser Welt dem hellen Licht widersetzt hat.

Im Jahre 1372 erweckte GOtt Wickleff in Engelland, und hernach in Böhmen Johan Hufs und Hieronymum von Prag, neben andern welche gleich als mit der Sonnen Auffgang herfür kamen. An welcher Exempel wir diese Vermahnung zu behalten haben: Dafs einer oder zween durch die Krafft Göttliches Worts und H. Geistes, sich wider die gantze Welt gelegt haben, ja dafs durch ihre Verdammung, das gantz Concilium zu Costnitz, da die allergewaltigsten und gelehrtesten auff Erden versamlet worden, ihrer schrecklichen Blindheit überzeuget worden, also dafs sie ihnen ihrer sonderlichen Auffrichtigkeit und Frömkeit Zeugnifz geben müffen.

Catharina Saube aus Lotthringen, die zu Montpellier verbrant worden, lehret, dafs GOtt zu Erbauung seiner Gemein auch arme Weibspersonen, seiner Warheit Zeugnifz zu geben, gebrauchet. Ferner werden allerley Leute beschrieben, durch welcher Exempel wir können gebeffert werden. Und werden erstlich gemeldet diejenigen, so von Päbstlicher Priesterschafft und Chrisam sind beschmeifzt worden. Unter welchen ist Willhelm Saunders und Willhelm Torp. Die nicht allein das verfluchte Malzeichen für ihren Ertzbischoff verworffen, sondern auch die erkannte Wahrheit von ihrem Heyl, so ihnen GOtt gegeben, tapffer und ohne Scheu bekant und vertheidiget haben.

Die Edelleut, so ihren Adel mit Ehren führen, sind auch

bald anfangs zu Erbauung der Kirchen Gottes beruffen
worden, Leib und Gut dabey auffzusetzen, nemlich Rogier
Acton, ein Ritter des Ordens in Engelland: Johann Broun
ein Edellmans: Johan Beverlau und andere, so im Anfang
der reinen Lehr, der Wahrheit mit ihrem Tod Zeugnifz
geben haben. Item Johan Oldecastel, Herr von Cobham,

Ignatius door de Leeuwen verscheurd.
Aus Luiken, Tafereelen etc.

welcher die allergreulichste Marter, so man ihm hat anthun
können, um der Ehren GOttes Willen ausgestanden hat.

Wie viel herrlicher Männer hat Gott anfangs aus dem
schändlichen Abgrund der Päbstlichen Klöster gezogen? Da
er ihnen unaussprechliche Barmhertzigkeit bewiesen, indem
er diejenigen zu Predigern seiner Gemein verordnet, die
zuvor der Warheit seines H. Wortes offentlich zu wider
gelehret hatten, auch zu der Zeit, da alles durch den
Römischen Stuel verkehrt und verderbt war: Wie an dem

Exempel Nicolai Clemangis, des Archidiacons zu Bayeux zu sehen. Durch welchen auch Thomas Rhedon von Bretagne, seinen Carmeliter-Orden zu verlassen bewegt ward, also dafs er nicht allein den Mönchen seines Vaterlands, sondern auch der gantzen heyllosen Römischen Clerisey den Weg zeiget, indem er die Wahrheit GOttes offentlich bekant, und dieselbe standhafftig mit seinem Blut versiegelt hat.

Lange Zeit hernach hat Hieronymus Savonarola, ein Dominicanermönch in Italien, die Warheit des H. Evangelii offentlich bekant. Darum er auch auff Anhalten des Pabstes zu Florentz ist verbrant worden, etwa drey und sechzig Jahr nach Rhedon. Sehen derwegen wir in diesem Difcours der Märtyrer, dafs GOtt, da er das Feuer in der Welt anzünden wolt, dasselbe erstlich in Engelland eingelegt hab, daraus die Funcken in andere Lande hin und wider gestoben, die Gläubigen zu erwärmen und erleuchten. Und je mehr daffelbe Feuer in Engelland fortging, je gröffer ward auch die Zahl der Christen, unter welchen ihrer zu der zeit, als in Teutschland M. Joan von Wesel sein Ehrenkräntzlein erlanget, sechs sind hingerichtet worden. Aber achtzehn Jahr nach dem Tod Savanarolä hat das Licht heller zu scheinen angefangen, und sind etliche Puncten der Christlichen Lehr deutlicher erklärt und an den Tag kommen: Da nemlich im Jahr 1517 D. Luther die Warheit des H. Evangelii mit offentlichen Schrifften zu vertheidigen angefangen, hundert und zwey Jahr nach Johan Huffen Tod, welcher im Jahr 1415 zu den Bischoffen im Concilio zu Costnitz soll gesagt haben, als man ihm zum Feuer geführet: Über hundert Jahr werdet ihr GOtt und mir Rechenschafft geben müffen.

Aus Teutschland ist der Glantz der Göttlichen Warheit fortgangen in die Niderlande, da Gott zu Werckzeugen in Brabant gebraucht hat Henrich Voes und Johan Esch, Augustinermönch zu Antdorff, welche zu Brüssel verbrant: In Holland Johannem Pistorium, und zu Antdorff M. Nicolaum, welcher ist erfäufft worden.

Damals begunt man an etlichen Orten deffelben Landes offentlich zu ruffen: Dafz die Pfaffen in ihrer Mefz ärger wären als Judas, welcher nachdem er den HERRN Christum verkaufft, hab er ihn auch gelieffert. Diese aber verkauffen ihn zwar offt, lieffern ihn aber nimmermehr. In der Zeit ist Teutschland an vielen unterschiedenen Orten mit dem Blut der Märtyrer besprenget worden, als Heinrich Supphen, M. Georgius Prediger zu Hall, Caspar Tamber, Matthias Weibel, Johan Heuglin, Leonhard Kayser, Georgius Carpentarius und andere getödtet worden. Die Statt Cölln hat ermordet Peter Flidstet und Adolff Clarebach, samt Wendelmuht einer Frauen aus Holland und M. Henrich ein Fläming. Und ob woll der Bauernkrieg erreget ward, liefz sich doch das H. Evangelium denselben nichts anfechten, sondern ging gewaltiglich fort.

Damals kam auch Lotthringen zur Erkäntnifz der Warheit, anfänglich durch Johannem Clericum von Meaux in Brie: Durch M. Johannem Castellanum von Torneck bürtig, welchen GOtt gen Metz Bar le Duc und andere Ort schickte. Und darnach durch Wolffgang Schuch einen teutschen Prediger welcher zur Statt S. Hipolyti, auf die Lotthringische Frontier gesendet ward.

Unter den gelehrten der hohen Schul zu Meaux, die in Franckreich am ersten die Warheit bekant haben, werden mit Namen genennet Jacob Pavanes von Boulen, Ludwig von Berquin, beyde Adelspersonen: Und unter Handwercks-leuten Dionysius von Rieux. Dan dieser Märtyrer Asche hat in Franckreich den Grund gelegt: Wie gleichfalls in Brabant durch die Asche Willhelms von Schwolle geschehen ist.

Mittler weil haben zween Cardinäl, ihre rohte Hüt und Schauben zu erhalten, an unterschiedlichen Orten zu einer Zeit eine neue Verfolgung angestifftet. Indem David Betoun Cardinal von S. Andreä in Schotland einen fürnehmen Geschlechter der Hammelton verbrannt: Und in Engelland Thomas Wulse Cardinal zu Yorc, durch Hülff Thomä Mori und des Bischoffs zu Roffen, so woll Adelspersonen, als auch andere gelehrten, die der Lutherischen Lehr, wie sie es nenneten, verdächtig waren, hingerichtet haben.

Endlich ist die Verfolgung wieder in Franckreich kommen, als Johan von Caturco, ein Rechtsgelehrter und Professor zu Tolosa verbrant worden, und dan zu Parifs M. Alexander Canus und Johan Pointes, ein Savoyer.

Das dritte Buch.

Nachdem ein jeder das zweyte Buch fleifsig durchlesen, wird er in den nachfolgenden befinden, dafs wie das Licht der Warheit heller auffgegangen ist, auch also die Zahl der Gläubigen je länger je mehr zugenommen hat. Im Jahr 1534 haben etliche angeschlagene Brieff grofse Verfolgung zu Parifz erreget. Die Zerstörung aber der neulich angefangenen Kirchen daselbst, hat anderen Orten in und ausser Franckreich, zur Erbauung gedienet. Zu Arles war ein Schreiber mit Namen Nicolaus, welcher seinen Gesellen, die mit ihm hingerichtet wurden, sehr tröstlich war.

Genff ward dessen auch gebessert, indem GOtt viel tapfere Leut dahin, als an einen sicheren Ort, führet, den seinen eine herrliche Schul und Kirche daselbst auffzurichten. Daffelbe aber ging nicht ab ohne Creutz und Verfolgung. Dan im Jahr 1534 haben sie gesehen, wie jämmerlich Petrus Gaudet von denen zu Penay in Savoyen gemartert und hingerichtet worden, und was sie alle zu gewarten hätten gehabt, wan es den Genffischen Bischoffs abhärenten, nach ihrem Wunsch und fürnehmen gerahten wäre. Das Unkraut der Wiedertäuffer findet sich an vielen Orten, da der gute Saame des Worts GOttes gesäet war.

Auch wurden die im Thal Angronne, welche eine lange Zeit hero etwas von der reinen Lehr gehabt, damals hefftig verfolget.

Die von Mascon haben gesehen eine edle Frucht des H. Evangelii, an der Beständigkeit Johann Carnon.

Als Henricus VIII. König in Engelland, durch Anlais Anna von Boulen seiner Gemahlin, die Präeminentz und Hoheit des Römischen Pabstes in seinem Reych abschaffte, bekam Schottland einen Geschmack der Warheit. Und das Feuer so unter den Aschen des Geschlechters von Hamelton und der hingerichteten Engelländer machte sie wacker.

Dovay und Brabant hatte Prediger, wie dan auch Franckreich und Engelland, an unterschiedlichen Orten.

Das Mandat von sechs Artickeln, so gedachter König Heinrich der VII in seinem Königreich ausgehen lassen, gab den Sorbonisten zu Parifs Anlafs dergleichen zu schmieden für Franckreich, und den Geistlichen zu Löwen für die Niederlande, greuliche Verfolgung damit zu erwecken.

Protestantenverfolgungen in Irland. „Das Braten auf dem Rost". Aus Fox, book of Martyrs.

Das gantze Volck, genant Waldenser, in der Provintz hat lieber allerley Creutz ausstehen wollen, dan die erkante Warheit verleugnen.

Der Eyffer Willhelm Husson ist zu loben. Die wunderbahre Bekehrung eines Spaniers, und seine Beständigkeit bis
in den Tod, hat viel seiner Landsleute erbauet. Da sonderlich zu mercken ist, die abscheuliche Unbilligkeit der Inquisitoren, so sie in Brabant an einem genant Roch, geübt haben.

Petrus Brully, ein Prediger der Frantzösischen Gemein
zu Strasburg, komt und wecket die Niderländer aus dem
Schlaff, also dafs die Frucht seines Todes vielen, die her-
nachmals um der Warheit willen zu Torneck verbrant sind,
gedienet hat.

Die von Metz bekommen Lehr und Trost von Favello,
zur Zeit der Verfolgung die sie um des Evangelii willen
ausgestanden haben.

Flandern und Hennegau hat viel Märtyrer geben, die
am End dieses dritten Buchs erzehlet werden.

Die Cantzeley und geheime Raht des Pabsts und seiner
Cardinäl, wäre nicht viel böser stück genug gewesen, wan
nicht Aphonsus Diazius, ein neuer Cain, der seinen unschuldigen
Bruder ermordet, auff die Bahn kommen wäre.

Das vierte Buch.

Die von Maes beweisen mit ihren viertzehen Märtyrern,
dafs sie den obgemelten Saamen Göttliches Worts nicht
vergeblich empfangen haben: Und nicht allein mit diesen,
sondern auch mit vielen andern, welche in wehrender Verfolgung verjagt, und also an andern Orten gelehret und
nutz geschaffet haben.

Am End der Regierung König Henrichs des achten,
ging die Verfolgung auch über die stattlichsten und ansehn-
lichsten Personen, unter welchen der Tod Anna Askeva,
allen hohes und niedriges Standes Weibspersonen zum herrlichen Spiegel der Beständigkeit fürgestellet wird.

Die in Delphinat, Normandi, Burgund und fürnemlich
die zu Langres, haben in ihrem Land tapffere Helden und
Märtyrer gehabt: Wie auch gleichfalls die Averner, Lemosin,
die von Touraine, und die Niderländer.

Henrich der zweyte, König in Franckreich, befahl im
Anfang seiner Regierung hinzurichten, so mit denen zu

Merindol und Cabriere tyrannisch umgegangen waren. Auch
wolt gemelter König in seinem Einzug zu Parifz, einen

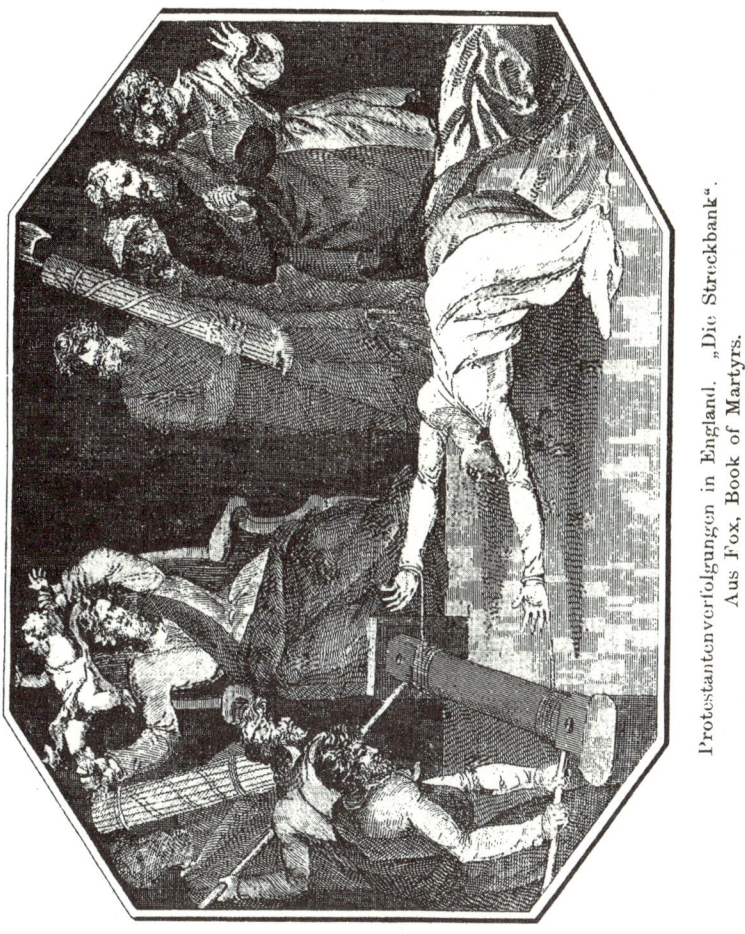

Protestantenverfolgungen in England. „Die Streckbank".
Aus Fox, Book of Martyrs.

Schneider, so ums Evangelii willen gefangen lag, selbst ver-
hören, und meynte, der arme Gefangene solte sich für
seiner Königl. Majestät blöden. Aber er jagte dem König

13

ein solch Schrecken ein, dafs er sich über seiner Beständigkeit, die er bis in den Tod erzeiget, mufste verwundern
und entsetzen.

Greuel bei den Protestanten-Verfolgungen in Irland im Jahre 1641.
Aus Fox, Book of Martyrs.

    Die Parlament zu Dijon in Burgund, und zu Chambery
in Savoyen, wie auch die Italiäner, welche Fauinum und
Dominicum von Casenove umgebracht: Desgleichen die

Frantzosen und Niderländer haben sich zu der Zeit, als Kayser Carl der Fünffte und König Heinrich miteinander kriegeten, die Lehre des H. Evangelii zu vertilgen vergeblich unterstanden.

Gleicher Gestalt haben die Engelländer die Kirche Gottes verfolget, im Anfang der Regierung König Eduardi des Sechsten, wie auch die Schoten, die sich an Adam Wallach, und die zu Lisbon in Portugal, an Wilhelm Gardiner, vergriffen haben.

Die fünf Studenten, so von Lausan nach ihrem Vatterland zu reisen willens, und zu Leon verbrant sind, haben mir anfänglich Anlaſs geben, dis Werck für die Hand zu nehmen. Auch sind viel andere in jetzt gemeldeter Statt, und zu Ville Franche, zu Mascon, zu Saulmur und anderswo hingerichtet worden, denen GOtt gleiche Gnad erzeiget hat.

Das fünffte Buch.

Der tödtliche Abgang König Eduardi VI. welcher den Christen in Engelland zu mercklichen Schaden gereichet, gibt Anlaſs zu erzehlen, die schrecklichen Verfolgungen unter Königin Maria, die auch der Hertzogin Johanna Graia, ihrer eigenen Wasen nicht verschonet hat.

Und ob woll fast an allen Orten Franckreichs das Feuer nie gelöschet ward, zu Meyne, in Normandi, Soisson, Beausse und Langeudoc, wie auch in Italien und Niderlanden: So ist dennoch die Anzahl der Märtyrer am grösten gewesen in Engelland: Da die Königin Maria zur Zeit ihrer Regierung den Unterthanen, so zuvor unter dem fürtrefflichen König Eduardo VI, ein besseres gelernet hatten, den Götzendienst mit Gewalt wieder aufdrunge. In welcher traurigen Verfolgung sich die Christen des Orts so mannlich und tapffer gehalen haben, daſs auch die umliegende Länder deſselben hernach sind gebeſſert gewesen.

Die Fläminger hatten einen Märtyrer zu Gent, welches die Hauptstatt ist in Flandern, mit Namen Otto von Katelin, So ist Thomas Calbergne in Torneck, und andere zu Audenarde in Bergen in Hennegau hingerichtet worden.

13*

Auch hat Franciscus Gamba um der Wahrheit willen in Lombardi sein Leben gelassen.

Folterung Daniel Rambants.
Aus Fox. Book of Martyrs.

Das sechste Buch.

Fünff namhafte Personen, so von Genff ausgezogen, und Fürhabens waren, ihre von GOtt verliehene Gaben in den Thälern von Piemont anzulegen, machen den Anfang des sechsten Buches. Diese werden unterwegen angegriffen und gen Chambery, für das Savoysch Parlament geführet. Da Gott ihnen das Ehren-Kräntzlein und Triumph wieder ihre Feinde gegeben hat, indem sie viel Tröstliche Schrifften, die Gläubigen zu erbauen, aus ihrem Gefängnifz geschrieben, und endlich die Warheit Göttliches Worts mit ihrem Blut versiegelt haben.

Die Ungleichheit der Nationen und Völcker, welche unerschrocken, auch in höchster Marter dem Evangelio einhellig Zeugnifz geben haben, machet, dafz man sich billig über dem Werck des Herrn mufz verwundern. Wie wir sonderlich neben den Engelländern, so sich in grofzer Anzahl finden, allhie einen gelehrten Mann haben aus Campanien in Italien, welcher zu Rom für dem Pabst Paulo IV. der Warheit Zeugnifz geben, und derohalben lebendig verbrand worden ist. Auch wird allhie beschrieben das Leben und Lehr vieler rechtschaffener Bischoffe in Engelland, nämlich Robert Glouer, Nicolai Nidley, Hugonis Latimeri und anderer. Welche wir mit gutem Fug entgegensetzen können allen vermeinten und falschen Bischoffen, die sich wider die Warheit der Göttlichen Lehre zusammenrotten.

Johann Bland und Johann Frans, lehren mit ihrem Exempel alle Kirchendiener, dafz sie nit müde werden sollen, sondern allezeit treulich in ihrem Amte fortfahren. Und wan sie einer Gefahr entrunnen sind, dafz sie sich zu einem neuen Kampff rüsten, auch bifz zur Vergiefzung ihres Bluts.

Und gleich wie Nicolaus Scheterden und viel andere, die Feinde der Warheit durch die Krafft des H. Geistes schamroht gemacht haben: Also sollen wir dergleichen hoffen, wan uns GOtt zu gleichem Kampff beruffen wird.

Franciscus und Nicolaus Matthys Gebrüder, welche zu Mecheln verbrand worden, lehren, wie man rechte Brüderschafft im HErrn mit einander halten soll.

An Bertrand Blas erkennen wir aus seinen Früchten was Christlicher Eyfer sey, wie wir zuvor gesehen haben an Wilhelm Gardiner, welcher mit grausamer Marter in Portugal, wie auch dieser zu Torneck, hingerichtet worden.

Claudius von Canesiere läst sich auff der andern Seiten
hören in Franckreich, welcher zu Leon der Warheit GOttes

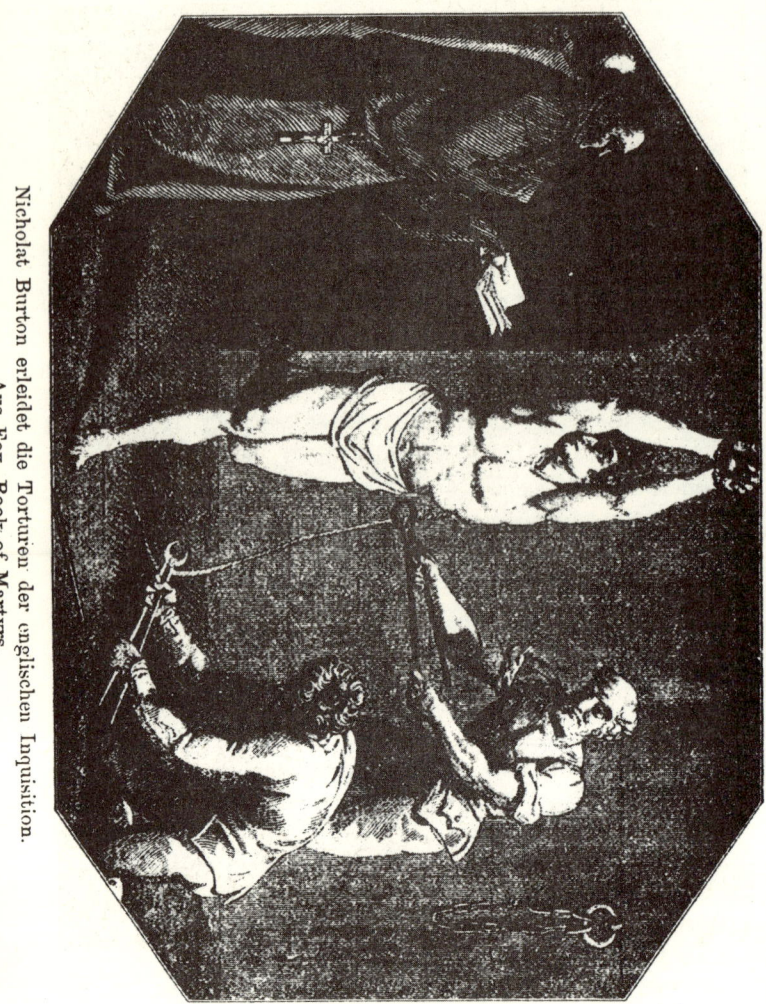

Nicholat Burton erleidet die Torturen der englischen Inquisition.
Aus Fox, Book of Martyrs.

herrlich Zeugnifz geben. Diesem folgen viele Märtyrer aus
Niderland: Und dan die hochgelehrten und weitberühmten

Kämpffer und Zeugen des HErrn JEsu Christi, nemlich Johann Philpot, Thomas Cranmer, Ertzbischoff in Engelland,

Apostel Bartholomäus stirbt den Märtyrertod in Armenien.

Thomas Witle und andere Engelländer. so ihnen die Ehr des Sohns GOttes hoch angelegen seyn lieffen.

Endlich wenn GOTT der HErr einem diese Gnad erzeigt, dafs er ihn aus der verfluchten Abgötterey des

Pabstthums, und sonderlich aus dem heillosen Klosterleben geriffen hat: Der soll solches für eine besondere Wolthat erkennen, und GOtt dafür preisen, nach dem Exempel Johann Rabeck, Petri Roulseau und dergleichen.

Das siebente Buch.

In diesem Buch werden mancherley ungleiche Fälle beschrieben, da durch die Christgläubigen bewegt werden, sich über dem Werck des HErrn höchlich zu verwundern.

Anfänglich wird gemeldet ein Haufsvatter und Haufsmutter, so zu Ifsle in Flandern mit zween Söhnen verbrand worden. An welchen wir zu lernen haben, mit was Tugenden beyd Eltern und Kinder gezieret sollen seyn.

Johann Huillier und Georgius Egle, treue Kirchendiener in Engelland, Johann Bertrand ein Frantzos Arnold Momier und Johann Cazes ein Gasconier, und eine grofse Anzahl allerley Standes Christen in Engelland, haben mit ihrem Blut in höchster Marter und äufserster Verfolgung, die Warheit des Göttlichen Worts versiegelt.

Das Parlament zu Turin, welches den Lauf des H. Evangelii verhindern wolte, hat Piemont ermuntert, der Warheit nachzuforschen, durch den Tod B. Hectoris, Nicolai Sartorii, Gefroy Varagle und Benedict Roman.

Die in Champagnien, Bearne, Basadois, Burgund, Normandi, Touraine, Angoulesine und Puttiers haben in ihren Landen beständige Zeugen und Märtyrer des HErrn Christi gehabt. Wie auch die Niderlande: Da mit Namen gefunden wird Carl König und M. Angelus Emphlitius, die zu der Zeit, als die letzten Märtyrer in Engelland hingerichtet worden, ihr Ehren-Kräntzlein empfangen haben.

Zu der Zeit hat das Licht H. Evangelii so hell geschienen, dafz die Stralen auch in Americam und Bresiliam kommen sind. Welches Land, sobald die Stimme des Wortes GOttes darin erschollen, gleichfalls mit dem Blut der Märtyrer ist befeuchtet worden.

In der Histori der Kirchen GOttes, so zu Parifs angerichtet worden, soll man betrachten anfänglich die grofse Güte Gottes, der mitten in den greulichen Verfolgungen die

Seinen wunderbarlich weiſs zu erhalten: Darnach die wunderbahre Fürsehung Gottes, durch welche alles, ja auch die
gröſzten Feinde selbst, wider ihren Willen und Danck den
Bau des Hauses des Herrn, welches ist seine Gemeine,
müſſen befördern: Und dan ferner die unüberwindliche Kraft

Greuel der Geusen in Holland.
Aus Théâtre des cruautés.

GOttes, durch welche so viel Märtyrer getrost alle Pein überwunden haben: Und endlich das schreckliche Gericht GOttes
über Franckreich, welches nicht allein taub bleibet, nach dem
GOtt sein Wort mit heller Stimme durch viel herrliche Zeugen
ausgerufen und geoffenbahret hat, sondern setzt sich mit
Gewalt und List dawider. Nichts destoweniger nimt die
Warheit überhand. also daſz sich die Prediger samt ihrer

Gemeine versamlen, stellen und geben in offenen Druck ihre Glaubens-Bekäntnifz, neben etlichen Puncten von der Kirchenzucht.

Auch hat der Herr das Feuer der Verfolgung in Engelland gelöschet, da er auff einmal hinweg raffet und stürzet die Königin Maria und den Cardinal Polum, zween Monat ungefehrlich nach dem Tode Kayser Carls des V.

Grausamkeiten der Hugenotten in Frankreich.

Hernach hat Hispanien eine Prob ausstehen müffen, damit der gute Same von der Spreu abgesondert würde. An dem Ort werden ausführlich und nach der Länge entdeckt, die Practicken und greuliche Tyranney der Inquisition, so sie an den armen Christen üben. Auch wird offenbahr, was guter Same sei, nemlich die Gläubigen so beständig bis ans Ende beharren. Dargegen werden die andern billig der Spreu verglichen.

Solche Hispanische Inquisition, in welcher allerley Muhtwill und Tyranney gebraucht wird, vermeynt der Pabst durch seinen Anhang auch in Franckreich einzuschieben. Aber es

hat ihm damals gefehlet. Denn ob wohl die Zahl der schädlichen Widersacher sehr grofz war, auch alle ihre äufferste
Macht, das Werck des Herrn zu hindern, versuchten: Haben
doch die Versammlungen der Christgläubigen von Tag zu
Tag je länger je mehr zugenommen.

Durch den Tod Heinrichs II. sind alle listige und blut-
dürstige Anschläge wider die Christen plötzlich verstöret,

Das Wippen über dem Feuer.

und gleich als Wagenseyl, damit sich die Gewaltigen zusammen gekoppelt hatten, abgehauen worden. Die Parlamente
haben sich entsetzt für die Menge der Gläubigen. Und ob
wol das äugenscheinliche Gericht Gottes den Feinden billig
ein Schrecken solte eingejagt haben: So hat doch bald
hernach ein eintziger Cardinal, der den jungen König
Franciscum II. seines gefallens regierte, das Blutbad gröffer
gemacht als es zuvor je gewesen: Dergestalt, dafz die
Verfolgung hart anging an vielen Orten, fürnemlich aber zu

Parifz : Da neben andern Annas Burgius, Königlicher Raht und Beysitzer des Parlaments, mit seinem Exempel lehret, wie sich alle so in hohen Aemtern sitzen, und sonderlich Gerichtspersonen in äufferster Verfolgung, damit der Satan und seine Werckzeuge ihnen zusetzen, verhalten sollen, nemlich, dafz sie zur Zeit der Gefahr nicht hinter den Berg halten oder fliehen, sondern den Grund Göttlicher Warheit darzu sich die Christgläubigen bekennen, auch Königen, Fürsten und Herren erklären sollen, und ihnen also rund unter Augen gehen, nicht allein mit Worten, sondern auch mit der That.

Am Ende dieses Buches wird gerühmet die Beständigkeit Thomä Moutarde von Valentz, und Johann Maffon, bürtig von Trent, welcher übel empfangen worden, an einem Ort, da noch nicht viel Christen-Blut vergoffen war. Auch anderer viel Märtyrer, so an unterschiedlichen Orten Franckreichs hingerichtet worden. Sonderlich auch wie Antonius Monvantius und Honorius Andor in der Provintz jämmerlich umkommen. Welche Spectackel allen frommen Christen darum für die Augen gestellt werden, damit sie sich bei Zeiten mit Fleifz und Sorgfältigkeit zum Creutz rüsten, und ohn unterlafz in den Schutz des Allerhöchsten ergeben und befehlen.

Das achte Buch.

Gott der HErr, der wie ein grofzer Hausvater sein Gut und Reichthum an vielen Orten hat, und wie ein König in vielen Landen über seine Unterthanen herrschet, wandert mit seinem Creutz von einem zum andern, bis dafz er sie alle nach seinem Wolgefallen heimgesuchet hat.

Die Stadt Seville in Spanien braucht ihren Hochmut mit der Inquisition, an allerley Standes, Geschlechts und Alters Personen, dadurch die Versammlungen der Christen deffelben Orts zum höchsten verunruhiget wurden. Die in Calabria und zu Neaples sind zwar durch die jetzt gemeldete Hispanische Inquisition betrübet: Aber durch Johann Pascal unterrichtet und getröstet worden. Dieser Pascal hat nicht allein mit lebendiger Stimme, sondern auch mit seinen gottseligen Trost-Schriften die Gemeine des HErrn erbauet, und tröstet sich noch heutigen Tages.

Die Practick, so zu Amboyse von den Guisarden angestifftet ward (da man die Christgläubigen, welche zuvor Lutheraner genannt wurden, Hugenotten zu schelten anfing) hatte gewifs eine grofse Verfolgung erreget, darin auch der Fürsten vom Geblüt nicht wäre verschonet worden: Wo nicht Gott eine plötzliche Veränderung geschickt hätte, durch den Tod Königs Francisci II. nach welchem die reformirten Kirchen eine Zeitlang Ruhe hatten.

In Flandern ist das Feuer der Verfolgung wieder angangen, sonderlich aber in der Statt Ifsle, also dafs es daselbst viel Märtyrer geben hat. Unter welchen gewesen sind Jacob vom Loh, und vier andere, so in gemeldter Statt verbrant worden. Dadurch ist die Gemeine des HErrn in Flandern dermaffen erbauet worden, dafs sie einhellig ihre Glaubens-Bekäntnifs gestellet, und dem König von Hispanien übergeben haben.

Ebendafselbe thun auch die verfolgten Christen in den Thälern zu Angrongne, gegen ihrem HErrn, dem Hertzogen von Savoyen. Welcher Leute wunderbahre Histori von ihren Kriegen und Verfolgungen ausführlich beschrieben wird.

Florentius ein Niderländer, stärcket mit seinem Tode die Kirchen in Lothringen. Desgleichen thut über zwey Jahr hernach Johan Madoc, ein Evangelischer Prediger.

Mittlerweile, als die Kirchen in Franckreich etwas Ruhe hatten, gab GOtt, dafs im Anfang der Regierung König Carls IX. ein solch Gespräch der Gelehrten angestellet wurde, dafs Franckreich dergleichen nie gesehen hat: Da die Stimme der reinen Lehr des H. Evangelii in offentlicher Versamlung des Königs und seines gantzen Hofgesindes, deutlich und klar erschollen ist. Darauf ein stattlich Königlich Edict, welches von Januario wegen des Datums seinen Namen hat, ausgegangen ist: Welches doch bald hernach durch das Blutbad zu Vassy von den Guysarden verletzt und löchericht gemacht worden. Vor welchem Edict, um und bis zum Anfang des ersten Bürgerlichen Krieges, an unterschiedlichen Orten viel Christen, ohn einig Ansehen ihres Alters, Standes oder Würden jämmerlich ermordet. Indem nun der Satan in Franckreich also wütet, fahren seine Werckzeuge fort mit der Verfolgung in Niderland und daſſelbe unter den Schein der Juſtitz, indem die arme verblendete Leute, Andres Micheln, einen Blinden auch des ewigen Lichts zu berauben sich unterstehen. Aber da sie ihm das zeitliche Leben nahmen, beförderten sie ihm zum Himmelreich, in welchem ewiges Licht und Freude gefunden wird. Demselben folgen Carl Elinck, Franciscus Varlut, Alexander Daike, samt andern Männern, Weibern und Jungfrauen.

Ferner werden in diesem achten Buch beschrieben die greulichen Verherungen und Blutbade, welche entstanden sind, so lang der erste Bürgerliche Krieg in Franckreich gewährt hat, nemlich zu Pariſz, in den Stätten der Insel in Franckreich, in Picardey, Brie, Champanien, Burgund, Nivern, Bourbon, Berri, Maine, Vandosinois, Anjou, Touraine, Pouttiers, Normandi, Bretagne, Guyenne, und andern umliegende Provintzen, Periguex, Auvergue, Toulouze, Rouergue, Languedoc, Vivarets, Foix, Delphinat, Provintz und Mascon. An welchen Orten man einen unzehlichen Hauffen Christen im Auffruhr ermordet und unschuldiger Weise ums Leben gebracht hat. Welche alle, ob sie wol nicht auf solche Weise, wie die vorigen, so mit Gedult und runder Bekäntniſs, in Disputationen wider ihre Feinde die Warheit Gottes vertheydiget haben, ihr Ehren-Kräntzlein erlanget: Sollen sie dennoch aus der Zahl der Märtyrer darum keineswegs ausgeschlossen werden: In Betrachtung, daſs man ihnen nicht so viel Zeit geben hat, sich ihres Glaubens halben zu erklären, und daſz sie die Liebe der göttlichen Warheit und des ewigen Lebens, diesem zeitlichen Leben und Gütern vorgezogen, auch derowegen keine Gefahr oder Marter geachtet, sondern sind dem HErrn, dahin er sie beruffen, treulich gefolget.

Belangend die, so im Garten des Herrn kaum angefangen hatten zu wurtzeln, und aber alsbald ausgeriſſen worden: An den sollen wir erkennen die groſze und unaussprechliche Güte Gottes, der sie bald auff einmal von allem Jammer und Elend erlöset, und in das himmlische Paradiſz, daselbst ewiglich zu grünen und zu wachsen, versetzt hat.

Nach Erzehlung dieser schrecklichen Verfolgungen wird zum Beschlufz hinzugethan der elende Zustand der König-reiche Polen und Spanien, welche nicht nachlaſſen wider den HErrn und seine Gemeine zu toben.

Das neunte Buch.

Wiewol unsere Widersacher in diesen letzten Jahren ihre Tyrranney wider die Kirche Gottes unterstanden haben zu beschönigen, mit falschen Anklagen und mit Beschuldigung der Rebellion Auffruhr und Verletzung der Majestät, wie sie dan ein Geschrey ausbrachten in den Verfolgungen der Christen in Franckreich: So ist dennoch, wan man auff den Grund gehen will, kein andere Ursache gewesen, als der Haſs wider die wahre Religion: Wie ihre Gehülffen und Mitgesellen im Niderland beweisen, welche unter dem Namen der Justitz Wilhelm Cornu und viel andere, fürnehmlich aber Christophorum Schmid und Paulum Milet Prädicanten jämmer-lich hingerichtet haben. Nach welcher Blut eine groſse Erndte entstanden, in dem hin und wider die Christen ihre Versammlungen gehalten, und die Goetzen im gantzen Land übern Hauffen gefallen. Daher der Hertzog von Alba und seine Spannier, eine neue und überaus schreckliche Tyranney zu üben Anlaſs genommen.

Die Schrifften und Disputationen M. Guy de Bres, und seines Mitgehülffen im Predigamt M. Peregrini de la Grange, welche beyde in der Stadt Valencien getödtet, geben allen Gläubigen herrliche Lehr und reichen Trost. An den übrigen Märtyrern, so in diesem Buche ferner gemeldet werden, wird die unaussprechliche Liebe des allmächtigen Gottes gegen seine Aufserwehlten gespüret. Denn wie sich der Teuffel mehr bemühet alles in Grund zu verderben und dem Herrn Jesu Christo gleich als das Maul zu verstopfen, indem er die Versamlungen der frommen Christen hin und wieder zerstöret und die Synagogen der Abgötterei wider aufrichtet: Wie sich der Sohn Gottes, mehr wunderbahr erzeiget, seine Kirche über alle Zuversicht zu beschützen, welche durch stillschweigen und Gedult endlich Trost und Hülf e. langet. Denn obwol kein Christ im Niderland bleiben

können, so lang sich diser abgesagte Feind der Religion
daselbst aufgehalten. So hat ihm dennoch Gott soviel zu
schaffen gemacht, da er bald hernach mit seinem Raub von
dannen weichen müſſen, und daſz die reine Lehr alsdan und
bis auf diſs 1606. Jahr offentlich ohn alle scheu deutlich ist
geprediget, gehöret und von den Gläubigen angenommen
worden, als zuvor jemals.

Also siehet man unter der Regierung der Hertzogin
von Parma und des von Alba, viel wunderbare Exempel der
Gerichte und Barmhertzigkeit Gottes, die er in den Niderlanden geübet hat: Wan man bedencket anfänglich die Verfolgungen, Erbauungen und Zerstörungen der Kirchen:
Darnach auch die Inquisitorn und neue Bischoffe, welche
alles auf den Grund zu verwüsten angesetzt wurden, und
gleichwol Anlaſs gaben, daſz man den Christen das offentliche
Predigamt bewilligt und freystellte: Und endlich, wie das
gemeine Volck die stück der zerschlagenen und verbranten
Götzen mit Füſsen getreten, und die Obrigkeit mit ver-
borgenem Schrecken eingenommen, den Sachen zugesehen
hat. Auch sind heimliche Practicken und offentlicher Gewalt
fürgenommen worden, die Religionsverwandten zu bekriegen
und ihrer mächtig zu werden. Aber in dem allem spüret
man die starcke und mächtige Hand GOttes, der die Seinen
dermaſſen stärcket, daſz sie auch in ihren Schwachheiten
und mitten in schmählichen Tod seinen Heil. Namen be-
ständiglich loben und preisen.

Das zehende Buch.

Im zehenden Buch werden gleichfalls herrliche Wunder-
werke Gottes beschrieben, wie auch in den vorgehenden
Büchern. Will einer Exempel haben höchster Untreu und
unmenschlicher Tyranney, der wird sie allhie so greulich
und in solcher Anzahl finden, daſz er dergleichen in keinen
Historien jemals wird gelesen haben. Diſz werden auch die
allerverschmitzten und abgesagtesten Feinde der Warheit
nicht in abred seyn, viel weniger das Gegentheil beweisen
können. Und wan man bedencken will die mancherley Art
des Todes, welche man den verfolgten Christen angethan

hat, oder ihre Gedult, Tapfferkeit und Beständigkeit: So wird man nirgends herrlichere Fürbilde und Exempel finden. Aber der Christliche Leser wird solches in fleifziger Betrachtung dieser Historien beffer vernehmen, als ichs jetzund in der Kürtze andeuten kan.

Anfänglich soll man in diesem Buch wahrnehmen, der greulichen Mörderey und Verherungen der armen Christen in Franckreich, so sich nach dem ersten Bürgerlichen Krieg bis zum Anfang des zweyten zugetragen haben. Unter diesen finden sich viel aus der Grafschaft Maine und umliegenden Orten, sonderlich aber Martin Tachard ein Prediger von Montalban.

Zum andern, soll man acht haben auf die, so in währendem zweytem Krieg und hernach aus Hafz, wider die Evangelische Warheit hingerichtet sind, bis auff den dritten Anstand und Edict des Friedes. Und ob wir wol nur eine geringe Verzeichnifz deren, so hie und da in dreyen Jahren erschlagen sind, mit Namen gesetzt haben: So ist ihrer doch etlich Tausend gewesen.

Zum dritten beschreiben wir, was sich denckwürdiges zugetragen hat, mit den Verfolgungen der Kirchen Gottes in Franckreich vom Jahr 1571 an, da die Christen zu Uranien massacrirt und ermordet worden, bifs auf den Tod Königs Carls IX. zu End des Mayen im Jahr 1574. Wird derwegen daselbst gemeldet die Mörderey etlicher Christen zu Rouan gleich als der Vortrab des unerhörten Blutbads, so bald darauf zu Parifz gefolget ist am 24. Tag Augusti, im Jahr 1572. Da man sich verächtlicher und meyneydiger Weise vergriffen hat an dem Herrn Caspar von Colligny, Admiral in Franckreich, welcher war ein gottseliger Fürst und frommer Christ, ein Schrecken des Antichrists und seines gantzes Anhanges, ein theurer Held und edle Perle der Christlichen Frantzösischen Ritterschafft. Der andern Christen, wes Standes, Geschlechts und Alters sie waren, hat man nicht vergeffen, sondern sie auff mancherley unerhörte Weise, wie die Histori eigentlich meldet hingerichtet.

Ferner wird angezeiget der Jammer, welcher ergangen ist über die armen Christen zu Means in Brie, zu Troja

14

in Champanie, zu Orleens, Bourges, Charite, Leon, Saumur, Angiers, Romans, Toulouze und Bourdeaux: An welchen Orten, wie auch anderswo, in wenig Wochen, an die

Jean Calas aufs Rad geflochten.
Aus Fox, Book of Martyrs.

30 000 Personen in Franckreich sind gemetzget worden. Gleichwol hat so viel unschuldig Blut das Hertz der rasenden Feinde und Verfolger der Warheit nichts erweichet: Dieweil

sie einmal bey sich beschloffen, sie wolten alle Christen, so
es ihnen möglich, zu Grund vertilgen und ausrotten. Darum
sie sich dan mit Heerskraft machen an die Statt Sancerre
und Roschelle. Für welchen Gott ihre Macht zerbrochen, und
der Mörder eins theils gestürtzet hat. Ist also der Weg
gemacht zu neuen Wunderwercken, deren wir ein Theil
allbereit gesehen haben: Das übrige, so noch zu gewarten,
wird uns auch der allmächtige GOtt, wann es ihm gefällig
und uns selig ist, zu seiner Zeit offenbaren.

Das eylffte Buch.

In diesem eilften Buche wird gehandelt von der schrecklichen und unmenschlichen Tyranney, welche der Antichrist
vom 1573. bifs aufs 1620. Jahr durch seine Diener hin und
wieder an unterschiedlichen Orten, als Franckreich, Niderland, Flandern, etc. wider die Kirche Christi geübet, also,
dafz wo sie nur ein eintziges Schäfflein von der Heerde
des HErrn JEsu ertappen können, selbiges entweder dem
Waffer, Feuer, Schwerd, Galgen oder Rad hat müffen zu
theil werden, wie solches die Historien selbst, so in diesem
Buch verfaffet genugsam ausweisen. Weilen dieses aber
nicht an einem, sondern unterschiedlichen Orten geschehen
und es auch die Vielheit der Historien nicht zuläffet, so
haben wir einer jeden Inhalt allhie nicht melden können,
sondern es können die Historien selbst gelesen werden, woraus
dan ein jeder genugsam sehen wird, wie sie mit den armen
Leuten verfahren seyn.

Das zwölffte Buch.

Dis zwölffte und letzte Buch hält in sich etliche grau-
sahme und schreckliche Mordthaten, so von den Papisten
wider die von der Religion und meistentheils in Voltolien
begangen, als namentlich zu Tyran, Tell, Sonders, Amberg,
Trahona und Brufs, allwo über etliche hundert Menschen
sind erwürget worden. Darnach ist hierin auch enthalten
das schreckliche und unerhörte Blutbad von den Papisten
begangen im Königreich Yerland, in welchem, O Greuel!
innerhalb vier Monaht bei die hundert und vier und fünffzig

tausend Menschen sind ums Leben kommen. Endlich begreifft
es auch in sich die grausame Verfolgung, welche im Jahr
1655 wider die armen Christen in Piemont geschehen.

Das Abziehen der Haut oder Schinden
Aus Gallonio, Tratt. etc.

Weil nun das Lesen dieses Buchs daffelbige wird
genugsahm glaubwürdig machen können, ists unvonnöthen
deffelben Inhalt mit mehrern Worten zu verlängern. Wir
wünschen dem Christliebenden Leser, dafz er dieser Bücher
zu seinem Trost und grofsen Nutzen gebrauchen möge.

13. Die Inquisition.[1])

Schon in den ersten Zeiten des Christentums hat es
Ketzer gegeben, denn jede, auch die geringste Abweichung
von der Lehre Christi und der Auslegung durch die Apostel

[1]) L l o r e n t e Kritische Geschichte der spanischen Inquisition,
übersetzt von Hoeck. Gmünd 1819—22. D e l a M o t h e · L a r g o n.
Histoire de l'inquisition en France. Paris 1829. T a n o n. Histoire des
tribuneaux de l'inquisition en France. Paris 1893. F. H o f f m a n n

Die Greuel der Geusen in den Niederlanden.
Aus Théâtre des cruautés.

Geschichte der Inquisition. Bonn 1877—78. F é r é a l: Die Geheimnisse
der Inquisition. (Siehe oben S. 143.) D a s G r o s s e M a r t y r b u c h
(s. o. S. 173).

Ein Gegenstück und eine Art Erwiderung auf das Grosse Martyr-
buch bildet das T h e a t r u m C r u d e l i t a t u m H a e r e t i c o r u m

mufste natürlich unterdrückt werden. Aber die Ketzer sollen nur zweimal ermahnt, und wenn sie dann ihr Unrecht nicht einsahen, einfach gemieden werden.[1]) Das war die Anweisung, die in den ersten drei Jahrhunderten befolgt wurde. Dionysius, Bischof von Korinth, und Origines haben gleichfalls ausdrücklich Sanftmut gegen vom Glauben Abgefallene empfohlen.

Möglich, dafs man dieses Verfahren wählte, weil eine Bestrafung oder die Anwendung von Zwangsmitteln unter der heidnischen Regierung nicht durchzuführen war. Aber auch selbst, wo die Kirche einmal zu strafen vermochte, nahm sie doch davon Abstand: man freute sich der reuigen Sünder und liefs sich an ihrer Rückkehr genügen.

Die Päpste und Bischöfe des vierten Jahrhunderts begannen die Mafsnahmen, die die römischen Kaiser den Christen als Ketzer gegenüber einst ergriffen, gegen die neuen Ketzereien anzuwenden; sie konnten es, denn das Christentum war ja Staatsreligion. Aber immer versuchte man es erst noch einmal mit Güte und Zureden, ehe man Strafen verhängte, zu denen auch Geifselungen gehörten.

Die erste Hinrichtung von Haeretikern, die auf unmittelbaren Einflufs der Kirche zurückzuführen ist, ist die der Priscillianisten im Jahre 385 zu Trier, obwohl auch Bischof

---

nostri temporis Antverpiae 1592. Die Widmung lautet: Principibus populisque catholicis pacem et salutem Catholicae oboedientiam Richardus Versteganus exoptat. Ich habe oben dem 12. Abschnitt mehrere Abbildungen aus dem Theatrum eingefügt; dass ich nicht eine ausführliche Beschreibung denselben beigefügt, geschah, um Wiederholungen zu vermeiden: die Bilder sprechen selbst genugsam. Ich erwähne das, um einem etwaigen Vorwurfe einseitiger, katholikenfeindlicher Darstellung vorzubeugen.

Eine Charakteristik der Haeretiker giebt der Verfasser in folgenden Distichen:

> Foeda Lutheranos tentat plerumque voluptas
> Libertasque vagos illecebrosa capit.
> Mennoniis studio est, incautum fallere volgus
> Plebique ambiguis imposuisse dolis.
> Quem rabies agitat Calvini corpora mactat
> Quorum animas fucis illaqueare nequit.

[1]) Paulus an Titus, Bischof von Kreta. Titusbrief III, 14—15.

Martin von Tours sich dagegen ausgesprochen und gebeten hatte, nur auf Absetzung und Landesverweisung zu erkennen.

Das neunte Koncil zu Toledo bestimmte 635, dafs die getauften Juden, welche an den christlichen Festen nicht teilnahmen, gegeifselt werden sollten. 681, auf dem zwölften Toledaner Koncil wurden diese Bestimmungen wiederholt. 693 verfügte das sechszehnte Konzil, dafs, wenn Jemand den Bemühungen der Bischöfe und Richter, den Götzendienst zu vernichten und die Götzendiener zu züchtigen, sich widersetzte, er, wenn er von Adel sei, excommuniciert, wenn er von geringem Stande, mit hundert Peitschenhieben belegt und geschoren werden solle.

Der Ursprung der Inquisition i. e. S. ist wohl in den Instructionen des Papstes Lucius III., die er 1184 auf dem Konzil zu Verona, zur Unterdrückung der Ketzer gab, zu sehen.

Innocenz machte von diesen Verordnungen zuerst praktischen Gebrauch, da die Albigenser und Waldenser in Südfrankreich sich immer mehr verbreiteten.

Peter von Chateauneuf und Rudolf von Fontfroide wurden als besondere Legaten abgesandt, um mit Strenge die Ketzereien zu unterdrücken. Viele Tausend mufsten unter grausamen Martern den Flammentod erleiden.

1215, auf dem vierten Laterankoncil wurde die Inquisition zu einem bleibenden Institut gemacht, so dafs es neben den Bischöfen noch delegirte Inquisitoren und eine Reihe von besonderen Bestimmungen gegen die Waldenser getroffen.

Gregor IX. entzog 1232—33 die Inquisition gänzlich der Hoheit der Bischöfe und übertrug sie den Dominikanermönchen. In Frankreich, wo diese neuen Inquisitoren von Toulouse aus immer weiter nach Norden vordrangen, gewährte ihnen Ludwig IX. und seine Nachfolger ihren Schutz; die Inquisitionsgerichte wurden dadurch von der Regierung abhängig und 1312 zu königlichen Gerichtshöfen gemacht. Die Volksstimmung empörte sich wiederholt gegen die Dominikanerrichter, stürmte ihre Gerichtsgebäude und Klöster zu Carcassonne und Toulouse, so dafs erst unter Franz I., 1535 in Paris ein Auto-da-Fé stattfinden konnte.

In Deutschland war Konrad von Marburg der erste Ketzerrichter. In den Jahren 1231—33 versuchte er die Inquisition als dauernde Institution einzuführen, büfste aber dabei sein Leben ein. In späterer Zeit, unter Karl IV., wandte man die Inquisition gegen die Hexen an; der berüchtigte kölnische Hexenrichter Hoogstraten führte den Titel Haereticae pravitatis inquisitor; aber mit den Zwecken der ursprünglichen Inquisition hatte diese Verfolgung, wie wir im folgenden Abschnitt sehen werden, nichts zu thun.

In England versuchte man gegen die Lollarden und Wiclifiten gegen Ende des 14. Jahrhunderts mit den Mitteln der Inquisition einzuschreiten; auch unter Heinrichs VIII. und der Königin Maria fanden mehrfach Ketzergerichte statt.

In Italien war die Inquisition besonders gegen die Waldenser gerichtet; auch der Protestantismus hatte von ihren Verfolgungen zu leiden. Selbst in unserem Jahrhundert, sogar noch im Jahre 1852 hat die Inquisition, die von 1808, durch Napoleon aufgehoben, bis 1814 ihr Wirken einstellen mufste, haben Verurteilungen wegen Übertritts zum Protestantismus stattgefunden.[1]

Das klassische Land der Inquisition ist Spanien; Llorentes Geschichte der spanischen Inquisition, die aus den Originalakten der Archive des Rats der Oberinquisition und der untergeordneten Tribunale des heiligen Officiums von ihrem ehemaligen Secretär verfafst ist, zählt für die Zeit von 1481 bis 1808 unter 44 General-Inquisitoren nicht weniger als 31912 in Person verbrannte, 17659 in effigie verbrannte

[1] Saint-Edme erwähnt in seinem Dictionnaire de la pénalité Bd. 3 S. 204, dass in Rom in einer „Chambre chauffée" Inquisitionen stattgefunden haben. In der Mitte des Zimmers stand eine drei Fuss hohe Säule, von brennenden Kohlenbecken umgeben. Der Inculpat wurde vollständig glatt rasiert und auf die oben spitz zulaufende Säule gesetzt. Mit fünf an der Decke befestigten Stricken wurden Hände nnd Füsse hochgezogen, zwei seitliche Stricke dienten dazu, den Körper in halbliegender Stellung zu halten und das ganze Körpergewicht in das Hinterteil zu verlegen. Dem Inculpaten gegenüber wurde noch ein Spiegel aufgehängt, damit er seine schreckliche Lage recht anschaulich mache. Von unten wirkte die Kohlenhitze und nun inquirierte man . . . .

Die Veglia.
Aus Saint-Edme : Dictionnaire de la pénalité.

und 291 450 mit Bufsen und strengen Strafen belegte Verurteilte.[1])

Bereits am 6. Januar 1481 liefs das Inquisitionstribunal
Verurteilte verbrennen; am 26. März folgten 17 weitere, am
4. November waren im Ganzen schon 298 Christen verbrannt worden.

Am 2. August 1483 wurde die Inquisition in einen
permanenten Gerichtshof verwandelt, an dessen Spitze als
erster General-Inquisitor für Castilien P. Thomas de Torque-
mada gestellt wurde; am 17. October desselben Jahres erhielt
er dieses Amt auch für das Königreich Aragonien.

Am 29. October 1484 wurden die Instruktionen für das
Institut ausgegeben, deren wesentlichste Punkte folgende sind:[2])

Der elfte Artikel enthielt die Bestimmung, dafs, wenn
ein in den heimlichen Gefängnissen des heiligen Officiums
aufbewahrter Ketzer, von wahrer Reue bewogen, um die

---

[1]) Auf die einzelnen Grossinquisitoren verteilen sich diese
Zahlen also:

	lebendig verbrannt	in effigie verb.	Zu ander. Strafen verurteilt
1481—98 Torquemada I. G. J.	10 220	6840	97 371
1498—1507 Deza II. G. J.	2592	829	32 952
1507—1517 Ximenes III. G. J.	3574	2232	48 059
1517—1521 Florencio IV. G. J.	1620	560	21 825
1521—1523 Interregnum	324	112	4481
1523—1545 Manrique V. J. J.	2250	1125	11 250
1545—1556 Tabera VI. G. J.	840	420	6520
Unter Laoisa und Karl V.	1320	660	6600
1556—1597 Philipp II.	3900	1845	18 450
1597—1621 Philipp III.	1840	693	10 715
1621—1663 Philipp IV.	2852	1428	14 080
1663—1700 Karl II.	1630	520	6512
1700—1746 Philipp V.	1600	700	9120
1746—1758 Ferdinand VI.	10	5	170
1759—1788 Karl III.	4	—	56
1788—1808 Karl IV.	—	1	42

[2]) Eine deutsche Übersetzung ist auch erschienen: Sammlung
der Instructionen des spanischen Inquisitions-Gerichts, gesammelt auf
Befehl des Cardinals Don Alonso Manrique. Übersetzt von J. D. Reuss.
Hannover 1788.

Absolution ansuche, man sie ihm bewilligen könne, indem man ihm als Bufse die Strafe einer immerwährenden Gefangenschaft auferlege.

Im zwölften war verordnet, dafs, wenn die Inquisitoren in dem durch den vorigen Artikel angezeigten Falle das Bekenntnifs des Reuigen für werstellt halten, sie ihm die Absolution versagen, ihn für einen falschen Reuigen erklären und, als solchen, zur Übergabe an den ordentlichen Richter, um ihn mit dem Feuertode bestrafen zu lassen, verurteilen sollen.

Der vierzehnte Artikel enthielt, dafs, wenn der überführte Angeklagte auf seinem Leugnen beharrte, selbst nach Eröffnung der Zeugenaussagen, er als Unbufsfertiger verbrannt werden solle.

Nach dem fünfzehnten Artikel soll, wenn gegen den Angeklagten, der sein Verbrechen leugnet, ein halber Beweis vorhanden ist, Inculpat auf die Folter gebracht werden. Wenn er sich in der Marter schuldig bekennt und nachher sein Bekenntnifs bestätigt, so wird er als ein Überwiesener bestraft; widerruft er es aber, so wird er zum zweiten Mal gefoltert oder zu einer aufserordentlichen Strafe verurteilt.

Die Strafen, welche die Inquisition anordnen konnte, zerfielen in kirchliche und weltliche; von den kirchlichen: Interdict, Excommunication, Wallfahrten und Bufsübungen, kommt für uns nur die letztere Art in Betracht. Der Sträfling mufste bei den Bufsübungen im Sanbenito, einem Bufshemde, alle Sonntag bei einem Priester sich einfinden, um sich mit Ruten die entblöfsten Schultern zu geifseln. Die weltlichen Strafen waren Gefängnifs, Einmauerung, Galeerenstrafe, öffentliches Zur-Schau-stellen an der Kirchenthür, Stäupung und Verbrennung entweder lebendig oder nach vorheriger Erdrosselung. Die Hauptbedeutung haben die officiellen Auto-da-Fés, deren bekannteste die vier grofsen Autos zu Valladolid und Sevilla in den Jahren 1559/60 und das Madrider von 1680 sind.

Über das letztere Auto-da-Fé, das zur Feier der Hochzeit Karls II. mit Maria Louise von Orléans veranstaltet wurde, liegt eine gleichzeitige Schrift vor, die das greuelvolle Hochzeitsschauspiel eingehend und anschaulich schildert.[1]) In Madrid selbst war ja eigentlich kein Verbrennungsplatz, nicht einmal ein ständiges Inquisitionstribunal, so setzte man sich denn mit dem Toledanischen Tribunal in Verbindung, dem gerade eine Menge der verschiedenartigsten Ketzer zur Verfügung stand. Der junge König erklärte sich gern bereit, dem Schauspiel beiwohnen zu wollen, auch seine Gemahlin mufste zusagen und die Königin-Mutter wollte die alten Erinnerungen gerne auffrischen. Am 30. Mai, dem Tage, wo einst König Ferdinand III. mit eigener Hand Holz herbeigetragen hatte, um rückfällige Juden verbrennen zu helfen, wurde das Auto öffentlich feierlich angekündigt; am 30. Juni, dem St. Paulstage, sollte es stattfinden.

Die Stadt liefs auf der Plaza Mayor, wo das Schauspiel stattfinden sollte, eine grofse Tribüne errichten, damit die geladenen Gäste eine bequeme Uebersicht über den Brasero hätten; der Brasero selbst war ein acht Fuss breiter und ebenso langer, sieben Fuss hoher Herd, zu dem sieben die ganze Breite einnehmende Stufen hinaufführten.

Am 28. Mai begann die Holzzufuhr. 290 Männer guter Abkunft hatten als Streiter des Glaubens dieses Amt übernommen.

Am 29. sammelten sich die Teilnehmer in der Kirche S. Maria von Arragonien, woselbst auf dem Altar der Hauptkapelle das Grüne Kreuz, das Wahrzeichen der Inquisition, aufgepflanzt wurde. Die Procession zog in folgender Ordnung durch die Strassen:

Der erste Anwalt der Inquistion von Toledo.

Der Chor der königlichen Kapelle, das Miserere singend.

Der Provincial der Dominikaner mit drei Mönchen.	Das Grüne Kreuz, schwarz umhüllt.	Der Prior des Klosters „Unserer lieben Frau von Atocha" mit drei Mönchen.

[1]) Relacion Historica del Auto General da Fé que se celebro en Madrid en este anno de 1680 con asistencia del Rey N. S. Carlo II, y de las Magestad es de la reyna N. S. y la Augustissima Reyna Madre, siendo inquisidor general el excelentisimo Sennor D. Diego Sarmiento de Valladares. Por José del Olmo, alcaide y familiar del Santo officio, ayuda de la furriela de S. M. y maestro del Buen Retiro y Villa de Madrid. Impresso anno 1680.

Consultoren und Censoren.

Die vornehmeren und gelehrten Stände der Gesellschaft.

Der Adel.

Die Inquisitions-Notare, Commissäre mit brennenden grünen Kerzen

Das Weisse Kreuz.

Familiaren mit ihren Abzeichen.

Diener des h. Officiums mit weissen Wachskerzen.

Inquisitoren.

Dominikaner.

Franciskaner.

Augustiner.

Karmeliter.

Trinitarianer.

Barmherzige Brüder.

Barfüsser.

Augustiner Recollecten.

Kapuziner.

Der Marquis de la Vega, Ritter des St. Jacobs-Orden.

Der Herzog von Medinaceli.	Die Standarte der Inquisition,	Der Marquis von Cogullado.

Zwei Familiaren.

Spitals-Brüder.

Waisenkinder.

Findlinge.

Familiaren.

Fünf Stabträger.

Zum Schluss des Umzuges wurde das Weifse Kreuz nach der königlichen Schloss-Kapelle, das Grüne in das Dominikaner-Kloster gebracht. Dann ging die Procession, die 700 Teilnehmer hatte, auseinander.

Achtundachtzig Ketzer waren zu bestrafen; sie waren geknebelt und gefesselt von Toledo transportiert und zunächst bei den Familiaren einzeln untergebracht. Eine Stunde vor Mitternacht wurden sie auf Karren in das Gefangenhaus geführt und in Einzelzellen gesperrt. Dreiundzwanzig von ihnen ward das Todesurteil verkündigt; zwei Frauen bekehrten sich noch Früh morgens werden nun die einundzwanzig dem Feuertode Geweihten zunächst mit der Caroza, der mit Flammen und Teufeln bemalten spitzen Mütze und der Zamarra, einem gleichfalls so bemalten Schaffell, bekleidet; die anderen erhalten die Sanbenitos, helle Überwürfe ohne Flammen und Drachen.

Das Sanbenito mit der Coroza.

Der Zug setzte sich dann in folgender Reihe in Bewegung:

1. Die Streiter des Glaubens.
2. Das Kreuz von St. Martin.

Inquisitions-Procession.
Aus Fox, Book of Martyrs.

3. Zwölf Priester in weifsen Chorhemden.
4. Vierunddreifsig Träger mit Holzpuppen, die entflohene
   Ketzer darstellen sollten.

5. Zehn Abteilungen mit je einem Sarge oder Kasten mit ausgegrabenen Gebeinen eines Ketzers.
6. Elf Reuige.
7. Vierundfünfzig Iudaisirer (die gleichfalls als Reuige gelten).
8. Einundzwanzig Aufgegebene (davon zwölf mit Knebeln und Handschellen).
9. Der Ober-Fiscal von Toledo.
10. Die Inquisitoren von Toledo.
11. Die Inquisitoren von Madrid.
12. Der Hohe Rat der Inquisition von Spanien.
13. Die Standarte des Glaubens-Gerichts.

In unheimlicher Stille zog diese Procession dahin; die Häuser· waren bis aufs Dach mit Menschen besetzt.

Als man auf dem Marktplatz angelangt war, stieg der General-Inquisitor Valladares, der als Stellvertreter des Richters über die Lebendigen und die Toten unter einem Thronhimmel saſs, herab, lieſs sich am Altar· mit den Pontifical-Gewändern bekleiden und begab sich dann in die königliche Loge, um dem Fürsten den Schutzeid für die Inquisition schwören zu lassen. Dann celebrierte er die Messe am Altar; darauf predigte ein Dominikaner über das Schriftwort: Erhebe Dich, o Herr, und zerstreue Deine Feinde! Nach Schluſs der Predigt wurden die Urteile verlesen; zunächst die auf Tod lautenden; Jeder, dessen Name so verlesen wurde, in einen Käfig gesperrt und vorläufig fortgeschafft. Ein Mann und eine Frau riefen, als ihre Namen verlesen wurden, laut um Verzeihung, sie hätten ihre Schuld erkannt und seien zur Buſse bereit; sie wurden deshalb zu lebenslänglichem Gefängnis begnadigt.

Nun wurden die zehn Särge mit den Leichenresten auf den Rand des Brasero gestellt, die neunzehn lebenden Opfer wurden in ihren Käfigen auf den Brasero gehoben, dort herausgelassen, mit dem Halseisen an Pfähle gebunden und mit Reiſsig und Holz umgeben. Im Namen des Königs ward der erste brennende Holzscheit auf den Brasero geschleudert, von dem bald die hellen Flammen aufloderten.

Der König, ein kränklicher knabenhafter Kretin, wohnte trotz Hitze und Anstrengung dem Auto bis zum Schluſs bei.

Th. Goetze.

Ein Auto da Fé der Inquisition.

Gegen neun Uhr Abends hatte der letzte Ketzer ausgelitten.
Die Nacht hindurch ward das Feuer noch geschürt; am
anderen Tage wurde der Brasero mit Erde überschüttet und
ward wohl bald vergessen.[1]

Vorzüglich drei Arten der Tortur sind bei den Inqui-
sitionstribunalen üblich.[2]

Die erste Art ist das Emporziehen des entblöfsten und
mit schweren Gewichten an den Füfsen belasteten Körpers
an einem Seile, das um eine in der Decke befestigte Rolle
geht. Die Gewichte hängen an Fesseln der Füfse über dem
Knöchel und sind hundert Pfund schwer. Die Hände werden
ihm auf den Rücken gebunden und das Seil an ihnen befestigt (s. Abb. S. 19). So wird er ohngefähr in Manns-
höhe über dem Boden, während die Richter fortfahren, ihn
zum Geständnifs zu ermahnen, schwebend erhalten und zuweilen erhält er dabei noch gegen zwölf Rutenstreiche, je
nach der Gröfse seiner Schuld. Dann läfst man das Seil
plötzlich, sodafs der Stofs äufserst schmerzhaft für ihn wird,
rollen, aber nicht so weit, dafs er mit den Füfsen oder Gewichten den Boden berühren könnte.

Die zweite Art der Tortur, die gewöhnlichste, ist das
Ausstrecken des nackten Körpers auf einer hohlen Knebel-
bank. Die Arme, die Füfse und der Kopf werden fest an
die Seitenbalken angebunden, an kreuzweisen Sprossen,
mittels deren man die Stricke noch sträffer anziehen kann.
In dieser Lage erhält der Körper acht gewaltsame Contorsionen
durch das Zusammenschnüren jener Stricke an den fleischigen
Teilen der Arme, der Schenkel und Schienbeine. Überdies
zwingt man den Leidenden bei dieser Art der Tortur gewöhnlich noch sieben Pinten Wasser einzuschlürfen, die ihm
auf ein durch den Druck des Wassers in die Kehle hinab-

---

[1] Am 12. April 1869 stiessen Arbeiter, die auf dem Marktplatze
zu Madrid Erdarbeiten vornahmen, auf eine mit Knochenresten ge-
mischte Aschen- und Kohlenschicht. Es waren die Überbleibsel des
Auto-da-Fés von 1680.

[2] Die entlarvte Inquisition, ein historisch-philosophisches
Gemälde dieses schrecklichen Gerichts. Nach dem spanischen Originale
des Don Antonio Pungblanch. Weimar 1817. Seite 64—66.

getriebenes Stück Seidenzeug langsam eingegossen werden, wobei ihm das hinabgedrückte Seidenzeug alle peinlichen Empfindungen verursacht, die ein Ertrinkender hat. Oft auch ward das Gesicht mit dünner Leinwand umhüllt, durch

Eine Folterkammer des Inquisitionstribunals.

welche man ihm das Wasser in den Mund und Nasenlöcher laufen liefs und ihm so das Athmen erschwerte.

Der äufserste Grad der Tortur ist die Feuertortur. Dem Inquisiten werden die nackten Füfse vorn am Stuhl, worauf er sitzt, zwischen zwei Brettern eingezwängt, mit

Die Feuer-Tortur.

Speck bestrichen und dann an ein Kohlenfeuer gebracht,
bei dessen Glut sie braten. Wenn sein Geschrei am lautesten
wird, so schiebt man zwischen die Füfse und die Kohlen ein
Brett, und ermahnt ihn aufs Neue zum Geständnifs, nimmt
aber, wenn er dasselbe verweigert, das Brett wieder hinweg.

Die Nagelfolter.

Die Auto-da-Fés wurden bisweilen noch durch neu
ersonnene Qualen der Ketzer interessanter zu gestalten versucht. So wurden z. B. bei dem Auto-da-Fé, das 1636 in
Valladolid stattfand, zehn Juden die rechte Hand an ein
grofses Andreaskreuz genagelt. In dieser schmerzhaften
Stellung las man ihnen dann das Urteil vor.

14. Hexenwesen und Satanismus.[1])

Ausgeburten des Menschenwahns hat man die Hexenprocesse genannt; der Rationalismus glaubte weder an Gott
noch den Teufel, er konnte sich auch das Vorhandensein von
Hexen nicht denken, erklärte alles darauf Bezügliche für
Aberglauben und Unsinn und entsetzte sich über die Kirche
und die weltlichen Gerichte, die mit aller Macht, mit Feuer
und Schwert gegen das Hexentum einschritten. Die Verfolgungen gegen die Hexen müssen anders beurteilt werden,
als die Christenverfolgungen und die Thaten der Inquisition;
letztere beiden richteten sich gegen den individuellen Glauben
oder die Versuche, sich der staatskirchlichen Disciplin zu
entziehen; im Hexenwesen ringt aber eine völlig andere,
dunkle, geheimnifsvolle Weltanschauung mit der Lichtreligion
um die Herrschaft. Die Umkehrung und Umwertung alles
Seienden, die Negation an sich ist das Wesen des Hexentums
und Satanismus. Man beharrt aber nicht bei der abstrakten
Negation, man leugnete und kehrte nicht nur theoretisch um,
die Negation ward Fleisch im Sabbath.

„Der gute Gott, das ist die Norm, das Gesetz die Demut
und die Ergebung. Seinen Kindern sagt er: Seid arm im

[1]) St. Przybyszewski hat in den No. 148—150, 154 der von mir
herausgegebenen Zeitschrift „Die Kritik" Entstehung und Kult der
Satanskirche in prachtvoller Weise geschildert. Seinen geistvollen
Darstellungen gegenüber wird sich Niemand ablehnend verhalten können.
Wenn auch manches unglaublich und unerklärlich klingen mag und
deshalb bisher von Kulturhistorikern einfach übergangen wurde, so
sind die Thatsachen doch einmal zu gut beglaubigt, andererseits werden
wir in dem Abendmahl der Skopzen ganz analoge Erscheinungen finden.
Es giebt eben doch mehr Dinge zwischen Himmel und Erde, als man
mit den einfachen Augen des Leibes und Geistes sieht. Neben
Przybyszewski noch andere Schriftsteller zu citieren, erscheint mir
fast als Profanation, doch muss es der Vollständigkeit halber sein:
Roskoff: Geschichte des Teufels. Leipzig 1869 Henne am Rhyn
Der Teufels- und Hexenglaube. Leipzig 1892. Nippold: Die gegen-
wärtige Wiederbelebung des Hexenglaubens. Berlin 1895. Snell:
Hexenprocesse und Geistesstörung. München 1891. Curt Müller:
Hexenaberglaube und Hexenprocesse. Leipzig.

Geiste, denn nur so gelangt ihr in mein Reich! Seid kindlicher als die Kinder, tödtet euren Willen, folgt mir nach! Forschet nach keinem Ursprung und keinen Zielen, denn nur bei mir allein ist alle Vergangenheit und Zukunft.

Der schlechte Gott, das ist die Regellosigkeit, der trotzige hellseherische Sprung in die Zukunft, er ist die Neugierde nach den verborgensten Heimlichkeiten und der titanische Trotz, der schrankenlos alle Gesetze, alle Normen über den Haufen wirft. Er ist die höchste Weisheit und die höchste Verworfenheit, er ist der wildeste Trotz und die verschlagenste Demut, denn nur so kann man die Regel übertölpeln. Er, den Hoch- und Wagemut und die Herrschsucht geheiligt und nennt es Heldentum, er hat den Menschen gelehrt, dafs es kein Verbrechen gebe, aufser wider seine eigene Natur. Er heiligte die Neugierde und nannte sie Wissenschaft, nach seinem eigenen Ursprung liefs er den Menschen forschen und nannte es Philosophie und uferlos liefs er alle Instinkte in dem Strombett des Geschlechts sich breiten und nannte es Kunst."

Der Glauben an Zauberei und Hexerei ist uralt, er beginnt, sowie der Mensch über sich selbst zu denken anfängt und bei seinem Denken auf einen ungelösten und unlösbaren Rest stöfst. Das Christentum führt fast von Anbeginn einen erbitterten Kampf gegen das Hexenwesen.

„Ubique daemon! Nach Hieronymus ist die ganze Luft voll von Dämonen, die von ihrem Geschrei und Wehklagen über den Tod der Götter erzittert, in jeder Blume, in jedem Baum steckt der Dämon, denn er ist die Freude und die Fruchtbarkeit, Reichtum und Schönheit. Er bringt den Tag als Lucifer und er beschliefst ihn mit dem Licht der Venus, die die üppigen, wollüstigen Träume bringt. Die ersten Jahrhunderte kennen nur eine Religion, den Kampf gegen den Dämon.

Aber der Kampf war nicht leicht.

In ihrem fanatischen Wahnsinn warf sich die Kirche gegen die tiefsten und heiligsten Bande, die den Menschen an das All knüpften. Sie hat den Menschen von der Natur gewaltsam losgerissen, ihn isoliert, zwischen Himmel und Erde gehängt. Die geheimen Rapporte, mit denen die nackte Seele des Menschen, die Seele als absolutes, vom Gehirne völlig unabhängiges Phänomen, mit der Natur in Verbindung stand, wurde satanisiert, als Blendwerk des Satans erklärt.

Die Menschen des Altertums standen zu der Natur in intimster Beziehung. Sie lebten unmittelbar mit und in der Natur, sie waren ein Stück von ihr, ein Stück Nerv, der die geringsten Veränderungen in der Natur nach aufsen signalisierte. Und, wenn alle Erfindungen des menschlichen Geistes nur Organprojektionen sind, so war aller polytheistische Kultus eine Organprojektion der Natur in ihrer segnenden und zerstörerischen Macht. Und wie die Seele den Mechanismus des Körpers, den sie von innen anschaut, nach aufsen projiziert, so hat sich die Natur selbst in mächtigen Symbolen in dem heidnischen Kultus geoffenbart.

In einem wüsten Kampf zerreifst die Kirche Stück für Stück die Adern, durch die das Blut der Erde in den Menschen strömte. Sie zerstört die unbewufste Zuchtwahl der Natur, die sich nach aufsen in Schönheit, Kraft und Herrlichkeit äufsert, sie beschützt all' das, was die Natur ausstofsen will, wogegen sie so mächtig revoltiert: den Schmutz, die Häfslichkeit, die Krankheit, den Krüppel und den Kastrierten. Am liebsten hätte die Kirche alle Menschen kastriert, das Licht ausgelöscht, die ganze Erde vom Schwefelregen verzehren lassen und ihre einzige Sehnsucht, ihr brennendstes Verlangen, das war der heifse Wunsch, dafs doch das versprochene jüngste Gericht endlich einmal kommen möchte.

Aber der Nerv, die Blutader liefs sich nicht so leicht zerreifsen. Besonders das Volk, das erdgeborene, wurzelte noch fest in der Erde. Die geringste Gelegenheit benutzte es, um zu seinen geliebten Erdgöttern zurückzukehren.

In den blutgierigsten Gesetzen richtete sich die Tobwut der Christen gegen die Heiden, aber der Dämon, d. h. die Erde, die Natur, war unzerstörbar. Er ging in die Wälder, verbarg sich in unzugänglichen Höhlen, versammelt hier seine Gläubiger und feiert wüste Bacchanalien."

Die Kirche mufste in diesem Kampfe teilweise nachgeben; der christliche Kultus ward auf den heidnischen aufgepfropft und die Kirchenväter entlehnten ihre Bilder und geistigen Waffen den heidnischen Philosophen.

„Überall der Dämon! Satan triumphiert über Christus. Zuerst als ein Schreckmittel, um die Herrschaft des Christus zu befestigen, wird er jetzt ein allmächtiger Herr, den die Welt fürchtet und zu besänftigen sucht. Man wagte kaum zu atmen, dafs der böse Geist nicht in den Körper hineinfahre. Im 4. Jahrhundert sieht man eine ungeheure Sekte der Massalier, die sich vom Teufel besessen glaubten, man sieht sie unablässig um sich schlagen, schreien, spucken, sich in den entsetzlichsten Konvulsionen winden, um sich von dem Bösen, dessen Name „Legion" ist, zu erwehren.

Satan vertausendfacht sich. Er wird zum Theologen, geht in die Wüste und quält die heiligen Väter mit den verfänglichsten Fragen, er säet in ihre Seele Tausende von Zweifeln und Bedenken, er geht in die Klöster und exaltiert das abgequälte Hirn der Mönche durch die unzüchtigsten Bilder, er besucht die frommen Frauen bei Nacht, benimmt ihnen den Willen und den Verstand und zwingt sie zur schändlichsten Unzucht, er fährt in das Hirn von Tausenden und Abertausenden der Gläubigen und schreit die wüstesten Flüche und Blasphemien aus.

Die Kirche kann sich kaum mehr des Satans erwehren. Der Exorzismus nimmt in der Liturgie einen immer gröfseren Platz ein. Keine Messe wurde mit einem solchen Pomp gefeiert, wie er bei den Exorcismen entfaltet wird, man wagt kaum mehr eine religiöse Ceremonie vorzunehmen, ohne zuvor jeden Winkel der Kirche zu exorcisieren, ja man exorcisiert unter Sixtus V. einen ägyptischen Obelisk, bevor er in Rom aufgestellt wurde.

Aber je wüthender der Kampf seitens der Kirche geführt wurde, um so stärker wird Satan. Die Besessenheit nimmt überhand, Satan höhnt Gott durch die brüllenden Stimmen der Besessenen, er verrichtet Wunder vor der Menge der Gläubigen. Er sagt dem Priester seine geheimsten Sünden, er prophezeit Dinge, die wirklich eintreffen, er hebt den Körper des Besessenen in die Höhe und läfst ihn mit aller

Kraft niederstürzen, ohne dafs der Betreffende auch nur den geringsten Schmerz erleidet."

Dann kam der Antichrist.

"Aber nicht der Antichrist der materiellen Herrschaft, sondern der des Geistes, des Stolzes und der Erhabenheit: der göttliche Mani.

Satan wurde es langweilig, in der Raserei der Epileptiker zu toben, er bekam es satt, in der Unzucht mönchischer Träume zu leben, das dumme Spiel mit den Exorcismen belustigte ihn nicht mehr. Gott wollte er werden, Gott, bevor er noch den wirklichen Antichrist erzeugen durfte, Gott im Reiche des Geistes, ein stolzer, wilder Gegengott, der den Nazarener, den Usurpator der Erde, wieder in sein unsichtbares Reich zurückdrängte.

Und also sprach Mani, die uralte heilige Weisheit: Zwei Götter giebt es, gleich starke, gleich mächtige und ewig entgegengesetzte Götter, den unsichtbaren Gott des Guten, der im Himmel thront, sich um die Erde nicht kümmert und nur für die Vollendung seiner Auserwählten lebt, — dann giebt es einen Gott, den Gott der Sünde, der die Erde regiert. Sünde giebt es nicht, denn die Sünde kommt ebenso von Gott wie die Tugend von dem andern Gott kommt, dem idolenten Gott, der da sagt: Strengt Euch nicht an, ahmt mich nur nach.

Die Gnosis und der Manichäismus verbreiten sich wie Lauffeuer über die christliche Welt, und zum ersten Mal erhebt sich die Frage: Christ oder Manichäer, das Märchen von dem freien Willen oder die Thatsache der Determination, stupide Imitatio oder die selbstherrliche Phantastik der Mystik, demütiges Sklaventum oder stolzes Sündigen im Namen des Satan-Instinktes, der Satan-Natur, Satan-Neugierde und Satan-Leidenschaft.

Wieder siegte die Kirche. Im dreihundertjährigen Kampfe mufste Satan die Waffen strecken. Sein erstes, grandioses, antichristliches Avignon wurde mit furchtbarer Grausamkeit zerstört, und Satan lästert in finsterer Verzweiflung."

*   *   *

Und Satans Rache kam. Er hat sich in die Erde
hineingewühlt: die Erde wurde besessen.

Um das Jahr Eintausend begann die Menschheit an Gott
zu verzweifeln. Es kamen Zeichen und Wunder über die Erde.

Das Heer Otto des Grofsen sah die Sonne im Ver-
löschen, und gelb wie Safran. In Rom besuchte der Teufel
in eigner Person den Papst Silvester V., die Reihenfolge der
Jahreszeiten schien sich umgedreht zu haben: es schneite
im Sommer und schweres Gewitter entlud sich mitten im
strengsten Winter. Das „heilige Feuer" frafs auf das Fleisch
der Menschen, so dafs es in brandigen Fetzen von den
Knochen abfiel, die Erde delirierte und die Menschen wurden
zu Bestien. In der Hungersnot, die zu jener Zeit die ganze
Welt heimsuchte, fing man an, Menschenaas zu fressen. Der
Heifshunger nach Menschenfleisch wurde zur Manie. Man
verachtete das thierische Fleisch, man beachtete es nicht
einmal. Menschen sollten Menschen auffressen, so hat es
der rachsüchtige Satan gewollt. Zuerst warf man sich auf
das Fleisch der Kinder, dann wurden die, die auf den Wegen
fielen, gebraten, bis zuletzt Einer es wagte, öffentlich Menschenfleisch feilzubieten.[1]) Und es kamen in zahllosen Heerden

---

1) Glaber.

G. F. Kolb: Kulturgeschichte der Menschheit. Leipzig 1869.
Bd. I, S. 443: Die Bekenner der eben erst entstandenen, vom Juden-
tum abgefallenen Lehre, schieden sich wieder in zahllose Sekten und
diese nochmals in Parteien, in Unterabteilungen aller Art, die sich
gegenseitig mit der grössten Leidenschaftlichkeit und dem bittersten
Hass verfolgten. Von den Gnostikern wissen wir, dass sie allein schon
in mehr als 50 solcher Unterabteilungen zerfielen. Bei verschiedenen
von diesen zahllosen Sekten wurden nächtliche Feste der rasendsten
und unsittlichsten Art gefeiert, Orgien, welche sogar die Bacchanalien
übertrafen. Was einzelne dieser Sekten verschuldeten, ward der Ge-
sammtheit der Christen beigemessen; die Heiden wollten und konnten
nicht genügend unterscheiden. Den in Wahrheit begründeten Beschuldigungen fügten dann Leichtgläubigkeit und Bosheit erdichtete
Anklagen hinzu. Es ist bemerkenswert, dass sich darunter gerade
auch derjenige Vorwurf befindet, auf welchen hin, während der Zeiten
des Mittelalters, die Christen so oft die Juden verfolgten: es hiess, die
Christen mordeten (heidnische) Kinder, um mit dem Blut abergläubische
Ceremonien zu begehen.

die Wölfe aus den Wäldern und frafsen Diejenigen, die noch
am Leben geblieben waren, und grofse Angst beherrschte
die Erde, dafs sie entvölkert werde. Und es kamen die
Prälaten und die Obersten der Städte zusammen und be-
rieten, wie man wenigstens die Stärksten am Leben erhalten
könnte, damit die Erde nicht ausstürbe.

Über die Weiterentwickelung des grofsen mystisch-
geistigen Kampfes schreibt Przybyszewski:

„Der Süden von Frankreich war von jeher das gelobte
Land aller Häresien. Er war der Lieblingssitz des Satans
Er war der klassische Boden des Zauber- und Hexenwesens,
und von hier aus verbreitete sich erst spät die Hexenseuche
über ganz Europa. Der ganze Süden war voll von Juden
und Saracenern. Die Rabbiner hatten hier überall öffentliche
Schulen, und sie bildeten das Band zwischen den Christen
und den Arabern. Durch ihre Vermittelung kamen von
Salerno und besonders von Cordova, dem Sitz der schwarzen
Magie, die verschiedenen Künste, die so ausgiebig zu ver-
brecherischen Zwecken angewandt wurden: die Destillation,
die Sirupe, die Salben, die ersten chirurgischen Instrumente,
die arabischen Ziffern, die Arithmetik und die Algebra.

Gleichzeitig waren die kabbalistischen Lehren der Juden
von einem ungeheuren Einflufs auf das durchaus nicht christ-
lich gesinnte Volk. Schon in den Zauberbüchern von
Aschmidai findet man ausgezeichnete Rezepte, um den S'maäl
(vergl. Samiel in den deutschen Märchen) zu beschwören und
ihn zur Dienstbarkeit zu zwingen. Natürlich liefs er sich nur
für das Böse dienstbar machen. Grofs ist die Macht, die
Gott ihm zugestanden hat, und seine Dienstboten, die Satanim,
wohnen stets in dem Menschen und versuchen ihn.

Hier auf der Grenzscheide zwischen der europäischen
und der bei weitem überlegenen mystischen Kultur des Orients
setzte sich der alte Manichäismus in verjüngter Form fest,
und von hier aus beginnt Satan den ungeheuren Triumphzug
über ganz Europa.

Gegen die Lehre der Kirche, dafs das Gute das allein
wahrhaft Substantielle, das Böse dagegen nur durch Selbstverschuldung als Accidenz hinzugekommen sei und in seinem

Grunde nur eine Ausnahme und Unmaſs bedeute, lehren die neuen Manichäer, die Katharer: das Böse sei mit dem Guten von gleicher Substantialität, beide, wenngleich entgegengesetzt, gleich wesenhaft, und dieser Gegensatz gehe bis auf die innerste Wurzel des Daseins zurück und erstrecke sich selbst auf die Gottheit.

Die Sünde ist daher keine Selbstverschuldung, keineswegs das Produkt des freien Willens, sie wiederholt sich auch jetzt nicht in freier Handlung, sondern sie ist das Werk des schwarzen Gottes. Es giebt also keine Sünde, weil die böse Handlung von einem Gotte gewollt ist, es giebt keine Strafe nach der Sünde, die ewige Verdammniſs ist blödsinnige Erfindung, nichtig und lächerlich ist das Buſs- und Altarsakrament, denn die Reue nach einer schlechten Handlung ist ebenso nutzlos, ‚wie wenn ein Hund in einen Stein bisse‘, würde Nietzsche sagen.

Nous voilà en plein satanisme!

Aber so wie sie den Gott in einen guten und schlechten teilen, so trennen sie streng im Menschen das Geistige und Körperliche. Mit dem Körper gehört der Mensch dem schwarzen Gott, mit dem Geist dem lichten.

Nun kam in die Sekte eine doppelte Spaltung: Die, welche sich für den lichten Gott entschieden haben, lebten in einer unglaublichen Sittenstrenge und einer abtötenden Askese, sie waren die Eifrer und die Verbreiter der Sekte, sie waren verehrt wie Heilige und sie hatten die Kraft, den Menschen bei seinem Tode durch einfache Handauflegung völlig zu reinigen und ihn dem guten Gott zu übergeben.

Die Anderen dagegen, die den schlechten Gott verehrten, stifteten geheime Verbindungen und feierten in Wäldern, Höhlen und auf Bergeshöhen ihre finsteren, fleischlichen Mysterien.

So wiederholt sich der Gegensatz zwischen Christentum und Heidentum innerhalb derselben Sekte, aber diesmal ist der Gegensatz notwendig und durch die Lehre geheiligt.

Im Besitz orientalischer Zaubermittel, verrichteten die „Vollendeten" die „Perfekti", heilsame Wunder, und die Sekte verbreitet sich mit einer rapiden Schnelligkeit. Es bilden sich tausend kleinere Sekten, die alle unter dem Namen der Katharer den christlichen Glauben zersetzten und zerstörten; es bilden sich Geheimbünde, die nur ausschliefslich abscöne Zwecke verfolgen, nach und nach verliert sich der ursprünglich philosophisch-spekulative Kern der manichäischen Lehre. aber der Grundzug bleibt, worin sich alle die verschiedenen Sekten begegnen, der wilde, fanatische, bis zum Wahnsinn durch die grausame Verfolgung gesteigerte Hafs gegen die christliche Lehre."

Mit Feuer und Schwert wird der Kampf weitergeführt; die Albigenser und Waldenser wurden zu Tausenden gemordet; es nützt nichts; der innere Verfall der Kirche ist nicht aufzuhalten. Habsucht, Unzucht, Blasphemien der Häupter und Glieder ersticken jeden Rest von Achtung im Volke. In Languedoc brechen 1381 wieder Aufstände los: die Edlen und Priester werden verstümmelt und getötet. Die Hystero-Epilepsie des Flagellantismus ergreift die grofsen Massen. Nun, da der gute Gott nicht hilft, wendet man sich an den bösen.

„Die Magie kommt zu unglaublichen Ehren, der Satan wird populär und alle Zauberkünste erfreuen sich grofser Beliebtheit. Vor dem Palast des Königs versammeln sich die Hexenmeister aller Länder und beschwören die Dämonen, von denen der König besessen ist; in kolossalen Pfannen werden die merkwürdigsten Kräuter, die die Zigeuner nach Europa gebracht haben, gebrannt; der arme König vergnügt sich mit dem Zauberbuch Smagorad; man mahlt Perlen und giebt den Magiern den kostbaren Staub, damit sie die Teufel beschwichtigen; das ganze Volk, ja selbst der Klerus nimmt lebhaften Anteil an diesen Beschwörungen. Nicolas Flamel baut riesige Laboratorien, um Gold zu gewinnen — mitten in Paris, dicht an der Kirche des heiligen Jakob —, die Giftmischerin macht herrliche Geschäfte an den Höfen der Herzöge, und inzwischen führt das Volk auf allen Höhen obscöne Tänze zu Ehren des grofsen Fürsten der Finsternifs.

Man fürchtet nicht mehr den Satan, man liebt ihn. Selbst in der Kleidung ahmt man ihn nach. Das Weib trägt Hörner auf dem Kopf, zeigt schamlos ihre nackten Brüste und treibt den Bauch wollüstig hervor.

Die Kleidung des Mannes wird eng wie Trikot und ist mit Zaubercharakteren gestickt. Die Stiefel laufen aus in eine spitze Kralle und das Geschlechtsorgan wird in ein Säckchen eingepackt, damit es ja nur recht sichtbar werde.

Die Stühle der Damen waren kirchliche Stallen, ihr Bett hat die Form eines Beichtstuhls, und die Stoffe, mit denen sie sich kleidet, sind die kostbaren Stoffe der Priesterornate.

Nun war die Zeit gekommen. In einem Nu blüht die gewaltige Sekte der Satansanbeter mächtig empor, von Frankreich aus verbreitet sie sich über die ganze Welt, wächst und wächst unaufhörlich. Es gab nicht ein Dorf, das nicht eine treue und ergebene Gemeinde des Satans hatte, die zahllose Verbrechen beging und des Nachts fessellose Orgien zu Satans Ehren feierte."

Da schleudert Innocenz VIII., der grausame Verfolger der Waldenser und Hussiten, am 5. December 1484 seinen Bannstrahl gegen die Hexen und Satanisten und entflammt die Scheiterhaufen in Deutschland und dem übrigen Europa.[1])

Die Bulle lautete in ihrem Hauptteil:

Innocentius Episcopus Servus servorum Dei. Ad futuram rei memoriam. Summis desiderantes affectibus, prout pastoralis sollicitudinis cura requisit, ut fides Catholica nostris potissime temporibus, ubique augeatur et floreat, ac omnis

---

[1]) Hexen sind: Hi autem omnes, qui cum Diabolo paciscuntur seque ipsi obstringunt, implorantes ac sperantes vicissimi ejus opem et auxilium, dicuntur proprie Magi, Praestigiatores, Striges ac Lamiae, vel Sagae. Joh. Georg Godelmus in tractatu de Mag. Venef. et Lam. l. 1. n, 7. et I. 2. c. 1. n 23. Carpzow Pars I. Quaest. XLIX. 16.

Carpzow teilt die Zauberer und Zauberinnen in fünf Klassen ein: Pars I. Quaest. XLIIX. 1—8.

1) Die Zauberer (praestigiatores), die durch Beschwörungen und Betrügereien die Menschen so zu täuschen suchen, dass sie Dinge sehen, die nicht existieren, oder Dinge nicht sehen, die vor ihren Augen deutlich dastehen. (Praestigiatores, qui fascinationibus et captionibus inspicientium oculos decipere student, ut videant, quae non sunt, et non videant, quae sunt.)

2) Die Seher (haruspices). Diese prophezeien aus dem Lauf und der Stellung der Gestirne. Sie beobachten Tag und Stunden, und können das Zukünftige aus den Eingeweiden der Tiere vorhersagen. (Haruspices quasi horarum inspectatores, qui tempora, dies, horas et

Haeretica pravitas de finibus fidelium procul pellatur etc. etc. — Sane nuper ad nostrum non sine ingenti molestia, pervenit auditum, quod in nonnullis partibus Alemaniae superioris, nec non in Maguntinen. Colon. Treueren. Saltzburg. & Bremen. provinciis, civitatibus, terris, locis et dioecesibus complures utriusque sexus personae, propriae salutis immemores, et a fide Catholica deviantes, cum Daemonibus incubis et succubis abuti, ac suis incantationibus, carminibus, et conjurationibus, aliisque nephandis superstitiis, et sortilegiis, excessibus, criminibus et delictis, mulierum partus, animalium foetus, terrae fruges, vinearum uvas, et arborum fructus, nec non homines, mulieres, pecora, pecudes, et alia diversorum generum, animalia, vineas quoque, pomaria, prata, pascua, blada, frumenta, et alia terrae legumina perire, suffocari, et extingui facere, et procurare, ipsosque homines, mulieres, jumenta, pecora, pecudes, et animalia diris tam intrinsecis, quam extrinsecis doloribus et tormentis afficere et excruciare, ac eosdem homines ne gignere, et mulieres ne concipere, virosque ne uxoribus, et mulieres ne viris actus conjugales reddere valeant, impedire etc.

Johann Sprenger und Heinrich Jnstitor waren die ersten Vollstrecker dieser Bulle. Sprenger schrieb seinen epoche-

---

momenta observant; et quorum observatione bona vel mala futura praedicunt; quive intestina pecudum inspiciunt ex quibus futura vaticinantur.)

3) Die Venefici, Zauberer, die durch gottlose Sprüche, unheilvolle Zeichen, Verwünschungen, durch teuflische Kräuter und Tränke Menschen und Vieh Tod und Verderben bereiten. (Venefici qui nefariis carminibus, divis imprecationibus et pharmacis a diabolo praeparatis in perniciem ac necem pecudum et hominum utuntur.)

4) Die Hexen können Unwetter, Sturm, Hagel und Donner heraufbeschwören. Sie bereiten den Menschen Untergang und Verderben. Sie haben Zusammenkünfte mit dem Teufel, zu denen sie auf Ofengabeln, Stöcken, Besen und anderen Geräten fahren, um mit dem Teufel Unzucht zu treiben. (Lamiae, sagae ac striges, quae tempestates et tonitrua excitant, hominum et pecudum internecioni et exitio student, itemque conventus sive synagogas diabolicas, ad quas in furca, baculis aut scopis feruntur, visitant, et cum ipso daemone nefandam exercent libidinem.)

5) Die Nekromanten, die Totenbeschwörer, qui per mortuorum cadavera aliquid praedicunt.

machenden Hexenhammer, dessen erster Satz lautete: Haeresis est maxima, opera maleficarum non credere; und erörtert darin die Frage, warum beim weiblichen Geschlecht die Hexerei in so viel gröfserem Mafse vorkomme, als beim männlichen, dafs auf zehntausend Hexen kaum ein Mann abgeurteilt werde. Er fand nicht die physio-psychologische Lösung, dafs die Blutarmut, Schmutzerei und Verachtung das Weib quälten und aufreizten. Dem Weibe gelang es auch, am leichtesten das körperliche Gefühl herabzumindern und fast völlig zu unterdrücken, so konnte sie Martern ertragen, bestand sie die Feuer- und Wasserprobe.

Die Empfindungslosigkeit gegen Schmerzen hat in der Hexe jedes Mitgefühl ertödet, sie ist grausam bis zur Bestialität, sie kennt kein Mitleid, aber sie kennt eine extatische Wollust, Schmerzen zu verursachen. Sie liebt die Wollust der Grausamkeit, und ihre sexuelle Wollust ist immer mit Grausamkeit gemischt. Sadismus und Masochismus beherrschen ihre geschlechtliche Lust, aber es genügt ihr nicht, zu prügeln und geprügelt zu werden, erst, wenn sie mit gierigen flackernden Händen in den Eingeweiden des gemordeten Kindes wühlt, wenn sie mit ihren Zähnen in seine Brust einhackt und das zuckende, noch warme Herz herauszerrt, wenn sie sich mit ihrem nackten Hintern in der geöffneten Bauchhöhle mit schreiender Wollust wälzen kann, dann mag sie wohl eine kleine Befriedigung empfinden.

Dieselbe schrankenlose Wollust in ihrem Hafs. Sie hafst alles, was Gesetz heifst, sie wütet gegen alles, was die Entfesselung ihrer dämonischen Triebe hemmen könnte und vor allem hafst sie die Kirche und ihre Einrichtungen. Sie kennt keine gröfsere Lust, als den Gottesleib in ihre schmutzigen Salben hineinzukneten, sie in das Geschlechtsorgan hineinzustopfen und das verfaulte Aas der geschändeten Leichen mit ihm zu würzen.

Den Mittelpunkt des Hexenwesens bildet der Sabbath. Przybyszewski schreibt darüber:

Endlich ist der ersehnte Augenblick gekommen. Das Zeichen wird gegeben, dafs än diesem und diesem Tage der Besuch der „Synagoge" stattfinden soll.

16

Um Mitternacht zieht sie sich nackt aus und reibt sich mit der Salbe, die sie von der Hexe bekommen hat, den ganzen Körper ein, vorzugsweise die Achselhöhlen, Herzgrube, Scheitel und die Genitalien.

Sie verfällt alsbald in einen „steinharten" Schlaf, der aber nur kurze Zeit dauert, manchmal nur einen Augenblick.

Sie „wacht" auf und begiebt sich zur Synagoge.

Wie sie dort hinkommt, weiſs sie nicht. Sie kennt alle Umstände ihres Ganges, sie weiſs ganz genau, daſs sie zu Fuſs gegangen ist, sie erinnert sich, daſs man sie unterwegs angesprochen hat, aber das ist auch Alles.[1]

Ist sie eine lange oder kurze Zeit gegangen, sie weiſs es nicht. Die Stelle, an der sie endlich anlangt, ist ihr nicht ganz unbekannt. Es ist ein verrufener schauerlicher Ort auf einem Berge, von dem sie schon früher hat flüstern gehört, eine wüste Haide ohne einen Weg und eine Wohnung in der Nähe.

Sie findet bereits eine groſse Versammlung von Männern (deren nur sehr wenige), Frauen und Kindern. Einige darunter glaubt sie zu erkennen, aber nicht genau, denn es ist sehr dunkel und das unruhig flackernde Licht der Fackeln verzerrt die Gestalten zu scheuſslichen Gespenstern.

Sie sieht die Weiber, halbnackt, mit aufgerissenen Kleidern und aufgelösten Haaren hin und her in wilden Sprüngen laufen, leicht und behende, als hätten sie kein Gewicht, von Zeit zu Zeit erhebt sich ein brüllendes Geheul: Har! Har! Sabbath! Sabbath![2] und plötzlich wie auf ein gegebenes Zeichen ordnen sich alle Anwesenden in einen Kreis mit auf den Rücken gelegten Händen, Mann (er ist meistens der Buhlteufel) und Weib mit dem Rücken gegen einander gekehrt und nun beginnt ein rasender Taumel des Tanzes. Der Kopf wird in immer schnellerem Tempo nach rückwärts geworfen, obscöne Gesänge werden gebrüllt, fortwährend unterbrochen von dem keuchenden, heiseren: Har! Har! Teufel! Teufel! Spring hier! Spring da!

---

[1] Die Hexen bei Remigius und De Lancre „gehen" meistenteils zum Sabbath.

[2] Wahrscheinlich das Sabaë, evohe der orphischen Gesänge.

Die Orgie gelangt unter den wildesten Sprüngen in einem taumelnden Wirrwarr auf die Spitze. Die Bestie hat sich losgelöst, brünstige Gier vermählt sich mit Blutdurst, Wahnsinn der Wollust entzündet sich an den Delirien des Schmerzes, die der Taumel verursacht.

Der Tanz löst sich, die Menschen stürzen aufeinander, Männer und Frauen ohne Unterschied, der Vater auf die Tochter, der Bruder auf die Schwester, Mann auf Mann, die ganze Versammlung wälzt sich in der unflätigsten, widernatürlichen Unzucht, wie Hunde liegen sie erstarrt in konvulsivischen Zuckungen aufeinander und in das gräfsliche Stöhnen der unmenschlichen, schmerzhaften Kopulation mischt sich das heisere Gebrüll: Har! Har!

Das Weib ist es, welches diese Versammlung beherrscht und exaltiert. Um auch nur den Anschein der Scham zu verläugnen, krampft sie die Hände auf dem Rücken zusammen, sie wirft sich rückwärts zu Boden, spreizt die Beine in der Höhe auseinander und bietet sich mit heiserem Schreien dem Phallus hin, die alte Kybelepriesterin erwacht in ihr mit doppelter Macht, die nymphomanische Furie mit dem übermenschlichen Sinnesüberschwang, dem Schmutz und Ekel zur Wollust wird. Die Wollustempfindung verreckt im Blutdurst; sie wühlt mit den Nägeln im eigenen Fleisch, rauft sich dicke Strähnen ihres Haares aus dem Kopf, zerkratzt sich die Brust, aber das genügt nicht, um die Bestie zu stillen. Sie wirft sich auf das Kind, das Satan zum Opfer gebracht wurde, zerschneidet ihm die Brust mit den Zähnen, zerrt das Herz heraus, frifst es bluttriefend, oder sie zerreifst ihm die Adern am Hals und trinkt das herausspritzende Blut, oder sie quetscht ihm das weiche Haupt zwischen ihren Schenkeln und prefst es gewaltsam in ihre Genitalien hinein mit den Worten: „Gehe hinein, woher Du gekommen bist!" Zahllos sind die Modifikationen dieses Lustmordes und immer ist es das Kind, das furchtbare Opfer des blutdürstigen Satan im Weibe.

*　　*　　*

Nach dieser vorbereitenden Orgie, mit welcher der wirkliche, reale Sabbath, der Sabbath der Babylonier, der

Griechen und Römer, der vormanichäische Sabbath abschlofs, beginnt erst recht der Sabbath der post-manichäischen Zeit.

Das Faktische verschwindet, die Sinne erlöschen, das unermefsliche Reich der Nacht schliefst sich auf.

Satan erscheint.

Am liebsten kleidet er sich in die Gestalt des Bockes, aber oft sieht man ihn in menschenähnlicher Form. Er scheint auf einem Sessel zu sitzen, er hat etwas, was einem Menschenantlitz ähnlich ist, aber alles undeutlich wie vom Nebel verschleiert.

Nur äufserst selten kann man ihn deutlich sehen. Es ist furchtbar! Alle seine Formen sind ins Ungeheuere und Riesenhafte ausgewachsen. Er hat auf dem Haupt eine Krone von schwarzen Hörnern, darunter eins, das so stark glüht, dafs der ganze Sabbath von seinem Lichte besser wie vom Vollmond beleuchtet wird. Seine Augen sind grofs, weit geöffnet und kreisrund. Halb Mensch, halb Bock, hat er doch menschlich geformte Extremitäten, weibliche, schlaff herabhängende Brüste, was aber besonders auffällt, ist sein riesiger gekrümmter Phallus, gerade wie ein mächtiger Hundeschwanz, glühend rot und in ein weibliches Geschlechtsorgan auslaufend.

Seine Stimme ist furchtbar, aber ohne Klang, heiser und schwer verständlich. „Er behauptet immer eine grofse Hoffart, verbunden mit der Haltung eines melancholischen Prinzen, der sich langweit."[1])

Unter dem Nabel hat er noch ein zweites Gesicht, fast noch fürchterlicher als das obere, das Gesicht der Excremente mit weitklaffendem Maul und ausgestreckter Zunge.

Sobald er erscheint, beginnt die Messe. Sie wird durch eine allgemeine Beichte eingeleitet, und man beichtete Alles, was man Gutes gethan hat. Man beichtete die scheufsliche Sünde der Keuschheit, die Todsünde der Demut, Geduld, Mäfsigkeit und Nächstenliebe. Man beichtete die abscheulichen und widerwärtigen Sünden, die die zehn Gebote des Moses enthalten, und man bereute bitter, ein Verbrechen unterlassen zu haben.

---

[1]) Aussagen bei De Lancre.

Der Bock hörte geduldig, aber er erteilte furchtbare Schläge, denn er liebt nicht die Halben. Jeder, der in seine Kirche eintritt, mufs seine Gebote ganz erfüllen.

Nach der Beichte folgt die Vorstellung derjenigen, die neu in seine Kirche eintreten wollen. Zitternd und bebend treten sie vor den Thron des grofsen Fürsten.

— Was verlangst Du? Willst Du einer der Meinigen werden? brüllt er den Ankömmling an.

— Ja!

— So wolle und thue, was ich will.

Nun spricht der Neueintretende folgende Formel:

— Ich verläugne Gott zuerst, dann Jesus Christus, den heiligen Geist, die Jungfrau, die Heiligen, das heilige Kreuz u. s. w. — übergebe mich in allen Stücken Deiner Gewalt und in Deine Hände, erkenne auch keinen anderen Gott, so dafs Du mein Gott bist und ich Dein Knecht.[1])

Hierauf küfst der Neophyt den Satan auf das Gesicht unter dem Nabel und verlobt sich damit ewiger Knechtschaft und der absoluten Herrschaft des Bösen.

Der Teufel kratzt ihm mit der Kralle auf der Stirn die Taufe ab, in einem schmutzigen Taufbecken wird der Aufgenommene neu getauft, wobei er feierlich gelobt, nie das Sakrament zu empfangen aufser zu unzüchtigen Zwecken, die heiligen Reliquien zu bespeien und zu beschmutzen, das Geheimnifs des Sabbath zu bewahren, neue Anhänger für die Satanskirche zu werben und alle seine Kräfte dem Satan zu weihen.

Die Ceremonie erreicht ihren Gipfelpunkt in dem grandiosen schauerlichen Gesuch des Täuflings an den Satan, er solle ihn aus dem Buch des Lebens auswischen und in das Buch des Todes hineinschreiben. Der Teufel stigmatisiert nun die Neophyten auf den Augenlidern, auf der Schulter, den Lippen, die Frauen dagegen auf der Brustwarze, am häufigsten auf den Labien der Vagina.

Der Pakt mit dem Teufel ist geschlossen, der Mensch ist unwiderruflich dem Teufel verfallen. Seit diesem Augen-

---

[1]) Diese Abschwörungsformel ist absolut historisch, sie kommt schon bei Petri monachi cenobii vallium Cernaii, Historia Albingensium cap. II.

blick wird seine Natur völlig umgeändert, in seiner Seele
wird das Oberste zu Unterst verkehrt, das Gesetz, das die
Bestie bis jetzt noch zügelte, wird kraftlos, alle die Tugenden,
die durch das Gesetz aufgedrungen waren, werden mit Hohn
und Veracht abgestreift, und vorzugsweise das Weib kehrt
zu ihrer ureignen Natur, die man so mühsam zu dämmen
suchte, zurück. Alle ihre Tugenden entfesseln sich zügellos.
Die Weiber werden fallaces, proditiosae, loquaces, garrulosae,
tenaces, glutinosae, ardentes et luxuriosae, leves, rebelles et
ligitiosae, nocivae et periculosae, comparantur Ursis, Vento,
Scorpioni, Leoni, Draconi et laqueo (Guaccio, compendium
malaficarum).')

*   *   *

Die ganze finstere, verzweifelte Geschichte des Mittelalters spiegelt sich in dem Grauen des Sabbath wieder.

Der Sabbath das ist der Orgiasmus der entfesselten
Instinkte, eine allmächtige Revolte des unterjochten Fleisches,
ein finsterer Hallelujahschrei des ans Kreuz genagelten
Heidentums.

Und in der That ist der Sabbath eine fratzenhaft ver-
zerrte Synthese aller orgiastischen Kulte des Altertums. Der
Dienst der Kybele, wo die hysterische Lustgier in eine
Raserei der raffiniertesten Grausamkeit ausläuft, die seltsamen längst schon vergessenen Künste der Unzucht bei
dem Dienst der Astarte, die Verbrechen und Beschwörungen,
mit welchen die griechischen Hexen die Hekate zur Preis-
gabe von Toten zwangen, alles das finden wir im Sabbath
wieder vereint. Umgeformt, dem neuen religiösen Anschau-
ungskreis angepaßt, aber doch leicht erkennbar. Der mittel-
alterliche Sabbath hat kaum etwas eigenes, er ist eine Er-

') Ich versuchte das typische Bild des Sabbath zu geben, wie
ich ihn aus zahllosen Prozessen zusammengestellt habe. Das Bild, das
die Hexen entwerfen, schwankt oft und ist unklar, aber die wesentlichen Linien bleiben dieselben, wenn sie auch oft ihre Richtung
wechseln. Absichtlich unterliess ich die Erwähnung der furchtbaren
Abgeschmacktheiten, wie die Sabbathherden der Kröten, die abstrusen
Mahlzeiten, die für den Teufelspakt völlig belanglos sind und nicht
einmal kulturhistorischen Wert haben.

scheinung, die sich zu allen Zeiten und bei allen Völkern vorfindet, eine universal-historische Thatsache.

Aber während die Mysterien des Altertums einen absolut positiven Charakter hatten, während sie darauf hinausgingen, alles in den Bereich des Göttlichen zu ziehen, alle Instinkte zu heiligen, ja durch ihre intensesten Extasen das Göttliche zu ehren, hat der Sabbath des Mittelalters eine rein und nur negative Bedeutung.

Einerseits wurzelt er in dem furchtbaren Hafs der Manichäer gegen die katholische Kirche und zweifellos ist er im Schoofse des Manichäismus entstanden, oder hat sich vielmehr unter seinem Schutz fortgeerbt. Die Doktrinen der Manichäer waren fast nur polemischen Inhaltes und bildeten die zersetzendste Kritik des Katholizismus. Was in der Lehre der Katharer an Glaubensgrundsätzen ursprünglich vorhanden war, ging in dem Hafs gegen den Nazarener unter, einem Hafs, der sich von Generation zu Generation durch die fanatischen Verfolgungen nur steigerte.

Auf diesem willkommenen Hafsuntergrund schichtete sich naturgemäfs alles riesenhoch auf, was die Kirche verfolgte, alles, was an heidnischen Überresten im Bewufstsein des Volkes lebte, alle Meinungen und Gebräuche, die von anderen Ländern herkamen, die das Volk aus irgend einem Grund begierig aufnahm und wogegen die Kirche mit ihren grausamsten Waffen vorging.

Andererseits gründet sich der Sabbath auf dem krankhaften Hafs der Besessenen gegen alles Kirchliche. Die Kirche hat gesagt, dafs in der Besessenen die Dämonen wüthen, sie suchte die Kranken mit Weihwasser und Gebeten zu heilen. Nun wohl! Die Kranken glaubten daran, sie wufsten, dafs sie vom Teufel besessen sind, sie trugen den Teufel in sich und liefsen ihn im Sinne der Kirche seine entsetzlichen Blasphemien brüllen. Und auf der untersten Stufe dieser Erkrankung, um die es sich bei der Hexe handelt, liefsen sie es gerne zu, sie überliefsen sich willig und nach Überwindung der ersten Schwierigkeiten mit steigernder Lust dem Teufel, der ihnen zum Entgelt die übermenschlichen Freuden des Sabbath gab.

Und so verquickte sich der ursprüngliche Manichäismus mit der seltsamen Lust des mittelalterlichen Menschen, an Gottesraub.

Der historische Sabbath, der Kultus der Albingenser, womit sie den bösen „Gott" feierten, zerfliefst in den wüsten Phantasmen der Besessenen, die ursprünglich natürlichen Formen verzerren sich zu ungeheuerlichen Visionen, und man ist nicht mehr im Stande anzugeben, wo die Wirklichkeit aufhört und wo sie anfängt. Ein wüstes Gemenge tausendfältiger Kulturrudimente aller Völker und aller Zeiten, ein Fieberwirrwarr von Glaubenssätzen aller Religionen, ein vulkanischer Ausbruch entgegengesetzter Instinkte, in wildem Chaos und erbittertem Kampf.

* * *

Der Besuch des Sabbath wirkt wie die Gewohnheit des Opiumessens. Er wird schon nach einmaligem Gebrauch zu einer Leidenschaft, die man nie brechen kann. Alle Aussagen der Hexen stimmen darin überein, dafs „der Sabbath ein wahres Paradies sei, und es dort mehr Freuden gebe, als sich aussprechen lasse." [1]

Wurde das Zeichen gegeben, so war es eine Freude, „wie wenn man zur Hochzeit gerufen würde. Der Geist binde also das Herz und den Willen, dafs für kein anderes Verlangen Platz vorhanden sei." [2]

Verwundert fragen die Richter, wie denn der Sabbath solche Anziehung ausüben könne, da er doch nur der Ort von Gräueln und Unflath sei? Darauf bekamen sie zur Antwort, dafs man diese Gräuel mit einer „verwunderlichen Lust und rasendem Verlangen" geniefse, so dafs die Zeit „im Genusse so vieler Ergötzlichkeiten wie toll dahinfliege, dafs man mit Bedauern von ihm scheide und in unausstehlicher Sehnsucht sich zurückverlange."

„Das seien Freuden wahrlich übermenschlicher Wesen, und nicht irdischer Abkunft."

---

1) De Lancre, Aussagen der Johanna Dibasson.
2) Aussagen der Maria de la Ralde.

Auf diese Weise verlor sich bei der Hexe nach und nach der Zweck, die Kirche zu schänden, der Sabbath wurde ihre Religion, das Verbrechen ihre Tugend, die Umkehrung der Instinkte vollzog sich fast unmerklich, sie wurde mit einem mal ein neues Wesen. Die schändliche Orgie wurde zum Selbstzweck, sie dachte gar nicht mehr an die Beziehung, in welcher ihr Kultus zu dem der christlichen Kirche stand, sie stürzte sich kopfüber in die Abgründe der Instinktrasereien, ohne daran zu denken, dafs sie damit Gottesraub begehe. Und so feierte man die Orgie ohne Bezug auf irgend etwas in den einmal vorgeschriebenen Bahnen, mit all den traditionellen Gebräuchen, deren Zweck ursprünglich ein blasphemischer war. Man feierte die Orgie um der Orgie willen, man tobte sich aus in den qualvollsten Wollustkrämpfen, man wurde wieder ein Wolf, ein Vampyr, ein Bock, ein Schwein, man raste in dem Bewufstsein ewiger Verdammnifs, aber was bedeuteten alle Himmelsfreuden gegen die übermenschlichen Lüste des Sabbath!

Und so wurde der Sabbath, dem man das erste Mal mit Angst beiwohnte, mit dem grauenhaften Bewufstsein, das Seelenheil unrettbar verloren zu haben, nach und nach zu dem einzigen Kultus ohne Gegensatz, ohne Beziehung und ohne eine andere Bedeutung als die, die Wollust ins Unermefsliche gesteigert zu empfinden. Und Satan, der ursprüngliche Anti von allem Katholischen, wurde der einzige Gott, der gütige Vater, der das mafslose Glück bereitete. Wollte man ursprünglich von ihm irdische Güter haben, verschrieb man sich ihm, um Gold und Macht zu erhalten, so hat man jetzt all das vergessen, man verlangte nichts mehr von ihm, man pries ihn und küfste ihm dankbar den Hinteren. Denn er gab alles, das vulkanische Erbeben des Fleisches, in dessen Spasmen alles Gold als nichtiger Staub und alle Macht als eine dumme Eitelkeit erscheint.

Das Stadium der Negation, der bewufsten Blasphemie, womit die Hexe sich in den geschlossenen Zirkel der Satansanbeter einführte, dauerte sehr kurz, in den rasenden Stürmen des Geschlechtes war bald der Christengott vergessen, es gab bald keinen andern Gott aufser Ihm, dem ragenden

Phallus, und hebt der Bock die schwarze Hostie und „bellt"
er die unartikulierten Worte: Das ist mein Leib! dann fällt
die ganze Gemeinde auf die Knie und mit derselben Inbrunst,
mit der sie noch kurz vorher das heilige Sakrament anbetete,
stöhnt sie aus tiefstem Herzen: Aquerra goity! Aquerra
boyty! (Bock oben! Bock unten!)[1])

Die Hexen, die De Lancre im Baskenlande richtete,
entschuldigen sich damit, dafs sie durchaus nicht wufsten,
dafs sie Sünde begehen, sie seien sich nichts Unrechtes bewufst, im Gegenteil, sie glaubten, es sei die einzige Religion
und mit unendlichem Behagen schilderten sie die unglaub-
lichsten Details ihres Dienstes. „Die Mädchen und Frauen
vom Labourt, statt über die verdammliche Sache zu erröten
und ihr Vergehen zu beweinen, haben vor Gericht alle Umstände und das schmutzigste Detail mit solcher Unverschämt-
heit und Lust erzählt, dafs man gesehen, wie sie eine Ehre
darein gesetzt und ein besonderes Vergnügen an der Aus-
einandersetzung gefunden, weil sie die schmutzigsten Lieb-
kosungen des Dämons allem Anderen vorzogen. Sie erröteten
nicht im geringsten, welche schlüpfrigen und unsauberen
Fragen man immer an sie richtete, so dafs unser Dolmetscher
im Baskischen, der ein Priester war, mehr Scham hatte,
unsere Fragen ihnen zu übersetzen."[2])

„Ita pestis haec velut contagio proserpsit", sagt Wier
in seinem prächtigen Buch: De praestigiis daemonum, und
der Rat Heinrichs IV. Florimond zu Bordeaux schreibt entsetzt: „Et le diable est si bon maistre, que nous ne pouuons
enouyer si grand nombre (sc. der Hexen) au feu que de leur
cendres il n'en renaisse de nouueau d'autres."

*
*   *

Die wissenschaftliche Reaktion gegen die Hexenprocesse
begann mit Christian Thomasius Werk „De criminibus

---

[1]) De Lancre p. 400.
[2]) De Lancre.

Magorum.¹) Man muſs den Muth des Leipziger Professors anerkennen, mit dem er gegen den Hexenglauben ankämpfte, freilich die meiste und schwerste Arbeit war gethan, die Hexenrichter konnten sich bald zur Ruhe setzen, aber für Thomasius war es immerhin ein gefährliches Wagniſs, das ihm leicht das Leben kosten konnte.²)

„Schrift und Vernunft" sollten die einzigen Waffen sein, mit denen Thomasius Vorurteil und Aberglauben bestreiten wollte. Das war gewiſs recht löblich, aber auf dem Gebiete des Hexenwesen kann mit diesen beiden Mitteln wissenschaftlich nichts ausgerichtet werden.

In § 6 seines Werkes beginnt Thomasius seine Meinung über Zauberei und Hexerei zu entwickeln und zu begründen. Vor allem verwirft er den Glauben an Hexen, Zauberer und an den Teufelsbund. Er nennt dies alles fabelhafte Erdichtung des „Juden-, Heiden- und Papsttums". Die Existenz des Teufels bestreitet er nicht. Aber auch hierüber denkt er compromiſslich. Der Teufel ist bei ihm ein Wesen, das unsichtbarer Weise auf das arge Geschlecht der Menschen wirkt: „das Böse an sich."

Auf das Wesen des Teufels geht er in § 7 näher ein. Er kommt zu dem Schluſs, daſs der Teufel der „Fürst der Finsterniſs und der Luft seye, d. i. ein solches geistisches, unsichtbares Wesen, welches auf eine unsichtbare Weiſse vermittelst der Luft und anderer natürlicher Körper als des Wassers und der Erde in argen Menschen wirken könne."

In § 8 verteidigt er sich gegen den Verdacht des Atheismus. Er stellt die zweifellos falschen Folgerungen auf, daſs es doch ungereimt sei, einen Menschen, der an keinen Teufel glaube, der Gottesverleugnung zu beschuldigen, während

---

¹) Das Buch wurde später auch ins Deutsche übersetzt, eine gute Ausgabe ist „Christian Thomasii gelehrte Streitschrift von dem Verbrechen der Zauber- und Hexerei. Aus dem Lateinischen übersetzt, und bei Gelegenheit der Gassnerischen Wunderkuren zum Besten des Publikums herausgegeben von Johann Martin Maximilian Einzingers von Einzing. 1775."

²) Einzinger äussert sich über Thomasius: Er war ein Mann, der mit herkulischem Mut das Eiss gebrochen, und dessen Schriften bereits in der gelehrten Welt das Bürgerrecht erlangt haben

man ihn doch einen Teufelsverleugner nennen müfste. Denn wenn man an einen Gott glaube, so müsse man deshalb notwendigerweise noch lange nicht an einen Teufel glauben.

In § 13 verlangt Thomasius von denen, die behaupten, dafs es Hexen und Zauberer gebe, faktische Beweise, nicht aber von denen, die dergleichen Verbrechen verneinten, solle man Beweise fordern. Carpzov habe allerdings Beweise dafür gebracht, dafs die Hexen und Zauberer Verbrechen verübten und deshalb bestraft werden müfsten, doch diese seien nicht stichhaltig. Thomasius versucht sie nun alle mit grofsem Scharfsinn zu widerlegen (§§ 14—25).

Von § 30 an sucht Thomasius nachzuweisen, dafs es kein Verbrechen der Zauberei und keinen Teufelsbund geben kann. Er folgert also: Um mit dem Teufel einen Bund zu schliefsen und Unzucht zu treiben, gehörte dazu, dafs er eine bestimmte Gestalt annahm, wie wir es ja aus Carpzov und anderen ersehen haben.

Thomasius will nun erstens nachweisen, dafs der Teufel keine Gestalt annehmen kann, und zweitens, dafs der Versucher Christi kein körperlicher Teufel gewesen sei.

Er sagt: Wenn der Teufel eine Gestalt besäfse und Bündnisse mit Menschen eingehen könnte (und nur in irgend einer Gestalt könnte er es!) so müfsten

1. zuvor die „Ausleger der heiligen Schrift über den wahren Verstand dieser Geschichte sich untereinander vereinigen können, ob nehmlich Christus wachend in der Einbildung, oder schlafend im Traume versucht worden, oder ob nicht, welches am wahrscheinlichsten ist, durch den Satan wie in anderen Stellen der heiligen Schrift der Mensch verstanden werde. Allein keine von allen diesen Auslegungen schadet uns".

2. „Müssen wir bey Prüfung dieser Geschichte alle kindische Vorurtheile dergleichen dasjenige ist, welches aus der Unwissenheit der jüdischen Altertümer herrühret, dafs nehmlich Christus durch die Luft oben auf die Spitze des Tempels geführet, und er von dem Teufel in körperlicher Gestalt versucht worden, bey Seite legen. Denn gesetzt, dafs selbsten der Teufel Christum versucht hätte, so ist es

doch ungegründet, und nicht einmal wahrscheinlich zu erweisen, dafs er solches in angenommener menschlicher Gestalt
gethan habe."

3. „Rühret das Hauptvorurtheil von denen sich bey
denen Evangelien selbst gemachten Bildern her, nach welchen
sich die Katholische den Versucher unter weis nicht was vor
einem fürchterlichen Thier, wir Lutheraner aber unter der
Gestalt eines Mönchs in der Kutte uns vorstellen. Es ver-
diente wahrhaftig eine besondere gelehrte Abhandlung geschrieben zu werden: Von dem in der evangelischen Kirche
fast unbezwenglichen Aberglauben der Katholiken, welcher
in denen zarten Herzen der Jugend durch die ihnen in dem
Catechismo und bey denen Evangelien vorgemahlte Bilder
angeflammet und unterhalten wird."

Gegen derartige begriffsspielerische Deduktionen ist eine
ernstliche Widerlegung überflüfsig; sie können nicht Thatsachen wegleugnen und sind durch unsere moderne Physio-
Psychologie überholt. Thomasius hat gewifs grofse Verdienste
um die Aufklärung, aber mit billigen Schlagworten aus jener
Zeit ist das Hexentum und der Satanismus heute nicht ab-
zuthun. Wir werden noch in den folgenden Abschnitten
schier unglaubliche Dinge aus der Jetztzeit beleuchten, die
Professorenweisheit auch mit den Waffen der Schrift und
Vernunft bestreitet.

Zwei klassische Dokumente für das Vorkommen der
schwarzen Messe will ich hier noch anführen, es ist dies
erstens der Procefs der Magdalaine Bavent.[1]

Der Ort der Handlung ist eine Kapelle des Klosters zu
Louviers. Keine Sitze waren da, aber es war hell wegen
der Lichter, die wie Fackeln auf dem Altar standen, und
die wahrscheinlich, wie es allgemeiner Brauch war, aus dem
Fett der Gehängten zubereitet waren. Anwesend sind einige
Priester, darunter Picard, sein Vikar Boullé, noch ein paar
andere, die Mad. Bavent nicht kennt, und ein paar Nonnen,
fünf bis sechs.

[1] Histoire de Magdalaine Bavent, religieuse du monastere de
saint Louis de Louviers etc. Paris chez Jacques le gentil 1652.

„Die Hostie war der unserigen gleich, doch ohne Bild. Man machte auch die Elevation und hörte dabei furchtbare Blasphemien. Die Messe wurde mit dem Papiere der Blasphemien abgehalten, das die furchtbarsten Verwünschungen der Dreifaltigkeit, des Altarsakraments, der anderen Sakramente und der Ceremonien der Kirche enthielt. Alle Handlungen sind ehrlos, und es ist unmöglich, dafs ich anders als mit Schauder ihrer gedenke. So viel ist gewifs: die Heiligen Gottes thun grofse Dinge, die Unheiligen des Teufels aber geben ihnen darin auf der anderen Seite nichts nach. Die Bosheit der Priester treibt sie bisweilen, über grofsen Hostien Messe zu lesen, sie dann in der Mitte auszuschneiden, auf ein in gleicher Weise zugerichtetes Pergament aufzukleben und dann sie in schändlicher Weise zu ihren Lüsten zu gebrauchen!" . . .

Maria von Sains erzählt, die Anwesenden werden mit Christi Blut besprengt unter dem Ausruf: Sanguis eius supra nos et super filios nostros! Die Messe selbst wird begleitet von den unwürdigsten obscönsten Bewegungen und Ausrufen. Einige strecken die Zungen aus, andere werfen völlig die Kleider ab, andere entblöfsen den Hinteren, den sie gegen den Altar kehren, andere wieder masturbieren in der schamlosesten Weise und all dies steigert sich bei der Elevation zu einer höllischen Raserei, die dann schliefslich in der Tobsucht einer entfesselten Geschlechtsorgie ausartet.

Der zweite Fall ist der der Marquise de Montespan, der Geliebten Ludwigs XIV. Es war ein Skandalprocefs schlimmster Art, den man unter der glorreichen Regierung des Roi-Soleil dem Abbé Guibourg machte, er kompromittierte die höchste Aristokratie und die Maitressen des Königs so schwer, dafs man ihn schleunigst unterdrücken mufste. Aber es wurden genug Thatsachen bekannt, um uns ein genaues Bild einer solchen Messe, die auch für die folgenden und für unsere Zeit typisch ist, ein deutliches Bild zu machen.

In einer Kapelle, die ganz schwarz ausgeschlagen war, stand der Altar mit einem Kreuz, umgeben von schwarzen Kerzen.

Hier erwartete Guibourg[1]) seine Klienten.

Und sie kamen in Schaaren herangelaufen. Der grofse Débaucheur und Giftmischer, der Hofdichter Racine, die d'Argenson, die de Saint-Pont, la Bouillon, Luxembourg, vielleicht auch Lord Buckingham, aber heute — es ist der letzte Januar 1678 — ist es die berühmte Marquise Montespan.

Sie ist besessen von dem Verlangen, Königin zu werden, sie will Alles opfern, Alles thun, um dies zu erreichen, aber nie ist sie so weit entfernt, ihren Ehrgeiz zu befriedigen, wie grade jetzt, da Ludwig XIV., der an Satyriasis litt, bedenklich zu erkalten begann.

Aber Guibourg, der berüchtigte Guibourg, der die ganze Aristokratie mit Giften versorgte, sie mit Liebesphiltren verpestete, Guibourg allein konnte helfen.

Kaum war sie in die Kapelle hineingekommen, als sie sich schon ihrer Kleider entledigte und sich nackt auf dem Altar hinlegte.

Nun begann die infame Ceremonie.

Über ihren Bauch breitet der Priester ein Tuch und stellt darauf den Kelch, auf ihre Brust legt er das Kreuz. Darauf spricht er die Messe nach dem katholischen Ritus, nur dafs er überall da, wo der Priester den Altar küfst, ihren nackten Körper küfste. Quotiescumque altare osculandum erat, Presbyter osculabatur corpus, hostiamque consecrabat super pudenda, quibus hostiae portiunculam inserebat.

Der Augenblick der Konsekration nähert sich. Die Tochter der berühmten la Voisin, die aus dem Procefs der Giftmischerin Brinvilliers nur allzu bekannt ist, läutet dreimal. Die Thür öffnet sich, die furchtbare Hexe Des Oeillets er-

---

[1]) La Reynie schildert ihn wie folgt: Cet homme qui ne peut être comparé à aucun autre sur les nombres des empoisonnements, sur le commerce du poison, sur les sacrilèges et les impiétés, connaissant et étant connu de tout ce qu'il y a des scélérats, convaincu d'un grand nombre de crimes horibles, cet homme qui a égorgé et sacrifié plusieurs enfants, qui outre les sacrilèges dont it est convaincu confesse des abominations qu'on ne qeut concevoir.

scheint mit einem zwei- bis dreijährigen Kinde unter dem Arm. Man hat es von seiner Mutter für einen Thaler gekauft, die Kinder waren eine sehr billige Waare, jetzt soll er die Worte des Christus erfüllen, denn Guibourg murmelt: Christus hat gesagt, lasset die Kindlein zu mir kommen. Ich will, dafs Du zu ihm gehst und mit ihm eins werdest.

Nun hebt Guibourg das Kind hoch, hält es über den Kelch und schreit: „Astaroth, Asmodée, princes de l'amitié, je vous conjure d'accepter le sacrifice que je vous présente de cet enfant pour les choses que je vous demande." Er legt das Kind auf den Bauch der Montespan und schneidet ihm die Kehle ab. Ein furchtbarer Schrei und das Opfer ist vollbracht. Das Köpfchen des Kindes fällt zurück, das Blut fliefst in den Kelch hinein, bespritzt die Mefskleider des Priesters und die nackten Glieder des lebendigen Altars. Die Des Oeillets nimmt den gemordeten Körper, reifst ihm die Eingeweide heraus, die todte „Mumie", die zu so vielen Zwecken noch dienen soll.

Guibourg rührt das Blut und den Wein um, eine gebrochene Hostie, in der die Asche von gebrannten Kinderknochen enthalten ist (Kinder, die ohne Taufe sterben) steckt er hinein, hebt den Kelch hoch:

Das ist mein Fleisch! Das ist mein Blut!

Er trinkt und giebt den Kelch der Montespan zu trinken. Nach der Konsekration beschwört der Priester die finsteren Mächte, alle Wünsche der Montespan zu erfüllen, dafs der König Tisch und Bett mit ihr teile, dafs die Königin verstofsen und unfruchtbar werde, dafs sie selbst zur Königin von Frankreich ernannt werde.

Nun folgt etwas Empörendes: Missa tandem peracta, Presbyter mulierem inibat, et manibus suis in calice mersis, pudenda sua et muliebria lavabat. Die Erbin eines der berühmtesten und vornehmsten Namen in Frankreich giebt sich der schmutzigsten Lust eines Greises hin in Gegenwart der la Voisin und der Des Oeillets!

Zum Schlufs bereitet der Priester aus den Resten der Hostie, dem Blut und den Eingeweiden des Kindes ein

Sachet, das er der Montespan übergiebt. Die Messe war
von Erfolg, denn Tags darauf hat die Montespan den König
zurückgewonnen und ihn mächtiger als je zuvor an sich
gekettet.[1])

15. Religiöse Kastrationen.

Das Jesuswort: „Denn es sind Etliche verschnitten, die
sind aus dem Mutterleibe also geboren; und es sind Etliche
verschnitten, die von Menschen verschnitten sind; und sind
Etliche verschnitten, die sich selbst verschnitten haben um
des Himmelreichs willen. Wer es fassen mag, der fasse es;"[2])
ist der Hauptstützpunkt für die Verteidiger und Schwärmer
der religiösen Kastration[3])[4]) unter den Christen. Bei einigen
orientalischen Völkern, insbesondere den Phrygiern, wo die
Priester der Kybele mit einem steinernen Messer oder Scherben
sich entmannen mufsten, war die Kastration sporadisch zu
finden; nach Griechenland und Rom fand sie auch nur in
sehr vereinzelten Fällen Eingang und wurde gesetzlich verboten.

[1]) Ich folgte der Darstellung des Dr. Legué in seinem Werke
Médecins et Empoisonneurs, der die Manuskripte des Prozesses ausgezogen hat.

[2]) Matthaeusevangelium XIX, 12.

[3]) Weitere Bibelstellen sind: „Selig sind die Unfruchtbaren und
die Leiber, die nicht geboren haben und die Brüste, die nicht gesäugt
haben," Lukas XXIII, 29; „So aber deine Hand oder dein Fuss dich
ärgert, so haue ihn ab," Matthaeus XVIII, 8 und Markus IX, 43 ff.;
„So tötet nun eure Glieder, die auf Erden sind: Hurerei, Unreinigkeit,
schändliche Brunst, böse Lust", Kolosserbrief III, 5. Auch schon im
alten Testamente findet sich bei Jesaias XVI, 3—5 eine kastrations-
freundliche Stelle: Und der Verschnittene soll nicht sagen: Siehe ich
bin ein dürrer Baum. Denn so spricht der Herr zu den Verschnittenen,
welche meine Sabbathe halten und erwählen, was mir wohlgefällt, und
meinen Bund fest fassen, ich will ihnen in meinem Hause und meinen
Mauern einen Ort geben und einen besseren Namen, denn den Söhnen
und Töchtern, einen ewigen Namen will ich ihnen geben, der nicht
vergehen soll.

[4]) Die Kastrierung kann auch aus medizinischen und anderen
Gründen vorgenommen werden und werden später noch erörtert werden.

Erst unter Justinian mehrten sich diese Fanatiker. Origines, der berühmte Kirchenvater, hatte im Jahre 252 sich selbst kastriert, der Bischof Leontius von Alexandra folgte seinem Beispiel. Der Kirchenvater Epiphanes (310—403) berichtet, dafs zu Origines Zeiten am Jordan eine Kastraten-Sekte, die Valesianer, existiert haben, die ihrem Begründer Valesius, einen arabischen Philosophen, gleich um ihres Seelenheils willen sich verschnitten und auch andere dazu gezwungen, solches zu thun.

Die Kirchenkoncile sprachen ihren Bann über die Kastraten aus und erstickten die weitere Ausbreitung der fanatischen Irrlehre. Erst im 18. Jahrhundert taucht in Rufsland eine Kastraten-Sekte auf: die Skopzen, mit denen wir uns eingehender zu beschäftigen haben.

---

16. Das Skopzentum.[1])

Das russische Skopzentum soll sich um das Jahr 1757 unter den Chlisti, sogenannten „Gottesleuten", einer Art Flagellatoren gebildet haben. Im Jahre 1771 wurde der Regierung bekannt, dafs ein Bauer Namens Andrei Iwanow im Orloffschen Gouvernement 13 andere Bauern zur Kastration überredet habe; ein sonst Unbekannter, Namens Kondratii Sseliwanow (er führte noch andere Namen: Andrei, Ssemen, Iwan, Foma) soll ihm dabei Dienste geleistet haben. Auf Grund einer gerichtlichen Untersuchung wurde Iwanow mit der Knute bestraft und dann nach Sibirien verschickt, Sseliwanow entfloh in das Tambowsche Gouvernement und begann dort mit einem Alexander Iwanow Schulow die Kastration unter den Bauern weiter zu predigen. 1775 wurde Sseliwanow in Moskau verhaftet und nach Bestrafung mit der Knute ins Irkutskische Gouvernement verschickt; seine

---

[1]) Pelikan: Gerichtlich-medicinische Untersuchungen über das Skopzentum in Russland nebst historischen Notizen. Übersetzt von Dr. Nikolaus Iwanoff. Giessen, J. Rickersche Buchhandlung 1876.

Nadeschdin: Untersuchungen über die Skopzenirrlehre. 1845 auf Befehl des russischen Ministers des Innern herausgegeben.

Anhänger wurden teils gepeitscht und zu Zwangsarbeiten in der Festung Dünamünde verurteilt, oder unter der ausdrücklichen Weisung sich von der Sekte fernzuhalten, an ihrem Wohnort belassen.

Nach kaum zehn Jahren hatten sich die Sektirer wieder gesammelt und breiteten das Skopzentum weiter aus. Kondratii Sseliwanow war inzwischen entflohen, aber 1797 in Moskau festgenommen und auf Befehl Pauls I. in einem Irrenhause in Petersburg untergebracht. Unter Alexander I. wurde das Verhalten gegen die Skopzen ein anderes; der Czar besuchte das Irrenhaus, in dem Sseliwanow

Sseliwanow.

sich befand und letzerer wurde 1802 in das Stadtarmenhaus des Smolny-Klosters gebracht. Vier Monate später wurde er durch Vermittelung des Staatsrats Alexei Michailow Jelansky,

der selbst der Sekte angehörte, entlassen und bildete nun ungehindert den propogandistischen Mittelpunkt des Skopzentums; Sseliwanows Haus wurde Neu-Jerusalem, das himmlische Zion u. s. w. genannt. Die leitenden Kreise waren damals dem Mysticismus sehr zugethan, Alexander I. stand unter dem Eindruck des Brandes von Moskau, Freimaurerlogen entstanden, die Selbstgeiselung

Michailow.

ung wurde gepflegt und auch das Skopzentum breitete sich mehr und mehr aus.

Im Jahre 1815 gründete eine Obristin Tatarinow eine Flagellanten-Gemeinde, der Personen verschiedener Stände,

17*

vom gemeinen Mann bis zu hohen Hofchargen angehörten. Junge Mädchen und Frauen sollen hier verschnitten sein, berichtet der Archimandrit Photius.

Sseliwanow war allgemach ein alter geistesschwacher Mann geworden, der seine Anhänger nicht mehr im Zaume halten konnte. Im Juni 1818 überreichte ein Skopze der Petersburger Gemeinde dem Metropoliten Michael eine Schrift, in der er ausführte, dafs Sseliwanow auch Christus und Gott und Kaiser Peter III. genannt werde. Sseliwanow wurde daraufhin auf Allerhöchsten Befehl aufgefordert, Niemanden mehr zu kastrieren. Im Jahre 1820 wurde er in das Spasso-Euphemius-Kloster verschickt, woselbst er 1832 in hohem Alter starb. Mehrere von den eifrigsten Sektirern, unter ihnen auch ein Kapitain Ssosonowitsch, der später seine Verirrungen bereute und die Geheimnisse der Skopzen enthüllte, wurden nach dem Ssolowetzki-Kloster verbannt.

Aber diese Mafsregeln nützten nicht viel: überall, wo ein Skopze war, machte er die regste Propoganda, 1843 zählte man in den Regierungsberichten 1701 Skopzen beiderlei Geschlechts, eine Zahl, die jedoch viel zu gering angenommen ist.[1]

---

[1] Pelikan giebt in den Beilagen folgende aktengemässe Zahlen:

1805—1839 incl.		1840—1859		1860—1871	
Männl.	Weibl.	Männl.	Weibl.	Männl.	Weibl.
1665	357	1550	825	764	283
2022		2375		1047	

Nach Stand, Beruf oder Beschäftigung verteilten sich die Skopzen:

	Männlich	Weiblich
Edelleute	4	4
Militärofficiere	10	—
Marineofficiere	5	—
Civilbeamte	14	—
Geistliche	19	1
Erbliche Ehrenbürger	—	1
Stationsaufseher vom Postressort . .	2	—
Die Tochter eines derselben	—	1
Feldscheerer	1	—
Schreiber	4	—
Kuriere	2	—

Aufser den bei den Geifslern bereits erwähnten psychologischen Erklärungen für Selbstkasteiung waren es bei den

	Männlich	Weiblich
Kaufleute	148	6
Bürger	220	105
Zünftler	8	9
Freigelassene Bauern	24	12
Abgabenfreie Bauern	2	1
Hofleute . . . , ...	23	9
Arbeiter und Handwerker	46	7
Bauern	1909	827
Grundstücksbesitzer	119	41
Fuhrleute	3	—
Fischer	1	—
Maschinistenfrau . . . . . . , .	—	1
Ansiedler . . . . ,	121	27
Zöglinge weiblichen Geschlechts . .	—	11
Vagabunden	29	5
Arrestanten	34	6
Soldaten, deren Weiber und Kinder .	376	67
Kosacken	28	19

Das Alter verteilte sich folgendermassen:

	Männlich	Weiblich
1—5 Jahre	3	3
5—10 „	19	13
10—15 „	83	32
15—20 „	173	111
20—25 „	230	100
25—30 „	267	95
30—35 „	258	75
35—40 „	258	78
40—45 „	204	93
45—50 „	175	51
50—55 „	140	56
55—60 „	91	32
60—65 „	103	37
65—70 „	51	16
70—75 „	47	23
75—80 „	25	7
80—85 „	19	5
85—90 „	10	3
90—95 „	8	1
95—100 „	1	—
105—110 „	1	—
125—130 „	1	—

Skopzen noch politische Momente, die auf ihre Handlungen
Einfluſs ausübten.[1]) Die Skopzen glaubten, daſs Sseliwanow
der Czar Peter III, Erlöser und Christus sei, der durch die
Kaiserin Elisabeth Petrowna, die als wahre Gottesmutter
eine unbefleckte Jungfrau gewesen sei und den Erlöser,
den heiligen Geist empfangen und geboren habe, Mensch
geworden sei. Die Ansicht wurde noch dadurch bestärkt,
daſs Peter fern in Holstein geboren war und Elisabeth Petrowna
nur kurze Zeit regiert, eine ihrer Busenfreundinnen habe auf
dem Throne gesessen, sie selbst dagegen bei einem Skopzen
unter dem Namen Akulina Iwanowa im Orloffschen Gouvernement bis zu ihrem Tode gelebt. Als aber ihr Sohn, der
Erlöser, Czar Peter III., der kastriert gewesen sei, sich nach
seiner Rückkehr nach Ruſsland verehelichte, habe seine
Gemahlin Katharina die Impotenz ihres Gemahls erkannt
und eine Verschwörung gegen sein Leben angestiftet. Der
Kaiser sei jedoch entflohen und ein Wachtsoldat, dessen
Kleidung er angezogen, an seiner Statt ermordet. Hierauf
begann das Wanderleben des Erlösers Peters III., der überall,
auch im Auslande, die Feuertaufe gepredigt; er habe viele
kastriert, namentlich im Tulaschen Gouvernement, wo sein
Vorläufer, der Bauer Schilow erschienen sei. Die Regierung
habe den Erlöser dann nach Sibirien geschickt. Als jedoch
Paul I. den russischen Thron bestiegen und er erfahren habe,
daſs sein Vater in der Verbannung schmachte, habe er ihn
sofort nach Petersburg beordert, um ihm den Thron zu
übergeben. Peter III. habe aber dem Vorschlage nur unter
der Bedingung zustimmen wollen, daſs sich Paul I. gleichfalls verschneiden lasse; hierüber erzürnt, habe Paul den
Vater-Erlöser in einem Armenhause unterbringen lassen.

Die Konfessionen waren vertreten:

	Männlich	Weiblich
Orthodoxe Katholiken	3832	1192
Lutheraner	136	273
Römische Katholiken	8	· —
Muhamedaner	1	—
Juden	2	—

[1]) Vgl. noch I d e l e r: Versuch einer Theorie des religiösen
Wahnsinns. Halle 1848.

Alexander I., der Nachfolger Pauls I., und seine Gemahlin seien selbst der Sekte beigetreten und dem Erlöser sei die Freiheit zurückgegeben.

Die Skopzen haben die Überzeugung, dafs ihr Erlöser noch am Leben sei und er, wenn seine Zeit erfüllt sei, d. h. 144000 Skopzen gewonnen seien, aus Sibirien zurück-kehren, den Thron aller Reufsen einnehmen und das Weltgericht abhalten werde. Alsdann werde eine allgemeine Kastration beginnen und die Menschheit fortan von Ewigkeit zu Ewigkeit in wahrer und reiner Glückseligkeit fortleben. Vor dem zweiten Erscheinen Christi wird der Antichrist erwartet; Napoléon I., ein Bastard Katharinas II. und des Teufels soll dieser Antichrist sein, der sich noch heute in der Türkei aufhalte, von wo er, zum wahren Glauben bekehrt, später nach Rufsland zurückkehren würde.

Ssuchanow.

Der psychologische Grund, warum die Skopzen ihren Erlöser in dem Czaren Peter III. sehen, mag darin liegen, dafs er sofort nach seiner Thronbesteigung den Schismatikern Amnestie und Glaubensfreiheit gewährte. Die furchtbaren Verfolgungen seiner Vorgänger unterblieben und es wurden sogar den Sekten besondere Kuratoren bestellt, die sie vor der orthodoxen Geistlichkeit schützen sollten. So mag denn Peter III. den Sektierern als Christus selbst erschienen sein, sie konnten folgerichtig auch nicht an seinen Tod glauben, denn ein Gott stirbt nicht, sondern er hat sich nur erniedrigt, hat gelitten, um in Herrlichkeit wieder zu erscheinen.

Der Kernpunkt des Skopzentums ist wie erwähnt, die Abtragung und Verstümmelung der Geschlechtsteile.

Die Verschneidung wird bei den Skopzen auf verschiedene Weise vollzogen.[1]) In den ersten Zeiten des

---

[1]) Pelikan erwähnt in den Beilagen: Von 1481 Fällen der Verschneidungen bei den Männern entfallen:

588 vollkommene Verschneidung,

Skopzentums bestand sie in Entfernung der Hoden, der sog.
Gemächt-Zwillinge mittelst Abbrennen durch ein Glüheisen.

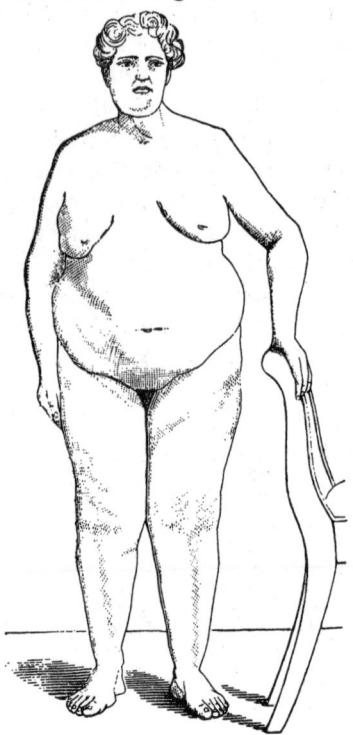

Daher rührt wahrscheinlich der Name der Feuertaufe. Später wurden anstatt des Glüheisens schneidende Instrumente: Rasiermesser, Messer, Sensen u. s. w. angewendet; das Glüheisen benutzte man nur zur Blutstillung. Die Operation, die nur Sektenmitglieder selbst gesehen haben, wurde nach vorhergehender Abschnürung des Hodensackes mit einem Zwirnsfaden, einer Schnur, oder einem Draht ausgeführt. Nach gestillter Blutung wurde die Wunde mit einem mit kalten Wasser, Baumöl, oder Salben getränkten Lappen bedeckt und verheilte in 4—6 Wochen.

Diese Verschneidungsweise, die auch heute noch üblich ist, wird „das kleine oder erste Siegel“, „das

Skopze, der im 3. Lebensjahre seiner Genitalien beraubt.

erste Weifswerden“, „die erste Reinheit“ genannt. Da nun aber diese Verschneidung die Skopzen nicht vor Wollust

833 Entfernung beider Hoden,
18 „ eines „
16 „ des Gliedes,
6 „ „ „ und eines Hoden,
22 Verschneidung besonderer Art.

Von 946 Fällen bei Weibern:
99 Verletzungen der Brüste und Genitalien.
306 „ „ „ allein,
251 „ „ „ Genitalien,
182 „ „ „ Saugwarzen.

völlig schützt, so greift man auch bisweilen zur Amputation des Zeugungsgliedes. Diese Operation, „das zweite oder Czaren-Siegel", „die zweite Reinheit" u. s. w. genannt, wird entweder sofort mit der Hodenkastration ausgeführt, oder erst später, das ist das häufigere, vorgenommen.

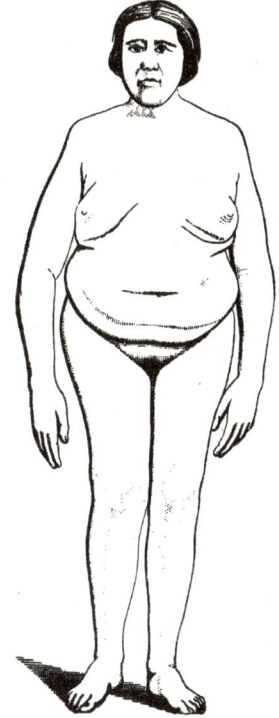

An den weiblichen Verschnittenen, den „Skopizen" oder „Skoptschichen" kann man folgende Verschneidungsarten unterscheiden:

1) Das Ausschneiden, Ausätzen oder Abbrennen der Brustwarzen einer- oder beiderseits.

Skopze, der im 6. Lebensjahre seine Genitalien verloren hatte.

50jähriger Skopze.

2) Abtragung eines Teils oder totale Amputation einer der beiden Brüste.

3) Verschiedene Einschnitte, meistens auf beiden Brüsten symmetrisch verteilt.

4) Das Ausschneiden der Nymphen allein, oder mit der Klitoris zusammen.

5) Das Ausschneiden des oberen Teils der grofsen Schamlefzen sammt den Nymphen und Klitoris.

Die Operation wird mittelst eines Messers oder einer Scheere oder anderer scharfer Instrumente vollzogen; die Heilung erfolgt wie bei den Männern.[1])

Aufser den eigentlichen Verschneidungen finden sich bei den Skopzen Narben infolge von Schnittwunden und von Verbrennung von geschmolzenen Schwefel oder Glüheisen,

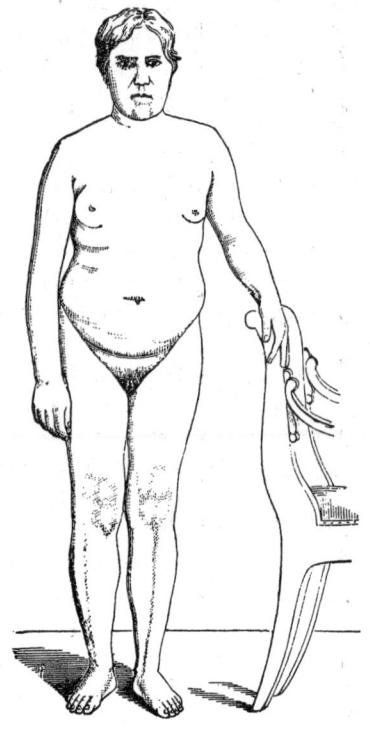

Skopze im 22. Lebensjahre verschnitten.

die auf verschiedenen Körperteilen, meistens in Form eines Kreuzes eingebrannt sind. Die Verletzungen an den unteren Extremitäten, auf dem Kreuz und der Lendengegend wurden

---

[1]) Ein Skopze Namens Budilin erwähnt, dass Messer und Gabeln eigener Art bei der Ausschneidung der Brüste üblich gewesen seien, bei den aktenmässig verzeichneten Fällen ist nichts darüber vermerkt.

von den kaukasischen Skopzen für einen höheren Grad des Verschnittenseins gehalten, der sie berechtigte, sich fünfflügelige Engel zu nennen; den höchsten Grad bildeten die sechsflügeligen Engel, bei ihnen fanden sich die Narben auf den beiden oberen Brustseiten, auf dem Rücken und den Schulterblättern.

Die Verschneidung wird meist an verborgenen Plätzen in Scheunen, Kellern, im Walde ausgeführt, in früherer Zeit „in der Stille mitternächtlicher Finsternifs, in der Kapelle auf dem Grabe des Alexander Schiloff in Schlüsselburg, auf dem Preobraschenskyberg."

Der Verschneider wird häufig als ein unbekannter alter Mann bezeichnet, weil die Verschnittenen wohl den Operateur nicht verraten wollten.

Die Skopzen pflegen gewöhnlich auszusagen, dafs die Verschneidung in bewufstlosem Zustande an ihnen vorgenommen sei, oder dafs sie bei der Operation nicht den geringsten Schmerz verspürt hätten.

Nicht selten geben die Skopzen Verletzungen durch Pferdehufe, durch Ochsenhörner, das Abfressen ihrer Genitalien durch Schweine als Ursachen ihrer Verstümmelung an.

Mehr und eifriger als andere Sektierer suchen die Skopzen Proselyten zu machen: Überredung, Verführung durch Geld u. s. w. sind ihre Mittel, nicht selten wird auch Gewalt angewendet, ihre Organisation ist wohldurchdacht und scharf durchgeführt.

Bei der Verleitung zum Skopzentum mittels religiöser Überredung sucht man zunächst das Vertrauen des Novizen zur Kirchenlehre zu untergraben, indem man dieselbe mit der wahren Lehre Christi als nicht übereinstimmend schildert. Mit besonderem Fanatismus greifen die Skopzen den Klerus an, dessen Angehörige sie nicht immer ganz unberechtigt mit schwarzen Farben schildern. Der Lebenswandel des Skopzen ist ja meistens ein untadeliger, so dafs Worte und Thaten sich bei ihnen decken und zur Nachahmung anspornen. Nur die Verschneidung schreckt die Novizen zuerst ab und verzögert seinen sofortigen Beitritt zur Sekte; aber auch diese Bedenken werden mit den obenerwähnten Bibelsprüchen

überwunden. Den physischen Leiden in Folge der Kastration
sucht man einen religiösen Charakter zu verleihen. Derjenige,
welcher sich dazu entschliefst, sei ein treuer und standhafter
Knecht und Kämpfer Christi, der es vorzöge, Verfolgungen
und Strafen der irdischen Obrigkeit zu leiden, als von seinem
himmlischen König abtrünnig zu werden; er sei ein freiwilliger
Märtyrer, der um Christi willen sein Blut vergiefse. Nur
ein Ungläubiger würde dieses Kreuz nicht auf sich laden
wollen, dessen Lohn für die Leidtragenden das Himmelreich
sei. Und wenn man auch in Folge der Kastration sterbe,
so sei es gleich, als ob man vom Kreuze herabsteige, zu
erachten. Gegen die „im Glauben noch nicht erstarkten" üben
die Skopzen Nachsicht; sie schieben den Termin zur Be-
schneidung auf eine unbestimmte Zeit hinaus.

Die Verführung durch Geld erfolgt entweder durch
das Verschreiben einer bestimmten Geldsumme, oder man
sucht Notleidende in Schulden zu verwickeln, und verspricht
beim Eintritt in die Sekte die Schulden zu erlassen; das
dritte Verfahren ist der verschleierte Ankauf von Kindern
meistens männlichen Geschlechts, als Lehrlinge, Hausdiener etc.

Die Orte in denen sich die Thätigkeit der Skopzen
hauptsächlich entfaltet, sind: Moskau, Petersburg, Morchansk,
Odessa und ausserhalb des Reiches Jassy und Bukarest.
Petersburg dient als Beobachtungspunkt für die Mafsnahmen
der Regierung, Moskau soll den Erlöser nach seiner Rückkehr
zuerst besuchen, „die Glocke im Usspenki-Kloster läuten und
seine Getreuen um sich schaaren." Morchansk liegt in der
Nähe von Ssosnotka, dem Jerusalem der Skopzen. Odessa
ist als Übergangspunkt nach dem Auslande wichtig.

Die Skopzen bedienen sich zweier Arten von Missionäre,
wandernder und ansässiger; ersteren, die selbst nicht
immer Skopzen sind, liegt das Anwerben neuer Mitglieder
und das Überbringen von Nachrichten an die Eltern, deren
Kinder bei Skopzen an entfernten Orten untergebracht sind,
ob; die ansässigen Commissionäre haben für Auskünfte und
Nachrichten zu sorgen.

Die Andachtsübungen der Skopzen zerfallen in
zwei nach Form und Inhalt unterschiedene Arten, die ein-

fache, die meist am Vorabend der Feiertage stattfindet und die besondere, die bei der Aufnahme eines neuen Mitglieds üblich ist.

Die gewöhnlichen Andachten bestehen aus geistlichen Belehrungen, dem Absingen geistlicher Verse, tanzartigen Bewegungen und Weissagungen; bisweilen wird noch die Ceremonie des Abendmahls gefeiert. Die Hauptteile der Andachtsübung sind die Absingung der Weisen und die Tänze, von den Skopzen „Radenije" d. h. In-Gott-Arbeiten genannt, weshalb die ganze Andacht gewöhnlich Radenije genannt wird. Es giebt vier Arten des In-Gott-Arbeitens: das Schiffchen, das Wändchen, das Kreuzchen und Mann für Mann. Bei den Schiffchen bilden die Leute einen Kreis untereinander und springen in grossen Sätzen im Gänsemarsche, bei dem Wändchen stehen die Leute gleichfalls im Kreise, aber Schulter an Schulter und bewegen sich von links nach rechts hüpfend weiter; das Kreuzchen kommt zu Stande, indem 4—8 Mann sich einzeln oder paarweise in die Winkel stellen und dann im schnellen Tempo ebenfalls hüpfend sich durchkreuzen. Mann für Mann führen mehrere Personen, die in der Mitte des Zimmers stehen, aus: sie drehen sich nach dem Takt der rasch hergesagten Verse auf ein und demselben Flecke, bis sich die Hemden blähen und Segeln gleich rauschen.

Diese Tänze haben zwei Wirkungen, sie verschaffen Wollust und Betäubung, da sie bis zur äufsersten Ermattung ausgedehnt wurden.[1])

---

[1]) Natürlich suchte man das Tanzen auch mit Bibelstellen zu rechtfertigen. So heisst es II. Samuelis VI, 16 und I. Chronikon XV, 29 . . . . und sah den König David springen und tanzen vor dem Herrn.

Physiologisch ist erwiesen, dass das Drehen im Kreise im Organismus eine starke Erregung hervorruft, die auf Nerven und Gehirn mehr wirkt als geistige Getränke und Narkotika. Das ist auch die psychophysiologische Erklärung für das Vergnügen am Tanzen überhaupt, besonders den Nationaltänzen: Czardas, Mazurka, Cancan. Näheres s. Pelikan S. 151 ff.

Zeitungsnotizen, deren Richtigkeit ich noch nicht nachprüfen konnte, berichteten kürzlich:

Bei der Einführung der Neophyten kommen weder In-Gott-Arbeiten noch Weissagungen vor, man schliesst sich vielmehr dem Ceremoniell der orthodoxen Kirche an.

Die Skopzenandachten beginnen in der Regel am späten Abend und dauern den gröfsten Teil der Nacht, bisweilen bis zum Tagesanbruch. Die Orte sind Häuser und Bauernhütten, in denen sich eine vor Unberufenen sorgfältig geheimgehaltene Betstube befindet. Diese Betstuben sind mit Bildern mystischen und allegorischen Inhalts wie z. B. „das allsehende Auge, ringsum von drei dasselbe umschwebenden Engelskreisen umgeben, während Adam und Eva unten stehen und ihnen Beifall klatschen" u. s. w. geschmückt. Die Bilder sind häufig Vignetten aus russischen Übersetzungen deutscher Mystiker, wie Jung Stilling, Eckartshausen, selten original erdacht.

Bei den Andachtsübungen kleiden sich die Männer in lange weite weifse Hemden von besonderem Schnitt, die durch geflochtene Gürtel festgehalten werden und weifse weite Beinkleider; die Frauen kleiden sich gleichfalls in weifse Hemden, in den Dörfern in blaue Nanking-Röcke, in den Städten in Zitzkleidern, Kopf und Hals bedecken sie mit weissen Tüchern. Beide Geschlechter ziehen weifse Strümpfe an, bisweilen sind sie auch barfufs; in den Händen halten sie Handtücher oder Tücher.

Eine eigentümliche Feier ist das A b e n d m a h l der

Eine merkwürdige Sekte giebt es in dem sektenreichen Russland: die „Stschekotuni", zu deren gottesdienstlichen Handlungen auch das Kitzeln gehört. Die Mitglieder der Sekte kitzeln einander oft so stark, dass der Gekitzelte vor Lachen umkommt. Ihre Hauptthätigkeit entfalten die „Stschekotuni" an Hochzeitstagen; dann kitzeln sie nämlich die junge Braut und hören erst dann auf, wenn die Unglückliche ohnmächtig zusammenbricht. Der Bräutigam muss dafür Sorge tragen, dass die Braut wieder zum Leben erweckt wird. In Charkow entwickelten die Stschekotuni letzthin jedoch allzu grossen Eifer. Der Gatte gab sich die grösste Mühe, seine beim Kitzeln zusammengebrochene Frau wieder aufzurütteln — sie war und blieb tot. Fünf oder sechs von den enragirtesten Sektenmitgliedern wurden vom Gericht wegen „Körperverletzung mit tötlichem Ausgange" verurteilt.

Das Analoge zu den Skopzentänzen ist ersichtlich.

Skopzen, in dem wir die schwarze Messe wieder erkennen.[1]) Haxthausen beschreibt das Abendmahl der Flagellanten also:[2])

„Während der Andacht wird ein 15—16jähriges Mädchen, durch verführerische Versprechen verleitet, in eine mit warmem Wasser gefüllte Badewanne gebracht. Einige alte Weiber treten an sie heran und machen ihr einen tiefen Einschnitt in die Brust, tragen ihr die linke Brust ab und stillen mit erstaunlicher Gewandtheit die Blutung. Während dieser furchtbaren Qual wird dem Mädchen ein Bildnifs des heiligen Geistes in die Hand gegeben, damit es bei andächtiger Anschauung desselben für die Schmerzen, welche diese fürchterliche Operation verursacht, unempfindlich werde. Die ausgeschnittene Brust wird auf eine Schüssel gelegt, in Stücke zerschnitten und unter die anwesenden Sektierer verteilt, welche dieselbe verzehren. Nach Beendigung dieser widerwärtigen kannibalischen Handlung wird das Mädchen aus der Wanne gehoben und auf einen zu diesem Zweck vorbereiteten Thron gesetzt, während die ganze Gesellschaft sie tanzend umkreist und dazu singt:

Tanzen wir
Springen wir
Den Zionsberg hinauf.

Der Tanz wird immer lebhafter und lebhafter und artet endlich in wütende Raserei aus; der Wahnwitz erreicht den höchsten Gipfel. Da werden plötzlich die Lichter ausgelöscht und es beginnt ein Auftritt, nach dessen Seitenstücke wir uns im heidnischen Altertum vergeblich umschauen würden."

---

[1]) Die folgenden Ausführungen beruhen auf vollständig authentischen aktenmässigen Quellen, so z. B. über ein 1843 in Petersburg entdecktes Skopzenbetzimmer u. s. w. Ein Zweifel oder Betrug ist ausgeschlossen; Pelikan und Nadeschdin scheinen den Satanismus nicht zu kennen, sonst müsste ihnen die fast identische Ähnlichkeit aufgefallen sein. Obwohl Pelikan selbst die Skopzen als Nachfolger und Ausläufer der russischen Flagellanten bezeichnet, schliesst er sich doch nicht der Ansicht Haxthausens und Melnikoffs an, die die beiden Lehren identificieren und bestreitet das Vorhandensein der Kommunion mittels Fleisch und Blut.

[2]) Etudes sur la situation intérieure, la vie nationale et les institutions rurales. 1847. Tome I, p. 307.

Melnikoff sagt in seinem Bericht über den gegen-
wärtigen Zustand des Schismas im nischni-nowgorodschen
Gouvernement:[1])

Die Kommunion mittelst Fleisch und Blut findet von
Zeit zu Zeit, wenn ein Mitglied sich verschneiden läfst, statt.
Man erzählt, dafs die Flagellanten, welche bei dieser Gelegenheit bei den Männern die samenbereitenden Organe und bei
den Frauen die Drüsen in den Saugwarzen ausschneiden,
die abgeschnittenen Teile in kleine Stücke zerlegen, worauf
der „Prophet" oder die „Gottesmutter" die Teile des aus-
geschnittenen Fleisches und Tropfen Blutes unter den bei
der Radenije Anwesenden als „Abendmahl" verteilen.

In einem anderen Aufsatz: Weifse Tauben[2]) schreibt
Melnikoff:

---

[1]) Rechtgläubiger Gesellschafter, Januar 1870.

[2]) Pelikans Gründe, dass die obigen Kommunionen bei den
Skopzen nicht vorkommen, halte ich sowohl nach der psychologischen als
gerichtlich-medicinischen Seite hin keineswegs für durchschlagend. Ich
möchte dem das Schlusswort Przybyszewskis Kult der Satanskirche
entgegenhalten:

„Das Geschlecht allein ist die Grundaxe aller dieser Erscheinungen.
Die ewig sich steigernden Forderungen des Geschlechtes zu stillen,
seine Rache zu befriedigen, die verborgenen Kräfte kennen zu lernen,
die geschlechtliches Glück geben können, ist der Grund, warum man
sich dem Satan überlässt.

Aber es ist kein Glück. Nun wohl! Aber im Gebiet der Nacht,
in dem Abgrund und dem Schmerz, findet man Rausch und Delirium.
Man stürzt sich in die Hölle, aber man empfängt das Delirium, in
dessen Rasereien man vergessen — vergessen kann.

Wisch mich weg von den Tafeln des Lebens, schreib mich ein in
das Buch des Todes! Diese grandiose Formel ist der Schlüssel zu all
diesen Sekten.

Der Tag, das ist die schwere schmutzige Last des Lebens, die
furchtbare Qual des Lebenmüssens, die Nacht, das ist der Rausch, das
Delirium, das Vergessen.

Für all die Thatsachen giebt es keinen moralischen Massstab,
den mag der fette Bürger anwenden, der seinen Kretinismus mit dem
erwucherten Gelde kompensiert, diese Thatsachen müssen verstanden,
in ihrem trostlosen, qualvoll schmerzlichen Abgrund verstanden werden.

Die verzweifelte Menschheit hatte nur einen Ausweg: sich zu
berauschen. Und sie berauschte sich. Sie berauschte sich an Gift,
berauschte sich an Schmutz, und all der Rausch gipfelte in der ge-

„Wenn von einem auf besagte Weise, durch das Ausschneiden der Brust, verstümmelten Mädchen ein Knabe
geboren wird, so gilt derselbe für einen Sohn Gottes und
wird „Christuschen" genannt. Am achten Tage durchsticht
man seine linke Seite mittels einer in der Kirche gebräuchlichen Lanze, durchbohrt ihm das Herz und kommuniziert
mit dem warmen Blute; der Körper wird getrocknet und zu
Pulver verrieben, welches man später zu Brödchen verbäckt
und mit Wasser vermischt als „Abendmahl" geniefst."

---

17. Derwische, Fakire und ähnliche Büsser.[1]

Der Muhamedanismus hat das Mönchtum und Kloster-
wesen nicht von Anfang an gekannt; Muhamed selbst hatte
sich direkt dagegen ausgesprochen; erst aus der Berührung
mit dem Christentum und Buddhismus und unter dem Einflufs
dieser Religionen ist allmählig das Büfsertum eingedrungen
und in der Folge zu grosser Bedeutung gelangt. Es giebt
eine Menge von religiösen Orden in den muhamedanischen
Ländern, die regierungsseitig anerkannt sind, aufserdem auch
viele einzelne Büfser.

Im türkischen Reiche und den ehemals dazu gehörigen
Gebieten heifsen diese Büfser Derwische, in dem inner-
asiatischen Reiche Fakire.[2] Die echten Derwische leben in
Klöstern, aber es giebt auch freie Fromme und Gaukler:

---

schlechtlichen Extase, dass die Nerven rissen, dass der Mensch sich
spaltete, dass er die entsetzlichsten, grausamsten Torturen erlitt, aber
er vergass wenigstens das Fürchterlichste, das, was über den Schmutz
und Ekel seiner widerlichen Salben, seiner Heerden von Kröten, seiner
abscheulichen Sakramente, aus Urin und Menstruationsblut gemischt,
noch hinausgeht — er vergass das Leben."

[1] V a m b é r y; Sittenbilder aus dem Morgenlande. Berlin 1876.
J. B r o w n: The dervishes. London 1867.

[2] Derwisch ist ein persisches; Fakir ein indisches Wort.

die Yogis, Byragis, Bhikshoops, Dundis u. s. w.[1]) Bei der Aufnahme in den Orden müssen die Novizen gleichfalls erst eine Reihe von Prüfungen durchmachen, bis sie die Attribute des muhamedanischen Mönchtums, die wollene Binde, den „Stein des Einverständnisses": Ohrringe, Rosenkranz, weisse Kappe und Ordensnamen erhalten.

Bekannt sind die h e u l e n d e n D e r w i s c h e; sie stehen nur auf dem rechten Fusse, Schulter an Schulter und strecken nun den Körper und linken Fuss vor- und rückwärts. Andere führen wilde Tänze auf mit geschlossenen Augen und unter heftigen Schreien. Zu Schluss, in dem „Halet" der durch

Ewiges Schweigen.
(Aus: „Für Alle Welt".)

den Tanz entstandenen Extase führen sie noch grosse Kraft-kunststücke aus, nehmen glühende Kohlen in den Mund u. s. w.

In Ägypten und Hindostan treibt das Derwischtum noch wunderlichere Blüten: Manche verbringen ihr ganzes Leben ohne das geringste Kleidungsstück anzulegen, sie beschmieren ihren Körper mit Holzasche und lassen ihr Haar in einem Wust verfilzen; die Yogis betrachten ihre Nasenspitze in 84 verschiedenen Stellungen, Andere rollen kugelförmig zu-sammengeballt meilenweit von Ort zu Ort.

---

[1]) Vergleiche hierzu einen Aufsatz von Eduard Krause in „Für Alle Welt", Jahrg. 1898, S. 8 ff.

Den Gipfelpunkt religiösen Wahnsinnes finden wir bei den Fakiren, den indischen Büfsern. Diese geifseln sich mit scharfen Ruten, bis das Blut in Strömen fliefst und das Fleisch geschwollen ist, oder sie lassen sich mit einer Kette an einen Baum schmieden, um so bis an ihr Lebensende zu verharren; wieder andere halten ihre Hände fortgesetzt zu

Fakir mit Schlafkrücken
(Aus: „Für Alle Welt.")

Fäusten geballt, so dafs die Nägel allmählig durch die Hände wachsen; andere halten ihre Arme dauernd über die Brust gekreuzt oder über den Kopf gestreckt, bis sie völlig steif sind und absterben; andere haben sich ewiges Schweigen gelobt, um völlig sicher zu sein, durchbohren sich diese Büfser bisweilen Wangen und Zunge mit einem Eisen, dessen

Enden mit einander verbunden werden. Manche graben sich lebendig ein und schöpfen nur durch eine kleine Öffnung frische Luft, oder sie lassen sich bis an den Hals eingraben oder auf der Erde hingestreckt den Kopf verschütten. Wieder andere verbringen ihr ganzes Leben stehend und, um ja nicht in Versuchung zu kommen, sich beim Schlafen niederzulegen, lassen sie sich einen eisernen Rost um den Hals schmieden: so müssen sie denn gegen einen Baum oder eine Mauer gelehnt, nachts ruhen. Viele schlafen überhaupt nur im Sitzen, die Arme auf eine Schlafkrücke gestützt. Manche stehen Stunden lang auf einem Fuße, mit den Augen in die Sonne blickend: noch Wahnsinnigere stehen nur auf einer Zehe, strecken den anderen Fuß und die Arme in die Luft: von vier Gefäßen, in denen Feuer brennt, umgeben, schauen sie gleichfalls in die Sonne. Wieder andere gehen lebenslänglich auf runden Töpfen oder auf Schuhen, die mit eisernen Stacheln besetzt sind.

Bei dem Nerpu-Tirunal, d. i. dem Feuerfeste, müssen die Teilnehmer mannigfache körperliche Strapazen durchmachen: als fasten, keusch leben, auf der Erde schlafen und zum Schluß über einen glühenden Kohlenhaufen gehen. Mit blumenbekränztem Haupte, den Körper mit Safran eingerieben, ziehen sie hinter den Bildern des Darma-Raja und seiner Gemahlin, der Göttin Drobede, zu deren Ehren das Fest gefeiert wird, einher bis zu dem ungefähr vierzig Fuß langen Kohlenhaufen, der, bevor die Procession ihn betritt, tüchtig angefacht wird. Dreimal werden die Götterbilder um den Gluthaufen getragen, dann ziehen die Gläubigen rascher oder langsamer über das Kohlenfeuer; das Volk sammelt die Asche und die Blumen der Feuertreter als glückbringende Angedenken.

Das Wagenfest läßt einen ähnlichen Fanatismus erkennen. Wenn die Götterbilder zum Flusse oder Meere gefahren werden, um dort gebadet zu werden, so werfen sich die Menschen vor die Räder des großen, schweren Wagens,[1] der über sie hinfahrend, sie zermalmt. Die Fanatiker

---

[1] Das Berliner Museum für Völkerkunde besitzt einen solchen Wagen.

glaubten, dafs die Gottheit ihnen dafür die ewige Glückseligkeit schenken würde. Ruhig zogen die Priester über
die zerquetschten Leiber.[1])

Einen ähnlichen Vorgang schildert der englische Reisende
Lane: das Treten oder „Dosch", welches am Muludfeste in
Ägypten stattfand. Der Scheikh der Saadijeh-Derwische
kehrte vom Gottesdienste in der Moschee Hasaneja zu Pferde
zu dem Scheikh El-Petri, dem Vorsteher aller Derwisch-Orden.
Kurz vor dessen Hause legten sich etwa sechszig Derwische
dicht aneinander, den Rücken nach oben, die Stirne auf die
gekreuzten Arme geprefst, quer über den Weg. Das Pferd
bäumte sich, über diese Menschen weg zu gehen, wurde
jedoch von zwei Derwischen weiter geleitet. Als der Zug
über die sechszig Derwische hinweggezogen war, sprangen
sie auf und folgten scheinbar unbeschädigt dem Scheikh.
Intensive Gebete sollen die Unempfindlichkeit und Unver-
letzlichkeit bewirkt haben.

Beim Gebedustanz in West-Java, der zu Ehren des
Scheikhs Abdulkader veranstaltet wird, soll ein eigentümliches
Marterinstrument gebraucht werden; es ist das ein Holzknopf
von der Gestalt unserer Brummkreisel, aber so grofs wie
ein Menschenkopf, unten befindet sich eine $1/_2$ Meter lange
Eisenspitze, die in das nackte Fleisch eingesetzt wird und
sich durch das Drehen des Kreisels, das mittels eiserner
Ketten bewirkt wird, tief in das Fleisch eindringt.

Eine sonderbare Ceremonie ist die der Göttin Mariatale
als Dank gelobte Aufhängung. In Kolenux bei Pondit-
scherri soll sie alljährlich stattfinden. Die Ceremonie wird
also geschildert: Demjenigen, der das Gelübde ablegt, zieht
man zwei eiserne Haken, die an einem langen Hebebaum
hängen, durch das Rückenfleisch; dann drückt man das
andere Ende des Hebebaums nieder, so dafs der Votant in
der Luft schwebt und nun so oft er gelobt hat im Kreise
herumgedreht wird. In den Händen hält er meist noch
Säbel und Schild und markiert mit Jemand zu fechten. Da
die Leute vor der Ceremonie berauschende Narkotika und

---

[1]) Die englische Regierung hat diese Vorkommnisse unterdrückt.

Anaesthetika trinken, so empfinden sie den Schmerz kaum und können noch ein vergnügtes Gesicht machen. Auch die Heilung erfolgt meist ziemlich rasch.

Die Bruderschaften der Tewâ'if vertreten im muhamedanischen Marokko die Fakire und Derwische. Ganz zuverlässige Nachrichten haben wir nicht über dieselben; die Zugehörigkeit zu einer Bruderschaft soll in Marokko ziemlich allgemein sein, ohne dafs sich die besseren Klassen an den öffentlichen Tänzen u. s. w. beteiligen. Die Mitglieder der Tewâ'if sind Bekenner des malekitischen Ritus, wie die übrigen Moslemin Marokkos, und ihre Pflichten als Angehörige der Orden widerstreiten den allgemeinen religiösen Bestimmungen nicht.

Die Tewâ'if sollen alle auf folgende Weise entstanden sein. Um einen besonders heiligen, mild- und wunderthätigen Mann (Sherif, Fkär-Fakir, Merabd) sammelte sich eine Schaar Jünger, die sich ihn zum Muster nahmen und mit ihm einen gewissen Kultus trieben. Selbstquälereien, religiös-exatische Tänze und Gauklerkunststücke waren die Hauptbestandteile desselben. Im Ganzen soll es vierzehn derartige Bruderschaften in Marokko geben, von denen die der Aissana als die tüchtigste bezeichnet wird.

Die Aissana sollen in Mikräs im 17. Jahrhundert aus den Jüngern des Sherif Sidi Hamed Ben Aissa entstanden sein. Letzterer hatte eines Tages, um die Opferfreudigkeit seiner Jünger zu prüfen, vorgegeben, Gott habe ihm befohlen, sie an Stelle der Opfertiere zu schlachten. Nur zwei waren bereit, den Tod zu erleiden. Aus dem Nebenzimmer, wohin sie geführt wurden, sah man bald Blutströme unter der Thür hervorfliefsen. Das fanatisierte die Abgefallenen, sie wollten sich auch opfern lassen und das Blut hörte nicht auf zu fliefsen. Der Sultan zog den Sherif zur Rechenschaft, aber alle Jünger waren gesund am Leben. Der Meister hatte Jeden ein Lamm schlachten lassen, dessen Blut über die Schwelle flofs.

Dieses Lammschlachten hat sich in Erinnerung erhalten und ist dahin ausgeartet, dafs die Aissana alljährlich beim Geburtsfeste des Propheten, an dem Grabe des Stadtheiligen einen Hammel lebend zerreifsen und das rohe Fleisch während des Festzuges nach der Kaidswohnung oder ihrem Bethause verschlingen. Auch Kröten, Skorpione, Schlangen, stachliche Früchte und Glas sollen die Aissana, ohne ihrer Gesundheit zu schaden, verschlingen können; auf Befehl ihres Meisters sollen sie, als einmal Brotmangel auf einer Wanderung herrschte, dieses gelernt haben.

Von den anderen Bruderschaften schlagen die Hamadsche sich beim Muludfeste, d. i. am Geburtstage des Propheten, den Kopf mit zweischneidigen Beilen verschiedener Form; die Dgogin schlagen den Kopf mit eisernen Kugeln und Keulen; die Djilala halten glühende Kohlen oder treten mit blofsen Füfsen darauf; die Gassin verschlingen sogar glühende Kohlen; die Sadekin stofsen bei den Tänzen immer mit den Köpfen aneinander; die Uled Sidi Bono klettern an stachlichen Palmenbäumen empor; die Reahin schlagen sich gewaltsam spitze Messer und Gabeln in den Bauch, ohne dafs Blutungen eintreten.

Die Umzüge der Tewâ'if am Muludfeste sind nicht ohne Gefahr aus der Nähe zu beobachten, da diese nicht wissen, was sie thun; es soll bisweilen vorkommen, dafs sie Leute plötzlich packen und ihnen ein Stück aus Nase, Ohr oder Arm beifsen.

Krause erwähnt in seinem Aufsatz noch den Geheimbund der Hatzi-Kwalla oder Selbstpeiniger. Dieser Geheimbund soll Mitteilungen zufolge hauptsächlich an der Nordwestküste von Nordamerika unter den Indianern Anhänger haben.[1] Aufserdem giebt es noch die Hametzen, welche Menschenfleisch fressen, die Medicinmänner und die Nutle Matla, eine Art Possenreifser.

Die Hatzi-Kwalla behaupten, ebenso wie die Mitglieder der anderen Geheimbünde, von einem Geist beseelt zu sein und von ihm zu ihrem Thun angetrieben zu werden. Der Geist ist die Erdschlange, Sisiutl, die im Walde, im Gebirge leben soll und Erdbeben hervorruft. Die Hatzi-Kwalla zer-

---

[1] Krause nennt als Gewährsmann den Kapitän J. A. Jacobsen in Dresden.

schneiden sich die Kopfhaut, dafs das Blut in Strömen über das Gesicht läuft. Jeder sucht sich hervorzuthun und kein Zeichen des Schmerzes zu zeigen. Eine beliebte Körperverletzung ist die, sich mit einem Dolch oder einer spitzen Axt das Fleisch auf den Schulterblättern, sowie die Muskeln an Oberarmen und Oberschenkeln zu durchbohren, durch die Wunden Lederbastseile zu ziehen und daran sich von den Bundesbrüdern reifsen zu lassen.

Gilot fe

Le Pourtraid des premier 23 Martire mis en Croix par la predicaõ de la S. foy au Giapp
soubs l'Empr̃. Taicosam en la Cité de Monāsachi, de l'ordre des Freres mineurs Obseruantin de S. Francois.

18. Zeittabelle für die

Vor Christus.	I. Jahrh.	2. Jahrh.	3. Jahrh.	4. Jahrh.	5. Jahrh.	6. Jahrh.	7. Jahrh.	8. Jahrh.
Als Cult.: Bei Griechen. Römern, Aegyptern etc.								
Als Strafe: Vestalinnen, Juden.					**Ordensdisciplin** in mässigem Umfange als Kirchenbusse.		Wie 5. Jahrh.	Wie 5. Jahrh.
	Glaubens-verfolg-ungen; vereinzelte Christen-ver-folgungen	Christen-ver-folgungen.	wie 2 Jahrh.	wie 2 Jahrh.				
								Flagel-lanten Pardulph u. a. m.
				Sanatis-mus bei den Gnostikern erkennbar und als Reaktion des Heiden-tums.	Kampf zwischen Kirche und trotzigem Unglauben.			

religiösen Körperstrafen.

9. Jhrh.	10. Jhrh.	11. Jhrh.	12. Jhrh.	13. Jhrh.	14. Jhrh.	15. Jhrh.	16. Jhrh.	17. Jhrh.	18. Jhrh.	19. Jhrh.
		In den christlichen Orden an Gedenktagen.	wie 11. Jahrh.	wie 11. Jahrh.	wie 11. Jahrh.	wie 11. Jahrh.	wie II. Jahrh.	wie 11.Jahrh.	verschwindet.	
	grössere Bedeutung.	wie 10. Jahrh	wie 10. Jahrh.	wie 10. Jahrh.	wie 10. Jahrh.	wie 10. Jahrh.	wie 10. Jahrh.	wie 5. Jahrh.	verschwindet.	
			Waldenser-Verfolgungen.			Blüte der Inquisition. Hexenverfolgungen, Greuel der Religionsstreitigkeiten.			Abnehmen.	Aufhören.
vereinzelt wie 8. Jahrh.	wie 8. Jahrh.	wie 8. Jahrh.	wie 8. Jahrh.	Erste Geisslerfahrt,	Grosse Geisslerfahrt.	Aufhören				
Geissler-Gesellschaften-Spuren.	wie 9. Jahrh.	wie 0. Jahrh.	Entwickelung unter dem Schutz der Kirche.		wie 13. Jahrh.	wie 13. Jahrh.	Verschwinden.			
									Skopzen.	Skopzen.
			Bei Derwischen u. Fakiren unter christlichem Einfluss als Cult.		Weiterentwickelung dieses Cultes.				Auswüchse, durch die fremden Mächte beschnitten.	
					Hexenverfolgungen.	Steigend.	Steigend.	Abnehmend.		Aufhörend.

II.
Die richter- und polizeilichen Körperstrafen.[1]

Das ius poenale, das Strafrecht im objektiven Sinne, setzt das ius puniendi, die Berechtigung des Staates zu strafen voraus. Ob und inwieweit der Staat eine Berechtigung zu strafen hat, wird je nach der Auffassung von den Staatsfunktionen verschieden beurteilt werden. Nach aufsen Selbsterhaltung, im Inneren Friedenserhaltung, das dürften die beiden Aufgaben sein, die der moderne Staat zu lösen hat; aber was läfst sich nicht alles bei den beiden Worten denken, wie verschieden können sie gedeutet, wie mancherlei Wein kann in diese Schläuche gegossen werden. Eine principielle Stellungnahme zu diesen Fragen kann uns hier erlassen werden, da es sich im Folgenden um eine Schilderung von dem, was war und ist, handelt. Wir begeben uns damit auf das Gebiet der vergleichenden Rechtswissenschaft, auf den Boden der empirischen Forschung und Praxis der Völker.

---

[1] Zur näheren Orientierung über die strafrechtlichen Materien dienen die Werke Berners, Bindings, von Liszts u. a. m. Ferner kommen für die folgenden Werke Reisebeschreibungen, ethnographische, kulturhistorische und ähnliche Monographien in Betracht, die bei Bezugnahme benannt werden, von allgemeinen Werken seien hier folgende erwähnt:

Dictionnaire de la Pénalité dans toutes les Parties du Monde connus; Tableau historique, chronologique et descriptif des Supplices, Tortures ou Questions ordinaires et extraordinaires, Tourmens, Peines corporelles et infamantes, Châtimens, Corrections, ect. ordonnés par les Lois, ou infligés par la Cruauté ou la Caprice, chez tous les Peuples de la Terre, tant anciens que modernes; aux quels on a rattaché, les Faits les plus importants, que l'histoire présente en Condamnations ou Exécutions civiles, correctionnelles ou criminelles par M. B. Saint-Edme. V Tomes. Paris 1824.

Jacobi Döpleri, Gräfl. Schwartzb. Hoff- und Cammer-Raths Theatrum Poenarum, Suppliciorum et Executionum

Wir werden versuchen, die geschichtliche Entwickelung der Körperstrafen bei den verschiedenen Völkern darzustellen, es aber vermeiden, Wünsche und Ziele zu diskutieren. Nur soviel sei hier schon erwähnt, dafs ein Zug, nicht zur Humanität, sondern zur individuellen Verinnerlichung der Strafen bemerkbar zu sein scheint. Die Strafen greifen jetzt nicht mehr die Seele durch den Körper mittelbar an, sondern es wird ohne Zufügung körperlicher Schmerzen die Seele direkt afficiert.[1] [2])

Criminalium. Oder Schau-Platz derer Leibes und Lebens-Straffen, welche nicht allein von alters her bey allerhand Nationen und Völckern in Gebrauch gewesen, sondern auch noch heut zu Tage in allen Vier Welt-Theilen üblich sind. Darinnen zugleich der gantze Inquisitions-Process, Captur, Examination, Confrontation, Tortur, Bekäntnis und Ratification derselben; item die Abstraffung der Verbrecher, auch endliche Hinrichtung der Malefiz-Personen, und wie bey jedweden legaliter und gewissenhaft zu verfahren enthalten. Mit vielen Autoritatibus, Decisionibus und Urtheln derer vornehmsten Criminalisten, Schöppen-Stühle und Facultäten bekräftiget. Anbey mit unterschiedlichen Protocollen, sonderlich bei den Zauber- und Hexen-Torturen: Item Steckbrieffen, Urpheden, Beeydigungen, Urgichten, auch Heg- und Haltung der hoch-noth-peinlichen Hals-Gerichte und andern dergleichen nöthigen Dingen mehr angefüllet. Alles nach dem heutigen Stylo Curiae, und üblichen Praxi, zuförderst denen heimlichen Gerichts-Herren und dero Beambten, Verwaltern, Actuarien und Gerichts-Schreibern sehr nützlich und nöthig. Mit Chur-Sächs. Privilegio Sondershausen, In Verlegung des Autoris. Druckts Ludwig Heinrich Schönermarck, Hof-Buchdrucker daselbst. Anno M. DC. XLIII.

Lanjuinais, la Bastonnade et la Flagellation pénales, considerées chez les peuples anciens et chez les modernes. Paris 1725.

Gruber, Entwurf einer Bibliothek des peinlichen Rechts 1788; Blümner, Entwurf einer Litteratur des Criminalrechts 1794; Brunner, Handbuch der Litteratur der Criminalrechtswissenschaft 1804; Böhmer, Handbuch der Litteratur des Criminalrechts 1816.

[1]) Zwei Schriften will ich hier erwähnen, die in einem etwas entfernteren Verhältniss zu dem oben Ausgeführten stehen: F. Tönnies: Gemeinschaft und Gesellschaft, 1887, und Holbach: Sociales System. Deutsch von J. Umminger, 1898. In beiden inhaltreichen Schriften findet man die oben angedeuteten Gedanken ausgeführt.

[2]) Eine Nachprüfung der in Reiseberichten u. s. w. gethanen Erwähnungen ist mir natürlich nicht möglich; ich kann daher auch nicht immer die Verantwortung dafür übernehmen, sondern muss diese meinen Gewährsmännern überlassen: relata refero.

1. Das chinesische Strafrecht.[1]

Ueber das Land, das sein Gebiet und seine Cultur mit einer Mauer vor fremden Einflüssen schützen zu müssen und können glaubte, sind die verschiedensten Ansichten verbreitet. China ist auch heute noch, nachdem die Mächte Europas es aufzuteilen beginnen, grösstenteils eine terra incognita.

Die tausendjährige konservative Kultur verbirgt uns Geheimnisse, die nicht so leicht zu ergründen sind. Ueber das chinesische Strafrecht sind wir etwas genauer unterrichtet; es wird allgemeinlich als ein sehr grausames gedacht und geschildert. Gewifs sind die Strafen andere, als wir sie bei uns kennen, aber die stagnierende Rechtspflege hat

---

[1] J o s e p h K o h l e r: Das chinesische Strafrecht. 1886. T h e P u n i s h m e n t s o f C h i n a, illustrated by twenty-two Engravings: with Explanations in English and French. London: printed for William Miller, Albemarle Street, by S. Gosnell, little Queen Street 1808.

K o h l e r bemerkt in seiner Schrift über das chines. Strafrecht: Ein solches Recht, so fein ausgebildet, so casuistisch und doch so durchsichtig verständlich; so retrograd auf der einen und so fortschrittlich auf der anderen Seite; ein Recht, welches eine bestimmte Kultur mit Energie festhält, aber sie auch festhält und dem Fortschritt die erdenklichsten Schranken setzt; ein Recht, welches auf der einen Seite einen Fond tief ethischer Bestimmungen enthält und daneben Sitte und Lebensgebräuche mit Strafrechtsnormen in einer Weise regelt, wie es anderwärts fast unerhört ist; ein solches Recht ist völlig dazu angethan, eine Nation zu beherrschen, bei welcher ein grosser Fond kultureller Regungen immobilisiert, zum ewigen Kapital verwandelt, gleichsam zum eisernen Bestande geworden ist. . . . . so straff auch die Autorität der Regierenden zum Durchbruch gelangt ist, hat sie nichts despotisches an sich; mit der Gewalt ist eine oft rührende Fürsorge verbunden; das Volk wird ebenso sorgfältig gegen Bedrängung der Beamten geschützt wie diese gegen den Ungehorsam der Bevölkerung.

P l a t h: Gesetz und Recht im alten China, und Verfassung und Verwaltung Chinas unter den drei ersten Dynastieen; Abhandlungen der Münchener Akademie der Wissenschaften X, S. 453 f. und 675 f.

A n d r e o z z i: le leggi penali degli antichi Cinesi. Florenz 1878.

S t a u n t o n: Ta tsing leu lee being the fundamental laws and a selection from the supplementary statutes of the Penal Code of China. London 1810.

fast von Anfang an auf dem jetzigen Standpunkte gestanden, so daſs in Vergleich mit den Folterqualen und
Strafen des mittelalterlichen Europas die chinesischen Körperstrafen nicht als besonders grausam bezeichnet werden können,
insbesondere wird, wie wir noch sehen werden, die Todesstrafe selten und in einfacher Form vollstreckt.

Dieses chinesische Strafrecht müssen wir hier an erster
Stelle betrachten, denn „die Rechtsgeschichte beginnt nicht
erst mit der Gründung Roms, sie beginnt bereits in dem
dritten Jahrtausend vor Christi Geburt".

Das heute geltende chinesische Strafgesetzbuch heiſst
Tatsinglüli; es ist unter der mandschurischen Tsingdynastie
entstanden, die seit 1644 in China herrscht. Dieses Gesetzbuch ist mit geringen Abänderungen dem Rechte der vorhergehenden einheimischen Mingdynastie nachgebildet.

Die ältesten Ueberlieferungen über das chinesische
Strafrecht bietet der Schuking[1]), der unter Schün entstanden ist; er kennt bereits die sog. fünf groſsen Strafen:
Brandmarkung, Abschneiden der Nase, Palaststrafe (Kastration
resp. Einsperrung), Abschneiden der Füſse, Tod durch Ent-
haupten, Verbrennen, In-Stück-schneiden. Diese fünf Strafen,
die nach Ansicht der Konfucianer in jener Zeit nur angedroht,
aber nicht angewandt worden seien, hielten sich auch unter
den folgenden Dynastien.

In der ersten Zeit der Tscheudynastie, aus dem Anfang des 11. Jhr. v. Chr., stammt der Tscheuli,[2]) ein
Staatshandbuch, in dem auch vielfache Strafbestimmungen
erwähnt werden.

Auch in den Strafgesetzen Lü's, 952 v. Chr., wird der
fünf Strafen gedacht. Während nach dem Tscheuli mit jeder
der fünf Strafen 500 Delikte belegt wurden, waren nach
Lü's Gesetzbuch von 3000 Delikten nur 200 mit dem Tode,
300 mit Palaststrafe, 500 mit Abhauen der Füsse und je
1000 mit Abhauen der Nase und Brandmarkung bestraft.

---

[1]) Legge hat in Sacred Books den Schuking übersetzt; erschienen
Paris 1851.

[2]) Biot: Tcheouli ou rites des Tcheou: Paris 1851.

Thsinschihoangti, der nach Verfall der Tscheudynastie das chinesische Reich wieder einte, hat eine Reihe
von Verschärfungen der Strafarten eingeführt. So wurden vor
Vollstreckung der Todesstrafe zumeist schreckliche Verstümmelungen verübt; auch Sieden und Braten des Körpers
ward beliebt.

Auf die Thsindynastie folgte (206 v. Chr. bis 263 n. Chr.)
die Handynastie, einer ihrer Herrscher, Hiaowuti, schaffte
die verstümmelnden Strafen ab und ersetzte sie durch
Bastonnade und Zwangsarbeit. Die Bastonnade setzte sein
Nachfolger Hiaokingti auf 300 resp. 200 Stockschläge fest,
da mehr häufig den Tod zur Folge gehabt hatten.

Unter der Suidynastie (6 Jhr. n. Chr.) sind schon
die wesentlichen Grundzüge des heutigen chinesischen Strafen-
systems gegeben.

Ein Kaiser Minhuang oder Hinen (712—756 n. Chr.)
zur Thangdynastie (618—907 n. Chr.) gehörig, schaffte sogar
die Todesstrafe ab, wurde sie jedoch unter seinem Nachfolger
bereits wieder eingeführt.

Das obenerwähnte heutige chinesische Strafgesetzbuch
Tatsinglüli zerfällt in zwei Teile, das Grundgesetz: Lü und
die Ausführungsbestimmungen: Li.[1])

Wir wenden uns nun zu den einzelnen Strafen.

Die Bastonnade wird in der Weise vollzogen, daſs
der Sträfling mit dem Gesicht nach unten auf den Boden
gelegt und von einen oder mehreren Gerichtsdienern, die
sich auf seinen Rücken knieen, festgehalten wird und in der
Lage mit dem Pan-tsee die erkannte Anzahl Schläge hintenauf
erhält. Der Pan-tsee ist ein dicker gespaltener Bambusstab,
dessen unteres Ende ungefähr vier Zoll breit, das obere
schmal und abgerundet ist, um das Instrument handlich zu
machen. Die Mandarinen haben gewöhnlich einige Gerichtsdiener mit Pan-tsees bei sich, um die Strafe auf der Stelle
vollstrecken lassen zu können. Nach erhaltener Züchtigung

---

[1]) Das Lü ist in dem Stauntonschen Buche enthalten; das Li
kann in der Übersetzung des Annamitischen Strafgesetzbuches, das
wesentlich chinesischen Ursprungs ist, von Aubaret, Paris 1865,
studiert werden.

hat sich der Bestrafte bei dem Mandarinen schönstens zu bedanken, daſs er so sehr um sein Wohlerhalten besorgt sei.

Die Bastonade.

Das O h r a b d r e h e n · besorgen zwei Gerichtsdiener, die mit sehr viel Geschick ihres Amtes zu walten pflegen;

durch einen eigenen Griff drehen sie das Ohr sammt Knorpel
leicht heraus.

Das Ohrabdrehen.

Bei der S c h a u k e l wird der Delinquent an Stricken,
die unter den Armen und an den Fufsknöcheln angebunden,
an einem Querbaum aufgehängt. Von Zeit zu Zeit wird
diese schmerzhafte Hängweise dadurch etwas erleichtert,

dafs zwei Beamte, die zugegen zu sein pflegen, mit einem Bambusstock seine Brust stützen und so die Last des Körpergewichts erleichtern. Diese und die vorhergehende Strafart

Die Schaukel.

werden hauptsächlich gegen unreelle und betrügerische Kaufleute angewandt.

Das Backenschlagleder wird bei Schiffern und Seeleuten gebraucht. Der Sträfling mufs niederknien, ein

Gerichtsdiener hält ihn von hinten fest, ein zweiter faßt ihn beim Schopfzopfe und versetzt ihm rechts und links die

Das Backenschlagleder.

erkannte Anzahl von Schlägen mit einem Doppelstück starken Leders.

Absichtlich falsche Interpretationen wurden an ihren Autoren dadurch gestraft, daß man ihnen einen großen

Bambusstab in die Kniekehlen schob und nun auf jedem Ende einen Schergen auf und abgehen liefs. Durch die Hebelkraft wurden die Schmerzen natürlich desto gröfser, je näher sie dem Delinquenten kamen.

Das Knieen mit dem Bambusstock.

Die chinesische Folterbank besteht aus einem kräftigen dicken Brett, an dessen einem Ende Klammern zum Festhalten der Hände, am anderen eine Art Doppel-Schraubstock aus Holz sich befinden. Dieser Schraubstock wird gebildet aus drei starken Pfosten, wovon die beiden äufseren beweglich, unten am Brett charnierartig, befestigt

Die Folterbank.

Die Fingerfolter.

sind. Die Fußknöchel des Angeklagten werden nun in den Schraubstock eingespannt; um die Pfosten wird eine Schnur

Das Blenden.

gewickelt, deren Enden zwei Männer halten. Der Henker schlägt nun abwechselnd nach und nach einen Keil in die oberen Spalten zwischen den Pfosten; hierdurch wird auf die

Die Ankettung.

Knöchel je nachdem
ein stärkerer oder
schwächerer Druck aus-
geübt, bis unter Um-
ständen die Knochen
des Unglücklichen zer-
quetscht sind.

Die Fingertortur
wird meist gegen Frauen
mit schlechtem Lebens-
wandel angewandt. Man
steckt zwischen die
einzelnen Finger kleine
Holzstückchen und bindet
sie fest mit Schnur zu-
sammen.

Eine der scheufslichsten
Strafen ist das Blenden
mit Kalk. Ungelöschter
feingepulverter Kalk wird
in kleine Baumwoll-
beutelchen gethan und
diese dem Delinquenten
auf die Augen gepresst.

Die Ankettung an
eine Eisenstange
geschieht in der Weise,
dafs man dem Sträfling
einen breiten eisernen
Kragen, der fast bis auf
die Schultern herabgeht,
umlegt. Dieser Kragen
ist durch eine kurze
Kette an einer senk-
rechten hohen Eisen-
stange befestigt; ebenso
sind die Unterschenkel
mit Ketten an die Eisen-

stange geschmiedet. Oben an der Stange hängt eine kleine Tafel, worauf Namen und Delikt des Angeketteten verzeichnet sind.

Die Ankettung am Holzblock

Sonst pflegt auch die Ankettung an einen grofsen Holzklotz angewandt zu werden. Eine starke eiserne Kette wird um den Hals gelegt, vorn durch ein Vorlege-

schlofs zugehalten, die verlängerte Kette ist an einem eisernen
Ring, der in den Holzblock eingelassen, befestigt.

Die Ankettung mittels des Bambuspfahles geschieht in der Weise, dafs an dem einen Ende eines manns-

Die Ankettung mit dem Bambuspfahl.

hohen dicken Bambusrohres eine Kette befestigt ist, die um
den Hals des Sträflings geht, das untere Ende ist an einem
eingerammten Pfahl befestigt, aufserdem trägt der Angekettete
noch Beinfesseln.

Die Holzpritsche.

Ferner ist die Ankettung auf einer Art Holzpritsche üblich. Um die Fufsgelenke, Hände und Hals sind eiserne Ketten geschlungen, erstere und letztere sind an Holzstäben befestigt, so dafs der Sträfling sich nicht aufrichten kann, sondern in liegender Stellung verharren mufs.

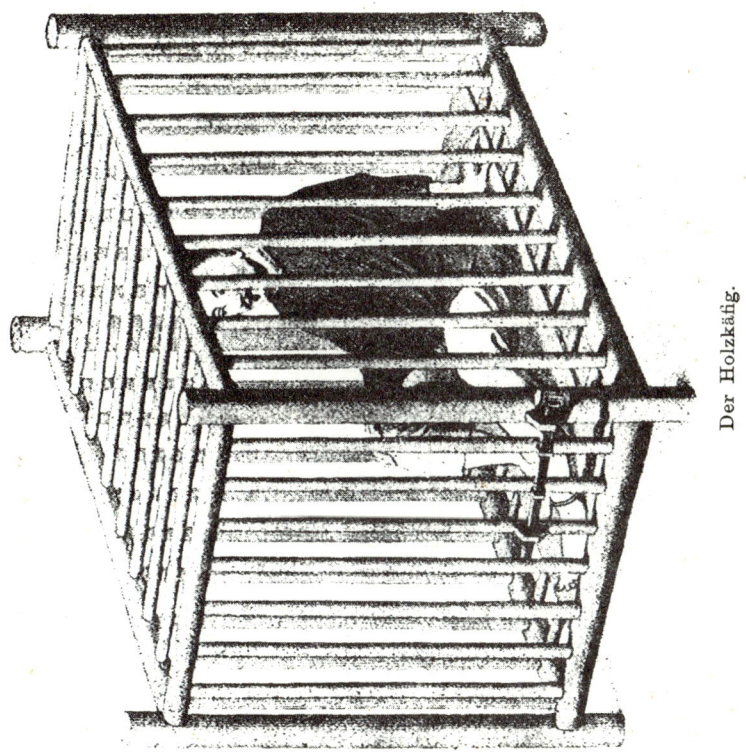

Der Holzkäfig.

Ähnlich ist die Strafe der Einsperrung in den Holz-käfig, in der der Sträfling mit einer Kette, die vom Hals zu den Fufsgelenken geht, gefesselt sitzen mufs.

Das Tragen des Halsbrettes gilt als sehr entehrend. Dieses Halsbrett hat 1 Meter im Quadrat und ist aus schweren

Holzbrettern zusammengesetzt; in der Mitte ist ein Loch, der Rand den Hals des Delinquenten eng umschliefst, wenn ihm dieser Kragen umgelegt ist, kann er seine Füfse und seinen

Das Halsbrett.

Unterkörper nicht mehr sehen und die Hände nicht zum Munde führen. Ja bisweilen darf er überhaupt nicht der Ruhe pflegen, mufs seine Wohnung meiden, da ihn ein Gerichtsdiener ständig beaufsichtigt. Tag und Nacht mufs er seine dem Verbrechen und seiner Körperkraft angemessene Bürde tragen. Gewöhnlich wiegen die Halsbretter 50 bis 60 Pfund, aber es kommen auch solche von 200 Pfund vor, die bisweilen sogar die Träger, denen auch die passenden Nahrungsmittel und nötige Ruhe fehlen, ihrer Bürde erliegen lassen. Nun giebt es allerdings Möglichkeiten, die Strafe zu erleichtern; so halten Verwandte und Freunde das Brett mit Stützen und vermindern den Druck für den Delinquenten, oder diese lehnen sich an einen Baum, eine Mauer, einen Tisch. Es giebt sogar einen besonderen Stuhl mit vier hohen Seitenstücken, auf den der Sträfling sich niederlassen kann, sodafs das Halsbrett dann von diesen Stäben gestützt wird. Das Halsholz wird in Gegenwart des Beamten, der das Urteil gesprochen, umgelegt; an zwei Seiten wird über die Fugen ein Papierstreifen geklebt, worauf ausführlich der Name des Trägers, sein Verbrechen und die Dauer seiner Strafe verzeichnet sind; um das Abnehmen zu verhindern, werden diese Streifen aufserdem noch gesiegelt. Diebe werden zu dreimonatlichem, Verleumder, Spieler und Ruhestörer zu mehrwöchentlichem Tragen verurteilt, insolvente Schuldner müssen bisweilen das Brett solange tragen, bis sie ihre Gläubiger befriedigt haben. Die Abnahme des Holzes erfolgt gleichfalls in Gegenwart des Richters; dann erhält der Sträfling noch einige Schläge mit dem Pan-tsee und wird mit einer Vermahnung für die Zukunft entlassen.

Das Abschneiden der Füfse wird bei Fluchtversuch angewandt. Mit einer Kalkart, Chunam genannt, wird die Blutung gestillt. Diese Strafart ist jedoch seit Langem aufser Gebrauch, da sie den natürlichen Drang nach Freiheit zu grausam bestrafte.

Es giebt zwei Arten der Todesstrafe in China: Die Enthauptung und die Erschnürung. Die letztere ist die vornehmere und gebräuchlichere Hinrichtungsart in China, sie wird gegen diejenigen angewandt, welche weniger scheufsliche Verbrechen begangen haben. So z. B. die einfache und fahrlässige Tötung, Unterschleife der Regierung gegenüber, Verführung einer Jungfrau oder Ehefrau, wörtliche Beleidigungen der Eltern, Beraubung oder Zerstörung eines

Das Abschneiden der Füsse.

Grabmals, Raub und das Tragen von Perlen als Schmuck.¹) Bisweilen wird die Erdrosselung mittels einer Bogenschnur vollzogen, meist jedoch wird der Delinquent auf ein Holzkreuz geschnürt, der Strick wird um den Hals von dem Henkersknecht fest angezogen. Bekannt ist ja, dafs höheren

Die Erschnürung.

Beamten der Herrscher durch Übersendung einer seidenen Schnur seinen Willen kund giebt, dafs sie sich selbst entleiben sollen und dürfen.

Die Enthauptung gilt als entehrendste Strafe. Auf sie wird erkannt bei Verschwörungen, Mord, Beleidigungen

---

¹) Der Grund, warum Perlen zu tragen mit dem Tode bestraft wird, ist immer noch nicht aufgeklärt.

Paolo.

gegen den Kaiser, Lebensnachstellungen gegen Mitglieder der kaiserlichen Familie, Empörungen, Thätlichkeiten gegen die Eltern. Der Verbrecher, der enthauptet werden soll, mufs auf der Erde knieen, die Hände auf den Rücken gebunden. Der Henker schlägt in einem Hiebe mit einem breiten Schwert meist sehr geschickt das Haupt herunter. Die Henker, wie auch die anderen unteren Gerichtsbeamten sind gröfstenteils Soldaten, ihr Amt gilt keineswegs als schimpflich.

Die Enthauptung gilt deshalb als besonders schimpflich, weil das Haupt, der Sitz der Nerven, vom Körper getrennt ist; der Körper wird nicht bestattet, weil er nicht unversehrt ist. Das Haupt wird häufig auf einem Baum an einem öffentlichen Platze zur Schau gestellt; der Rumpf wird ohne Beerdigungsceremonien in eine Grube geworfen.

Die Kaiser von China sollen selten Todesurteile vollstrecken lassen; nicht ohne reifliche Überlegung, die noch durch Fasten unterstützt wird, erfolgt die Genehmigung.

Von aufsergewöhnlichen chinesischen Strafen sei die vom Kaiser Tcheou eingeführte: P a o l o erwähnt. Das Instrument der Strafvollstreckung, die er auf Antrieb seines Kebsweibes Takya anwenden liefs, bestand in einem kupfernen 20 Ellen hohen und 8 im Durchmesser haltenden Ofen mit drei Feueröffnungen. An diese Säule wurden die Verurteilten angebunden, so dafs sie ihn mit den Armen umfassen mufsten und auch die Beine sich fest anschmiegten. So wurden die Unglücklichen langsam geröstet, bis schliefslich nur die Asche übrig blieb. Der lieben Takya bereitete dieses Schauspiel viel Vergnügen.

———

2. Das griechische Strafrecht.[1]

Die Athenienser — und die übrigen Griechen folgten ihnen darin — pflegten gegen Angeklagte und Zeugen die Folter anzuwenden. Man unterschied Sklaven und Freie; gegen letztere wurde die Tortur nur in Ausnahmefällen gebraucht; wenn es sich z. B. um das Staatswohl handelte, so konnte durch einen ausdrücklichen Beschluss die Folterung gestattet werden.

Niemals jedoch durften die Freien als Zeugen gefoltert werden, sondern nur, wenn sie eines Verbrechens verdächtig waren. Anders die Unfreien; diese mufsten in bürgerlichen und strafrechtlichen Processen ihr Zeugnifs auf der Folter wiederholen. Der Sklave ist eben kein anständiger Mensch, seine sociale Stellung hat nach griechischer Ansicht seinen Charakter verdorben und nur Gewaltmittel können ihn bewegen, die Wahrheit zu sagen. Ob ein Sklave zum Zeugnifs gegen seinen Herrn gefoltert werden dürfe, ist nicht bestimmt zu entscheiden.

Es gab zweierlei Arten der Folter, eine private und eine öffentliche. Die erstere wurde von den Interessenten nur mit Zuziehung einiger Zeugen executiert, letztere wurde seitens der Obrigkeit angeordnet. Die Privattortur ist selbstverständlich nur gegen Sklaven anwendbar, es wurde vorher zwischen den Parteien Schadenersatz u. s. w. genau vereinbart. Die Execution war ganz der Willkür überlassen, sie konnte beliebig wiederholt werden.

Die öffentliche Tortur wurde meistens angewandt, wenn ein freier Bürger beschuldigt wurde. Auch gegen Sklaven konnte sie angewandt werden. Der Herr hatte kein Einspruchsrecht, sondern konnte nur Schadenersatz verlangen, denn Sklaven waren ja keine Menschen, sondern nur Sachen.

Als Folterinstrumente kamen in Anwendung Peitsche, Rad, Leiter, Aufhängen an einer Säule, Abschälen der Haut, Aufdrücken von Dachziegeln, Eingiessen von Essig in die Nase.

---

[1] Die Tortur der Griechen, Römer und Teutschen von Dr. Ernst Christian Westphal, Leipzig 1785. Reitemeier de origine et ratione quaestionum per tormenta apud Graecos et Romanos.

3. Das römische Strafrecht.[1]

An L e b e n s s t r a f e n kennt das römische Strafrecht: 1) die K r e u z i g u n g, die sich aus dem Aufhängen am arbor infelix entwickelt hat; sie war ursprünglich nur für Sklaven bestimmt (servile supplicium), später wurde sie auch auf Freie ausgedehnt, meist jedoch nur gegen Personae humiles und Provincialbewohner angewandt. Konstantin hob diese Todesstrafe auf, und führte dafür den G a l g e n (furca) ein. Auf Kreuzigung wurde erkannt bei Strafsen- und Seeraub, Meuchelmord, Falsum, Aufruhr und Hochverrat. 2) H i n a b - s t ü r z e n v o m t a r p e j i s c h e n F e l s e n (praecipitatio de rupe) wurde gegen Perduelles und falsche Zeugen verhängt. Tiberius liefs zuweilen auch Incestuosi und Zauberer so strafen. 3) E r d r o s s e l n (laqueus) wurde im Kerker vollzogen; Hochverräter, so die Catilinarier, wurden damit bestraft. 4) L e b e n d i g b e g r a b e n und 5) E r s ä u f e n sind besondere Strafen, die gegen Vestalinnen und Parricidae angewandt wurden. 6) L e b e n d i g v e r b r e n n e n war anfangs eine Strafe für politische Verbrecher, so Verräter der plebs, unter den Kaisern bei Brandstiftung, Zauberei, Sacrilegium, Parricidium und vereinzelt beim Crimen laesae majestatis, auch bei den Christenverfolgungen. 7) D i e E n t - h a u p t u n g ward ursprünglich mit dem Beil, in der Kaiserzeit mit dem Schwert vollzogen. Sie war die häufigste Todesstrafe und wurde zuerst gegen Verräter, Empörer und Abtrünnige, unter den Kaisern wegen Mord, Incest, Ehebruch, Majestätsverbrechen, Raub u. s. w. angewandt.

An k ö r p e r l i c h e n S t r a f e n finden wir bei den Römern nur weniges. Die V e r s t ü m m e l u n g d e s K ö r p e r s war von jeher eigentlich verboten und wurde nur selten in

---

[1] W a l t e r: Geschichte des römischen Rechts Das Criminalrecht der Römer von Romulus bis auf Justinian von P r o f e s s o r D r. W i l h e l m R e i n. Leipzig 1844. A. W. Z u m p t: das Criminalrecht der römischen Republik. Berlin 1865. G u s t a v G e i b: Geschichte des römischen Criminalprocesses. Leipzig 1842. Die H a u p t q u e l l e n sind Bücher 47. 48 der P a n d e k t e n, die „libri terribiles"; I n s t i t u - t i o n e n IV, tit. 1—5 und 18; C o d e x Buch 9 und einzelne Stellen, sowie auch Novellen. Ferner vergl. F r i e d l a e n d e r: Sittengeschichte Roms.

späterer Zeit angewendet z. B. Kastration wegen Unzuchts-
vergehen, Handabschlagen wegen Münzfälschung. Auch das
Zerschmettern der Glieder war selten. Das Einbrennen eines entehrenden Zeichens (K = Kalumniator)
geschieht bei Verleumdern. Körperliche Züchtigung
ward nur bei Sklaven und Personen niederen Standes geübt.

Die Freiheitsstrafen waren, wenn sie zugleich die
Verurteilung zu öffentlichen Arbeiten oder zu den
öffentlichen Spielen mit enthielten, auch Körperstrafen·
So brachte die Verurteilung zu den Bergwerksarbeiten
das Tragen von leichten oder schweren Ketten mit sich. Die
öffentlichen Spiele waren entweder Gladiatorenkämpfe
(condemnatio ad gladium und condemnatio ad ludum gladia-
torium) oder Thierkämpfe (condemnatio ad bestias und
ad ludum venatorium).

Von den einzelnen römischen Marterinstrumenten seien
folgende erwähnt:[1])

1) Equuleus, die Folterleiter des deutschen Strafrechts.

2) Catasta wird synonym mit Equuleus gebraucht, ist aber
   eigentlich das Gerüst, worauf der Equuleus stand.

3) Fidiculae waren die Schnüre, womit der Delinquent
   aufgezogen wurde.

4) Nervi ebenfalls Schnüre, aber meistens nur zur Fesselung
   gebraucht.

5) Unci waren einzackige Haken, womit man den Auf-
   gezogenen das Fleisch abrifs.

6) Ungulae, zweizackige Haken zu demselben Gebrauch.

7) Cardi, eiserne Kämme, gleichfalls zum Fleischausreifsen.

8) Rotae sind die Walzen, um die die Stricke, die zum
   Aufziehen und Strecken dienten, gewickelt waren.

9) Plumbatae und Flagella waren Peitschen, vorne meist
   mit Bleistückchen versehen.

10) Ignes sind allerlei Pfannen und Geräte, worin man
    Feuer angezündet hatte, das man dem Gemarterten an
    oder unter den Körper hielt.

---

[1]) Siehe oben S. 15 ff.

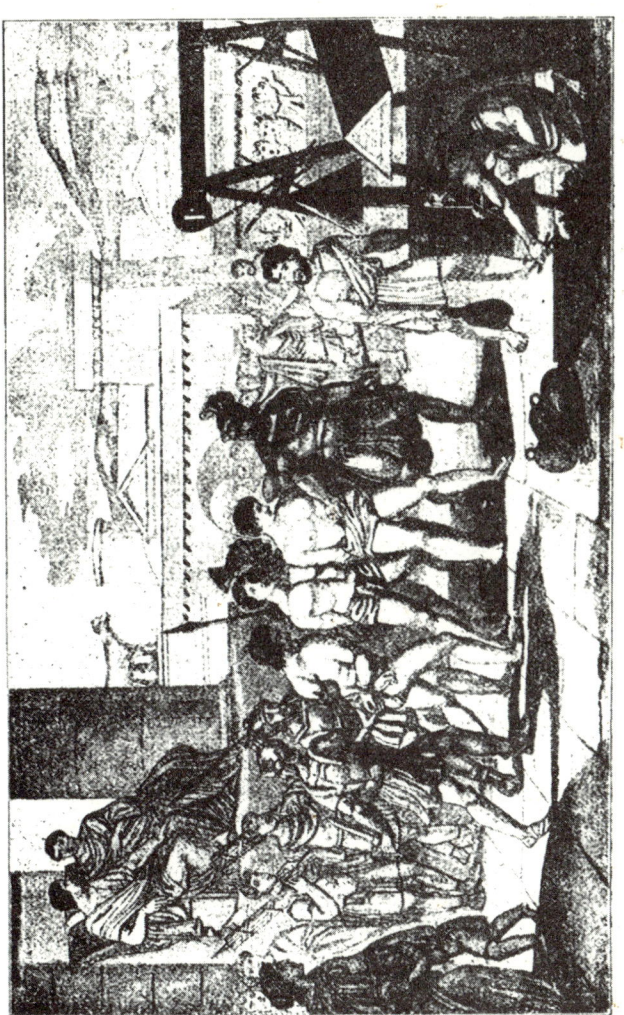

Equuleus.

11) Cyphri oder Jugum eine Bandage um den Hals.

12) Catapulta, ein dem Zweck nach nicht völlig bekanntes Instrument.

Die allgemeinen Bestimmungen der Römer über die Folter erscheinen vernünftig; dem Richter ist die Bestimmung über das Maſs überlassen und es wird ihm ausdrücklich Mäſsigung eingeschärft.[1]

Die Folter wird bei den Römern wie bei den Griechen gebraucht, einmal zur Erzielung eines Geständnisses, zweitens zur Bestärkung eines Zeugnisses eines Sklaven.

Die erstere Art soll sehr vorsichtig angewandt werden, da sonst ein Unschuldiger unverdient bestraft, ein Schuldiger aber sich trotzdem der Gerechtigkeit entziehen könnte.[2]

Als Strafe soll die Folter ausdrücklich nicht gebraucht werden.[3]

Zur Zeit der Republik findet sich auch noch die Privatfolter für Sklaven,[4] die Gesetze der Kaiserzeit sowie die Rechtsgelehrten erwähnen sie nicht, so daſs man sie wohl für jene Zeit als beseitigt ansehen kann.

Freie römische Bürger wurden im allgemeinen als Zeugen überhaupt nicht gefoltert, nur Ehrlose[5] und solche, die bei

---

[1] L. 7, de quaest. Quaestionis modum magis est iudices arbitrari oportere: itaque quaestionem habere oportet, ut servus salvus sit, vel innocentiae vel supplicio. L. 10 § 3 de quaest. Tormenta autem adhibenda sunt, non quanta accusator postulat, sed ut moderatae rationis temperamenta desiderant.

[2] L. 1 § 23 de quaest. Quaestioni fidem non semper, nec tamen nunquam habendam, constitutionibus declaratur, etenim est fragilis et periculosa et quae veritatem fallat. Nam plerique patientia sive duritia tormentorum ita tormenta contemnuut, ut exprimi eis veritas nullo modo possit: alii tanta sunt impatientia ut in quovis mentiri, quam pati tormenta velint. Ita fit, ut etiam vario modo fateantur, ut non tantum se, verum etiam alios criminentur.

[3] L. 21 de quaest. Quaestionis habendae causa neminem esse damnandum D. Hadrianus rescripsit. Ferner in den Basiliken: nemo damnatur in hoc, ut in eum quaestio fit cum tormentis.

[4] Cicero pro Cluentio 63, 66.

[5] L 21 § 2 de testibus. Sit ea rei conditio sit, ubi harenarium testem, vel similem personam admittere cogimur, sine tormentis testimonio eius credendum non est.

ihrer Aussage unklar und wankend waren,[1]) waren ausgenommen. Das Zeugnifs der Sklaven dagegen war stets
mit der Folterung verbunden, mochte es sich um Civil- oder
Criminalprocesse handeln.[2])

Auch der Sklaven eines Dritten konnte man sich zum
Zeugnifs bedienen, der sich diesen Gebrauch, natürlich gegen
Schadenersatz, gefallen lassen mufste.[3])

Bei Strafklagen wurden Freie wie Sklaven gefoltert.

Freie Personen wurden, wenn sie grober Verbrechen
verdächtig waren, zur Erzielung eines Geständnisses gefoltert.
Ausgenommen waren nur Soldaten, kaiserliche Beamte, Stadt-
räte, Priester, bisweilen ging dieses Privileg erblich bis
auf die Enkel über.[4])

Die Tortur zur Erlangung wurde meistens nur gebraucht,
wenn anders eine völlige Überführung nicht möglich war,
sonst konnte man ohne Folter verurteilen.[5])

Ehe zur Vernehmung des Beschuldigten auf der Folter
geschritten wurde, teilte man es ihm genügend lange vorher
mit, bisweilen wurde sogar der Termin hinausgeschoben.[6])

---

[1]) L. 15 pr de quaest. Ex libero homine pro testimonio non
vacillante quaestionem haberi non oportet.

[2]) L. 15 de quaest. Interrogari servos de facto suo non solum
in criminali causa sed etiam in pecuniaria, vetati quando, per eos deposi-
ti vel commodati nomine vel aliis causis legibus cognitis res aliis
praestitae sunt poste non ambigitur.

[3]) L. 9 de quaest. Licet itaque et de servis alienis habere quaestionem, si ita res suadeat

[4]) L 11 C. de Quaest Divo Marco placuit eminentissimorum quidem,
nec non etiam perfectissimorum virorum usque ad pronepotes liberos,
plebejorum poenis vel quaestionibus non subjici: si tamen proprioris
gradus liberos per quos id privilegium ad ulteriorem gradum transgreditur
nulla violati pudoris macula adspergit. In decurionibus autem et filiis
eorum hoc observari, vir prudentissimus Domitius Ulpianus in publi-
carum disceptationum libris ad perennem sicentiam et memoriam refert.

[5]) Paulus Sent. L. 5, tit. 16, § 13. In convictum reum, sive
torqueri possit, sive non possit pro modo admissi sceleris statuendum est.

[6]) L. 18, § 9 ff de quaest Cognitarum de criminibus praesidem
oportet ante diem palam facere custodias se auditurum: ne hi, qui
defendendi sunt, subitis accusatorum criminibus opprimantur. Quamvis
defensionem quocunque tempore postulante reo, negari non oportet;
adeo ut propterea et differantur et proferantur custodiae.

Minderjährige durften nicht gefoltert werden,[1]) ebenso
Schwangere nicht.[2])

Die Tortur konnte im übrigen bei ein und derselben
Person wiederholt vorgenommen werden.[3])

Während der Festzeiten sollen Folterungen nicht stattfinden.[4])

---

4. Das türkische Strafrecht.

„Das geltende Strafrecht des ottomanischen Reiches ist
eine seltsame Mischung von mohamedanischen Rechtslehren,
französischem Strafrecht, nationalen Eigentümlichkeiten und
Willkür."[5])

Von grofsem Einflufs auf die türkische Rechtsentwickelung
waren die vier Schulen der Hanafiten, Malikiten, Schâfi'iten
und Hanbaliten; die erstere ist die im ottomanischen Reich
amtlich anerkannte Schule. Jede rechtliche Ausführung mufs
sich auf eine Vorschrift des Korans, der Sunna oder der
islamitischen Weisen früherer Zeit zurückführen lassen. Das
Corpus iuris der Türken ist: Multagâ al-Abhur, d. h. Zu-
sammenflufs der Meere, es wurde von Ibrâhîm al-Halabî

---

[1]) L 10 pr. de quaest.   De minore quatuordecim annis quaestio
habenda non est, ut et Divus Pius Caecilio Jubentiano rescripsit.

[2]) Paulus Sent. L. 1, tit. 12, § 5. Praegnantes neque torqueri,
neque damnari nisi post editum pertum, possis.

[3]) L. 16 pr. ff. de quaest.   Repeti posse quaestionem Divi
Fratres rescripserunt.   L. 18, § 1 eod.   Reus evidentioribus argumentis
oppressus, repeti in quaestionem potest, maxime si in tormenta animum
corpusque duraverit.

[4]) L. 4. C. Th. Quadraginta diebus, qui auspicio cerimoniarum
paschale, tempus anticipant, omnis cognitio inhibeatur criminalium
quaestionum.

[5]) Die Strafgesetzgebung der Gegenwart in rechts-
vergleichender Darstellung, I. Bd., das Strafrecht der Staaten Europas.
Herausgegeben von Franz v. Liszt.   Berlin 1894.

Culturgeschichte des Orients unter den Chalifen von
Alfred von Kremer.   Wien 1877.   Zur ältesten Ge-
schichte des muhamedanischen Rechts von Ed. Sachau.
Wien 1870.

(† 1549) zusammengestellt. Im Jahre 1824 ist im Auftrage der Regierung noch eine neue Ausgabe erfolgt.

Nach der Multagâ zerfallen die Delikte in drei Klassen: Verbrechen gegen Allah, Angriffe auf die Person und strafbare Handlungen gegen den öffentlichen Frieden.

Verbrechen gegen Allah sind:

1. Unzucht;[1]) die Strafe dafür ist Steinigung oder Geifselung und Verbannung.
2. Die Verleumdung wegen Unzucht wird mit Geifselung bestraft.
3. Der Diebstahl eines Gegenstandes im Werte von über 10 Silberdrachmen. Die Strafe besteht in Abhauen der rechten Hand und im Rückfall des linken Fufses. Die verstümmelnden Strafen unterbleiben jedoch, wenn die Diebstähle a) auf einem öffentlichen Platze, b) zwischen Ehegatten oder solchen Verwandten, zwischen denen die Ehe verboten ist, c) zwischen Herren und Sklaven, d) zum Nachteil der Staatskasse, e) an einem Gegenstande, dessen Miteigentümer der Dieb ist, begangen ist.
4. Raub; der Räuber wird mit Abhauen der rechten Hand und des linken Fufses bestraft, wenn er bei der Ausführung seines Raubes einen Menschen tötet, nach Wahl des Richters enthauptet oder gekreuzigt. Die Kreuzigung ist eine Verschärfung der Todesstrafe, da der Verurteilte lebend ans Kreuz geschlagen, dann mit einer Lanze durchbohrt und darauf bis zu drei Tagen öffentlich ausgestellt wird.
5. Wein trinken; die Strafe ist Geifselung.
6. Der Abfall vom mohamedanischen Glauben wird bei Männern mit dem Tode bestraft; Weiber werden eingesperrt und täglich gepeitscht, bis sie zum vorgeschriebenen Glauben zurückkehren.
7. Rebellion wird mit dem Tode bestraft.

Bei den strafbaren Handlungen gegen die Person wird, wenn möglich, die Talion angewendet. Es gilt hier der

[1]) Der Begriff der Unzucht ist hier ein weiterer als bei uns: jeder geschlechtliche Verkehr, mit Ausnahme des ehelichen oder auf das Eigentumsrecht an eine Sklavin gegründeten.

Grundsatz, dafs zwischen Verletzung und Strafe völlige Gleichheit sein soll; das ist bisweilen sehr schwer, wenn nicht gar völlig unmöglich, so z. B., wenn ein Dieb, dem die rechte Hand abgehauen, nun einem anderen Menschen die rechte Hand abschlägt, ebenso bei Fleischwunden.

Bei der dritten Klasse von strafbaren Handlungen wird häufig auf Geifselung erkannt.

Die obigen Strafbestimmungen waren bis zum Jahre 1840 rechtsgültig, wenn sie auch thatsächlich in anderer Gestalt zur Ausführung gelangten; so war z. B. die Geifselung durch die Bastonnade ersetzt, gegen Räuber und Rebellen wurde Pfählung angewandt, weitere Willkürlichkeiten fallen einzelnen Beamten zur Last. Neues Recht schaffte die Verordnung des Sultans 1840 nicht, erst nach dem Krimkriege, 1856, wurde auf Drängen der westeuropäischen Verbündeten ein neues Strafgesetzbuch geschaffen und am 25. Juli 1858 veröffentlicht. Eine Verordnung vom 27. September 1867 enthält noch verschiedene Bestimmungen über Strafschärfung u. s. w.

In der Einleitung, Kapitel 2 und 3 des St.-G.-B. finden sich nähere Angaben über die Strafarten; ich entnehme daraus Folgendes: Über die Todesstrafvollstreckung ist nichts Näheres bestimmt; die Verurteilung zu Zwangsarbeit bringt öffentliche Ausstellung am Pranger mit sich, mit Ausnahme von Personen unter 18 und über 70 Jahren, sowie Geistlichen aller Konfessionen. Bei Zwangsarbeit wird der Gefangene strenger behandelt als bei einfacher Gefängnifsstrafe, er hat mehr und schwerere Arbeit zu liefern und mufs aufserdem Kugeln tragen.

———

5. Das russische Strafrecht.[1])

Das russische Strafrecht kennt die körperlichen Strafen erst seit dem Kodex Iwans III., 1497, der auf Grund von Ukasen, der Praxis, der Prawda, der Bücher Mosis und der Pskower Gerichtsurkunde abgefafst; in der weiteren Moskauer

[1]) v. Liszt, Strafgesetzgebung I, 271.

Joh. Phil. Gust Ewers: das älteste Recht der Russen. Dorpat und Hamburg 1826.

Die Pfählung.

Periode sind dann für uns noch wichtig: der Sudébnik
Iwans IV., des Schrecklichen, 1550, und hauptsächlich das
Gesetzbuch des Zaren Alexëi Micháilowitsh, 1648, das
Ulozhénije.

Die Strafen sind:

1. Todesstrafe, etwa in 60 Artikeln des Ulozhénije, auch
   in verschärfter Form, als Verbrennen, Vergraben, Ein-
   giefsen von flüssigem Metall in den Mund; in der Praxis
   kommt Rädern, Vierteilen u. s. w. häufig vor.

2. Körperstrafen, in etwa 160 Artikeln des Gesetzes.

Den Namen der Werkzeuge nach zu schliefsen, sind sie
tartarischen Ursprungs und können in Schmerz zufügende und
verstümmelnde eingeteilt werden. Die Prügelwerkzeuge dienen
entweder zu einfacher oder zu schonungsloser Züchtigung;
es sind die Knute und der Stock.[1]) Auch Brandmarkung
wird häufig zur Erkennbarkeit Rückfälliger angewandt.

Seit Peter dem Grofsen, mit dem Beginn der Petersburger Periode, machte sich der Einflufs Westeuropas geltend,
freilich mehr der Form als dem Inhalt nach.

Aus dem Kultureuropa überkamen die Russen Spitzruten,
Peitsche, Katze, Zwangsarbeit und Galeerenstrafe; die Todesstrafe kann in 110 Fällen zur Anwendung kommen, aber
die Strafen sind verhältnifsmäfsig milder als im Westen,
wofür man neben dem Prinzip der Gnade das Bestreben,
aus dem Verbrecher Nutzen zu ziehen, anführt.

---

[1]) Mit den „Batógi" wird geschlagen, „wie Kürschner die Felle
ausklopfen." Die russische Bastonnade wird in der Weise vollstreckt,
dass man den völlig entkleideten Sträfling mit dem Bauch auf die
Erde legt und ihm Arme und Beine ausbreitet. Zwei Männer halten
ihn fest, der eine am Kopfe, der andere an Füssen, indem sie auf ihm
knieen. Diese hauen mit den fingerdicken Batogs auf Rücken und
Schenkel, macht der Delinquent einen Versuch, sich zu wehren, so
halten ihn zwei weitere Männer die Arme fest. Die beiden Henker
hauen nun fest zu, so lange die Stöcke halten, dann nehmen sie neue
und hören nicht eher auf, bis der Rücken braun und blau ist oder bis
der Aufseher befiehlt, aufzuhören. Nach beendeter Execution muss der
Gezüchtigte Hände und Knie dessen, der die Schläge zuerkannt, küssen,
die Erde mit der Stirne berühren und sich bedanken, dass er nicht
noch mehr Schläge bekommen hat.

Anwendung der Knute in Russland.

1754 wurde durch einen Ukas die Todesstrafe für Diebe von Elisabeth II. aufgehoben; sie sollten nunmehr zu schwerer Arbeit gebraucht, mit Knuten grausam gezüchtigt, die Nasenflügel ihnen ausgerissen und das Wort Dieb auf die Stirne gebrannt. 1812 wurde die Todesstrafe wieder eingeführt. 1785 wurden Adlige, Ehrenbürger, Kaufleute der 1. und 2. Gilde, 1798 Siebzigjährige und Geistliche, sowie deren Familien von der Knutenstrafe befreit, 1813 sollte sie gänzlich abgeschafft werden, man glaubte jedoch schliefslich dem Volke gegenüber ohne dieselbe nicht auskommen zu können. 1771 waren die Batógi, 1800 die Grausamkeiten der Knutenstrafe und 1817 das Ausreifsen der Nasenflügel abgeschafft.

1832 erschienen, vom Grafen Speransky herausgegeben, zwei Werke: Pólnoje Sobránije Zakonow d. h. vollständige Sammlung der Gesetze, die seit 1649 erlassen waren, und Swod Zakónow, die Sammlung der geltenden Gesetze.

Das Strafesystem des Swod enthält:

1. Todesstrafe in drei Fällen.
2. Leibesstrafen mittels Knute, Peitsche, Spitzruten, Ruten, Gerten, Stricken etc., bei schweren Strafen mit Brandmarkung verbunden.
3. Zwangsarbeiten, besonders Kátorga, in Festungen, Häfen, Fabriken u. s. w.
4. In Verbindung mit 3., Deportation nach Sibirien.

Die Mängel des Swod Zakónow zu beseitigen, wurde von Nikolaus I. Graf Bludow 1845 beauftragt. Spätere Gesetze, so von 1863, enthalten Bestimmungen über die Abschaffung der Leibesstrafen, 1885 ebendarüber, ferner über die Kátorga.[1])

---

[1]) Über die noch jetzt in den russischen Zuchthäusern übliche Prügelstrafe giebt Dr. Lobas, Arzt an den Zuchthäusern der Insel Sachalin, in No. 26 (1898) der Petersburger Medicinischen Wochenschrift „Wratsch" folgende Schilderung:

„Euer Hochwohlgeboren ersuche ich, an dem und dem Tag in dem meiner Obhut anvertrauten Gefängnisse sich einfinden zu wollen, um bei der Vollstreckung der fälligen Gerichtsurteile zugegen zu sein," — so lautet die offizielle Einladung des Kommandanten. Wir treten in einen halbdunkeln, düsteren Gang des Alexandergefängnisses ein. Die Holzmauern sind schwarz angelaufen, es riecht stark nach Fichtennadeln, mit denen der Boden bestreut ist. An einem Ende des Korridors sind Tische und Stühle für die der Exekution beiwohnenden Behörden, darunter Staatsanwalt, Gefängnisschef und Arzt, aufgestellt, am anderen Ende erhebt sich die drohende Gestalt des „Holzbocks", hinter dem der unheimlich dreinschauende Henkersknecht auf sein Opfer wartet.

Seine Tracht soll augenscheinlich den Eindruck der ganzen Situation noch verschärfen: eine hohe weisse Kopfbedeckung, die Füsse in weissen Filzschuhen, ein blutrotes Hemd mit aufgestreiften Ärmeln und in der Hand die Knute. Entlang der Wand, auf einer Seite — eine Reihe von glatt rasierten Köpfen der Arrestanten, auf der anderen — die Kette der Aufseher mit geladenen Revolvern in der Hand. Die Grabesstille, die über der Versammlung lastet, wird nur ab und zu durch das Klirren der Handschellen und der Kettenfesseln, durch schüchternes Hüsteln oder durch Papierknistern am Tische des Gefängnisschefs unterbrochen.

„Wer kommt zuerst dran?" ist die Frage, die auf all diesen erd-fahlen Arrestantengesichtern zu lesen ist . . .

„Sidorow!" ruft der Chef einen mit ruhiger, gemessener Stimme auf. Dieser tritt unsicher und schwankend, unter Kettengerassel, aus dem Haufen der grauen, langen Filzröcke hervor. Ich sehe das Er-bleichen seiner Lippen, das ängstliche Aufschlagen seiner Augen wie beim gehetzten Wild . . .

„Leg' Dich!" lautet der Befehl.

Nun bekreuzigt er sich hastig und legt sich auf die Bank nieder, auf der ihn der Henker mit Riemen festschnallt. Mit beiden Armen umfasst er die Bank; die Hände werden unter der Bank festgebunden.

„Wieviel?" fragt der Aufseher, der die Hiebe zählen soll.

„Sechszig," lautet die präzise Antwort des Chefs.

„Gieb Acht!" (oder „Pass' auf, dass Du nicht verreckst," oder auch „Kerl, nimm Dich zusammen!") — und wuchtig saust die Peitsche auf den nackten Körper nieder, ein schauerliches plätscherndes Geräusch erzeugend, dem ein stöhnender, herzzerreissender Aufschrei folgt . . .

„Eins, zwei, drei!" zählt der Aufseher. Und das Sausen und Auf-schlagen der Peitsche markieren jede Zahl. Das anfangs nur bei jedem Schlag vernehmbare Aufschreien verwandelt sich nach und nach in ein ununterbrochenes Geheul und Gebrüll. Es bedeutet eine starke Zu-muthung an die Nerven des Lesers, die Greuel dieser höllischen Exekution sich noch weiter auszumalen . . .

Diese Prügelstrafe trifft die Arrestanten jedesmal, wenn das Gericht oder die polizeilichen oder Verwaltungsorgane, wie z. B. der Gefängnissdirektor oder der Kreishauptmann sie verfügen. Als Henker fungiert stets ein Kerl, der aus der Mitte der Gefangenen selbst dazu ernannt wird. In seinen Händen ruht buchstäblich das Schicksal des Delinquenten. Denn man muss wissen, was in solchen Händen die Knute, d. h. ein dicker Holzstock, an dem ein festgeflochtener Riemen von 35 Centimeter Länge und etwa 3 Fingern Dicke angebracht ist, welcher in drei fingerdicke Zöpfe ausläuft, bedeutet. Ein Sträfling, der noch das geringste Menschlichkeitsgefühl besitzt, wird natürlich nie dazu zu bewegen sein, dieses Amt zu übernehmen, so dass nur die verworfensten, rohesten und jeder menschlichen Regung baren Individuen dazu auserwählt werden; einer solchen Kreatur vertraut nun das Gericht und die Verwaltungsbehörde das Leben seiner Nächsten an. In seiner Gewalt steht es ganz und gar — und die Beamten halten es nicht einmal für nötig, diese einzuschränken —, den Verurteilten nur leicht zu züchtigen, oder ihn für sein Leben lang zum Krüppel zu machen oder gar ins Jenseits zu befördern. Die erfahrenen Henker sind wahre Virtuosen ihres Fachs. Wollen sie den Delinquenten Gnade erweisen, so streifen sie seinen Körper nur ganz leicht mit dem mittleren Teil der Knute, während die Zipfel mit Wucht auf die hölzerne Bank niederfallen; wollen sie dagegen einem zusetzen, so lassen sie die Knute furchtbar spielen. Die Bewegungen, die die Knute in einer so geschickten Hand beschreibt, können kaum von einem Unerfahrenen richtig bemerkt und verfolgt werden, so rasch spielen sie sich ab. Der Gezüchtigte schreit natürlich in beiden Fällen, nur sind die Folgen sehr verschieden. Kann der Sträfling sich loskaufen, so ist auch die Strafe nur leicht; wehe aber dem, der nicht in der Lage ist, dem Scheusal von Henker vorher etwas anzubieten.

Durch Knute erzeugte Verkrüppelungen oder Todesfälle gehörten früher durchaus nicht zu Seltenheiten, während sie jetzt doch nur ausnahmsweise noch vorkommen. Sehr vieles hängt auch von der Persönlichkeit des Gefängnisschefs ab; ein irgendwie humaner denkender Mensch wird natürlich solche Greuel nicht zulassen, doch — giebt es denn viele solche an der äussersten Peripherie des russischen Reiches? Wer, der je bei den dortigen Zuchthäusern eine Stellung bekleidet hat, kennt nicht die stereotyp wiederkehrende Weisung des Chefs an den Exekutor: „Nicht schmieren (das heisst nicht zu leicht peitschen), fester, nur nicht zu schnell?" Das braucht er nicht einmal zu sagen, die Henker lesen es schon in seinen Augen.

Der Chef eines der Sachaliner Gefängnisse hielt sich über die zu laxe Handhabung der Prügelstrafe in einem benachbarten Gefängniss auf und berief sich auf die bei ihm übliche Praxis in folgenden Worten: „Ich mache bei mir die Sache so: ich lasse den Sträfling auf „den Bock" schnallen, zünde mir eine Zigarette an und lege nun die Strecke von der einen Wand des Straflokals zur andern mit der Gleichmässigkeit eines Pendels zurück. Der Kerl weiss schon, was er zu thun hat. Sobald ich die eine Wand erreicht habe — heisst es „eins", komme ich dann wieder zurück — „zwei", habe ich dieselbe Strecke wieder zurückgelegt — „drei" u. s. w. . . . .

Ein anderer, mit der leichten Handhabung der Peitsche unzufrieden, nimmt sie aus der Hand des Henkers und zeigt ihm am Arrestanten selbst, wie er zuschlagen muss. Andere lassen wieder den Henker selbst furchtbar durch Peitschenhiebe verstümmeln, wenn sie finden, dass er nicht fest genug zuschlägt. So hat ein solcher Henker auf diese Weise das ganze Gesäss durch Gewebsbrand verloren.

Das Gericht verurteilt gewöhnlich zu einer Prügelstrafe die Rückfälligen und die aus Sibirien entkommenen Flüchtlinge und Landstreicher. Es giebt solche, die in ihrem Leben fünf- und sechshundert Hiebe bekommen haben. Ein alter Landstreicher beschliesst sein Curriculum Vitae mit folgenden Worten: „Im Ganzen erhielt ich 1400 Spitzruten-, 600 Knuten- und unzählige Rutenhiebe." Wie auch zu erwarten, spricht die Statistik der sibirischen Gefängnisse gegen jede korrektionelle Wirksamkeit solcher Strafen. Je häufiger und grausamer dieselben sind, um so häufiger sind auch die Rückfälle. Und lässt sich denn schliesslich das von der Natur in die Menschenbrust eingepflanzte Heimweh, das bei der Bevölkerung der sibirischen Gefängnisse aus sehr begreiflichen Gründen die Intensität einer Psychose (Nostalgie) erreicht, durch die grausamsten Prügelstrafen auch wirklich hemmen? . . .

Bis jetzt haben wir uns nur mit der Knute beschäftigt, die immerhin eine seltenere, auf ein Gerichtsurteil hin erfolgende Massregelung darstellt. Etwas anderes ist die gewöhnliche körperliche Züchtigung mittels Ruten, die das A und O der korrektionellen Massnahmen ist, die in den sibirischen Gefängnissen angewandt werden. Sie wird eher als eine Bagatelle angesehen und doch ist sie in ihrer Gesammtwirkung viel schlimmer als die Knute, weil sie alle in gleichem Masse, und zwar ohne richterliches Urteil und auch ohne vorherige ärztliche Begutachtung trifft. Jeder Gefängnisschef darf nach eigenem Ermessen bis 30, jeder Kreishauptmann bis 100 Rutenhiebe verabreichen Dass daher auch Schwerkranke dieser Massregelung nicht entgehen, ist leider nur nackte Wahrheit. Sehr häufig wurden schwere, auf Rutenstrafe folgende Psychosen beobachtet. Im Kreise Korsakow wurde eine Schwangere in aller Form geprügelt, die gleich darauf ihren Geist aushauchte."

---

6. Das spanische Strafrecht.[1]

Die wichtigste Quelle für das ältere spanische Strafrecht ist das F u e r o J u z g o, eine 1229 für Cordova unter
Fernando III. el Santo von Kastilien angefertigte altkastili-
anische Übersetzung der Lex Visigothorum. Dieses Strafrecht ist auf dem römischen Unterschied zwischen den
Nobiliores und Humiliores begründet. Der Höherstehende
zahlt, der Niederstehende bekommt Prügel für seine Vergehungen. Todes- und Leibesstrafen finden sich häufig; so
das Abhauen einer Hand, eines Daumens, Entmannung und
Brandmarkung.

Nach dem Zusammenbrechen des westgotischen Reiches
kommt die Zeit der Partikulargesetze für die nun entstehenden
kleinen Königreiche. Diese waren in den angedrohten Strafen
sehr abweichend von einander; verstümmelnde Strafen finden
wir in mannigfacher Weise, so schneidet man in Cuenca
dem Badedieb die Ohren ab, in Soria bricht man dem
Fälscher die Zähne aus, in Fuentes hackt man dem, der
seinen Pflegevater erschlägt, die Faust ab, in Plasencia schlitzt
man der auf Ehebruch ertappten Frau die Nasenlöcher auf.

1255 finden wir in Spanien ein neues Gesetzbuch, das
Fuero Real, das man im Jahre 1270 im ganzen Reiche
Alfons X. als in Kraft bestehend annehmen kann.

Todesstrafen und Verstümmelungen sind noch reichlich
angedroht. Dem begnadigten Hochverräter werden die
Augen ausgestochen, einem Urkunden fälschenden Notar
wird die Hand abgehauen, ebenso dem Dieb beim grofsen
Diebstahl, wenn er den neunfachen Wert nicht ersetzen
kann; demselben werden auch die Ohren abgeschnitten.
Sodomiter werden erst entmannt und dann gehängt, dem

---

[1] von Liszt I, 484.

M a r t i n e z M a r i n a: Ensayo historico-critico sobre la antigua
legis lacion. Madrid 1808. S e m p e r e: Historia del Derecho español
continuada hasta nuestros dias. Madrid 1846. D u B o y s: Histoire du
droit criminel de l'Espagne. Paris 1870. v. B r a u c h i t s c h: Geschichte
des spanischen Rechts. Berlin 1852.

falschen Zeugen werden die Zähne ausgebrochen, ein Geist-licher, der das Siegel des Königs fälscht, wird gebrandmarkt.

Andere Kodificationen folgten, aber ein berühmter spanischer Jurist unserer Zeit urteilt[1]): „Alle Abgeschmackt-heiten, alle Grausamkeiten, die unserer Strafgesetzgebung seit sechs Jahrhunderten anhafteten, alle sind in ihrer ganzen Rohheit bis in unser Jahrhundert gelangt. Die Folter nur ist von den Cortes 1812 und vom König Ferdinand 1817 abgeschafft worden. Mit der Vermögenskonfiskation indessen räumten nur jene auf. Die Auspeitschung, die Brandmarkung, die Verstümmelung standen auch ferner in Kraft, und wir alle haben die erste dieser drei Strafen vollziehen sehen; wenn die anderen beiden nicht angewandt wurden, was ich nicht weiſs, so war das eine Wirkung der ungebundenen Willkür der Richter, dieses seltsamen Dogmas unserer neueren Strafgesetzbücher. Die Todesstrafe traf denjenigen, der in einem Teile des Königreichs 5 Schafe oder den Wert 1 Peseta in Madrid raubte; und in diesem Punkte stand die Androhung nicht nur in den Gesetzen, sondern man führte auch bis vor wenigen Jahren diese Gesetze mit drakonischer Strenge aus. Die Sodomie und die Ketzerei waren gleichfalls todeswürdige Verbrechen und die Scheiterhaufen der Inquisition entflammten sich mehr als einmal für Hexen und judaisierende Sektierer.“

Zu Anfang des Jahrhunderts suchte man wieder neue Kodificationen zu schaffen, 1822, es folgte dann 1839/40 und schlieſslich 1870. Daſs noch körperliche Strafen grausamer und raffinierter Art in Spanien vollstreckt werden, beweisen die Maſsregeln gegen die „Anarchisten“. Wie bekannt, zer-quetschte man ihnen die Geschlechtsteile, wohl damit ihre Lehre nicht in den Kindern wieder auferstünde.

---

[1]) P a c h e c o: El Código penal. Introduccion 6. ed. Madrid 1888.

Die Räderung in Frankreich.

7. Das portugiesische Strafrecht.[1]

Das ursprüngliche portugiesische Recht ist mit dem spanischen nahe verwandt. Die Lex Visigothorum, Koncils-beschlüsse und das Fuero de Leon waren die Grundlagen, auf dem sich das eigentliche portugiesische Strafrecht aufbaute.

Tod, Verstümmelung, Brandmarkung und Prügelstrafe wurden für geringe Vergehen, bisweilen für blofse Sünden angedroht; der Unterschied zwischen Adeligem und Nicht-adeligem wird auch hier gemacht.

Im Jahre 1603 erschienen die philippinischen Ordonnancen, aus demselben Geiste geboren. Grausame Todesarten, Hand-abhauen, Prügelstrafen und alle Arten der Folter konnten danach angewandt werden. Am 6. December 1612 wurde noch ein besonderes Gesetz über die Anwendung der Folter, am 31. März 1742 über die Einführung der Brandmarkung auf den Rücken und der Wippe erlassen.

Den Anstofs zu einer Neugestaltung des Strafrechts gab erst die Verfassung von 1822 und endgiltig das Grund-gesetz von 1826. Prügelstrafe, Folter, Brandmarkung, alle grausamen und entehrenden Strafen wurden dadurch ab-geschafft.

Am 10. December 1851 erlangte, durch die inneren Wirren verzögert, das damals geplante und verheifsene Straf-gesetzbuch Gesetzeskraft.

---

8. Das französische Strafrecht.

Verbrechern drückte man ehemals auf die rechte Schulter das Lilienzeichen, später bei Dieben ein V, bei Galeeren-sträflingen ein G A L. Am 25. September 1791 wurde diese Strafe im Code Pénal beseitigt. Durch die Gesetze vom 23. Floréal X und 12. Mai 1806 wurde die Brandmarkung für Rückfällige, Fälscher und mit Brandstiftung Drohende

---

[1] Joaquim José Caetano Pereira e Sousa: Ver-brechen und ihre Strafen. Lissabon, 3. Aufl. 1830.

Brandmarkung

Stockschläge in Frankreich.

wieder eingeführt; durch den Code Pénal von 1810 wurden neue Bestimmungen getroffen. Er bestimmte, dafs jeder zu dauernden Zwangsarbeiten Verurteilte auf öffentlichem Markte auf der rechten Schulter mit einem T. P., die auf Zeit Verurteilten mit einem T. gebrandmarkt werden sollten.

Das Sieden wandte man meist gegen Falschmünzer an, entweder wurde Wasser oder auch Oel dazu gebraucht. Insbesondere in Frankreich war das letztere üblich. Sauval berichtet über mehrere derartige Fälle[1]): Seit 1582 trat an Stelle des Siedens das Hängen, förmlich abgeschafft wurde die Strafe erst am 25. September durch den Code Pénal.[2])

Staatsbeamte wurden mit Stockschlägen bestraft, wenn sie ein Amtsvergehen oder eine Unanständigkeit bei der Ausübung ihres Berufes begangen hatten, man schlug sie mit einer Holzschaufel auf den Rücken oder man stiefs sie mit dem Gesäfs auf die Erde.

Carrier, Gouverneur während der grofsen Revolution von Nantes, liefs Männer und Frauen zusammenbinden und in die Loire werfen, da ihm die Guillotine nicht rasch genug arbeitete: man nannte diese Strafvollstreckung republikanische Hochzeit.[3])

Von Gottesurteilen sei erwähnt, dafs man einen geweihten Ring in kochendes Wasser warf, der Beschuldigte mufste den Ring herausnehmen, darauf zog der Richter einen Sack über den Arm und versiegelte diesen. Nach drei Tagen wurde er geöffnet, und wenn dann keine Brandmale vorhanden waren, galt es als Zeichen des Nichtschuldig.

---

[1]) Sauval: Antiquités de Paris livre V.

[2]) Tom I, Tit. I, art. 35.

[3]) La quantité de cadavres engloutis dans la Loire a été telle, et l'eau en a été infectée au point, qu'une ordonnance de police en a interdit l'usage aux habitants de Nantes interdisant aussi de manger du poisson.

Die republikanische Hochzeit.

9. Das englische Strafrecht.[1]

Aus der vornormannischen Zeit haben wir nur wenig Angaben über Strafrechtspflege; der Verlust eines Gliedes wurde nicht selten als Strafe bestimmt. Das dauert auch noch fort unter der normannischen Herrschaft. Genaueres finden wir in einem Werke aus der Mitte des dreizehnten Jahrhunderts: Bractons de legibus et consuetudinibus Angliae.

Notzucht und Defloration wird danach mit Kastration und dem Verlust der Augen bestraft, sonst mit einer leichteren körperlichen Strafe, Diebstahl bisweilen mit Prügelstrafe, Raub mit dem Tode oder Verlust eines Gliedes bestraft, Meineidigen wird die Zunge abgeschnitten.

An körperlichen Züchtigungen kennt das geltende Recht noch die Prügelstrafe und bestimmt darüber: 1. Bei summarischer Verurteilung darf nur einmaliges Peitschen angeordnet werden; bei Kindern unter 14 Jahren ist die Maximalzahl der Schläge 12, die mit einer gewöhnlichen Rute erteilt werden. 2. Wenn auf Grund der Gesetze über die Offences against the Person (1861) oder der Malicious Damage Act (1861) oder Larcency Act (1861) erkannt ist, darf ein einmaliges, nicht öffentliches Peitschen angeordnet werden. Die Zahl der Schläge und das Instrument ist dem Gerichtshof zu bestimmen überlassen. Nur männliche Personen unter 16 Jahren dürfen hiernach gezüchtigt werden. 3. Bei einer Verurteilung auf Grund der Garrotters Act (1863) kann höchstens dreimaliges Peitschen angeordnet werden. Bei Kindern unter 16 Jahren darf die Zahl der Schläge bei einer Peitschung höchstens 25, bei Erwachsenen 50 betragen. Nur gegen männliche Gefangene ist die Strafe zu vollstrecken. Nach Ablauf von sechs Monaten nach der Verurteilung darf diese Körperstrafe nicht mehr vollzogen werden.

[1] v. Liszt I, 609.
Aschrott: Strafensystem und Gefängnisswesen in England, 1887.

10. Das österreichische Strafrecht.[1]

Mit der am 21. December 1768 publicierten Constitutio criminalis Theresiana[2]) verliefs man in den Habsburgischen Landen den Boden des gemeinen deutschen Rechts und suchte für die Erblande ein selbständiges Gesetzbuch zu schaffen. Formell ist das geschehen, materiell war die Theresiana doch ein den Grundsätzen und Anschauungen des gemeinen deutschen Strafrechts analoges Werk. Es sollte ja auch kein neues, sondern nur ein gleiches Recht für die Erblande geschaffen werden; so war die 1752 an die Gesetzeskommission ergangene Weisung. Die quellenmäfsigen Grundlagen der Theresiana waren hauptsächlich die Landgerichtsordnung Ferdinands III. für Österreich unter der Enns (1656) und die peinliche Halsgerichtsordnung Josephs I. für Böhmen, Mähren und Schlesien (1707). Was den Geist der Theresiana anbetrifft, so war er noch immer ein grausamer, mittelalterlicher. Die Bewegung der Geister, die Humanitätsbestrebungen der Zeit vermochten wenig Einflufs auf eine Milderung der Strafbestimmungen auszuüben.[3])

In dem fünften Artikel der Theresiana werden die „Lebensstraffen" aufgeführt. Es heifst darin:

§ 1. Die in diesen Erblanden übliche Todesstraffen sind zweyerley: die härtere in überschweren, die gelindere in schweren Verbrechen.

§ 2. Die härtere beschehen erstlich: durch das Feuer mit lebendiger Verbrenung; oder wenn die Umstände eine Linderung zugeben, mit vorheriger Enthauptung des Missethäters. Andertens: durch das Viertheilen. Drittens: durch

---

[1]) v. Liszt I, 115.

[2]) Constitutio Criminalis Theresiana oder der Römisch-Kaiserl. zu Hungarn und Böheim etc. etc. Königl. Apost. Majestät Mariä Theresiä Erzherzogin zu Österreich etc. etc. peinliche Gerichtsordnung. Wien, gedruckt bei Johann Thomas Edlen von Trattnern, kaiserl. königl. Hofbuchdruckern und Buchhändlern 1769.

[3]) Herrmann: Maria Theresia als Gesetzgeberin. Wien 1888.

das Radbrechen von untenhinauf, oder von obenherab. Wobey anzumerken, daſs, wenn auf die lebendige Feuerstraffe, oder das Radbrechen von untenhinauf zu erkennen befunden wird, der Vorfall allemal an das Obergericht einzuberichten und der diesfällige Bescheid: ob, und welchergestalten einem buſsfertigen armen Sünder zu Abwendung der Verzweiflung eine Milderung in Vollziehung des Urtheils angedeyen möge? abzuwarten seye.

§ 3. Bey diesen Todesstraffen kann nach Maſs der unterwaltend-schwereren Umständen die Pein noch weiter durch Schleiffung zur Richtstatt, durch Reiffung mit glühenden Zangen, durch Riemenschneiden, durch Zungenabschneid- oder zum Nackenausreiffung vermehret, und nach Beschaffenheit der Miffethaten eines oder mehr hievon dem armen Sünder vor der Todesstraff angethan werden.

§ 4. Zur Gattung der härteren Todesstraffen gehören auch die sonst gemeine Todesarten, wenn dieselbe nach Schwere der Umständen durch erstbemeldete, oder andere übliche Straffzusätze verschärffet werden: als durch Verbrenn- oder Durchpfählung des todten Körpers, durch Flechtung des Körpers auf das Rad, mit - oder ohne einem hierüber aufgericht - kleinen Galgen; durch Handabschlagung mit - oder ohne Aufsteckung des Kopfs, oder Kopf und Hand, oder Hand allein auf ein Rad, oder Pfahl, oder Anheftung der Hand an den Pranger.

§ 5. Einige härtere Todesstraffen, als das Ertränken, das Schinden, das lebendige Vergraben, das lebendige Pfählen etc., wie auch das Viertheilen und Radbrechen der Weibsbildern sind in diesen Landen nicht gewöhnlich, es ist sich auch deren künftig nicht zu gebrauchen; eben also ist sich auch des Spieffens (auffer in Aufruhren und Landesverräthereyen) noch ferners zu enthalten.

§ 6. Die gelindere, oder gemeine Todesstraffen beschehen durch den Schwertschlag, und den Galgen ohne eine beygefügt anderweite Straffverschärffung. Das Henken jedoch ist in Ansehen der Weibspersonen nicht gebräuchig, sondern dieselbe werden an statt des Stranges mit dem Schwert hingerichtet.

In dem sechsten Artikel handelt die Theresiana „von
Leibsstrafen" und besagt:

§ 1. Die Leibesstraffen sind

Erstlich: Und hauptsächlich jene, welche unmittelbar
eine Leibespein, oder leiblichen Schmerzen verursachen;

Andertens: Jene, welche auffer eines unmittelbaren
Leibesschmerzen in der Folge durch Anhaltung zur öffentlichen Arbeit den Leib plagen und leiden machen; dann

Drittens: Jene, wodurch Jemand zur öffentlichen Schand
leiblich ausgestellet wird; und endlich

Viertens: Sind auch jene Straffen anhero zu ziehen,
welche die Freiheit des Aufenthalts an gewissen Orten benehmen, oder einschränken.

§ 2. Die unmittelbar an Leib gehenden Straffen, welche
in diesen Erblanden einen Gebrauch haben, sind Staupenschlag, Brandmarchung, Verstümmlung an Gliedmaffen, dann
Karbatsch- oder Stockstreiche.

§ 3. Das Ausstreichen mit Ruthen, Auspeitschen oder
Staupenschlag wird vorgenommen nicht nur damalen, wenn
solche Straffe auf ein Verbrechen durch das Gesetz ausdrücklich geordnet ist, sondern auch in aufserordentlichen
Fällen, die den Tod nicht nach sich ziehen, entgegen gefährliche und ruchlose Leute um schwerer Verbrechen halber
diese Straffe zu erkennen befunden wird. Überhaupt aber ist
bey der Ruthenstraffe zu merken:

Erstlich: Dafs ein ganzer Schilling 30, ein halber
Schilling 15 Streich habe.

Andertens: Dafs man die Ruthen nicht vergiften, weder
solche Straff durch anderwärtige Mittel, oder nach Willkuhr
des Freymanns wider das Urtheil verschärffen laffen solle;
und dass

Drittens: Solcher Straffe allemal die ewige Landes-
verweisung aus all diesen deutschen Erblanden nebst Ab-
nehmung eines Hals-Reverses seye; dafs endlichen

Viertens: Wider die eingebohrene erbländische Unterthanen, dann wider jene, so in den Erblanden von Jugend auf
erzogen, oder in einem derenselben sich beständig durch
10. Jahr vorhero ehrlich aufgehalten haben, solche Ruthen-

straffe ohne unser ausdrückliche Verordnung nicht verhänget werden solle. Welchenfalls jedoch, wenn ein eingebohrner, hierlands erzogener, oder durch 10. Jahr sich aufgehaltener Mensch durch seine Übelthat nach dem Gesetze die Auspeitschung verdient hätte, derselbe mit einer anderweiten, der Ruthenstraffe ungefähr gleichkommend - wohl abgemeffenen Straffe, entweder bey dem Halsgericht selbst, oder mit Vorwiffen und Gutbefund des Obergerichts in einer Vestung, Zucht- oder Arbeitshaus zu belegen ist. Annebst ist diese Ausnahme nur von Christen und nicht von diesländig-jüdischen Unterthanen, wie auch nur von dem öffentlichen Staupenschlag zu verstehen: immaffen mit einem heimlichen Schilling auch gegen innländische Übelthäter zu ihrer Züchtig- und Befferung fürgegangen werden kann.

§ 4. Die Brandmarchung, oder Einschrepfung des Straffzeichens ist gemeiniglich gegen diejenige, welche ihrer grofsen Miffethaten, und Gemeinschädlichkeit halber aus allen diesen Erblanden verwiesen werden, vorzunehmen, damit solche landsgefährliche Leute bey ihrer Ruckkehr desto leichter erkannt werden mögen; auffer es würde dem Landsverwiesenen die Brandmarchung aus landesfürstlicher Gnade nachgesehen. Dahingegen in jenen Fällen, da Jemand nur aus der Stadt, dem Halsgericht oder sonst einem gewiffen Ort allein zu verweisen, folgsam in den deutschen Erblanden zu gedulden kommet, ist ein solcher um seines ferneren Fortkommens willen mit dem Brandmahl zu verschonen. Wobey noch weiters zu bemerken; dafs

Erstlich: die Einbrennung des Straffzeichens nur auf dem Rucken zu beschehen habe; auf die Stirn, und in das Gesicht aber Niemanden ein Mahl zu brennen seye. Und damit man

Andertens: Bey Betreffung einer mit dem Brandmahl gezeichneten Person verläfslich wiffen möge, in welchem Erbland dieselbe gebrandmarcket worden? um hiernach die nöthige Urkunden desto behender einholen zu können; so sollen nebst dem bishero gewöhnlichen R. annoch die besondere 2. Anfangsbuchstaben deffelben Erblandes, daraus die Verweisung beschiehet, eingeschrepfet werden, wie denn auch

Drittens: Zu Behinderung, damit das frisch eingebrennte

Merkmahl nicht ausgesogen, oder sonst getilget werde, allzeit
Pulver darein gerieben, und der Verwiesene wenigstens 8 Täg
nach vorgenommener Einschrepfung in der Gefängnifs anzuhalten ist.

§ 5. Die Verstümmelung am Leibe, als Hand- und
Fingerabhauung, und dergleichen können zwar zur Ver-
schärffung einer Todesstraffe verhänget werden. Dahingegen
solche Verstümmelung an Gliedmaffen in Ansehen jener
Übelthäter, welche nur zeitweilig zu bestraffen sind, und am
Leben zu verbleiben haben, hiemit gänzlich aufgehoben wird:
allermaffen solche Strafverhängung nicht nur die durch das
Gesetz abzweckende Besserung nicht wirken, sondern vielmehr im Gegenspiel zur Verzweiflung, und neuen Miffethaten
in der Folge verleiten würde.

§ 6. Die Züchtigung mit Karbatsch- und Stockstreichen
hanget meistentheils als eine aufferordentliche Straff von
Ermäfsigung des Richters ab. Diese Straff kann bewandten
Umständen nach in mancherley Wege zuerkennet werden:

Erstlich: In geringeren Malefizfällen: dafs dem schuldig
befundenen eine empfindliche Wahrnigung mittelst einiger
Streichen vor - oder bey seiner Arrestentlaffung gegeben
werde; oder

Andertens: Zu Bezwing - und Bändigung einer der
in dem gerichtlichen Verhör nicht antworten will, oder
ansonst gegen den Richter, oder in der Gefängnifs sich
widerspänstig, oder ungebührlich aufführet: oder

Drittens: In einer verdienten Straffvermehrung, dafs
der Übelthäter bei deffen Übernehm - oder Wieder-
entlaffung in dem Straffort zum Willkomm oder Abschied
gewiffe Streiche bekomme oder, dafs selber währender
Zuchthaus- oder einer anderen Straffe mit etwelchen Streichen,
heimlich oder öffentlich auf einer Bühne durch den Gefangen-
warter, den Gerichtsdiener, oder Wächter gebüffet und gezüchtigt werden solle.

§ 7. Oeffentliche Arbeitsstraffen sind gemeiniglich: da
Jemand in ein hungarisches Gränitzhaus, oder eine deutsch-
erbländische Vestung zu Schanzarbeit, item in ein Spinn-
oder Zuchthaus: item in Stadtgraben, Stockhaus, oder ein

anderes in dem betreffenden Land gewöhnliches Straffort; item zu einer bey dem Halsgericht, oder bey der Herrschaft selbst zu verrichten kommend - öffentlichen Arbeit ver- urtheilet wird. Die Straffen zur Ruderbank und Bergwerks- arbeit bleiben derzeit bis auf unsere - anderweite Verordnung eingestellet.

Eine wichtige Bestimmung traf Maria Theresia am 2. Januar 1776: die Aufhebung der Folter.

Joseph II. schuf, nachdem seine Mutter noch in einer Resolution vom 17. Februar 1777 eine Reformation des Straf- rechts in den Grundzügen verkündet hatte, 1787 ein neues Gesetzbuch: „Allgemeines Gesetz über Verbrechen und deren Bestrafung." Joseph II. war gewifs vom besten Willen beseelt, er war den Ideen der Aufklärung und Humanität zugethan, er beseitigte sogar die Todesstrafe, aber grausame und harte Freiheits-, Leibes- und Arbeitsstrafen mufsten sie ersetzen. Freilich war die Abschaffung der Todesstrafe nicht deshalb geschehen, weil Joseph sie für principiell unzulässig hielt, sondern weil er auf dem Boden der Abschreckungs- theorie stand; das wird uns auch manche Strafbestimmung verständlich erscheinen lassen.[1]

Die Strafen des Josephinischen Gesetzbuches waren: Anschmiedung, Gefängnifs mit öffentlicher Arbeit oder Ge- fängnifs allein, Stock-, Karbatsch- und Rutenstreiche, Auf- stellung auf der Schandbühne; bei langwieriger Gefängnifs- strafe (30 bis 100 Jahre) konnte auf Brandmarkung durch Einschröpfung des Galgenzeichens auf beide Wangen er- kannt werden. Zu diesen Strafen kommt noch das schon 1783 und 1784 unmittelbar durch Erlasse eingeführte und in dem Gesetze von 1788 definitiv als Strafe angeordnete Schiff- ziehen auf der Donau und ihren Nebenflüssen in Ungarn. Dieser Strafe waren von 1784 bis 1790, wo Leopold II. mittels Hofdekrets die Strafe aufhob, fast zwei Drittel der Sträflinge erlegen.

---

[1] Josephs II. Bruder Leopold, Grossherzog von Toskana, hatte ein Jahr vorher die Todesstrafe, weil er sie für den Zweck der Besserungstheorie für ungeeignet hielt, abgeschafft.

Auch sonst waren die Leibesstrafen harte; bei Anschmiedung der Verbrecher sollen die engsten Grenzen gezogen werden, aufserdem soll alljährlich eine öffentlich zu
vollziehende körperliche Züchtigung zum öffentlichen „Beispiel"
erteilt werden. Bei dem schwersten Gefängnifs wurde der
Verbrecher mit einem um die Mitte des Körpers gezogenen
eisernen Ringe Tag und Nacht an den ihm angewiesenen
Ort befestigt. Auch konnten, wenn es wegen der Arbeit
möglich war, ihm Eisen angelegt werden.

Bei politischen Verbrechen wird auch auf Schläge, Ausstellung auf der Schandbühne, öffentliche Arbeit in Eisen
u. s. w. erkannt.

Das erwähnte Hofdekret Leopolds II. vom 7. Mai 1790
hob einige der Strafen, wie die öffentliche Züchtigung mit
Schlägen, die Brandmarkung, die Anschmiedung auf, wogegen
die Stockstreiche beibehalten wurden und auch als Disciplinarstrafe verhängt werden konnten. Die Todesstrafe war durch
Patent vom 2. Januar 1795 wieder eingeführt.

Unter Franz II. wurde durch Patent vom 17. Juni 1796
ein Strafgesetzbuch für Westgalizien verordnet, das auf Ent-
würfen zu einer Reform des Josephinischen Gesetzbuches
beruhte. Die Vollstreckung der Strafen war denn auch
wesentlich milder, obwohl Ausstellung auf der öffentlichen
Schandbühne, Züchtigung mit Stock- und Rutenstreichen,
sowie Fasten als Verschärfungen der Kerkerstrafen noch
verhängt werden konnten.

Wir übergehen die wenig Änderungen bringende Neugestaltung des Strafgesetzes von 1803 und wenden uns zum
Schlufs dem durch kaiserliches Patent vom 27. Mai 1852 ein-
geführten und auch heute noch geltenden Strafgesetzbuch zu.

Nur bei der schweren Kerkerstrafe soll der Verurteilte
noch Eisen an den Füfsen tragen, die Fesselung der Gefangenen sowie körperliche Züchtigungen sind nur als Disciplinarstrafen zulässig. Durch das Gesetz vom 15. November
1867 werden aber auch diese Verschärfungen aufgehoben.

11. Das ungarische Strafrecht.[1]

Ende des 17. Jahrhunderts suchte man in Ungarn das Gewohnheitsstrafrecht, das unter dem Einflusse der Landgerichtsordnung Ferdinands III. und Carpzows Practica nova stand, zu kodificieren.

Kardinal Kolonics verfasste 1689 mit einigen Anderen einen „Landes - Organisations - Entwurf", in dem auch die Schaffung eines Strafgesetzbuches empfohlen wurde. 1715 wurde vom Reichstag eine Kommission delegiert, deren Entwurf 1723 vorgelegt, aber nicht gebilligt wurde. Nun folgt ein endloses Hin und Her zwischen den ungarischen Sonderbestrebungen und den Versuchen der Habsburger, das österreichische Strafrecht dort einzuführen; zu einer endgültigen Kodifikation gelangte man nicht. Erst am 29 Mai 1878 konnte in beiden Häusern des Reichstags das ungarische Strafgesetzbuch über Verbrechen und Vergehen publiciert werden. Über körperliche Strafen ist nichts daraus zu entnehmen.

---

12. Das deutsche Strafrecht.[2]

Allgemeiner Charakter.

Leider fehlen uns Einzeldarstellungen der meisten alten germanischen Stammesrechte, und das rechtliche Leben in den Wäldern Germaniens ist uns nicht so genau bekannt, wie wir wünschen müfsten. Noch immer ist Wildas Straf-

---

[1] v. Liszt I, 162.

[2] Es wäre vielleicht übersichtlicher gewesen, diesen Abschnitt in mehrere ganz selbstständige: das germanische, nordische und deutsche Strafrecht zu zerlegen, aber ich wollte die doch immerhin sehr zusammenhängende Materie nicht äusserlich trennen und erwähne, dass sich auch Angaben über dänisches, skandinavisches, überhaupt altgermanisches Recht in diesem Abschnitt finden.

recht der Germanen, das bereits 1842 erschien, die Hauptquelle unseres Wissens, dessen Ergebnissen ich im Wesentlichen folge.[1])

Das germanische Strafrecht zeigt ziemlich deutlich die
vier Entwickelungsstufen des Strafrechts: die Privat-Blut-
rache,[2]) die Blutrache mit sacralen Elementen vermischt, die
Abfindung des Verletzten durch Geldzahlen,[3]) die öffentliche Strafe.[4])

Die Blutrache ist in den germanischen Rechten schärfer
ausgeprägt und hat sich länger gehalten als in anderen
Rechten. Fast das ganze Mittelalter beherrscht sie noch in
der Form der Fehde; das Duell ist ihr letzter Ausläufer.
Die Kirche suchte die Blutrache einzuschränken und zu beseitigen, hauptsächlich durch die treuga Dei, den Gottes-
frieden und die Gewährung von Asylen, aber erst Maximilians
Festsetzung des ewigen Landfriedens (1495) gebot ein erfolg-
reiches Halt. Das theokratische Element zeigt sich in der
Strafgewalt der Priester, die als Bevollmächtigte Gottes das
Recht haben, Verbrechen, die mit der Religion in Zusammenhang stehen, zu bestrafen, und daſs auſserdem einige Verbrechen dadurch gesühnt wurden, daſs der Thäter den Göttern
geweiht wurde. Es entwickelte sich dann allmählig der
Gebrauch, daſs der Verbrecher sich mit dem Verletzten
durch eine Geldzahlung abfinden konnte, und dadurch die
Fehde beilegte. Später entwickelte sich dieses sog. Compo-
sitionensystem dahin, daſs der Verletzte sich mit dem Ver-

---

[1]) Ausser Wilda kommen in Betracht: Lehrbuch des
deutschen Strafrechts von Dr. Gustav Geib. 1861,62.
Köstlin: Das germanische Strafrecht. 1859. v. Holtzen-
dorff: Handbuch des deutschen Strafrechts. 1871. Geschichte
des deutschen Strafrechts von Dr. L. v. Bar. 1882. Brunner:
Deutsche Rechtsgeschichte. 1893. Ferner: Jacob Grimms
Deutsche Rechtsaltertümer. Göttingen 1881. John: Strafrecht in Norddeutschland zur Zeit der Rechtsbücher. 1858. Von Monographien erwähne ich H. Osenbrüggen: Das allemanische Strafrecht,
1860 und das Strafrecht der Langobarden. 1863. Knapp: Das alt-
nürnberger Strafrecht. 1858.
[2]) Tacitus Germania, cap. 21.
[3]) Germania, cap. 12.
[4]) Germania, cap. 7.

brecher abfinden und die Entschädigung nötigenfalls einklagen mufste. Die Höhe der Abfindung war verschieden; sie richtete sich nach dem Alter, Geschlecht, Stand u. s. w., wie in den einzelnen Volksrechten näher verzeichnet ist. Bei dieser Abfindung hatte der Verbrecher erstens das Wergeld als Abfindung an den Verletzten oder dessen Sippe für die Verletzung oder Tötung, ferner das Wredum, Friedensgeld, an den Staat als öffentliche Sühne und als Zahlung wegen Verletzung des allgemeinen Friedens. Neuerdings hat man in dem Wredum eine Gebühr für Vermittelung, die an den Richter zu zahlen, finden wollen. Öffentliche Strafen wurden in den ältesten Zeiten bei einzelnen Delicten verhängt, so: Mord, Diebstahl, Brandstiftung, Hochverrat. Die Volksrechte verschwanden im 10. Jahrhundert und es trat auf dem Gebiete des Strafrechts ein geradezu rechtloser Zustand ein. An Stelle des geschriebenen Rechts trat ungeschriebenes und die Willkür der Richter; die späteren Rechtsbücher, wie Sachsenspiegel, waren nur Privatarbeiten und hatten keine bindende Kraft, die deutschen Kaiser erliefsen auch wenig strafrechtliche Bestimmungen.

Gegen Ende der Karolingischen Periode hatte die staatliche Auffassung von Verbrechen und Strafe gesiegt und diese Auffassung blieb auch in der nun folgenden Zeit der Zersplitterung mafsgebend.

Das Strafrecht der Volksrechte.

Von Leibesstrafen finden wir in den Rechtsquellen erwähnt

1. Verstümmelnde Strafen (scematio corporis), wodurch der Vebrecher eines körperlichen Gliedes oder Sinneswerkzeuges beraubt wurde. So war das Abhauen der Hände, meist der rechten, und der Füfse üblich; ebenso das Ausreifsen oder Blenden eines der beiden Augen. Das Abschneiden der Nase, eines oder beider Ohren, oder auch von Nase und Ohren zusammen kommt vor. So soll nach altem Gulathingsgesetz eine Freigelassene oder Sklavin, die stiehlt, ein Ohr, im ersten Rückfall das andere Ohr und im zweiten

Rückfall die Nase verlieren „und heifse dann Stufa und Nufa."[1]
Wenn eine Ehefrau in ein fremdes Bett geht, soll sie nach
dem Uplandsgesetz mit ihren Haaren, Ohren und ihrer Nase
zahlen und horstakka, d. i. eine wegen Ehebruchs Ver-
stümmelte heifsen, wenn sie nicht eine Bufse von 40 Mark
erlegen kann;[2] auch nach König Knuts angelsächsischen
Gesetzen soll die Ehebrecherin die Nase und die Ohren
verlieren.[3]

Obwohl ursprünglich bei Verwundungen für Nase und
Ohren ein geringerer Ersatz geleistet wurde, als für Auge,
Fufs und Hand, so scheint doch diese Verstümmelung oftmals
als eine schwerere Strafe angesehen zu sein, weil sie als
besonders beschimpfend galt,[4] da Sklaven meist so bestraft
wurden, weil dadurch ihre Arbeitsfähigkeit nicht litt.

Seltenere Strafen waren das Ausschneiden der Zunge,
besonders für Verleumder und Verräter.[5] Abschneiden der
Oberlippe mit der Nase,[6] Ausbrechen der Vorderzähne,[7]
Abschneiden oder Abhauen einzelner Finger.[8]

Bei den salischen Franken waren Geifselhiebe und Ent-
mannung die beiden Strafen für Unfreie; nach einem Gesetze
König Alfreds[9] sollen auch Hörige, nach König Wilhelm
Freie die Notzucht mit dem Verlust der Schamteile büfsen.[10]
Ferner sollte nach friesischem Gesetz der Heiligtumschänder
erst entmannt und dann hingerichtet werden.

Je mehr die Kirche mit ihrem Einflufs gegen die Todesstrafe durchdrang — ecclesia non sitit sanguinem — desto
häufiger wurden die verstümmelnden Leibesstrafen, die dann
bisweilen mit grofser und grausamer Härte vollstreckt wurden.
Dem Charakter der germanischen Strafrechte entsprach es,

---

[1] Hakon Gulath. Piof. c. 7. Paus I. 207.
[2] Uplandslag. c. 6. p. 108.
[3] König Knuts Gesetze c. 50 p. 163.
[4] Meichelbeck hist. Fries. T. I. doc. N. 23.
[5] König Alfreds Ges. c. 28. Edgars Ges. I. c. 4
[6] König Knuts weltliche Gesetze c. 27 p 6.
[7] König Magnus Gulath. M c. 15 p. 167.
[8] König Edmunds Gesetz III. c. 4. p. 98.
[9] cap. 25.
[10] I. 19.

Körperstrafen nur da anzuwenden, wo der Verbrecher eine niedere, sklavische Gesinnung verraten hatte, oder sich eine besondere Gefährlichkeit desselben kund gab.

Eine der gewöhnlichsten Leibesstrafen ist die Geifselung oder Stäupung. Der Verbrecher wird dabei an einen Pfahl gebunden, oder auf eine Bank ausgestreckt und mit Ruten, Riemen oder Stricken auf den blofsen Rücken geschlagen. Diese Strafe, die der Verletzte selbst vollstrecken lassen konnte, soll doch nur nach erfolgtem Rechtsspruch unter Aufsicht des Gerichts öffentlich geschehen. Das Mafs der Züchtigung festzusetzen, war meist Sache des Richters, nur einige Volksrechte, wie das salische, westgotische, baierische und burgundische bestimmen in den einzelnen Fällen die Zahl der Schläge. 50, 100 bis 300 Hiebe kommen in den drei letzten Volksrechten vor. Insbesondere die Westgoten haben für den Stock eine grofse Vorliebe; sie lassen ihn auch gegen den besseren Freien, der sich sonst meist lösen konnte, anwenden. Mit der körperlichen Züchtigung scheint das Abscheeren der Haare, gleichsam als ein Bestandteil der Strafe selbst, verbunden gewesen zu sein, dessen besondere Erwähnung man nicht immer für notwendig erachtete.

Als eine eigentümliche Strafe erscheint die Decalvation, das Abziehen der Haut mit den Haaren. Es war das eine schmerzliche schwere Strafe, deren Vollstreckung bleibend sichtbar war, die auch für besonders schimpflich gehalten wurde; das wird in dem Gesetzbuch der Westgoten, die diese Strafe besonders häufig anwenden, verschiedentlich betont.[1])

Das Brandmarken kennt von den Volksrechten nur das langobardische; es wird auch bei den angelsächsischen und skandinavischen Völkern angewandt und kommt in den späteren Rechtsquellen nicht selten vor. Das Brandmarken diente einmal als Strafe, dann auch als Erkennungszeichen und wurde darauf besonders bei wiederholtem Diebstahl erkannt. Das Gulathinggesetz bestimmt, dafs es durch Einbrennen eines

---

[1]) So heisst es: turpiter decalvari, ad perennem infamiam deformiter decalvari, decalvationis foeditatem pati.

Schlüssels in die Wangen oder Stirn vollzogen werden soll, wie es auch noch in späteren Jahrhunderten in Deutschland üblich war.[1]

Das neue Gulathinggesetz verordnete: Wenn Jemand mit einem Messer sticht, so soll des Königs Amtmann den Thäter ergreifen lassen und ihm das Messer, womit er stach, beim Ding durch die Hand schlagen. Diese Strafe war im Mittelalter für dasselbe Verbrechen noch allgemein verbreitet.[2]

Von qualificierten Todesstrafen seien das Rädern, Steinigen, Lebendigbegraben und Verbrennen erwähnt.

Das Rädern, Radebrechen, aufs Rad legen oder flechten war eine schon früher bei den germanischen Völkern übliche Todesstrafe, die sowohl in den nordischen Rechtsquellen, besonders dem ostgotländischen Recht, häufiger vorkommt, als auch von den fränkischen Geschichtsschreibern erwähnt wird. Die Glieder des Verurteilten wurden zunächst mit einem Radezerstofsen, der Körper dann auf ein Rad geflochten und so auf einem Pfahle oder Galgen ausgestellt. Jacob Grimm vermutet, dafs das Zerstofsen der Glieder mit dem neun- oder zehnspeichigen Rade erst später entstanden, und man statt dessen früher mit einem Wagen über die Verbrecher hergefahren sei.[3]

Bei der Steinigung brauchte der Tod nicht immer zu erfolgen, norwegische Rechte geben uns folgenden Anhalt: Wer einen kleinen Diebstahl auf dem Lande begeht, oder wer in der Stadt stiehlt, der wird ein Gassendieb; man soll ihm das Haupt scheeren, dasselbe mit Theer bestreichen und mit Dauen bestreuen; dann soll das Volk eine Gasse bilden (9 Mannes-Schritte breit), durch diese soll der Verbrecher in den Wald zu laufen versuchen, jeder soll nach ihm mit Steinen, Stöcken und Erde werfen, wer es nicht thut, wird

---

[1] J. C. H. Dreyer, antiquarische Anmerkungen über einige in dem mittleren Zeitalter in Deutschland und im Norden üblich gewesene Lebens-, Leibes- und Ehrenstrafen. Lübeck 1792. S. 106.

[2] Magnus Gulathing M. c 16 p. 165. Dreyer S. 110—115.

[3] Die Aehnlichkeit mit dem „Wagenfest" fällt auf. Vergl. oben S. 276 f.

mit 9 Unzen straffällig. Die Verurteilungsformel im West-
gothenlandsgesetz lautete: doma til torf oc til tiaeru, zu Erde
und Theer verurteilen.

Sonst kommt das Steinigen als ausgesprochene Todesstrafe vor; so lesen wir, dass der Sachsenherzog Widukind
einen Pferdedieb zur Steinigung verurteilt habe.[1]) Auch
Gregor von Tours erwähnt diese Strafe.[2]) Ferner erwähnen
schwedische Rechtsquellen die Steinigung als Strafe bei
Frauen in dem Falle, wo die Männer gerädert werden.[3])

Das Lebendigbegraben oder Versenken in Morast und
Sumpf wird von Tacitus als Strafe für Feigheit, Fahnenflucht,
und widernatürliche Unzucht erwähnt.[4]) Es war überhaupt
eine Strafe für Weiber, ihre Schande zu verdecken. Bisweilen
trieb man, besonders Kindesmörderinnen, einen Pfahl durch
den Leib, doch ist, da die Spitze meist durch das Herz ging,
darin keine Strafverschärfung zu sehen.

Das Verbrennen war die Strafe für Zauberer, Giftmischer, Mordbrenner und später auch Ehebrecher.

Die Strafen der Carolina.[5])

Seit dem Anfang des 15. Jahrhunderts mehren sich die
Bestrebungen, die Strafgesetzgebung im heiligen römischen
Reiche deutscher Nation zu regeln: Klagespiegel und Hals-
gerichtsordnungen entstehen; das bedeutendste Werk ist die
Bamberger Halsgerichtsordnung, 1507 von Johann Freiherr
zu Schwarzenberg und Hohenlandsberg herausgegeben. Diese
Bambergensis wird als die Mater Carolinae bezeichnet, d. h.
nach ihr ist „Des allerdurchlauchtigsten, grofsmächtigsten, un-
überwindlichsten Kaisers Karl V. und des heiligen Römischen
Reiches Peinliche Gerichtsordnung", Constitutio Criminalis

---

[1]) Vita Ludgeri I. 26.
[2]) Gregor Tours III. 36.
[3]) Ostgötalag, Uplandslag.
[4]) Tacitus Germania cap. 12.
[5]) Malblank: Geschichte der peinlichen Gerichtsordnung Kaiser
Karls V. Nürnberg 1783. Güterbock: Entstehungsgeschichte der
Karolina. 1876.

Carolina, 1532 auf dem Reichstage zu Regensburg zum Reichsgesetz erhoben, gearbeitet.[1])

Das Hauptgewicht legt die Carolina auf die Regelung des Strafverfahrens.

Das Titelbild der ersten Ausgabe der Carolina.

Von verstümmelnden Körperstrafen kennt die Carolina das Abschlagen der Finger und Hand, „solchen falsch schweren die zwen finger damit sie geschwornn haben ab-

---

[1]) Hälschner urteilt in seiner Geschichte des Brandenburgisch-Preussischen Strafrechts, S. 94: Am entschiedensten sind von jeher die Strafen der Bambergensis wegen ihrer Härte und Grausamkeit ange-fochten. Wenn nun auch Schwarzenberg diese mannigfachen Todes

zuhawen",[1]) ferner „So aber eyner eyn vrphede mit sachen darumb er das Leben nit verwürckt hat, fürsetzlich vnd freuenlich verbrech, der soll als eyn meyneydiger mit abhawung der handt oder finger . . . . gestraffet werden.[2]) Kuppler bestraft die Carolina mit Abschneiden der Ohren und Auspeitschung: „Nach dem zum dickermal die vnuerstendigen weibsbild, vnd zuuor die vnschuldigen meydlein, die sunst vnuerleumbt ehrlich person sein, durch etliche böse menschen, man vnd weiber, böser betrüglicher weifs damit jr junkfrewlich oder frewlich ehr entnommen zu sündtlichen fleyschlichen wercken gezogen werden, die selbigen bofshafftigen kupler vnd küplerin, auch die jhenen so wissentlicher geuerlicher vnd bofshaftiger weifs jre hewser darzuleihen, oder solchs inn jren hewsern zu beschehen gestatten sollen nach gelegenheyt der verhandlung vnd radt der rechtverstendigen, es sei mit uerweisung des landts, stellung inn branger, abschneidung der oren, oder aufshawung mit rutten oder anderm gestrafft werden."[3])

Der bewaffnete Diebstahl oder mittels Einsteigen oder Einbrechen kann aufser mit Abhauung einer Hand auch mit Ausstechen der Augen gestraft werden: Item so aber eyn dieb inn vorgemeltem stelen, jemandts bei tag oder nacht, inn sein behausung oder behaltung bricht oder steigt, oder

---

und verstümmelnden Strafen nicht erst erfunden, sondern sie nur als die alt hergebrachten aufgenommen hat, weil die Zeitverhältnisse etwas Anderes, namentlich einen ausgedehnteren Gebrauch der Freiheitsstrafen, nicht wohl gestatteten, so muss man doch zugeben, dass ihnen nicht blos mit Recht der Vorwurf der Grausamkeit gemacht wird, sondern auch, dass dieser Vorwurf die Bambergensis umsomehr trifft, weil nunmehr diese Strafen in volle praktische Wirksamkeit traten, während bisher ihre Härte durch das nur zu häufig geübte Recht des Richters, die Strafe durch Geld ablösen zu lassen, gemildert worden war. Dazu kommt, dass die Bambergensis gleichsam die ganze Masse der in Deutschland vorkommenden Leibes- und Lebensstrafen sammelt, und sie alle nebeneinander zur Anwendung bringt, während sich bis dahin die deutschen Statutarrechte immer mit einer viel geringeren Anzahl dieser Strafen begnügt hatten.

[1]) Artikel 107.
[2]) Artikel 108.
[3]) Artikel 123.

mit waffen, damit er jemandt der jm widerstandt thun wolt, verletzen möcht, zum stelen eingeht, solches sei der erst oder mer diebstall, auch der diebstall grofs oder kleyn, darob oder darnach berüchtigt oder betretten, so ist doch der diebstall darzu, als obsteht, gebrochen oder gestiegen wirdt, ein geflifsener geuerlicher diebstall. So ist in dem diebstall, der mit waffen geschicht eyner vergewaltigung vnd verletzung zu besorgen. Darumb inn disem fall, der mann mit dem strang, vnnd das weib mit dem wafser oder sunst nach gelegenheyt der personen, vnnd ermefsung des richters inn ander weg, mit aufsstechung der augen oder abhawung eyner handt, oder einer andern dergleichen schweren leib-straff gestrafft werden soll.[1])

Körperliche Züchtigung wendet die Carolina in fünf Fällen an. Da sollen zunächst die „fälscher mit mafs, wag und kauffmannschafft mit rutten ausgehawen werden,"[2]) ebenso soll „der procurator so jren partheien zu nachtheyl geuerlicher fürsetzlicher weifs den widertheylen zu gut handeln" bestraft werden.[3]) Die Aushaung für Kuppler haben wir schon oben erwähnt.[4]) Im Fall des einfachen Diebstahls „der vnder fünff Gulden werth ist, ehe vnd er an sein gewahrsam kompt betretten würd, oder eyn geschrey oder nachtheyl machte, vnnd doch zum diebstall nit gebrochen oder gestiegen hat, ist ein offener diebstall, vnnd beschwerdt in die gewelt auffrur vnd berüchtigung die that also, dafs der dieb inn branger gestelt, mit rutten ausgehawen vnd das Land verbothen.[5])

Schliefslich wurde die Aushauung mit Ruten noch gegen die Aufrührer angedroht.[6]) Von den verschärften Todes-strafen ward das Rädern nur gegen Männer angewandt und zwar gegen den „wer jemand durch gifft oder veuen an leib oder leben beschedigt der soll eynem fürgesatzten mörder gleich mit dem rath zum todt gestrafft werden."[7]) Ebenso wird ein fürsetzlicher, muthwilliger mörder mit dem Rade, ein Totschläger aber nur mit dem Schwerte hingerichtet.[8])

---

[1]) Artikel 159. [2]) Artikel 113. [3]) Artikel 115. [4]) Artikel 123.
[5]) Artikel 158. [6]) Artikel 127. [7]) Artikel 130. [8]) Artikel 137.

Männliche Verräter werden geviertteilt.[1])   Lebendig verbrannt
werden Zauberer,[2]) Falschmünzer,[3]) Sodomiter, Paederasten,
Lesbierinnen[4],) Brandstifter[5]) und der Monstranzdieb.[6])

Zusätze zu der Todesstrafe, die nicht in direktem Zusammenhang mit der Todesursache stehen, sind das Schleifen
zur Richtstatt und das Reifsen mit Zangen. Die Carolina
verhängt die Strafe über Verräter, „wo solche verreterey
groffen schaden oder ergernufs bringen möcht, als so eyn
landt, statt, seinen eygenherrn, bettgenoffen, oder nahet ge-
sippten freundt betreffe, so mag, die straff durch schleyffen
oder zangenreiffen, gemert" werden.[7]) Giftmörder sollen
„zu merer forcht andern" auch „for der entlichen todtstraff
geschlefft oder etliche griff inn jre leib mit glüenden zangen
gegeben werden."[8]) Kommt Kindsmord häufig vor, so soll
die Übelthäterin vor dem Ertränken „mit glüenden zangen
geriffen werden."[9])

Die Schleifung zur Richtstatt soll durch ein unver-
nünftiges Thier,[10]) die Reifsung mit glühenden Zangen auf
einem Wagen bis zur Richtstatt öffentlich geschehen.[11]) Die
Pfählung erwähnt die Carolina nur in einem Falle, bei Kinds-
mörderinnen.[12])

Die Herrschaft der Carolina.

Zwei Jahrhunderte hat die Carolina in Deutschland
geherrscht; sie galt neben den deutschen Partikularrechten

[1]) Artikel 124.
[2]) Artikel 109.
[3]) Artikel 111.
[4]) Artikel 116.
[5]) Artikel 125.
[6]) Artikel 172.
[7]) Artikel 124.
[8]) Artikel 130.
[9]) Artikel 131.
[10]) Artikel 193.
[11]) Artikel 194.
[12]) Artikel 131.

nur subsidiär[1]), aber ihr Geist erfüllte Richter und Gelehrte. Mathias Berlich und Benedikt Carpzov,[2]) die beiden berühmten sächsischen Criminalisten, bringen die Carolina und ihre Grundsätze zur höchsten Blüte. Ein Jahrhundert später sind die strafrechtlichen Schriften noch in ihrem Banne. Einige wichtige Abschnitte aus Werken jener Zeit scheinen mir in extenso des Abdrucks wert. So giebt:

Eine anschauliche Schilderung und Erklärung der sog. Bambergischen Tortur Hieronymus Christoph Meckbach, die ich hier folgen lasse.[2])

Die Tortur bestehet in cruciatu corporis und wird in hunc finem gebrauchet, das Geständnifs von dem sehr verdächtigten Missethäter heraus zu bringen, folglich ist die Tortur das medium und instrumentum den Endzweck zu erreichen. Die Frage, worauf dabey der Verdächtigte antworten soll, wird die peinliche oder scharfe Frage, der solche Frage aber thut iure romano Quaestor rerum criminalium, auch Quaesitor geheissen, weil er nach dem darauf erfolgten Geständnifs das Volk erfragen muste, wie der peinlich gefragte an Leib und Leben zu bestrafen sey. Diesemnach stehet es blos in dem arbitrio iudicis superioris, durch was vor ein instrumentum er dem Verdächtigen peinlich zu fragenden den cruciatum corporis machen und dadurch dessen Geständnifs heraus bringen lassen will. Ein Richter ist also nicht gebunden, diese

---

[1]) Auch die salvatorische Klausel stand mehr auf dem Papier; sie besagte: „Doch wollen wir durch diese gnedige erinnerung Churfürsten, Fürsten und Stenden an jren, alten wohlherbrachten recht-meffigen vnnd billichen gebreuchen nichts benommen haben."

[2]) Nisi Berlichius berlichiasset, Carpzovius non carpzoviasset bezeichnet ihr Verhältniss zu einander. Berlichs Werk sind die Conclusiones practicabiles (1617—18) Carpzovs Practica nova imperialis Saxonica rerum criminalim (1638). Aus diesen Werken, insbesondere Carpzovs, citiere ich absichtlich nichts weiter, um für die Darstellung der Anschauungen am Ende dieser Periode genügend Raum zu haben

[2]) Hieronymi Christoph Meckbachs, J. U. D. Hochfürstl. Sächsl. Weimarischen und Eisenachischen Amtmanns der Aemter Capellendorff ud Häufsdorff, wie auch der Vogtey Magdala Anmerkungen über Kayser Karl des V. und des H. R. Reichs Peinliche Halsgerichts-Ordnung Denen Anfängern zum besten mit Exempeln erklähret und deutlich gemachet, auch verschiedenen zum Theil raren Fällen und darauf ad acta gesprochenen Urtheln Nebst einer ausführlichen Beschreibung und Erklährung der sogenannten Bambergischen Tortur desgleichen einem Anhang de Methodo defendendi nnd Register versehen. Jena 1756 bei Johann Rudolph Crökers seel. Wittwe.

und jene bishero üblich gewesene instrumenta fortzugebrauchen, er ist
vielmehr berechtiget, ja schuldig, sich derjenigen Mittel zu bedienen,
wodurch er am besten und ersten seinen Endzweck zu erreichen
gedenket. Die bishero bey der gemeinen Tortur gebrauchten instrumenta

Die Strafen der Carolina.
Nach einem alten Holzschnitt.

sind in der peinlichen Hals-Gerichts-Ordnung und corpore iuris civilis
nicht vorgeschrieben, sondern blos von denen Scharf-Richtern erfunden
und angegeben und solange beyzubehalten, vor gut befunden worden,
so lange man keine andere und bessere instrumenta, wodurch die sehr
verdächtigten, verstockten und berüchtigten Missethäter zum Geständnifs
zu bringen, im Stande sey, ausfindig machen könne. Da nun die bishero
gebräuchlich gewesene instrumenta bey denen verstockten, verwegenen,

zusammen rottirten Dieben, Räubern und Mördern die Wirkung fast nicht mehr thun wollen, so würde man fast den Endzweck selbst zuwider seyn solche länger beyzubehalten, und hingegen diejenigen instrumenta, wodurch der Endzweck erreicht werden könnte, fahren lassen. Denn da die Bosheit der Menschen und der Bösewichter so sehr gestiegen, dass fast die allgemeine Sicherheit und Ruhe umgestürzet werden will; so muss man nothwendig auch auf die Vermehrung des cruciatus corporis sehen und seinen Endzweck dadurch zu erlangen suchen. Dasjenige nun, was sothanen cruciatum vermehret und den Endzweck wuerket, ist demnach anzuwenden und zu gebrauchen, und wenn man auch den Hunger darzu nehmen und die zusammen rottirten Diebe, Mörder und Räuber dadurch zum Geständnifs bringen wolte, so würde man keineswegs contra ius naturae handeln; dafs nun aber der Hunger grausame und lange Schmerzen verursacht, ist bekannt. Die Römer suchten schon den ausgetretenen und in Avertinum gewichenen Pöbel durch Hunger wieder zurück und zum Gehorsam, folglich wieder nach Rom zu bringen, davon TITVS LIVIVS BATAVINVS in Lib. II. Decadis primae p. 41. weitläuftig geschrieben hat. Die Festung, wenn solche durch keine Macht zu überwinden ist, wird durch Hunger zur Übergabe zu bringen gesuchet, denn dadurch werden die unschuldigen Kinder, Reiche und Arme, Grosse und Kleine so lange gemartert, bis sie den Commendanten der Festung zur Übergabe derselben gebracht, die Belagerer handeln dadurch keineswegs contra ius naturae, denn ihr Endzweck ist nicht, dass die Belagerten dadurch tod hungern, sondern dadurch nur so lange martern und peinigen wollen, bis diese den Commendanten zur Übergabe der Festung gebracht, folglich sie ihren Endzweck erreicht haben. Es scheinet zwar grausam zu seyn, einen Menschen so sehr zu peinigen und zu martern, es ist auch hingegen grausam, wenn ein zusammen rottirtes Gesindel und Volk die Leute auf der Strasse anfällt, plündert, beraubet, bestiehlet, todschiellet, stichet und schläget und denen unschuldigen Leuten erst grausame und unaussprechliche Schmerzen verursachet, und dabey alle menschliche Gesellschaft, göttliche und natürliche Gesetze aufhebet. In Weimar hatte ich auch einen Maleficanten mit, welcher unter andern mit gestanden dafs, als er in Crannichfeld mit andern complicibus einen Diebstahl vorgehabt, davon aber verjaget worden, ihnen ein Bürger aus solcher Stadt nachgekommen, welcher ihnen zugerufen, dass sie warten und ihn mitnehmen solten, (dieser Bürger hat damahlen ganz früh ins Holz gehen wollen, und gemeinet, die vor ihm hergegangenen Spitzbuben waeren auch aus der Stadt und in Holz zu gehen willens) mit seinen bei sich gehabten Pistohl, und zwar noch darzu mit geschnittenen Bley, ins Scrotum geschossen, dafs derselbe, wie die Untersuchung und dessen Mannes Aussage und erfolgte Section bekräftiget, eine Stunde lang auf Händen und Füssen in eine Mühle kriechen und daselbst nach einen ausgestandenen 4tägigen grausamen und unaussprechlichen Schmerz seinen Geist aufgeben müffen. Gehen nun solche Spitzbuben und Diebe so grausam mit denen unschuldigen Menschen um und machen diesen auf viele Tage, ja viele Wochen so grausame Schmerzen, warum soll man also mit solchen verruchten, verwogenen und alle Menschlichkeit auffer Augen gesetzten Bösewichtern nicht wieder hart verfahren, und diese so lange deswegen martern und peinigen, bis von ihnen die grausamen und abscheulichsten Miffethaten eingestanden, und selbige dadurch zur wohlverdienten Strafe gebracht, andere aber durch ihre Exempel gewarnt worden sind?

Warum sollte man also anstehen, solche instrumenta bei der Tortur zu gebrauchen, wodurch die Bösewichter zum Geständnifs gebracht werden können? Denn da fast ganze Chur- und Fürstenthümer und Länder durch das zusammen rottirte böse Gesindel und Volk in Unsicherheit, Furcht, Angst und Schrecken gesetzet und unzehlich viele gefährliche Diebsthäle, Mord und Raubung ausgeübet worden, so wäre es fast unverantwortlich, wenn man solcher gestalt bey der groffen Gefahr wider sothanes zusammen rottirtes böses Volk den Grad der Peinlichkeit nicht vermehren und mit denen instrumentis eine Veränderung vornehmen, und hingegen solche, wodurch die verruchten, verstockten und verwegenen Diebe, Mörder und Räuber zum Geständnifs gebracht werden könnten, einzuführen, anstehen wolte.

Da nun die bishero an verschiedenen Orten und auch im Fürstenthum Weimar eingeführte sogenannte Bambergische Tortur viel beffere Würkung, als die bishero gebräuchlich gewesene gemeine Tortur gethan; als wird dem Ober-Richter vielmehr zum Ruhm gereichen, wenn er solche Mittel anwenden lässet, wodurch ein Bösewicht zum Geständniss gebracht, folglich die allgemeine Ruhe und Sicherheit wider hergestellt werden kann, bevorab, da die sogenannte Bambergische Tortur in dem Bisthum Bamberg keineswegs erfunden oder ursprünglich daselbst aufgebracht worden, denn sowohl die Alt-Teutschen, als auch die Römer haben solche schon in Gebrauch gehabt und sich bei der Tortur der Carbatschen und Ruthen bedienet. Aus dem Lege Salica und denen Capitularibus Regum Francorum ist solches ganz deutlich zu beweisen.

In Lege Salica Tit. 42, § I stehet davon also:

„Si quis servus de furto fuerit interpellatus, fi talis causa est, unde „ingenuus sexcentos denarios, qui faciunt solidos quindecim, componere „debeat, servus super scamno tensus centum viginti ictus accipiat.

§ II. „Si vero antiquam torqueatur fuerit confessus, et domino „eius ita placuerit, centum vigenti denarios, qui faciunt solidos tres, „pro dorso suo reddat, et capitale dominus servi in locum restituat.“

§ IV. „Et si in ipso supplicio fuerit confessus, aut castretur, aut „ducentos quadraginta denarios, qui faciunt solidos sex, solvat, dominus „vero fervi capitale in locum reflituat requirenti “

§ VIII. „Si autem servus de quolibet crimine inculpatus fuerit et „dominus servi ipsius praefens adfuerit; ab eo, qui repeit, admoneatur,

„ut servum suum ad iusta supplicia dare non differat. Et qui repetit, „virgas paratas habere debet, quae in similitudinem minimi digiti „groffitudinem habeat, et scamnum paratum habere debet, ut servum „ipsum tendere possit."

§ XV. „Si vero ancilla in tali crimine inculpatur, de quo servus „castrari debuerat; ducentos quadraginta denarios, qui faciunt solidas „sex, pro ipsa dominus reddat, aut ducentos quadraginta ictus accipiat „flagellorum."

In des Isaacs. Epis. Limgonenf. can. Tit. VI. bey BALVZIO p. 1266 Tom. I. lautet es noch deutlicher:

„Apud quem scelus agnoscitur, et pars rapinae fuerit inventa „etc. quod fi certe apud servum rapinae pars reperiatur, centum quin-„quaginta flagella publice extensus accipiat socius suos nominare non „differat."

Unter dem supplico, davon in § IV. und VIII. Legis Salicae gedacht worden, wird die Tortur verstanden; siehe HIERONYMI—BIGONII. Noten ad legem Salicam bey Baluzio p. 845 Tom. II.

Der torquendus wurde, mit dem Bauch auf die Bank geleget, darauf ausgedehnet und mit dem flagello, welche einen Dresch-Flegel, damit man das Getraidig auszudreschen pfleget, gleich war, auf den Rücken abgeprügelt und gleichsam abgedroschen;

siehe DU FRESNE Glossarium p. 459 Tom. I.

Dahero noch die Redensart kommet:

„einen recht abdreschen",

anstatt einen recht abprügeln, und dieses hiesse flagellatio, die Peitschung, Abprügelung, Abdreschen und geschah auf den Rücken, nicht aber auf den Bauch, wie von andern die Figur unrecht vorgestellt worden, es wurden auch des torti Hände nicht rücklings gebunden und aus der Junctur, wie auf der Leiter zu geschehen pfleget, gezogen, sondern auf der Bank ausgedehnet. Nach der Abpeitschung, Abcarbatschung, Abdreschung wurde der torquendus auch mit Ruthen eines kleine Fingers dick auf den Rücken gehauen, der numerus ictuum und flagellorum in sententia auch vorgeschrieben.

siehe legem Baiuvariorum Tit. XI, cap. IV, § 3
DU FRESNE Glossarium p. 458 Tom. I.

Die Peitschung mit der Carbatsche und Hauung mit den Ruthen wurde nicht gleich nach einander uno acto und una serie verrichtet, sondern nach einem Stillstand von etlichen Tagen vorgenommen, der vorgeschriebene numerus der flagellorum und ictuum durfte auch nicht überschritten werden, war dieses aber geschehen und der tortus darauf gestorben, so wurde derjenige, welcher solches gethan und thun lassen, pro reo homicidii gehalten.

DU FRESNE Glossarium p. 458 Tom. I, ibique allegata.

Dieses war nun sowohl ein modus_puniendi als auch torquendi, MOLINA Tract. III. Disp. 46. n. 3. Tom. IV p. 165.

Bey denen Römern nun finden wir eben solche instrumenta, welche bei der Tortur gebrauchet worden. Denn die Fasces, welche nebst dem Beil securi denen Römischen Magistrats-Personen, als ein Zeichen der grossen Gewalt vorgetragen worden, waren weiter nichts anders als die Ruthen, bey dem PLVTARCHO. Quaest. Rom. LXXXII. stehet:

Securis eminebat ex virgis.

Diese Ruthen sowohl, als flagella wurden als instrumenta torturae gebrauchet, in L. 23, § 8 ff. de usufructu et quemadmod. finden wir die flagella, und in L. I. cod. de emendatione servi: die Ruthen, womit die Römer die servos torquiret, und JACOB GOTHOFREDVS hat in seinen Commentario ad Codicem Theodosianum Lib. IX. Tit. XI. Tom. III p. 88 diesen modum torquendi mit denen flagellis und virgis weitläuftig beschrieben, in L. 8 ff. de quaestionibus ist sothane quaestio oder tortura oder vielmehr modus torquendi approbiret, und, dass durch solche die capitalia und atrociora maleficia am allerbesten heraus gebracht werden könnten, dafür gehalten worden. Hieraus folget, dass die sogenannte Bambergische Tortur ursprünglich nicht aus dem Bisthum Bamberg, sondern von denen Alt-Teutschen und Römern herzuleiten sey, mithin ist ganz wahrscheinlich, dass dieser modus torquendi in dem Bisthum Bamberg entweder beybehalten, oder aber daselbst solche ehe wieder aufgesuchet und eingeführet worden. In England hingegen ist bis dato die Tortur noch nicht gebräuchlich, daselbst muss das gerügte oder angeklagte Verbrechen allezeit mit Zeugen völlig bewiesen, oder in Ermangelung dessen der Angeklagte absolviret werden, da denn ein passionirter Zeuge leicht einen Menschen ins Reich der Toden schaffen kann; Zu der Bambergischen Tortur werden demnach die Carbatschen und Ruthen als instrumenta torturae gebrauchet und entweder von dem Speiser, Zuchtmeister, oder Land-Knecht und Amts-Diener damit auf des Inquisitens Rücken die Streiche und Hiebe aufgezählet werden, der torquendus darf sich nicht ganz auskleiden, vielweniger den Marter-kittel anziehen. An statt dafs der Tortus bei denen Alt-Teutschen in scamno extensus gepeitschet und gehauen worden, wird bey der sogenannten Bambergischen Tortur der torquendus auf die Bank gesetzet, und diese der Bock genennet, auf diesen Bock kann sowohl eine Mannes als Weibs-Person ganz gut und bequem sitzen. Bey der Carbatschen darf der torquendus mehr nicht als das Hembd und Brustlatz, die Weibs-Person aber mehr nicht als ein Leibgen oder Schnürbrust oder Mieder jedoch ohne Fisch-Bein anhaben. Derjenige aber, welcher die Tortur verrichtet, muss Raum und Platz genug haben, damit er mit aller Force recht ausholen, in währenden Aushauen oder Ausholen nach angebrachten Streich oder Hieb sich sogleich mit der Carbatschen herum drehen und auf den vorigen Ort wo er bey dem Ausholen gestanden, zu stehen kommen kann, denn wenn er dabei stille stehet und ohne Herumdrehen Carbatschet, so hat er keine rechte Force; Damit nun der geneigte Leser den modum torquendi desto deutlicher

Der Bock.

begreifen könne, so will ich demselben auf geschehenes Ansuchen von einem auswärtigen hohen Collegio in forma probante erhaltene Beschreibung buchstäblich hiermit communiciren.

Die zur neuen Tortur erforderlichen Sachen bestehen in dreyen Stücken, nehmlich:

a) In einem Bock, oder wie man sonst die vierfüssige Maschine nennen will. Damit nun der Inquisit darauf still sitzen und den freyen Rücken hergeben möge, so werden desselben Füsse vermittels zweyer an des Bocks fordern Füsse befindlichen Schellen, ingleichen auch dessen durch eben solche Schellen gegen des Bockss Halfs oder Kopf von dasigen Hof-Land-Knecht (dergleichen Purschen man in Erfurth den Speiser nennet) unter Beyhülffe deffen Knechts wohl befestiget. Es hat aber dasiger Scharf-Richter mit seinen Purschen bei dieser Tortur bishero nichts zu schaffen gehabt, inmaffen solche dem Hof-Land-Knecht mit seinen Leuten jedesmahl privative zu verrichten aufgetragen worden.

b) Das zweyte Stück ist eine beyläufig sechs und eine gute halbe Manns-Spann lange Carbatschen; Es muss aber solche, wie aus dahiesiger Erfahrung mit dergleichen Gattung sich bereits geäusert, wenn sie recht gute Wirkung thun soll, in dieser eigentlichen Maffe verfertiget werden. Es wird selbige bey dem Angriff so dick, als ein Mannes spanisch Rohr, ingleichen durchaus von zusammen geflochtenen und forne spitz zulaufenden puren Leder, jedoch dergestalt gemachet, dass die Spitze fast noch dicker als das erste Glied eines Mannes kleinster Fingers bleibet. Ferner muss auch solche nicht gleich einer Hunds-Peitschen gelenk seyn und sich um den Leib herum schlingen, inmaffen sonsten auf jeden Schlag die Haut herunter gehen würde, sondern es ist genung, dass die mit subtilen kleinen Leder annoch gedicht überflochtene, forne auch gar keine Knoten habende Carbatschen von der mitten an, bis gegen die äuserste Spitze noch ziemlich gelenk ist, folglich auch zu der in hauptsächlicher Absicht habender Würkung damit nehmlich beym ersten Gang des Inquisiten Rücken und Blut unterlaufen und aufschwellen möge, gar wohl zu gebrauchen ist, jedoch hat es sich dahier zum öftern zugetragen, dass auch bey der ersten Tour, wenn zumahlen den Inquisiten scharf zugesetzet worden, hie und da auf den Rücken und denen Armen etwas von der Haut herunter gangen und das Blut herab geflossen.

c) das dritte requisitum bestehet in Spitz-Ruthen, von Hasel-Stauden, so von der Grosse eines mittelmässigen Mannes-Fingers und denen Gattungen, welche man auf denen Reit-Schulen zu gebrauchen pfleget, nicht unähnlich auch dergestalt beschaffen seyn müffen, damit solche an den obern Theil, womit der Rücken getroffen wird, keine Knoten, sondern pure subtile Sproffen haben, mit einer jeden von solchen Spitz-Ruthen wird länger nicht zugeschlagen, bis die vorderste Spitze von der Länge einer Spanne oder etwas mehr hinweg gesprungen, dafs also zum öfteren nach geführten dritten vierten fünften, sechsten Schlag die alte Ruthe hinweg geworffen und von dem in der Nähe stehenden Knecht eine frische dargereichet, oder aus dem auf der Erden liegenden Bindel hervorgenommen werden mufs, zu welchem Ende denn jedesmahlen eine grosse Quantität Ruthen in Bereitschaft gehalten wird. Was nun den wirklichen Gebrauch der neuen Peinigungs-Art anbelanget, so hat man diese ganze Sache, wie es auch nach Anleitung der peinlichen Halfs-Gerichts-Ordnung Caroli V Artikel 58 nicht anders ist, bishero für ein pures arbitrarisches von vernünftigen Ermeffung des Richters abhangendes Wesen dahier gehalten; Jedoch ist es damit bey vorgekommen solchen Mifhandlungen, wodurch die öffentliche Sicherheit unterbrochen und verletzet worden, z. E. bey Mordbrennen, Rauben, Ermorden, gewaltsamen Einbrüchen in Häusern und Höfen, so von zusammen rottirten gemeiniglich bewafnet gewesenen Räuber-Purschen geschehen, mehrentheils in folgenden Maafs beobachtet worden.

§ 1.

Werden dem auf den Bock sine distinctione sexus sitzenden Inquisiten auf das Camisohl oder Brustfleck, auch je zuweilen auf das blosse Hembd mit der sub (b) beschriebenen Carbatschen, beim Anfange gegen 20. 30. oder mehrere Schläge, jedoch ganz langsam, welches ein für allemahl dahier und bey denen Spitz-Ruthen als fast das nothwendigste aufzumerken, von den Hof-Land-Knecht, oder dessen Handlanger mit gröster Force aufgezehlet und wird demnächst mit dem Schlagen Einhalt gemachet, maffen alsdenn der Refendarius nebst seinen Beisitzern der jedesmahl (wiewohl man in solchen und andern Dingen dahier so scrupulos nicht ist) zwey seyn, dem Inquisiten scharf zugeredet, den schweren Verdacht der Länge und Breite nach, jedoch mit genugsamer Behutsamkeit vorstellet, und die bereits bekennende Coinquisiten mit selbigen nochmahln confrontiret, ect. ect.

Da aber auf diese Mühe des Referendarii und der übrigen Herren fast jederzeit die mindeste Geständnifs nicht erfolget, so wird mit dem Schlagen so sehr der Hof und Land-Knecht fast nach seinen Kräften immer vermag, ganz langsam fortgefahren, jedoch wird nach anderweit aufgezehlten 10. 15. 20 oder mehreren Schlägen wieder still gehalten, und der Unfug in Leugnen, wie auch die entwann vorkommende veränderliche Reden nebst sonstigen, den Inquisiten entgegen stehenden beschwerlichen Umständen, vorberichter maffen abermahl vorgerucket. Kurz von der Sache zu melden; Es wird mit diesem ersten Gang dahin hauptsächlich abgeziehlet, dass dem Inquisiten der Rücken aufschwellen und mit Blut unterlauffen solle, zu welchem Ende dem Referendario dahier für unzeitige Hitze oder Übereilung ausgeleget werden würde, wofern er dem, mit einem und andern zur Tortur gravirten Inquisiten vielleicht ein heimliches Verständnifs oder sonstige unbewuste Absicht hegenden Hof-Land-Knecht einen andern dergleichen Purschen mit dem Befehl an die Seite stellen wolte, dem Vorstehenden in der Absicht einige dichte Streiche zu versetzen, damit selbiger mit desto besseren Nachdruck den Iuquisiten treffen möge, welches auch bei denen Spitz-Ruthen zuhalten, dahier keine verbotene Sache ist. Wann nun vorberührte Intention nach empfindlich und per intervalla aufgezehlten 50. 60. 80 oder mehreren Schlägen würklich erreichet seyn, dafür gehalten wird, so pfleget man von dieser Peinigungs Art den ersten Tag völlig abzubrechen, und wird den Inquisiten durch den Hof-Land-Knecht der Rücken mit einer für die Geschwulst und Hitze zubereiteten Salbe geschmieret, jedoch haben mehrentheils die bösen Pursche wegen der nach der Hand ebenfalls empfindende Schmerzen keine besondere Ruhe.

§ 2.

Nach 2. 3. 4. oder mehrern Tagen, wenn die Geschwulst noch nicht völlig vergangen, wird der Inquisit nochmals auf sein obiges Reit-Pferd gesetzt, und mit dem ersten Tanz an erst der Anfang gemachet, maffen alsdenn auf die alte Wunde (welches der Inquisiten ehemaligen Geständniss nach, ungemeine Schmerzen verursachen solle) mit denen sub (c) beschriebenen Spitz-Ruthen ebenfalls per intervalla 8. 15. 20. 30. oder mehrere Schläge, weshalber der Hof-Land-Knecht auf Zuruffen des Refendarii sich zu richten hat, mit grösster Force versetzet, womit auch in so lange angehalten wird, bis man vernünftig glaubet, es werde der Inquisit ein mehreres anzustehen nicht im Stande seyn, weshalber denn zum öfteren das Blut von dem Rücken und Armen herabflisset, die verstockten Pursche auch allerhand seltsame Gebehrden zu machen in Gebrauch haben, an welche Dinge aber, weilen sie weder Lähmung noch sonstige schwere Gefahr nach sich ziehen, sich die Referendarii gar nicht zu kehren pflegen, jedoch wird nach diesem 2ten Gang, wobey es unterweilen ohne 100—200 auch 300 und mehrere Schläge nicht ablaufet, dem Inquisiten der Rücken mit oben erwähnter Salbe mehrmahlen geschmieret, wie denn auch so viel die Würkung dieser 2ten Peinigung betrift, fast jedesmahl die Erfahrniss gegeben, dass die Inquisiten ihre Leichtfertigkeiten gestanden, und wenn man das Zureden und Ermahnen des Referentens nebst dessen Beysitzern mit der Zeit des langsamen Zuschlagens zusammen rechnet, so dürften unterweilen drey Viertel oder eine ganze Stunde auch öfters ein mehrers herauskommen. Jedoch ist diese Peinigungs-Art für den Referenten ebenfalls eine kleine Marter, maffen demselben und andern bey dem Tisch sitzenden, so jedesmahl der zu führenden Direction halber den Inquisiten in der Distanz von ungefähr 7. 8. 10. oder 12 Schritt in dem Gesicht haben müssen, die von denen Ruthen abspringende Spitzen, des sonstigen Ungemachs nicht zu gedenken, zum öfteren nach dem Gesichte fliegen, und mit Gegenhaltung des Huths, oder in andre Wege abgewendet werden müssen.

§ 3.

Mit einigen sehr starken und zum theil wohlgekleideten Purschen, so wegen des zwischen Nürnberg und Erlang beyläufig Anno 1725. in Tennenloher Wald vollbrachten Hamburger Kutschen-Raubs, wovon der an denen darauf gesessenen armen Leuten verübten mörderischen Mifshandlungen dahier nicht zu gedenken, gegen 2000 Fl. Fränkisch an Geld und Geldes Werth entriffen worden, mit groffen Verdacht beladen gewesen, hat man nach der § 1 und 2 berührten und gegen sie vorgekehrten Schärfe, annoch den 3ten Gang vorgenommen, maffen selbige nach 14 Tagen, oder etwas länger am vorigen Ort mehrmahlen gebracht und mit der Carbatschen auf das Camisohl derb abgestrichen, dadurch auch die ganze Bande anfänglich dahier entdecket, und nach der Zeit auf vorgängige Communication mit denen Fürstl. Regierungen Schwarzenberg und Oetlingen, woselbst ihre beschriebene Gehülfen in Arrest gewesen, zur würklichen Execution gebracht worden Auf eben solche Weise hat man es auch in andern dergleichen und noch schwerern Begebenheiten, wiewohlen nicht gar oft beobachtet.

§ 4.

Man pfleget auch zum öftern in vorkommenden gefährlichen Diebstählen, oder auch in furtis simplicibus und andern die Todes oder eine harte Leibes-Strafe nach sich ziehenden Verbrechen mit denen Spitz-Ruthen (sub C u. § 2.) ohne das Vorspiel mit der Carbatschen (sub B u. § 1) zu praemittiren, den Anfang zu machen, allein es wird in solchen Fällen denen Inquisiten in der Maafs zugesetzet, dafs man vernünftig glaubet, es könne dieser erste Gang für eine nach Gröfse des Verbrechens und Verdachts abgemessene zugleich auch Würkungsvolle Dosin allerdings passiren, und hat es öftere Erfahrung belehret, dafs auf solche Weise die Bösewichter zu vollkommener Bekänntniss gebracht worden.

§ 5.

Wenn filiifamilias von schlechten Herkommen, oder auch sonstige gemeine Leute in einigen geringen, weiter nichts als etwa die expositionem ad numellas, zeitliche Landesverweisung, Gefängnifs-Strafe oder Geld-Busse nach sich ziehende Verbrechen zu Schulden kommen, so wird von dem luere aut redimere in aere, welches mehrentheils die gutherzigen Eltern oder Freunde, nicht aber die bösen und muthwilligen Buben empfinden, dahier nicht viel gehalten, sondern es werden solche Leute mit der Carbatschen (sub B) oder mit einem Ochsen-Zemmer, auch wohl einen Stock nach Gestalt der Sachen und Personen 1. 2 oder mehrmahlen öffentlich, oder heimlich, viel oder wenig, abgestrichen, und demnächst zu denen Ihrigen wieder nach Hause geschicket, durch welche Züchtigung viele muthwillige und böse junge Leute in Zucht und Furcht erhalten werden, wie denn auch der

gröfferen Empfindlichkeit halber von dem öffentlichen und derben
Abprügeln mehr als dem Aushauen mit Ruthen dahier gehalten wird.

a f w.

ol. Lumbric.

Hyperic.

Lilior. alb.

vin camph. a *z* j.

Misc. d. ad. Vitr.

Aus dieser Beschreibung ersiehet man, dass die Einrichtung der
Tortur ein bloffes arbitrarisches Wesen sey und solche auf das Ermeffen
eines guten vernünftig Richters, oder Rechts-Collegii ankomme, wie
denn solche auch in dem LVIII, Articul der Carolinae dafür, erkannt
worden, denn es stehet in solchen ausdrücklich, dass die peinliche Frage
nach Gelegenheit des Argwohnes der Person viel,. oft, oder wenig,
hart oder linder vorgenommen werden soll, hätte der damalige Richter
bey Untersuchung des Hamburger Kutschen-Raubes und Mordes den
3ten Gang nicht mit vorgenommen, so wäre dieser grosse gefährliche
Räuber Complot nicht herausgebracht, sondern gleichsam in der Frey-
heit, dergleichen unmenschliche That noch weiter auszuüben, aufbehalten
worden, dahero einem vernünftigen Richter, weil ihm das Verbrechen
ad intellectum demonstriret worden, nach seinem Ermeffen schon noch
einen Gang vornehmen und dadurch das Geständniss und dem Complot
herauszubringen, suchen kann. Bey sothanen Umständen muss man
einen berüchtigten Dieb und Kirchen-Räuber, wenn etwa dieser bey
denen Bein-Schrauben über die bey den Daumen-Stöcken eingestandenen
kleinen Verbrechen noch einmahl beyfälliger Weise und der Connexion
wegen gefraget, oder von ihm in tantum von denen gestohlenen Sachen
etwas restituiret worden, von dem ihm erst zweymahl zuerkannten
Strang eines angeblichen excessus und einer Restitution halber nicht
absolviren und solchen in Staupbesen verwandeln, vielweniger einen
solchen berüchtigten Dieb und Kirchen-Räuber in andere Fürstenthümer
verweisen lassen, bevorab, da nach dem Chufürstl Sächs. Mandat de
anno 1719 in furto qualificato die Restitution von dem Strange nicht
befreyen soll. Da nun die sogenannte Bambergische Tortur weit mehr
würket, als die bishero gebräuchlich gewesene Tortur; als würde einem
Lande besser seyn, wenn solche durchgehends eingeführt würde, denn
diese würket deswegen mehr, weil solche nicht auf einmahl, sondern
per intervalla vollstreckt wird, die Bösewichter wiffen, dass diese
bishero gebräuchliche gewesene Tortur drey Viertel und auch wohl
eine Stunde währet, daraus sich solche nicht viel machen. In Weimar
hatte ich gleichfalls verstockte, verwegene und beruchtigte Bösewichter,
welche gewiss zu keinem Geständniss gebracht worden seyn würden,
wenn ihnen nicht von dem Hochlöbl. Schöppen-Stuhl zu Jena die völlige
Bambergische Tortur zuerkannt worden wäre, und diese war das
medium, wodurch die verstockten und berüchtigten und sehr gravirten

Bösewichter zum Geständniss und darauf zur wohlverdienten Strafe gebracht worden. Unterdessen würde dem Ermessen eines Rechts-Collegii und vernünftigen Richters gar nicht zuwider lauffen, wenn die sogenannte Bambergische Tortur eben wie die bishero gebräuchlich gewesene in drey gradus eingetheilet und vorkommenden Umständen nach an statt des ersten Gradus auf den ersten Gang der sogenannten Bambergischen Tortur folgender gestalt erkannt würde. Dafern aber gleichwohl Inquisit bey seinem halstarrigen Läugnen verbleiben solte, ist er dem Speiser und Zuchtmeister dergestalt zu untergeben, dass dieser an ihn den ersten Gang der Bambergischen Tortur vollstrecken möge, jedoch dass es dabey verbleybe mit dem Inquisiten vor diesesmahl weiter nichts vorgenommen werde, wobey er dann abermahls über vorherstehende Articul deutlich zu befragen. Da denn dem Inquisiten 70. 80. und mehrere Streiche mit der Carbatsche alleine auf den Rücken aufzuzählen wären. An statt des zweyten Gradus aber die Bambergische Tortur also auszusprechen wäre, und daferne der erste Gang mit der Carbatsche nichts fruchtet, der zweyte Gang mit denen Ruthen an Inquisiten mit vollstrecken möge, jedoch dass es dabey verbleybe und mit Inquisiten vor diesesmahl weiter nichts vorgenommen werde, da denn dem Inquisiten nach den ersten Gang mit den Carbatschen und einen Stillstand von 5. 6. bis 8 Tagen mit denen Ruthen ein bis zweyhundert und mehrere Streiche aufgezehlet werden können, alles nach dem Ermessen des vernünftigen Richters. Weilen nun der dritte Grad der bishero gebräuchlich gewesenen Tortur selten oder garnicht erkannt worden, als könnte an statt desselben noch der dritte Gang der Bambergischen Tortur hinzugethan werden. Wie solches in der Beschreibung bey den Mördern und Räubern der Hamburger Kutschen geschehen, und dieser modus torquendi ist der Constitutioni Carolinae, denen Capitularibus Regum Francorum und Römischen Gesetzen ganz vollkommen gemäss. Wir mögen ein genus tormentarum nehmen, welches wir wollen, so ist solches der Gesundheit schädlich, bey der Ausspannung auf die Leiter werden dem Inquisiten die Armen aus der Junctur gezogen, und, wenn solche nicht recht wieder eingerichtet worden, davon lahm, und entstehet wohl eine Schwindung darauf, sobald nun einer Schmerzen empfindet, so kann er nicht sagen, das er gesund sey; denn gesund seyn und doch Schmerzen haben, ist eine contradicio, wenn ein solch genus tormentorum erfinden könnte, das keine Schmerzen machte, gleichwohl aber den Inquisiten dadurch zum Geständniss bringen könnte, der würde führwahr ein grofs praemium verdienen, und ein solches Mittel könnte alsdenn nicht mehr die Marter oder peinliche Frage genennet werden, sondern müsste alsdenn ihr ein ganz andrer Name beygeleget werden. So wenig aber einer longitudinem in mari und das perpetuum mobile herauszubringen im Stande seyn wird; so und noch weniger wird einer eine Tortur ohne Schmerzen erfinden und durch solche den Inquisiten zum Geständniss bringen

können. Zu dem Hunger brauchet man zwar keine Instrumenta, die
den Leib äuserlich afficiren und Schmerzen verursachen, dennoch
machet er weit grössere und längere Schmerzen, als alle andern pein
lichen Instrumenta verursachen können, und ist der Gesundheit weit
schädlicher, ja tödlicher, gleichwohl aber wird der Hunger als eine
Tortur gebrauchet. BRVNNEMANN hat in seinen Inquisitions-Process
cap. 8. Part V n. 46 p. 197 die Marter des beständigen Wachens vor
das beste Mittel gehalten, die Inquisiten dadurch ohne sonderliche
Marter zum Geständnifs zu bringen. Ob nun schon das beständige
Wachen so grosse Pein nicht verursachet, so würde auch solches kein
Mittel seyn, das Geständnifs dadurch heraus zu bringen; ein solcher
Mensch würde auch endlich in delirium fallen, seiner Sinnen beraubet,
und alsdenn dessen Geständnifs unbrauchbar, mithin dieses Mittel, dass
Geständnifs heraus zu bringen, mehr schädlich als nüzlich werden,
denn was wollte man hernach mit einem in die Raserey verfallenen
und närrisch oder alber wordenen Menschen, und deffen Geständnifs
anfangen? In Erwegung eines furiosus und mente captus weder das
Wollen, noch nicht Wollen hat, folglich deffen Vorbringen vor kein
Geständnifs, sondern nur vor ein nicht gültiges Geschwätze gehalten
werden könnte, welches aber hernach zu einer Bestrafung nicht hin-
länglich sey; Bey sothanen Umständen ist also offenbar, dass die bishero
gebräuchlich gewesene und sogenannte Bambergische Tortur noch zur
Zeit das beste Mittel und Instrument sey, die verstockten und sehr
gravirten Bösewichter zum Geständnifs zu bringen. Erklähret sich
aber der Inquisit zu gestehen, so wird er auf den Bock sitzend gelassen,
und aldann auf die vorgeschriebenen Articul befraget und vernommen;
weil er auf den Bock nicht die geringste Beschwerung hat, vielmehr
darauf gut sitzet und ruhet, dahingegen bey der Sächsischen und
gemeinen Tortur die Daumen-Stöcke und Bein-Schrauben gelüftet und
die Torti von der Leiter wieder herunter gelassen werden müffen,
wenn sie zu bekennen sich erklähret, bey der Bambergischen Tortur
kann man nicht einmahl registriren, dass remissa tortura der Inquisit
nach geschehener Erklärung zu gestehen gefraget worden sey, denn es
käme bald lächerlich heraus, wenn man registriren wolte, dass Inquisit,
nachdem er zu bekennen sich erklähret, nicht sofort gepeitschet oder
nicht fort gehauen worden, weil sich von selbst verstehet, dass Inquisit, wenn er zu bekennen angefangen ein unbewundenes Bekenntnifs
thut, nicht sofort gepeitschet, oder fortgehauen worden sey. Dahingegen muss auch der Inquisit nach geschehener und ausgestandener Tortur mit der in der Beschreibung verordneten Salbe
geschmieret werden, wiewohl ich zweifle, dass einer im Stande
seyn wird, die völlige Bambergische Tortur auszustehen, wenn
anders derjenige, der solche verrichtet, das Geschick hat, solche
recht mit der dazu gehörigen Force zu vollstrecken, auser dem aber
wird der Inquisit dadurch zum Geständniss nicht gebracht, wie denn

in der Nähe herum mir ein Exempel bekannt ist, da der Scharf Richter die völlige Bambergische Tortur an einem Inquisiten vollstrecket, diesen aber zum Geständnifs dadurch nicht gebracht, hingegen aber auch das Geschick nicht gehabt, solche mit darzu gehöriger Force und nöthigen Vortheil zu verrichten, dahero daraus nur ein Gelächter worden, mithin muss der Richter auch zur Verrichtung derselben ein solches Subiectum gebrauchen, von dem er versichert ist, dafs er solche in rechter Form und Maaffe und mit dazu erforderliche Force vollstrecken könne, welches man sogleich bey dem ersten Aufzehlen oder Aushauen sehen kann, siehet nun der Richter, dafs derjenige, welcher solche verrichtet, die dazu gehörige Force nicht hat, und den rechten Vortheil nicht weifs, so mag er solche immer bald einstellen und ein anderes Subiectum dazu nehmen lassen, denn sonst würket solche noch weniger, als die bishero bräuchlich gewesene Tortur, dabey der Richter sich blofs nach seinen vernünftigen Ermeffen zu richten und in Vorschreibung der aufzuzehlenden Streiche und Hiebe sich so scrupulös nicht aufzuführen hat, ein vernünftiger Richter kann dabey schon sehen, ob der Inquisit mehrere Streiche auszuhalten im Stande sey oder nicht, von etlichen Streichen drüber stirbet derselbe nicht gleich, bey solchen zusammen rottirten, verruchten, verstockten und sehr gravirten Bösewichtern mufs man auch kein Mitleiden haben, denn wenn man wider solche nicht hart genug verfahren lieffe, würde endlich die allgemeine Sicherheit und Ruhe ganz umgestürzet werden, dieser modus torquendi aber, wofür sich auch die Bösewichter mehr fürchten, machet der bishero sich häufig hervorgethanen Zusammenrottirung, Raub und Plünderung, gewaltsamen Einbrechen und Diebstählen und denen desfalls angestellten Inquisitionen noch ehr ein Ende.

Weitere interessante Ausführungen finden sich bei Johann Heinrich Rothern:[1])

U n t e r r i c h t, w e l c h e n a l l e n f a l l s d e r R i c h t e r und S c h a r f. r i c h t e r w e g e n d e r F o l t e r z u b e o b a c h t e n h a b e n.

Nach Einlangung des peinlichen Urtels ist dem Inquisiten oder peinlich Beklagten in der ordentlichen peinlichen Gerichtsstube, vom Inhalt desselben, bis auf die Worte: „Ist er dem Scharffrichter dergestalt zu übergeben u. s. w." Eröffnung zu thun, so dann wird er a) ernstlich

---

[1]) D e r p e i n l i c h e n P r o c e f s e r e c h t s g e l e h r t e K u n s t, welche anweiset, wie die im Römisch-Teutschen Reiche üblichen peinlichen Inquisition Anklag- und Achts- oder Bann-Procefse von den Richtern und Actuariis wider die Verbrecher rechtmäfsig anzustellen und auszuführen und Defensoribus die Delinquenten pro inquisitione, tortura et poena avertenda abolenda, mitiganda et absolvenda, geschickt zu defendiren nach Vorschrifft Kaisers Caroli V. peinlicher Hals Gerichts, königl. Ungarisch-Böhmischer, und Preufsisch-Brandenburg. Schlesisch-

zum Geständnisse in Güte ermahnet. b) Ist derselbe, wo er nichts gestehet, ins Gefängniss wieder zu bringen, mit dem Bedeuten, dass er ehestens gemartert werden solle. c) Der Richter versiegelt indessen das peinliche Urtel, oder verschliesset solches d) Wird ein Tag zur Marter angesetzet. e) Zu dem Ende der Scharff-Richter vorgefordert und ihm bedeutet, sich nebst einem oder zwei Knechten bereit zu halten f) Muss am anbezielten Tage der Gerichtsknecht den Inquisiten, oder' peinlich Beklagten an die Gerichts-Stelle bringen. g) Wird derselbe losgeschlossen, nach geschehenen Vorhalt aus den Acten zum Geständniss ernstlich vermahnet. h) Sind ihm darauf die im Urtel enthaltene Fragstücke vorzulesen, und wird dessen Antwort darauf niedergeschrieben. i) Nimmt der Richter auf dem Leugnungs-Fall noch eine gütliche Ermahnung vor. k) Fruchtet diese nicht befielet man dem Gerichts-Knecht den Inquisiten oder peinlich Beklagten in die Marter-Kammer zu bringen. l) Derselbe wartet alsdann mit Inquisiten oder peinlich Beklagten, bis das peinliche Gericht sich in die Marterkammer verfüget. m) Darauf führet er solchen nach erhaltenem Befehl hinein. n) Wird zuförderst dem Scharfrichter das Original-Urtel zum durchlesen gezeiget. o) Ermahnet der Richter den Inquisiten oder peinlich Beklagten nochmals in Güte zu bekennen. p) Wird er darauf dem Scharfrichter übergeben. q) Bedeutet man dem Inquisiten oder peinlich Beklagten, sobald er bekennen wolte, dürffte er nur ein Zeichen geben.

Territio verbalis.

r) Der Scharff richter muss, sich grimmig anstellend, auf ihn losfahren, und ihm vorstellen, wie er solcher gestalt mit ihm verfahren, und schrauben werde, dass er ihn schon zum Geständniss bringen wolle. s) Lieset der Richter dem Inquisiten oder peinlich Beklagten die Fragstücke nochmals vor. t) Bezeiget sich der Scharfrichter sehr grimmig, fähret mit Ungestüm auf ihn zu, und leget alle seine gewöhnliche und ungewöhnliche Werkzeuge vor. u) Absonderlich zeiget er ihm die Leiter, als ohne welche weder eine Territion, noch eine wirkliche Folter vorgenommen werden kann. w) Neben der Leiter wird noch eine Schoss-Banck gesetzet, um die peinlichen Werkzeuge und die Kleider des Inquisiten oder peinlich Beklagten darauf zu legen. x) Maulschellen

Pommerischer, Chur-Braunschweig-Lüneburgischer, wie auch Fürstl. Gotha-Altenburgischen nenesten Criminal-Ordnungen mit den Chur- und Sächs. peinl. Inquisitions Anklag- und Achts-Procefsen vereinigt, nach jedes Inhalt eingerichtet, und überall mit gerichtlichen Registraturen, Inquisitions-Artickeln, Urteln und Defensionibus sowol Ceremonien als Reden bey peinl. gehegten Gerichten practisch erläutert, zum allgemeinen Nutzen vor Candidatos Juris, angehende Richter und Advocaten mit General- und Special-Register ans Licht gestellet von J o h a n n H e i n r i c h R o t h e r n Ilt. Leipzig 1748. Verlegts Johann Samuel Heinsius.

darf der Scharffrichter dem Inquisiten oder peinlich Beklagten nicht geben, noch weniger abergläubische Tränke ihm reichen. y) Derselbige stellet sich, als wolt er den Inquisiten oder peinlich Beklagten angreiffen, gehet aber wieder zurücke. z) Er fähret nochmals mit Ungestüm auf ihn los; Ist nun die Verbal-Territion nur erkannt, hat es hierbey sein Bewenden.

Territio realis.

Soll der Inquisit oder peinlich Beklagte nun realiter geschreckt werden, alsdann greift ihn a) der Scharfrichter wirklich an, und bedroht ihn beständig, wie er ihn arbeiten wolle. b) Weiter ziehet er ihn gantz aus, auch das Hembde, Schuhe und Strümpfe. c) Vorher bindet er ihm einen Schurtz um den Leib, so vom Nabel bis an die Knie gehet. d) Einem Weibesbilde wird der Schurtz über den Brüsten angebunden. e) Hierauf führet er ihn zur Leiter, f) redet ihm nochmahls zu, und zeiget ihm seine Werkzeuge abermahln. g) Alsdann setzet er den Inquisiten oder peinlich Beklagten (auf den Marter-Stul) oder einen Sprossen der Leiter (oder die Schoss-Banck). h) Ziehet das Seil durch einen der Sprossen der Leiter hinterwerts und bindet ihm die Hände auf den Rücken, und i) leget ihm die Daumstöcke an. k) Jeder Daume kömmt in die Höhlung der Daumstocke, l) also dass nicht die Spitzen der Daumen, sondern das zweyte Gelenk erfasset werde. m) Damit das Geblüte nicht verstocke, muss der Scharfrichter öffters lüfften. n) Es mufs nach und nach zugeschraubet und wieder gelüftet werden. o) Endlich wird völlig zugeschraubet, und sodann höret man mit den Daumenstöcken auf. p) Diese müssen nicht zu scharf seyn, damit sie nicht einschneiden, sondern nur quetschen. Wo es gebräuchlich, legt man q) an die Zähen die Daumstöcke nur ausserordentlich; Hier ist aber wohl zu merken, dass nicht die Daumenschrauben, welche zuweilen gefeilet, oder ausgekerbet werden, allzu scharff seyn, damit diese nicht allzu sehr einschneiden. Ist nun die blosse Territio realis erkannt, und auf die blossen Daumenstöcke gesprochen, so wird ausser diesen nichts weiter vorgenommen; Ist aber ein Additament von den ersten Grad der wirklichen Tortur, nemlich der Anfang von Schnüren in dem Urtel annoch enthalten, so wird ferner zum Schnüren gegriffen, und damit auf folgende Art bey dem Inquisiten verfahren.

Vom Schnüren.

Wo die Banden oder Schnüre beim ersten Grade gebräuchlich, werden die hanfene Leinigen, etwa 9 Faden dicke, übers Hand-Gelenke, nach dem Ellenbogen zu, angemacht, und ist von beyden Seiten das Fleisch mit Hin und Herziehen zusammen zu kneipen.

Soll es aber weiter gehen, muss der Scharfrichter und sein Knecht die Schnur über die zusammen gebundene Arme einmal übers andere herumschlingen und damit kneipen, sondern sie haben, gegen einander stehend, starck hin und wieder zu kneipen, als wenn sie sägeten.

Es sind drei Riegel oder Reifen zu Schnüren.

Die Schnürung darf kein Gelenk treffen, sondern sie gehet vom Handgelenke bis an Ellenbogen; Ausserordentlich gehet die Schnürung auch über den Ellenbogen an den dicken Beinen vor.

Was sonst zu beachten.

Sobald der Inquisit oder peinlich Beklagte bekennen vill, muss auf Zuwinken des Richters der Scharffrichter ihn los lassen. Der Richter legt die Sand-Uhr nieder, und der peinlich Geplagte tritt vor den Tisch des Richters.

Passiret das Geständniss nicht, fähret der Scharfrichter fort. Sobald er gestehet, wird inne gehalten und ihm die Registratur vorgelesen.

Vom andern Grade.

a) Zuförderst wird dem Inquisiten oder peinlich Beklagten eine sogenannte Pfeiffe in den Mund gethan, oder eine Birne ins Maul geschraubet, um das Schreyen zu verhindern. b) Hierauf nimmt der Scharffrichter die Spanischen - Stiefeln oder Bein - Schrauben zur Hand. c) Das unterste gleiche Eisen kommt auf die dicke Wade, das Holtz aber auf das Schienbein. d) Hiervon werden die Waden und Schienbeine zwar blau und braun, doch ist dahin zu sehen, dass es nicht blute. e) Vollblütige Leute, wenn sie zu bluten anfangen, muss der Scharffrichter gleich schmieren. f) Die Stiefeln dürffen nicht zu sehr ausgekerbet seyn, damit sie nicht einschneiden, sondern nur quetschen. g) Der Inquisit oder peinlich Beklagte, wird auf die Leiter geleget, und sind ihm alsdann die Stiefeln anzuschrauben. h) Die Füsse des Inquisiten oder peinlich Beklagten müssen also an die Leiter gebunden werden, dass er nicht darauf stehe, sondern die Füsse müssen hangen. i) Sobald der Scharffrichter zu schrauben angefangen, lüftet derselbe, damit das Geblüte nicht verstocke. k) Er klopfet auch auf das aufs Schienenbein geschraubte Holtz mit einem Schlüssel oder Spanner.

Vom dritten Grade.

a) Fruchten die Stiefel nicht, spannet der Scharffrichter den Inquisiten oder peinlich Beklagten auf die Leiter, und schraubt die Stiefeln wieder an. b) Der Strick, womit die Hände des Inquisiten oder peinlich Beklagten zusammengebunden, wird oben an den Hacken, so am Kloben herunter hanget, eingehäckelt, und der Inquisit oder peinlich Beklagte vermittels des andern Endes der in Rädern gehende Stricke hinaufgezogen. c) Die auf den Rücken zusammen gebundenen Hände werden verkehrt über den Kopff gezogen. d) Der Inquisit oder peinlich Beklagte ist vorher mit den Schenkeln an die Leiter feste unten anzubinden. e) Aufgezogen bleibt er eine halbe Viertel oder eine ganze Viertel-Stunde hangen. Der Scharffrichter lässet ihm 2 bis 3 Sprossen wieder herunter. f) Beym Aufziehen muss der Scharfrichter Acht geben, dass die Hände an einen Sprossen nicht hangen bleiben. g) Er klopfet zuweilen an die Spanischen Stiefel. h) Hat man nicht ein gar zu starcken Inquisiten oder peinlich Beklagten, wird ihm ein Strick unter den Armen hergezogen, man häckelt solchen ein, um die Marter zu erleichtern. i) ein verleumdeter Mensch aber kann nach Befinden der Verbrechen, an den Schenkeln losgebunden, und die Beine mit Steinen oder Gewichten, die man an die Füsse hänget, beschweret, auch die Leiter woran er hänget, etliche mal angezogen werden. k) Einen nicht so sehr verruchten Missethäter, der währender Marter etwa ohnmächtig oder schlafend wird, ermuntert man mit angestecktem Schwefel-Holze, so man ihm unter die Nase hält.

Von Vergrösserung des dritten Grades.

a) Ein verleumdeter Übelthäter wird mit Federkielen, so in Schwefel getaucht, und angestecket sind, an den Schultern, nicht aber an den Brusten gebrennt. b) Mann nimmt auch wohl ein Pflaster von Schwefel, klebt es auf die Schultern, und steckt es an. c) Oder man bewirfft ihn mit einem Pech-Knaul, von Hanf und Pech einer Hand dick gemacht, und zündet es an. d) Über dieses nimmt der Scharff-richter, nach Befinden des Richters, ein Haar-Seil, etwa 2 finger dicke, an dessen beyden Enden ein Knebel, und ziehet mit seinem Knechte solches den Inquisiten oder peinlich Beklagten unter den Armen und Beinen her.

Wie weit sich die scharfe Frage erstrecke?

Unserm freundlichen Dienst zuvor, Ehrenveste, Wohlgelahrte, günstige Herren und guten Freunde.

Auf derselben an uns gethane Frage sprechen wir Churfl. Sächs. Schöppen zu Leipzig vor Recht. Ist von uns jüngsthin, dass, wofern G. Z. und G. M. ihr Bekenntniss anderweit in Güte richtig nicht thun wollen, man wohl befuget, sie mit der Schärfe anzugreifen und befragen lassen, gesprochen worden, und ihr wollet, wie eigentlich dieser höchste Grad der Tortur an den Inquisiten zu vollstrecken, berichtet seyn. Ob wohl nun nicht überall einerley Modus der Tortur observiret, sondern darinnen hin und wieder gar sehr variiret, auch nach Art der Misshandlung und der Deliquenten Zustandes in einem Abschiede gehalten wird. Insonderheit aber, wenn durch den höchsten Grad das wahre Factum aus verhärteten Bösewichtern ans Tagelicht bringen, unter andern auch mit der härteren Leine unter den Armen und Beinen, hin und wieder gezogen, sowohl bey den Spannen im Bocke, durch ein salzigen Getränke im eingeheizten Zimmer Inquisiten grosser Durst verursachet, in gleichen die sogenannte Pommerische Mütze oder der Krantz, da entweder ein flächsener Strick, woran eiserne Glieder gereihet, und dazwischen Knoten geknüpfet sind, oder auch ein hären Seil mit Knoten um die Stirne gemachet, und vermittels eines Knebels gezogen wird, wie nicht weniger die Kühn-Stöcker pflegen appliciret werden. Dieweil aber dennoch das Fitscheln mit härnen und rauhen Seilen, wann scharf gezogen wird, wegen des heftigen

Brennens, Lähmung der Flechsen und Nerven verursacht, überdies die medicinische Facultät allhier in ihrem allbereits Anno 1703 erstatteten Gutachten, dass bey dem Spannen im Bock, das saltzige Getränke tödliche Ohnmachten nach sich ziehe, die Pommerische Mütze aber oder Krantz ohne hefftiger commotiine cerebra nicht angelegt werden könnte, erinnert hat Inmassen auch von dem Gebrauch der Kühn-Stöcker, so unter die Nägel getrieben und angezündet werden, allerhand schädlich Wirkungen zu besorgen, und bey der Tortur doch jedenfalls darauf zu sehen, dass dem Inquisiten an seinem Leben kein Schaden zugefüget werde. Jedoch auch die Scharffrichter dahin anzuweisen sind, dass sie bei harten Verbrechern und Übelthätern die Tortur dergestalt einrichten sollen, dass diese die Wahrheit zu hinterhalten nicht Anlass nehmen können, auch dahero das Schnüren bis an und über die Ellenbogen, wie auch das Bewerfen mit brennenden Schwefel auf die Schultern des Inquisiten, doch also, dass es dessen Brüste berühre, bey der scharffen Frage nach befundenen Umständen bishero gebrauchet worden. Im übrigen, dass auch das Schnüren an dicken Beinen mit gewöhnlichen Banden ohne Gefahr der Gesundheit geschehen möge, von besagter medizinischer Fakultät dafür gehalten wird, nach mehrerm Inhalt ihrer Frage. So wäre an G. Z. und G. M. die scharffe Frage dergestalt, dass ihnen die Daumenstöcke angeleget, und damit zugeschraubet, mit denen Banden bis an und über die Ellnbogen, wie auch an denen dicken Beinen geschnüret, hierbey zugleich ihnen der Halskragen, womit sie etwann dann und wann in die Höhe zu ziehen, dass sie nur auf den Zähen fussen können, umgethan, ferner sie auf die Leiter gespannet, mit denen Händen rücklings an einen Kloben auf derselben in die Höhe gezogen, ihnen die Spanischen-Stiefeln angeleget, und damit zugeschraubet, auch etliche Male darauf geklopffet, hierüber dieselbe mit Schwefel-Federn auf denen Schultern beworffen, auch endlich in den Spanischen Bock, jedoch ohne Gebrauch des saltzigen Getränkes ihnen die Daumen und Zähen zusammen geschraubet werden, zu vollstrecken. Von Rechtswegen. Zu Urkund mit unserm Insiegel versiegelt

Churfürstl. Sächs. Schöppen zu
Leipzig.

Ob nun wohl wegen der 3. Grade von Torturen oder Foltern sowohl die Criminal-Ordnungen, als die Dicasteria wegen der diesfalls auszusprechenden Urtel unterschieden seyn; so müssen wir doch wegen vereinigter Criminal-Ordnungen allhier so viel melden, dass, wie wir oben bey der Theorie im vorhergehenden Capitel den Unterschied der Urtel wegen der Peinlichkeit auszusprechen, angeführt, allhier noch anzumercken sey, dass sowohl im Brandenburgischen, Magdeburgischen und Preussischen, wie in Sächsischen Landen die 3. Grade der Tortur stattfinden, obgleich die Dicasteria im Aussprechen derselben unter-schieden seyn; dahero thut ein unerfahrner Richter gewissenhaft, wenn

er vor der Tortur in Dicasteriis sich informiren, und nach hervor-
gehendem Urtel den Grad der Folter recht erklären lässet, ehe er seiner
Ehre und dem Inquisiten Gewalt anthue.

Examen des Inquisitens vor der Tortur an der
Gerichts-Stätte

Actum NN. den Februar. 1748 hora XI. nocturnu.

Wurde der Inquisit NN. ex custodia in die Raths-Stube gebracht,
ihm beweglich zugeredet, dass weilen er leicht erachten könte, warum
er so späte fürgebracht würde er annoch die Wahrheit angeben, und
es zur Marter nicht kommen lassen solte. Worauf er in Güte über
beygefügte Artikel vernommen worden:

Art. I.	Resp. I.

Ob er nicht im N. am November 1747 in der Nacht den in des Probsts und Pfarrers N. N. Wohnhause geschehenen Diebstahl und Einbruch mit verübet?

Nein.

Art. II.	ad II.

Auf was Art solcher geschehen?

Es ist mir nicht bewust.

Art. 3.	ad III.

Wer ihm dazu geholffen?

Mir ist der Diebstahl nicht bekannt und weiss auch nicht, wer ihn ausgeübet.

Art. 4.	ad 4.

Was er mit den andern Dieben daselbst gestohlen?

Ich bin kein Dieb und der Diebstahl in N. ist mir unbekannt.

Art. 5.	ad 5.

Wieviel Inquisit davon participiret?

Ich begehre kein gestohlen Gut, ich habe mit den Dieben keine Gemeinschafft.

Art. 6.	ad 6.

Ob er nicht die folgende Nacht darauf in N. den bey den Kramer N. N. geschehenen Einbruch und Diebstahl mit verrichten helffen?

Nein, ich weiss von keinem Diebstahl.

Art. 7.	ad 7.

Auf welche Weise derselbe ausgeübet?

Ich habe demselben nicht mit beygewohnet und bin kein Dieb.

24*

Art. 8.

Wer mehr dabey gewesen und geholffen?

ad 8.

Es ist mir nichts bewust.

Art. 9.

Wieviel und was Inquisit mit der Diebes-Bande gestohlen?

ad 9.

Ich begehre keinen Anteil von gestohlenem Gut, ich weiss nicht, was da ist gestohlen worden.

Art. 10.

Wieviel Inquisit von diesem Diebstahl participiret?

ad 10.

Ich halte mit den Dieben keine Cameradschafft, ich habe keinen Teil an solchen Beschuldigungen.

Art. 11.

Wohin er und seine Diebes-Rotte die geraubten Sachen geschaffet?

ad 11.

Ich weiss nicht, wo sie die Diebe hingethan, ich bin ein ehrlicher Mann.

Art. 12.

Ob er nicht auch den zu N. bey N. N. Anno 1747 geschehenen Diebstahl ausgeübet?

ad 12.

Nein.

Art. 13.

Auf was Weise solcher ausgeübet, wer darzu geholfen und mit Wissenschaft darum gehabt?

ad 13.

Das weiss ich nicht.

Art. 14.

Was und wie viel Inquisit davon bekommen?

ad 14.

Ich begehre keinen Antheil von gestohlenem Gut und kann keine Nachricht davon geben.

Art. 15.

Ob Inquisit nicht bey dem tentirten doppelten Einbruch zu N. N. gewesen?

ad 15.

Nein.

Art. 16.

Wie solcher Anschlag concertiret gewesen?

ad 16.

Das weiss ich nicht, er ist mir nicht bekannt.

Art. 17.

Was Inquisit dabey verlohren und eingebüsset?

ad 17.

Ich habe auf Diebes-Wegen nichts verlohren.

Art. 18.

Wer darzu geholffen und mit Wissenschaft gehabt?

ad 18.

Das weiss ich nicht.

Inquisiten wurde nochmals beweglich zugeredet, die Wahrheit in Güte zu gestehen.

Resp. Ich habe keinen Theil an denen Beschuldigungen.

Hierauf wurde dem Scharffrichter N. das Urtel, soviel die Marter betrifft, vorgezeiget und ermahnet sich darnach zu achten.

Wie in der Marter-Kammer verfahren wird.

In der Marterkammer wurde Inquisiten abermals beweglich zugeredet, es zur Execution des Urtels nicht kommen zu lassen, und ist er hierauf über vorstehenden Artikel nochmals befraget worden.

ad I

Nein.

ad II

Mir ist nichts davon bewust, u. s. w. (Die Antwort hat gelautet wie vorher.)

Weil Inquisit, alles Ermahnens und Zuredens ohngeachtet, nicht gestehen wollen, wurde er dem Scharffrichter übergeben, da Inquisit sich ausziehen muss, und nachden der Scharffrichter ihm die Instrumenta zur Peinigung vorgezeiget und bedrohet ihn damit zu peinigen, Inquisit aber bey seynem Leugnen beharret, wird er an die Leiter gebunden und ihm die Daumstöcke angeleget.

Urgicht bey denen Daumenschrauben.

Der Scharffrichter schraubet zu.

Inquisit betet mit leiser Stimme, Herr Gott Vater im Himmelreich, item das Vater Unser gantz aus.

Der Scharffrichter schraubet immer weiter zu.

Inquisit wiederholet das Vater-Unser, Herr Gott Vater erbarme dich uber uns u. s. w. ich habe keinen Theil an denen Beschuldigungen.

Urgicht bey denen Schnüren.

Der Scharffrichter leget ihm die Bande, schläget solche um und ziehet nebst seinen Knechten damit an

Inquisit, ach Herr Je'! es drücket mir das Herz ab. Inquisit schweiget geraume Zeit, sagt endlich, Herr Jesus komm doch, erhöre mein Wort.

Es wird ferner weit umgeschlagen.

Der Scharffrichter fraget ihn, ob er noch nicht bekennen wolle?

Ingleichen, erhöre mein Wort, schweiget hierauf gantz stille.

Inquisit, ich habe keinen Theil daran, Herr Gott Vater im Himmelreich.

Der Scharffrichter schläget die Bande noch weiter und wechseln des Scharffrichters Knechte ab. Es wird beständig gezogen.

Inquisit, Herr Gott Vater im Himmelreich, betet abermahls das Vater Unser, ist endlich ganz stille.

Der Scharffrichter schläget weiter um, und ziehen dessen Knechte an.

Inquisit schweiget stille.

Urgicht bey denen Spanischen Stiefeln.

Der Scharffrichter leget ihm solche an beyde Füsse und schraubet damit zu, klappert auch darauf und wird mit denen Schnüren angezogen und continuiret.

Es wird damit ferner zugeschraubt und darauf geschlagen.

Der Scharffrichter schüttelt ihm die Beine und wird inzwischen dabey mit dem Anziehen derer Schnüre continuiret, klappert auch auf die Stiefeln, die Bande sind auch umgeschlagen.

Inquisit, ich bitte sie um Gottes willen, ich habe keinen Theil daran Hoch - Edle Herren, ich bin unschuldig.

Inquisit schweiget stille. Herr Gott Vater erbarme dich.

Inquisit, betet.

Urgicht bey der Expansion und gespickten Hasen.

Der Scharffrichter bindet Inquisiten an, bindet ihm auch die Hände, wird darauf hin und her gezogen.

Es wird mit dem Ziehen immer continuiret.

Inquisit, schweiget gantz still, schreyet endlich Herr Jesu hilff, ich bin unschuldig.

Hilff, hilff, Herr Gott Vater u. s. w.

Weil nun der Inquisit drey voll Viertel-Stunden mit der wirklichen Marter beleget worden, aber dennoch nichts gestanden, als hat um zwey dieser Actus sich geendiget. Actum ut supra.

F. A. T. A. C. R. J. W. L. J. R. S.
St. Secr.

Wie in der Praxis die Urteile erkannt und vollstreckt wurden, können wir bei Rothern[1]) weiter lesen:

Vom End-Urteln und Erkennung auf die Straffe.
Unterschied der Strafen.

Die Strafen gehen entweder an das Leben, als 1) des Schwerdts, P. H. G. O. Art. 192, 2) des Stranges oder Galgens Art. 192, 3) des Rades Art. 192, 4) des Sacks oder der Ertränkungsart, 131. 159. 192, 5) des Feuers oder Scheiter-Hauffens, 6) des Viertheilens, u. s. w.

---

[1]) Johann Heinrich Rother, geb. 1685, gest. nach 1750, war ein ungemein thätiger juristischer Schriftsteller; seine Schriften haben nicht immer einen grossen wissenschaftlichen Wert, haben aber viel Anklang gefunden und sind als Zeichen der Zeit beachtenswert. Die obige Stelle ist den Erläuterungen u. s. w. zur Carolina entnommen.

Deren Vergrösserung und Verhältniss der Lebens-Straffen gegen einander.

Zusätze dieser Strafen sind: 1) die Schleiffung zur Richtstat, 2. die Legung aufs Rad, 3) das Reissen mit Zangen-Griffen, 4) das Rädern von unten auf, und 5) die lebendige Begrabung, auch Schlagung eines spitzigen Pfahls durch den Leib u. s. w.

Das Verhältniss sothaner Lebens-Straffen ist dieses: „Die Straffe des Feuers ist grösser als des Rades. Das Rädern ist eine höhere Straffe als der Strang. Der Galgen eine schwerere Straffe als das Schwerdt. Das Köpffen und Flechtung des Cörpers aufs Rad wird mit dem Strange gleich gehalten. Das Ertränken ist härter als der Strang, Heil. Iudex et Defensor in proc. inquisit cop 6 § 63 Blatt 455.

Leibes-Straffen.

Von diesen sind unterschieden die Leibesstraffen: 1) Der Staupbesen, welchen bey Manns-Bildern, 2) der Festungsbau, und bei Weibs-Personen, 3) das Zuchthaus gleich gehalten wird, 4) Die Abhauung der Faust, 5) die Abhauung der Vorderglieder der beyden Finger, 6) das Nasen- und Ohren-Abschneiden, 7) die Ausstechung der Augen, Art. 159 der P. H. G. O., 8) das Brandmalen, 9) das Zungen-Ausschneiden oder Durchstechen, 10) der Karn u s. w.

Vermögens- oder Ehren-Straffen.

Die Straffen, so aufs Vermögen oder die Ehre gehen, sind: 1) Der Pranger, 2) die Tragung der Geige, 3) Ensetzung des Dienstes, 4) die Landes Verweisung, 5) das Gefängniss, 6) die Verstrickung, an einem Ort, 7) Einziehen der Güter, 8) die Geldbusse

Gefängniss.

Ob zwar das Gefängniss unter die peinlichen Straffen nicht gehöret, wird jedoch in peinlichen Fällen öfters auch nur aufs Gefängniss erkannt:

Dass N. N. mit 4 Wochen Gefängniss-Straffe annoch nicht unbillig zu belegen:

Oder: Dass N. N. über die bisher ausgestandene Gefängniss, dass von ihm begangene Verbrechen mit 14 Tagen Gefängniss-Straffe annoch zu verbüssen schuldig.

Wie lange?

Über 4 Wochen Gefängniss pflegt man diese Straffe nicht leichtlich zu setzen. Jedoch gehet solche in hiesigen Landen beym schlechten Ehebruch auf ein Viertel-Jahr.

Pranger oder Hals-Eisen.

Bey geringen Deuben wird auf den Pranger jezuweilen gesprochen: Dass N. N. wegen des bekannten und gestandenen Kraut-Diebstahls, auch der Krebs-Deuben eine Stunde lang offentlich an den Pranger zu stellen.

Oder: Dass N. N. mit angehangenen Ruthen eine Stunde lang öffentlich an Pranger zu stellen, folgendes, nach abgeschwornen Urpheden, des Landes ewig zu verweisen, auch die Unkosten, u. s. w.

Jezuweilen wird der Pranger als eine Vergrösserung der Straffe gebraucht, zu E. wenn eine sich zwiefach verheyrathet hätte:

Dass, gestalten Sachen nach, Inquisitin oder peinlich Beklagte wegen eingestandenen und begangenen Verbrechens, der zwiefach Verheyrathung zuförderst eine halbe Stunde an den Pranger öffentlich zu stellen, sodann, nach abgeschwornem Urpheden, mit Staupenschlägen des Landes ewig zu verweisen.

Beschaffenheit der Pranger-Straffe.

Das Hals-Eisen oder der Pranger ist unterschiedlich. An manchen Orten ist es ein aufgerichteter Pfahl, so besonders zu dem Ende zugerichtet worden. An manchen aber ist das Eisen, darinne der Deliquent mit dem Halse eingeschlossen wird, ans Gebäude, z. E. Kirche, Rathshaus, oder sonst wo angemacht. Da denn der Deliquent mit dem Halse dergestallt daran geschlossen wird, dass er aufrechts zum Spectackel des Volcks sich öffentlich präsentiren muss. Man pflegt auch zuweilen wohl gar an manchen Orten durch ein Glöcklein dem Volck zum Zuschauen ein Zeichen zu geben. Wie dann nun also der Deliquent an eine Staup-Säule geschlossen wird, so geschiehet solches von dem Scharffrichter, sonst aber, ausser dem, von dem Landsknechte oder andern Gerichtsdienern.

Straffe der Geigen, des Trillhauses, oder des Lastersteins.

Wo die Geige, das Trillhäusgen, oder Lasterstein, oder das Wippen, gebräuchlich, wird bey geringfügigen Begünstigungen, zumahl Feld-und Garten-Deuben also darauf erkannt:

Dass N. N. wegen seiner Begünstigung mit der Geige durch die Strassen zu führen.

Dass: N. N. wegen seiner Begünstigung eine halbe Stunde ins Trillhäusgen zu führen.

Oder: N. N. den Lasterstein eine Viertel Stunde zu tragen schuldig.

Oder: Dass N. N. wegen seiner begangenen Begünstigung einmal zu wippen.

Beschreibung des Lastersteins, Trillhauses, Geige.

Diese Strafe ist unterschiedlich. An manchen Orten aber hat man gewisse Steine, so man dem Verbrecher umzuhängen pflegt. An manchen aber hat man andere zu dessen Beschimpfung dienende Mittel, als gewisse Gitter, da man solche Verbrecher an öffentlichen Orten einsperret und zum öffentlichen Zuschauen darstellet, und dieses wird gleichfalls durch den Landknecht, oder einen andern Gerichtsdiener vollstrecket.

Oder es wird ihm ein Holtz um den Hals gemacht, darinn der Verbrecher die Hände erhaben durchstecken muss.

Absetzung vom Dienste.

Auf die Entsetzung des Dienstes spricht man also:

Dass z. E. N. N. seiner Begünstigung halber des Dienstes billig zu entsetzen.

Amts-, Stadt- oder Landes-Räumung.

Bey Verbrechen, welche zumahlen Aergernisse nach sich ziehen, gleichwohl man des Verbrechers einiger massen schonen will, ist Rechtens:

Dass N. N. der begangenen und gestandenen Begünstigung halber die Stadt (Amt, Land) auf ein Jahr (zwey bis zehn Jahre) zu räumen schuldig.

Verbannung nach einem gewissen Ort.

Man hält auch einen Verbrecher, so z. E. mit Herrschafftlichen Geldern übel umgegangen, dahin an:

Dass er Zeit Lebens aus der Stadt sich nicht begebe, sondern darinn für beständig zu verbleiben schuldig.

Oder: Dass N. N. Zeit Lebens in seiner Behausung sich aufzuhalten und daraus sich nicht zu begeben pflichtig.

Geld-Straffen in kleinen und grossen Verbrechen.

Die Geld-Bussen anlangend, haben solche bey geringen Verbrechern ebenfalls statt, und weil sie auf das Ermessen des Richters ankommen, ist dahin zu sehen, damit solche nicht zu hoch gesetzt werden, z E.

Dass N. N. wegen der an Pernillen verübten Schlägerei in 5 fl. willkührliche Straffe nicht unbillig zu nehmen.

I. Bey groben Verbrechen, als der Entleibung, da der Angeklagte vieles vor sich hat, erkennet man zuweilen auf eine tapfere Geld-Busse, z. E.

Dass peinlich Beklagter, gestalten Sachen nach, zwar mit der ordentlichen Straffe zu verschonen, nichts desto weniger aber mit einer Geldbusse von 200 Rthlr. zu milden Sachen, willkührlich anzusehen.

Man siehet aufs Vermögen.

II. Bey Ansetzung einer Geld-Straffe ist auf das Vermögen des Verbrechers ein Augenmerck zu richten, unerachtet einige Rechts-Lehrer das Gegentheil dafür halten wollen.

Eine Leibes-Straffe, nebst einer, so keine Leibes-Straffe.

II. Unterweilen kann eine Geld- oder andere Straffe, so nicht an den Leib gehet, mit einer Leibes-Straffe verknüpfet werden. Hr. G. M. Böhmer conf. 1094 n. 41.

Landes-Verweisung.

Wegen der Landes-Verweisung gehet der Spruch dahin: Dass peinlich Beklagter N. N. wegen des gestandenen Verbrechens u. s. w. im Fall er auf seinem Geständniss vor Gerichte nochmals freywillig verharret, nach abgeschwornem Urpheden, des Landes ewig zu verweisen.

Worinne die Landes-Verweisung bestehe.

I) Diese bestehet in nichts anders, denn dass der Deliquent, ehe er verwiesen wird, vorhero dass Land auf so viele Jahre, als seine Verweisung mit sich bringet, verschwören, auch sonsten den Urpheden ablegen muss. Wie dieses alles bey der Staupbesen-Straffe angeführet und erinnert worden. Wann nun dieses geschehen, so wird der Deliquent bis zur Grentze hinausgeführet .Und dieses geschiehet durch den Landknecht, oder andern Gerichts-Diener, da man denn demselben nach Befinden, wenn er selbst nichts hat, auch wohl ein·n Zehrpfennig mitzugeben pfleget. Welches sodann insonderheit nötig ist; wenn etwa die Grentzen entfernet sind, damit der Verwiesene, so nicht aufzuhalten hat, über die Grentze kommen kann.

Brandmahlen.

II. Zur Vergrösserung der Straffe wird der zu Verweisende vorher auf dem Marckt oder auch unter dem Galgen auf dem Rücken gebrandmahlet.

Von den Leibes Straffen.
Verweisung nebst Aushauung mit Ruthen.

Woferne auf Staupenschläge zu sprechen, geschiehet es also: ect. So ist peinlich Beklagter seines begangenen Verbrechens halber, nach abgeschwornem Urpheden, mit Staupenschlägen des Landes ewig zu verweisen.

Entscheidungs-Gründe, wenn sie nöthig?

1) So offt ein peinlich Beklagter mit einer Leibes- oder Lebens-Straffe zu belegen, kan das Urtel in der Form eines rechtlichen Gutachtens, nach vorausgesetzter Geschichts-Erzehlung, gefasset, jedoch müssen in solchen Fällen die Zweifels- und Entscheidungsgründe hinzu gefüget werden.

Landes-Verweisung verstehet man von der ewigen.

2) Heisset es im Urtel: dass peinlich Beklagter des Landes zu verweisen; alsdann wird die ewige Landes-Verweisung verstanden. Lautet aber das Urtel dahin: dass peinlich Beklagter des Landes auf eine Zeitlang zu verweisen, verstehet sich dieses von 10 Jahren, Stryck. in usu. mod. I 48 tit. 22 § 2. Bl. 860.

Wie hoch der Staupbesen zu bezahlen?

III. In Chur-Sachsen wird der Staupenschlag und ewig Landesverweisung von der Herrschaft zuweilen in eine Geld-Busse von 30 fl.

Meissnisch (jeden zu 21 Gr.) und 1 Monat Gefängniss, die zehenjährige hingegen in 10 fl. und 14 Tagen Gefängniss verwandelt, Rother am a. O. Blatt 549.

Verhältniss zwischen der Landes-Verweisung und Geld-Straffe.

4. Dass Verhältniss zwischen der Landes-Verweisung, Geld-Straffe und dem Gefängniss ist dieses: Bey einem Bauer wird die Landes-Räumung (relegatio privata) nach seinem Vermögen etwa mit 10 Rthlrn, die öffentliche Landes-Verweisung mit 30 Fl Meissnisch bestraffet. Die Amts-Räumung oder Gerichts-Räumung kostet 12—15 Fl. Meissnisch. Nach der Anzahl der Jahre wird auch die Summe erhöhet, doch kömmt es bey der ewigen Landes-Verweisung über 100 Meissn. Fl. nicht leichtlich. Indessen mag ein wohlhabender Bauer mit 150 auch 200 Fl. Meissn. angesehen werden. Einer jährigen Landesverweisung gleichen vier Wochen Gefängniss, u. s. w. Stryck am a O.

Wegen Aushauung einer Schwangern und Säugenden.

Wenn etwa schwangere Weibs-Personen, wie sonderlich beym einfachen Ehebruch vorkommen kann, der Staupenschlag zuerkannt worden, ist dem Urtel folgendner Anhang beyzusetzen, u s w. Es wird aber so lange, bis peinlich Beklagte ihres Kindes genesen, und ihre 6 Wochen sich geendigt, mit Vollstreckung der zuerkannten Leibes-Straffe in Ruhe billig gestanden, auch selbige sodann, wenn sie selbst ihr Kind stillet, dergestallt, dass diesem dadurch an seiner Nahrung kein Abbruch geschehe, an ihr vollstrecket.

Was bey der Aushauung mit Ruthen sonst eigentlich zu beobachten?

Hier werden vorher von des Scharffrichters Knechten 3 Ruthen von Birken-Reiss gebunden, darnach geschiehet diese Execution dergestallt, dass der Verbrecher über die Schultern entblösset, und ihm die Hände vorne mit Stricken zusammen gebunden werden Darnach wird er von einem Knechte mit einem Stricke am Arme geleitet, und von demselben mit solchen Ruthen über die entblösten Schultern dergestalt öffentlich gehauen, dass er auf einmal 3 Streiche, als über jede Schulter einen, und dann hinten auf den Rücken, zwischen den beyden Schultern, oben, mitten ein aber den dritten bekommet, und dieses pfleget also gemeiniglich alle drey Schritte, bis an den gesetzten Ort, wo nach Gebrauch des Ortes aufgehöret werden muss, continuiret zu werden, ohne alle Verschreibung der Anzahl der Streiche Jedoch dennoch, wenn, wie an manchen Orten gebräuchlich, der Verbrecher am Pfahle gestrichen, und darauf im Urtel erkannt wird, so wird zugleich in Urtel mit vorgeschrieben, wie viel Streiche er bekommen soll. Nach diesem, wenn solche Ausstäupung, so ordentlicher Weise die ewig Landes-Verweisung bey sich führet, geschehen, wird der Ausgestäupte durch einen Gerichts-Knecht vollends zur Grentze gebracht, und verwiesen. Man pfleget auch daher dergleichen Deliquenten vor dem Amte oder Gerichts-Hause Zehrgeld (ein Viaticum) mitzugeben, damit derselbe über die Grentze kommen kann. Ja indem mit dem Staupbesen aufgehöret, und der Deliquent wieder losgebunden wird, so pfleget auch wohl der Scharffrichter sodann bey denen Herumstehenden fur den Deliquenten zu bitten, dass sie ihm etwas mitgeben. Und sodann muss er gleich seines Weges fort zur Grentze hinaus gebracht werden. Es wäre dann, dass der Verbrecher, stat der Verweisung, auf den Bau zu liefern wäre, sodann ist er freilich nicht zu verweisen, sondern auf den Bau zu liefern und fortzuschaffen.

Vom Urpheden.

Es mag nun aber der Ausgestäupte gleich verwiesen, oder auf den Bau geliefert werden, so muss er doch vorhero, und ehe die Ausstaupung angehet, den Urpheden abschwören, welcher ohngefehr auf diese Art eingerichtet ist oder wird:

dass er alles dasjenige, was er diesfalls nach Urtel und Recht leiden muss, weder an der Gerichts- oder Landes Herrschaft, noch an dero hohen oder niedrigen Bedienten, Land und Leuten, vielweniger an den Gerichts Personen und sämmtlichen Bedienten, oder denenjenigen, die ihn zur Haft und Gefängniss gebracht, und sonsten mit ihm der Sachen halber zu thun und zu verrichten gehabt haben, sich im geringsten rächen, ahnden und eifern, noch solches durch andere thun oder anstifften, sondern sich allenthalben an Urtel und Recht begnügen lassen wolle.

Item, wenn der Ausgestäupte verwiesen werden soll, so muss er auch in solchem Eide zugleich darauf schwören, dass er sich alsofort hinweg begeben, und demjenigen Lande, daraus er verwiesen wird, binnen der Zeit, da er selbige nach dem Urtel meiden soll, nicht wieder betreten wolle. Welche Abschwörung des Urphedens an manchen Orten haussen öffentlich vor dem Gericht-Hause kniend abgeleget zu werden pfleget.

Festungs-Bau und Zucht-Haus.

Auf den Festungs-Bau oder das Zucht-Haus, wo eine besondere Verordnung deshalben vorhanden, erkennet man also:

Dass N. N. des gestandenen Verbrechens halber auf 4 Wochen (ein Viertel-Jahr) zum Festungsbau zu bringen.

Oder: Dass N. N. seines Verbrechens halber auf ein Viertel-Jahr ins Zuchthaus zu bringen.

Beschreibung dieser Sträffe.

Was ernstlich den Festungs-Bau betrifft, werden die hierzu condemnirte Personen auf Festungen, oder an andre verwahrte Oerter gebracht, da sie denn die Zeit über bey Wasser und Brot, oder doch anderer geringen Speise, des Tages über mit Marmor- und anderer harten Steine schneiden, oder sonst an diesem und jenen Bau arbeiten, und das, was ihnen des Orts zu thun vorgegeben wird, unter strenger

Zucht verrichten müssen, des Nachts aber in die darzu zubereitete Gefängnisse getrieben und verwahret werden. Was aber hiernächst die Zucht-Häuser betrifft, darinnen man allerhand liederliches Gesindel zu verwahren pfleget, so werden sie da ebenfalls zu allerhand Arbeit angehalten, und wenn sie nicht das ihrige thun, gezüchtiget.

Stock-Schilling.

Und im Fall die Züchtigung im Gefängniss zu erkennen, wird das Urtel dergestalt eingerichtet:

So ist peinlich Beklagter seines Verbrechens halber im Gefängniss mit Ruthen zu züchtigen, und darauf des Landes ewig zu verweisen, sowol zur Erstattung der Unkosten anzuhalten.

An wem?

I. Dergleichen geschiehet meistens an denjenigen, so etwa unter 14 Jahren sind.

Wie die Züchtigung mit Ruthen vorzunehmen?

II. Diese Züchtigung wird nicht von dem Scharffrichter, oder dessen Knechten, auch nicht öffentlich unter freyem Himmel, sondern im Gefängniss, oder an einem andern Orte, Stube oder Kammer, durch den Land-Knecht, Stock- oder einen andern Diener, und zwar im Beysein der Gerichte, dergestallt verrichtet, dass man den Verbrecher gemeiniglich über eine Bank, Stock oder Klotz leget, darvon eben diese Ruthen-Züchtigung, auch der Stock-Schilling pfleget genennet zu werden, sodann dessen Hintern entblösset, und selbigen mit ordentlichen aus Bircken-Reis geschnittenen und zusammen gebundenen Ruthen streichet. Nachdem nun die Person und Verbrechen beschaffen ist, pfleget man ihm ordentlicher Weise 10, 15, 20 bis 30 Streiche zu geben. Wenn es aber im Urtel heisset: ziemlicher massen, pfleget man solche wohl auf 40—50 Streiche, nachdem die Person oder Verbrechen, zu erstrecken.

Abhauung der Finger.

Ferner wegen gebrochenen Urphedens wird auf diese Weise gesprochen: So ist Inquisit oder peinlich Beklagter, seines begangenen und bekannten Meineides halber, mit Abhauung der vördern Glieder deren beyden Finger, damit er geschworen, des Landes ewig zu verweisen, auch dabey, dass er sich wieder darinne betreten lassen würde, derselbe zur Staupen geschlagen werden solle, ernstlich zu verwarnen.

Darauf wird nicht offt gesprochen.

I. Jedoch wird selten auf die Abhauung der Finger gesprochen, sondern man erkennet lieber auf den Staupbesen, mit dem Anhang: dafern er sich wieder betreten lassen würde, ihm eine empfindliche Leibes- oder gar Lebens-Straffe zu Theil werden solle.

Wie solche zu vollstrecken?

II. Diese Abhauung wird auf eben solche Art, wie die Abhauung der Faust, mit dem Meissel auf den Klotz verrichtet. Es werden aber nicht die gantzen Finger, sondern nur die beyden vördersten Glieder vom Scharffrichter abgeschlagen, und dem Verbrecher mit gegeben.

Abhauung der Faust.

An stat der Staupenschläge wird in einigen Verbrechen, z. E. Wegelagerungen, oder wenn an befreyeten Örtern, als Fürstlichen Schlössern, Raths- und Amt-Häusern, oder dergleichen, Schlägereien und Verwundungen verübet werden, zuweilen auf Abhauung der Faust dergestalt gesprochen:

So wird peinlich Beklagter wegen solcher seiner Verbrechung mit Abhauung einer Faust, deren er am besten entrathen kan, des Landes ewig billig verwiesen.

Wie solches zu bewircken?

Erstlich wird hier ein eichener Klotz an die Gerichtsstelle oder anderswo hingesetzet. Und brauchet man dazu ein gewisses Instrument, so auf die Art, wie ein breiter Meissel zugerichtet. Wann dann nun der Deliquent die Hand auf den Klotz legen muss, so wird als denn dieser Meissel gleich auf das Gelenke der Hand gesetzet, und wo dem Scharffrichter, vermittelst eines Hammers oder Beiles auf den Meissel geschlagen und auf diese Art mit einem Schlage die Faust abgeschlagen. Inmassen denn dieser Meissel unten einen guten Spannen breit, Hand hoch, und Haarscharff zu seyn pfleget. Die abgehauene Hand wird zuweilen dem Deliquenten mit gegeben, zuweilen aber in die Erde verscharret. Weil aber das Blut bei solcher Execution starck zu lauffen pfleget, so muss der Scharffrichter allezeit etwas in Bereitschaft haben, das Blut damit zu stillen.

Straffe des Schwerdts.

Wenn die Straffe des Schwerdts erfolget, lautet das Urtel:

Daferne nun peinlich Beklagter auf solchem seinem Bekenntniss vor öffentlich gehegtem peinlichen Halsgerichte nachmals freywillig verharret, oder des sonst, wie Recht überführet wird; so ist er seines begangenen und gestandenen Verbrechens halber mit dem Schwerdte vom Leben zum Tode zu bringen.

Deren Beschreibung.

Diese Execution wird durch ein ordentliches Schwerdt von dem Scharffrichter oder Meister selbst, auf den sogenannten Rabenstein, oder in Ermangelung dessen, auf der platten Erde folgender Gestalt vollzogen. Anfänglich, ehe Execution angehet, wird an die Gerichtsstäte ein Hauffen Sand geführet, und sodann ein Kreis geschlossen. Hernach, wenn der arme Sünder, mit gefesselten Händen, nach gehaltenem hochnotpeinlichen Halsgerichte in den Kreis gebracht, und zum Tode sattsam zubereitet ist, lässet man ihn auf den Sand-Hauffen niederknien. Sodann werden ihm, wenn er sich nichts ausgebeten, die Augen frey und offen zu behalten, durch einen Halbmeister oder Knecht die Augen verbunden, der Hals nebst den Schultern entblösset, und das Haupt oben an den Haaren gehalten, damit der Streich nicht etwa verhindert werde, oder sonst misslingen möge.

Darauf ziehet der Scharffrichter seyn Schwerdt, welches er bisher unter dem Mantel verborgen gehabt, hervor. Den Mantel aber lässet er fahren, welchen einer von seinen Leuten, deren er genug bey sich hat, indem er sie sich untereinander bey dergleichen Fällen zu invitiren pflegen, aufnimmet. Und sodann schläget er dem armen Sünder auf einmal das Haupt von hinten zu herunter. Nach vollbrachtem Streich wird der Enthauptete in einen dazu vorher angeschafften Sarg geleget, und an einen gewissen Ort, etwa einen Winkel auf den Gottesacker oder Kirchhof, begraben, wofern nicht etwa wegen eines besonderen Verbrechens der Cörper auf das Rad geflochten, und das Haupt oben drauf genagelt, oder aber etwa gar der Körper nach der Enthauptung verbrannt wird, oder auch die Herren Medici denselben in die Anatomie bekommen, welche alsdann gleich nach der Execution sowol den Cörper, als das Haupt, in einen Sarg abholen.

Hencken.

Bei Diebstählen und wo die Strafe des Strangs drauf stehet, ist die Vorschrift im Urtel diese:

So ist peinlich Beklagter seines Verbrechens halber mit dem Strange vom Leben zum Tode zu bringen.

Wie damit zu Werke gegangen wird.

Diese Todes-Straffe verrichtet der Halbmeister am füglichsten auf diese Weise: Ehe die Execution angehet, wird eine Leiter an den Galgen angelehnet, und wohl befestiget, dass sie nicht ausglitschen kan. Oben aber an diese Leiter ein Kloben angemacht, durch welchen ein starkes Seil auf die Art, wie bei Folter-Siemen, gehet, und endlich auf den Balcken des Galgens, vor jedem armen Sünder durch einen Nagel oder Hacken eine eiserne Kette, mit dem einen Ende eingeschlagen, so-dass sie mit dem andern Ende herunter nach der Erden zu hanget. Bei angehender Execution werden dem armen Sünder die Hände vor allen Dingen auf den Rücken gebunden, und wenn zuvörderst das hoch-nothpeinliche Halsgericht gehalten, wird er in Begleitung der Schule und Prediger in den geschlossenen Kreis und unter den Galgen gebracht. Wenn er nun dahin gekommen, schlinget man ihm einen Leinigen um den Hals, welches die Flor- oder Dämpf-Leine pfleget genennet zu werden, und nicht starck noch dick sein darf, weil es sonst nicht recht einschneidet, noch würget, sondern je dinner es ist, je besser es vor den armen Sünder zu sein pfleget, welcher hernach an eben dieses Leinigen gehenket und dadurch erwürget wird. Ferner wird dem zum

Tode des Stranges Verurteilten ein gewiss Gefässe oder Gurt von starcken Riemen und Schnallen, so zwischen den Beinen durchgehet, und um den Leib herum befestigt wird, angethan. An diesem Gurten ist ein Hacken, an welchem das eine Ende des Seils, so oben durch den Kloben gehet, angehänget wird, vermittels dessen die Knechte, welche das Seil an dem andern Ende haben, den Deliquenten hinnauf ziehen. An manchen Orten ist der Gebrauch, dass an dem einen Ende des Seils, so oben durch den Kloben gehet, und bis auf die Erde niedergelassen wird. Diesen Knebel stecket man so denn dem armen Sünder von hinten zu

Der Gang zum Galgen.
Holzschnitt aus der Mitte des 16. Jahrhunderts.

zwischen den Beinen durch und drehet ihn darnach vorne dergestalt in die Quere, dass er sich quer vor an den Beinen anschliessen muss, und nicht wiederum zwischen den Beinen durchgehen könne. Über diesen Knebel, etwas weiter hinauf, sind besondere Bande oder Stricke an das Seil gemachet, welche der Malefiz-Person unter den Armen zugebunden werden, damit dieselbe in dem Aufziehen nicht wancken, oder auf die Seite fallen möge. Allein diese Art des Knebels ist so comode nicht, als die im Chur-Sächsischen gebräuchliche Gefässe. Wenn denn nun also das Gefässe oder der Knebel auf beschriebene Masse appliciret, wird der arme Sünder durch die Knechte hinauf gezogen, und so lange in die Höhe gehalten, bis ihnen von dem, welcher oben auf seiner Leiter stehet, und die Execution sonderlich verrichtet, nachzulassen befohlen wird. Wiewohl es auch hiesiger Orten geschiehet, dass man den armen Sünder durch keinen Kloben hinauf ziehet, sondern ihn auf der Leiter rückwarts hinauf bringet, und also anknüpffet. Welches denn übrigens durchgehends also geschiehet, dass der Scharffrichter, welcher das Urtel exequiret, des Verurteilten Kopf über den Galgen hinüber ziehet, damit er die Dämpf-Leine recht genau fassen und an den daselbst eingeschlagenen Nagel oder Hacken recht befestigen könne. Zu welchem Ende auch die Dämpf-Leine mit gewissen Schlingen und Knoten gemachet wird, dass sie desto besser überzogen und recht dichte kan geschlungen werden. Wenn also nun die Dämpf-Leine recht dichte zusammen gezogen, wird sie über den Nagel oder Hacken angehangen. Hernach wird auch wohl der Gehenckte mit dem Kopfe vorwärts, nieder gedrucket, damit die Dämpfleine desto besser einschneide und würge. Denn es viel daran gelegen, dass der Strick um den Hals kurtz gefasset werden, weil sonsten der arme Sünder, wenn er gehangen wird, sich desto länger quälen muss. Nach diesem wird dasjenige Seil, an welchem er hinaufgezogen worden, oben von dem Leibe wiederum losgemachet, um den Hals aber über den Strick noch diejenige Kette, welche an dem einen Ende schon vorher oben angenagelt, herum geschlagen, und vermittels einer eisernen Krampe, nun auch an dem andern Ende feste gemacht, damit der Cörper, wenn der Strick faulet, nicht sogleich herunter fallen möge, sondern annoch an der Kette hangen bleiben. Denn, obwol die gehenckten Soldaten bey dem Untergange der Sonnen wieder abgenommen und begraben werden, so widerfähret doch solches den andern nicht. Es geschiehet auch nicht leicht, sondern gar selten, dass ein Gehenckter den Herrn Medicis zur Anatomie überlassen wird, sondern sie müssen gemeiniglich so lange hangen, bis sie selbst herunterfallen. Worauf sie denn von des Scharffrichters Knechten unter den Galgen begraben werden.

Die Straffe des Rades.

Hat der Verbrecher das Rad verdienet, folgt dieses Erkenntniss:

So ist peinlich Beklagter seines Verbrechens halber mit dem Rade vom Leben zum Tode zu bringen.

Oder: Dass N. N. mit dem Rade von unten auf zerstossen, und also vom Leben zum Tode zu bestraffen und hinzurichten.

Vollstreckung des Räderns von oben herunter.

1) Wenn im Urtel aufs Rad erkannt ist, verstehet man das Rädern von oben herunter. Dies geschiehet also: Zuförderst werden von dem gantzen Handwercke der Rademacher zwei Räder ohne Eisen und Schienen verfertigt, nur dass die Naben befestigt bleiben, damit die Speichen halten können. Solche Räder werden hernach von dem Schmiede-Handwerck beschlagen, massen denn alle dergleichen Instrumente, so bey solchen Executionen gebraucht werden, nach üblichem Gebrauch und alter Gewohnheit allezeit von dem gantzen Handwerck pflegen verfertigt zu werden, so, dass der Richter selbsten zuerst Hand

anlege, solte er auch nur einen einzigen Hieb oder Schlag thun. Eins von diesen Rädern muss etwas grösser seyn, als das andere, und wird auf einen Pfahl oder Säule oben an gestecket, dass der arme Sünder nach ausgestandener Straffe daraufgeflochten oder geleget werden. Das andere aber ist kleiner, und an dem Ort, womit da zugeschlagen wird, etwas geschärffet. Die Vollziehung dieser Straffe wird endlich durch den Halbmeister dergestallt vollstrecket:

Erstlich wird der arme Sünder aufs Angesichte niedergeleget und ihm ein Holtz, welches unten breit, oben aber erhaben und zugeschärffet ist, und der Stock genennet wird, unter den Hals geleget, worauf ihn der Scharffrichter hinten ins Genicke schläget. Nachdem wird er herum auf den Rücken gewendet, und sodann weiter mit dem Rade auf die Brust, ferner auf die Arme, und endlich auf die Beine geschlagen. Indem ihm aber die Arme und Beine zerschmettert werden, leget man überall, wo die Schlage geschehen, gewisse Krippen unter, welche aus zwey Stücken Holtz bestehen, so etwas erhaben, und oben zugeschärffet, unten aber breit, und mit einer Quer-Speichen zusammen gefüget, auch wohl befestiget sind, damit sie aushalten und recht gewiss auffliegen. Diese Krippen werden also unterleget, dass der Schlag mit dem Rade mitten ein in die Krippen, und also zwischen die beyden Höltzer kommet. Wenn dieses alles also vollbracht, wird endlich der geräderte Cörper auf das andere dazu aufgerichtete Rad geflochten.

II. An einigen Orten wird der Verbrecher auf den Rücken geleget. Oben auf dem Haupt ist ein Pflock mit einem Loch eingeschlagen, dadurch wird ein Strick, welchen der Verbrecher um den Hals hat, gezogen, und sobald der Scharffrichter auf die Brust mit dem Rade stösset, ziehet der Schinder-Knecht diesen Strick scharf an, um den Verbrecher zu erdrosseln.

Was das Rädern von unten auf.

III. Das Rädern von unten auf geschieht ebenfalls vermittelst zweyer darzu verfertigten Rädern, und wird der Verbrecher erstlich auf die Beine, hernach auf die Arme, sodann auf die Brust, und endlich zuletzt allererst auf das Genicke geschlagen.

Säckung.

Bey der Straffe der Säckung lautet das Urtel dergestalt:

So wird peinlich Beklagte N. N. wegen ihrer begangenen und gestandenen Mordthat, in einen Sack gestecket, ins Wasser geworffen und ertränket, u. s. w.

Wo kein Wasser.

In diesem Erkenntniss wird, nach Anzeige der Acten, manchmal dieser Anhang gemacht:

Oder: Da die Gelegenheit des Wassers des Ortes nicht vorhanden, mit dem Rade vom Leben zum Tode gerichtet und gestraffet.

Wie die Säckung vollzogen wird?

Hierzu wird ein grosser weiter Sack, etwa aus 10 Ellen grober, rohen Leinewand verfertigt. In denselben werden, nach Vorschrift der Römischen-Rechte, zuförderst einige Thiere hineingethan, nemlich ein Hahn, eine Vipper und ein Affe, in Sachsen aber eine lebendige Katze, ein Hund und ein Hahn, wie auch eine auf Papier gemahlte Schlange. Hier zu Lande aber bleiben die Thiere weg. Der Sack wird in Sachsen unten über diesen Thieren zugebunden, so dass sie nicht herauf zu der ertränkenden Person kommen können. Darnach muss die verurtheilte Person, welcher die Hände vorne zusammen gebunden sind, auch in den Sack treten, worauf derselbe oben zugebunden, und sodann gemeiniglich oben an, vermittels eines eisernen Ringes, eine eiserne Stange angemachet, dann endlich die arme Sünderin ins Wasser gestossen wird, in welches sie, vermittels einer Stange, so lange untergetauchet und gehalten wird, bis man versichert ist, dass sie ertrunken. An manchen Orten pfleget man der verurtheilten Person noch ausser obengedachter Stange eine unter die Armen und noch eine unter die Knie zu binden, damit dieselbe desto besser niedergehalten werden könne. Nach der Ersäuffung wird der Cörper durch des Scharffrichters Knechte aus dem Wasser wieder herausgezogen, der Sack abgenommen, die darinnen gehabten Thiere wiederum ins Wasser geworfen, der Cörper aber hingegen an einem gewissen Orte beerdigt.

Manche pflegen auch dieses zu thun, dass sie der zu ertränkenden Person, wann sie ins Wasser gesencket wird, vorher einen Knebel in den Mund legen, damit sie das Wasser desto gewisser in den Hals bekommen, und davon ersauffen müsse. Ja, sie pflegen auch noch wohl dabey, der Person gewisse Siemen, so gewähret sind, um den Hals zu machen, und, wenn hernach der Cörper aus dem Wasser wieder heraus gezogen wird, sothane Siemen feste zuziehen, damit das Wasser nicht wieder von derselben kommen könne, sondern, wenn ja bey der Person noch einiges Leben vorhanden, selbige vollends davon ersticken müsse. Wie aber dieses leicht zu entbehren ist, wann sonsten die Execution recht verrichtet, und die Zeit der Ersäuffung gehörig abgewartet wird; also ist es gefährlich, allererst auf dergleichen Aeusserstes die Sache ankommen zu lassen. Dieses Säcken oder Erträncken wird gemeiniglich durch des Scharffrichters-Knechte verrichtet.

Verbrennen.

Die Urtel lauten bey der Straffe des Feuers also:

So ist N. N. seines begangenen Verbrechens halber mit dem Feuer vom Leben zum Tode zu bringen.

Wie es damit zugehe?

Es wird eine eichene Säule gesetzet, welche ohngefehr anderthalb Ellen in die Erde gegraben, und ohngefehr vier bis fünftehalb Ellen hoch über der Erde heraus gelassen. Diese Säule wird nebst dem

hierzu benöthigten Holtze an manchen Orten von den Gerichts-Unter-
thanen herbey geführet, und abgehauen, oder unbeschlagen, eingesetzet.
An manchen Orten aber setzen selbige des Scharffrichters-Knechte ein,
und empfangen davor ihre Gebühren. Um die Säule nun wird eine
Hütte gebauet, worzu ohngefehr 10 Klafftern trocken Holtz, auch wohl
einige Reiss-Bünde, 3 (Fuder) Schock Stroh, (jedes zu 60 Bunden),
ein Stein harter Pech, und ein Pfund gezogener Schwefel genommen.
Darauf wird der Verbrecher mit drey Ketten an die Säule angemachet,
deren eine um den Hals, die andere um den Leib, und die dritte
um die Beine gehet. Diese drey Ketten werden mit drey Hacken,
vermittels einer Axt, welche nebst Hacken und Ketten das Schmiede-
Handwerck darzu verfertigt hat, an die Säule an- und eingeschlagen.

Der Feuertod.
Nach einer Miniatur aus der „Kosmographie" des Sebastian Münster
(Basel 1552).

Endlich wird darauf der Scheiter-Hauffen von denen Knechten angestecket, und der Cörper zur Asche verbrennet, auch so lange Holtz
durch des Scharffrichters Knechte hinzu geworffen, bis man weß und
siehet, daß der Cörper gäntzlich verbrannt ist. Die Asche bleibt ins-
gesamt an demselben Orte liegen. Es müssen auch einige, etwa drey
Feuer-Hacken, nebst einer grossen Gabel, so man zum zurückschieben
brauchet, darzu verfertigt werden, um das Feuer von der Säule
dadurch abzuziehen, damit sie nicht verbrenne. In gleichen muss
man ein gross Fass voll Wasser dabey stehen haben, die Säule damit
abzukühlen, und abzulöschen. Und damit der Deliquent auch desto
eher vom Leben abkomme, und die Glut des Feuers und dessen
Qual nicht so sehr empfinde, wird ihm zuweilen, zu Abkürzung

des Lebens, eine dünne Leine, gleich einer solchen, womit einer erdrosselt wird, um den Hals geleget: wenn er nun die Gluth zu fühlen anfänget, und sich mit dem Halse wenden will, wird ihm dadurch die Lufft sofort gedämpffet, worauff er alsobald des Todes ist. Dies ist besondere Gnade, so von der Landes-Obrigkeit erlanget oder anbefohlen seyn muss, sonsten geschiehet dergleichen nicht. Es geschiehet auch wohl, dass dem Deliquenten ein Säcklein mit Schiess-Pulver an den Hals gehangen wird, damit er hiernan gleich getödtet werde, und das Feuer nicht empfinde, welches aber doch selten seine Wirkung hat, sondern gemeiniglich vergeblich ist.

Viertheilen.

Wenn einer soll geviertheilet werden, ist der Spruch:

So möchte ermeldeter N. N. wegen solches von ihm begangenen und gestandenen Verbrechens, durch seinen gantzen Leib, in vier Stücke zerschnitten, und also vom Leben zum Tode bestraffet, auch solche vier Theile auf gemeine vier Wege-Strassen öffentlich gehangen und gestecket werden.

Oder: Das Urtel wird, nach dem gewöhnlichen Eingange, auf diese Masse abgefasst:

Dass N. N. durch seinen gantzen Leib in 4 Stücke zu zerschneiden, und also vom Leben zum Tode zu bestraffen, auch werden solche 4 Theile auf gemeine vier Weg-Strassen öffentlich gehangen und gesteckt.

Wie dieses geschiehet?

Es wird dem Deliquenten von des Scharffrichters Knechten erstlich mit einem grossen, darzu bereiteten Messer, so nebst dem Beile, Kette und Haspen, wormit die vier Theile anzumachen, von dem Schmiede-Handwerk verfertigt wird, die Brust gleich herunter ·von vorne aufgeschnitten, die Rippen herum gebrochen und herumgelegt, sodann das Eingeweide, samt dem Hertzen, Lungen und Leber, auch alles, was im Leibe ist, herausgenommen, und in die Erde verscharret, anbey wohl dem armen Sünder vorhero aufs Maul geschmissen. Nach diesem wird derselbe auf einen Tisch, Banck oder Klotz geleget, und ihm mit einem besonderen Beile erstlich der Kopf abgehauen, nach diesem aber der Leib durch sothanes Beil in vier Theile zerhauen, welche sämtlich, neben dem Kopfe, an eichene Säulen oder Schnappgalgen an den Strassen aufgenagelt werden. Dieses alles verrichten des Scharffrichters Knechte.

Schleiffung zur Fehm-Stätte.

Auch werden manche auf den Richtplatz geschleiffet, deswegen also zu sprechen:

Dass N. N. zu der Richt-Stat geschleiffet und folgends, ect.

Nachricht davon.

Es wird eine absonderliche Schleiffe, etwas höher als eine Maltz-Horde, mit Sprossen gemacht, so gross, dass der Cörper darauf geleget werden kan. Doch darf er nicht gantz darauf liegen, sondern nur so, als wenn er sässe, und gleichsam den rechten Arm unterstützet hätte und ruhete. Diese Schleiffe wird nun mit einer Küh-Haut belegt, und zum Halsgerichte, jedoch ausser den Kreis hingebracht. Wann das Halsgericht auffgehoben, und die Stühle umgeschmissen, so wird hernach solche Schleiffe dahin vollends angerückt, und der Deliquent gleichsam sitzende dergestalt rücklings darauf geleget, dass der Kopf nach des Pferdes Schwantz zu liegen muss. Mit dem rechten Arme aber wird

Die Strafe des Pfählens.
Faksimile eines Holzschnittes aus der „Kosmographie" des Sebastian Münster (Basel 1552).

der Deliquent durch einen Strick an ein oder zwey der letzten Speichen oder Sprossen, durch die Küh-Haut durch, dermassen angebunden, dass der Kopf etwas niedriger als der Leib zu liegen kommt, jedoch aber nicht an die Erde aufschmeisset. Wie nun an die Schleife ein Ortscheid gemachet, und davor ein Pferd gespannt wird, welches ein Schinder-Knecht reitet; also wird sodann der Deliquent auf diese Art zur Fehm

Stäte hingeschleiffet. Damit er auch nicht von der Schleiffe herunter-
schlagen kann, wird demselben zugleich ein Strick um den Leib
gebunden, und er von einem andern Schinder-Knechte, so hinter der
Schleiffe hergehet, vermittels solches Strick gehalten, oder auch sonsten
an der Schleiffe selbsten damit befestigt. Indessen wird er gantz
langsam nach der Fehm-Stätte zu geschleiffet, und die zugordneten
Priester folgen auf der Seite neben der Schleife nach, und reden ihm
beweglich zu.

Flechtung aufs Rad.

Öfters müssen diejenigen, so mit dem Schwerdt hingerichtet worden
auch aufs Rad geflochten werden, welches gleichfalls vorgeschrieben
wird, wie hier stehet:

Dass z. E. N. N. mit dem Schwerdte vom Leben zum Tode zu
bringen, hiernächst der Cörper, andern zum Abscheu, auf das Rad zu
legen, der Kopff aber auf einen Pfal über selbiges zu stecken.

Dessen Beschreibung.

Hierzu wird ein Rad verfertigt, ohngefehr so gross, als ein kleines
oder Vörder-Rad am Wagen, welches an der Nabe beschlagen, damit
die Speichen halten können. Dieses Rad wird auf eine Säule gesetzet,
so oben, wo das Rad darauf gestecket ist, etwas rund ausgearbeitet wird
und dergestallt zubereitet, dass gleich einer Wagen-Achse sich die Spitze
von der Säule in die Nabe des Rades schicket, und also dass Rad recht
auf die Säule ruhen kann. Wann nun der Deliquent zum Tode gebracht,
und aufs Rad zu legen, so werden dessen Arme oder Beine entweder
durch eine Speiche mit durchzogen, oder er wird auch nur so bloss aufs
Rad geleget, und mit Ketten und Stricken an die Speichen angebunden.

Reissen mit Zangen.

Andere werden dabey und ehe an selbigen die Haupt-Straffe
vollzogen wird, mit glüenden Zangen gerissen, und deshalber ist im
Urtel vorzuschreiben, wie vielmal solches geschehen solle, z. E.

So möchte N. N. mit 3 oder 4 Zangen-Griffen gerissen und hernach
ferner u. s. w. bestrafft werden.

Wie desfalls zu Werke zu gehen.

Hier werden von dem Schmiede-Handwerck 2 Zangen dergestalt
verfertigt, dass man sie zusammenziehen und darmit einreissen kan.
Nächst diesem wird ein Kessel mit glühenden Kohlen angefüllet,
in welchen man das Feuer mittels eines kleinen Blasebalgs aufzublasen
pfleget. In diesen Kessel nun werden die Zangen hineingeleget, bis sie
glüend sind. Ist der Deliquent nicht mehr, als einmal, mit glüenden

Zangen zu reissen, so wird derselbe an einen mässigen Pfahl mit zwei Ketten angebunden und feste gemachet. Sodann wird bey der rechten Brust mit der Zange angefasset, die Zange, indem zugeknippen, herum gedrehet, und das Fleisch, so die Zange fasset, darmit abgerissen. Eben dergleichen geschiehet auch mit der andern Zange an der lincken Brust. Ordentlicher Weise wird nur einmal darmit zugeknippen. Es wäre denn, dass im Urtel mehrfache Zangenrisse erkannt, sodann er auch wohl an einen oder beyden Armen, nachdem viel Zangenrisse zuerkannt, gezwicket wird. Und sodann pfleget man den Deliquenten gemeiniglich auf einen Wagen zu setzen, den Kessel mit den Zangen und den Blasebalg aber daneben zu haben, damit 'er unterwegens kan' geknippet werden.

Milderung der Todes Straffe in den Staupbesen.

Daferne es etwa ungewiss bliebe: ob das Kind nach der Geburt mit Vorsatz erstickt worden wäre, würde das erste Todes-Urtel dahin zu ändern seyn:

Dass ermeldete Inquisitin oder peinlich Beklagte zwar, gestalten Sachen nach, und in Ansehung, dass wegen ihres Kindes: ob solches nach der Geburt noch gelebet? keine zulängliche Gewissheit vorhanden, mit der ihr Nu . . . zuerkannten Lebens-Straffe zu verschonen; sie ist aber nichts destoweniger ihres begangenen und gestandenen Verbrechens halber mit Staupen-Schlägen des Landes ewig zu verweisen.

Verwandlung des Stranges in den Staupbesen.

Wo Inquisitens Desensor vermöchte, in seiner Vertheidigungs-Schrifft auszuführen, dass das Einsteigen und die gewaltsame Einbrechung ermangele, auch über dies solches ein geringer und keine 5 Dukaten betragender Diebstahl sey, würde das Urtel dahin gemildert:

Dass peinlich Beklagter in seiner Vertheidigungs-Schrifft so viel vorgestellet, dass er mit der erkannten Todesstraffe zu verschonen; er wird aber wegen mitverübten, und im guten gestandenen Diebstahls, zur wohlverdienten Straffe, mit Staupenschlägen, nach abgeschwornem Urpheden, des Landes billig verwiesen.

Ein peinlich Urtel wird nicht Rechtskräfftig.

I. Dergleichen Milderung hat um deswillen stat, als dieweil die peinliche Urteile in Ansehung der Straffe die Rechtskrafft nicht beschreiten. Da hingegen es in Ansehung der Entbindung, der Unkosten u. s. w. eine andere Bewandniss hat.

Grade des Staupbesens.

II. In Sachsen wird kein Grad des Staupbesens beobachtet. An einigen Orten hingegen sind deren drey. Der erste wird verstanden, wenn es im Urtel also lautet:

Derowegen peinlich Beklagter mit Ruthen auszustreichen u. s. w.

Der andere Grad wird also ausgedrücket:

So ist peinlich Beklagter wegen . . . mit Ruthen auszuhauen u. s. w.

Den dritten Grad zeigt man in folgenden Worten an:

Derohalben peinlich Beklagter mit Ruthen geschärfft ausge-hauen u. s. w.

---

13. Die Körperstrafen nach den einzelnen Körperteilen.

Wenn wir in den vorhergehenden 12 Abschnitten ver-sucht haben, die historisch - genetische Entwickelung der einzelnen Strafrechte, soweit sie Körperstrafen enthalten, darzustellen, so wollen wir nach den einzelnen Körperteilen gegliedert eine Übersicht über die Körperstrafen geben. Viele Einzelheiten, die uns Reisende verschiedenster Zeiten berichtet haben, insbesondere von aufsereuropäischen Völkern, waren bisher nicht einzugliedern, konnten aber auch einen selbstständigen Abschnitt nicht beanspruchen. Wiederholungen sind nicht ganz zu vermeiden gewesen, aber es wird dieselbe Strafe doch von zwei verschiedenen Gesichtswinkeln gesehen. Was ich schon oben (S. 285) erwähnte, ich kann mich für die Richtigkeit der einzelnen Fälle nicht verbürgen: relata refero. Wie der erste Forscher im dunklen Erdteil manchen Irrweg einschlagen mag und mufs, um ans Ziel zu gelangen, manches nicht richtig beurteilt, so gehe auch ich in diesem dunkeln kultur- und rechtsgeschichtlichen Gebiet meinen Weg tastend und wohl bisweilen irrend. Mehr Licht wird uns aber hoffentlich bald leuchten.

Der Staupenschlag.

Der Staupenschlag hat insbesondere im Mittelalter eine grofse Rolle gespielt. Seine Anwendung war sehr folgenschwer, da sie den Delinquenten ehrlos machte. Die Stäupung wurde meist an einem öffentlichen Orte, dem Pranger, vollzogen, und zog dann ewige Landesverweisung nach sich.[1]

Man unterschied den starken und gelinden Staupenschlag; ersterer wird gegen Verbrecher, die eigentlich mit dem Tode bestraft werden müfsten, angewandt; in die Ruten werden bisweilen noch Zacken von Draht eingeflochten;[2] der gelindere Staupenschlag ist bei Weibern, die noch säugen, oder wenn der Delinquent alt oder krank ist, üblich.[3]

Die Züchtigung kann auch im Gefängnifs durch den Stockmeister oder Frohnboten vollstreckt werden, das geschieht meist bei Minderjährigen und solchen, bei denen noch Hoffnung auf Besserung vorhanden.[4]

Einzelne Fälle, in denen die Stäupung statthatte: Giftmordversuch, schwere Körperverletzung mit tötlichem Ausgang, Tötung bei überschrittener Notwehr, fahrlässige Brandstiftung, gegen Münzfälscher, Gotteslästerer, Ledige und Verwittwete, die mit Eheleuten Ehebruch treiben, Knechte, die adlige Damen schwängern, Kuppler und Kupplerinnen, im Falle der versuchten Notzucht, Sodomiterei, geschlechtlichen Verkehrs mit einer Jüdin, der Dieb, der den Diebstahl wieder ersetzt, oder wenn nur ein Einzelner bei einem Bandendiebstahl ergriffen, insbesondere Getreidediebe oder Drescher, die Frucht unterschlagen, Leichenschänder und -Räuber werden gestäupt. Beim Sacrileg und Falsum wird gleichfalls der Staupenschlag erteilt. Man unterschied vier Arten des Falsums: in der Person, in Worten, in Schriften, in Mifsbrauch (z. B. falsches Mafs, Gewicht, Nahrungsmittel-

---

[1] Besold in thes. pr. vorb. Ruten-Aushauung p. 8. Corp. Jur. milit. cum not. Petr. Pappi p. 569. Carpzov dict. quaest. 129. n. 18. 19.

[2] D. Tabor, de stellionat p. 34. 44.

[3] Carpzov de quaest. 129 n. 24. 25.

[4] Carpzov de quaest. 129 n. 25. 27.

verfälschung, falsches Spielen, Kipper und Wipper, Grenz-
betrug u. ä.) [1]

Der Wipp-Galgen.

Der Wipp-Galgen dient zur Ausziehung der Delinquenten,
die man dann rasch wieder herabstürzen läfst, so dafs sie
entweder den Boden lose berühren, oder fest aufschlagen
und sich die Glieder zerschlagen. [2]

Die Strafe wurde viel in Italien angewandt, in Deutschland in dem Churfürstenthum Sachsen gegen Wild- und
Krebsdiebe im Wiederholungsfalle vollstreckt. Weder Mann
noch Weib, Geistlicher noch Weltlicher, Einheimischer noch
Ausländischer waren vor dieser Strafe sicher. [3]

Von der Brandmarkung.

Arcadius und Honorius haben verordnet, dafs den
Waffenschmieden ein Merkmal auf die Arme gebrannt werden
solle, um sie daran zu erkennen, wenn sie sich der Arbeit
entziehen oder verborgen halten würden. [4]

Ebenso wurden die Wasser- und Brunnenmeister mit
einem Zeichen versehen, damit sie nicht Jemand von ihrer
Arbeit abhielte und zu anderen Verrichtungen verwendete. [5]

Auch neugeworbene Soldaten wurden gestempelt, [6]
desgleichen Sklaven [7] und Kriegsgefangene. [8]

In Frankreich wurde den obersten Gerichtsräten, wenn
sie Geschenke genommen, und den Geistlichen, die mit des
Königs grofsem Insiegel Mifsbrauch getrieben, eine Lilie auf
die Stirn gebrannt.

---

[1] J. Doepler I. pag. 865 ff.
[2] Cremer: Lex. Ital. verb. Tratto Strappata.
[3] Appendix Corporis Juris Saxonici fol. 69. 71.
[4] Juxta L 3. C. de Fabriceus.
[5] L. decernimus 10. C. de aequaeductu.
[6] Lipsius lib. 1. de milit. Rom.
[7] Cujacius lib. 1. Seneca lib. 3. de iracap. 3. lib. 4 de bene-
ficiis c. 137.
[8] Aelianus lib. 2. var. hist. cap. 9. Plutarch: vita Periclis.

In Spanien wurden Bigamisten mit einem Q auf die Stirne gezeichnet.[1]) Rückfällige Gotteslästerer werden mit einem Kreuz auf die Lippen gebrandmarkt.

Xerxes liefs die zu ihm übergelaufenen Thebaner mit einem Brandmal zeichnen.[2])

Die Brandmarkung wurde in Rom gegen flüchtige Sklaven und wegen schimpflicher Verbrechen, so z. B. Verleumdung geübt, indem der Anfangsbuchstabe des Wortes des Verbrechens auf die Stirne gebrannt wurde. Erst Konstantin verbot diese Brandmarkung, gestattete sie jedoch an der Hand und am Beine.

In England wurde nach König Heinrichs VII. Verordnung den Todtschlägern in die flache Hand unter den Daumen ein M. (Muntre), den Dieben ein T. (Thest) gebrannt.[3])

Die Moscowiter strafen den zweiten Diebstahl mit Brandmarkung auf die Stirn und Nasenabschneiden.[4])

Die Griechen bezeichneten ebenfalls Diebe mit einem Brandmal [5])

In Deutschland, Frankreich, Spanien und England wurden Wilddiebe auf Backen und Stirn gebrandmarkt.[6])

Kaiser Friedrich I. liefs denjenigen Soldaten, die im Lager sich zankten, oder eine Meuterei anstiften wollten, oder die Marketender beraubten, ein Zeichen vor den Kopf brennen.[7])

Bisweilen wurden nicht nur einzelne Buchstaben, sondern ganze Verse den Delinquenten auf die Stirn gebrannt.[8])

---

[1]) Covarruo: de matrimonio lib. 5. tit. 15.

[2]) Herodot Buch 7.

[3]) Polydor. Vergil. lib. 26. Hist. Angl.
Eberhard Hoyer: Churfürstl. Brandenburg. Kriegsrecht tit. 8. p. 143.
Petrus Srey. Tholos. lib. 31. Synt. Jur. unio. c. 3.

[4]) Petrus. Papp. in annotat. des Holländ. Kriegs-Rechts.

[5]) Crusius: de indiciis delictor p. 3. c. 2. n. 131.

[6]) Landrecht lib. 2. art. 13. Matth. Wehner; pract. obs. unter Brandmal. Wesenbec. inparat. ff. de poenis n. 17. ibique allegati D. D. Anton Seidensticker Dissert. de Juricibus ferratis t. 47.

[7]) Günther. Ligur. lib. 7. v. 256. 273. 285.

[8]) Valerius Maximus lib. 1. cap 8.

Das Abschneiden der Geburtsglieder.

Auf der Insel Mozambique sollen ehemals die Sieger den Kriegsgefangenen das männliche Glied abgeschnitten haben, damit diese keine Kinder mehr zeugen sollten, die ihnen einst schaden könnten. Das Glied lassen sie dann dörren, damit es sich hält, denn wenn sie zurückkehren und vor dem Königsthron erscheinen, so nehmen sie diese Trophaeen in den Mund und spucken sie vor des Königs Füße, der solches mit großer Dankbarkeit annimmt. Die Glieder werden wieder gesammelt und dem, der sie dargebracht, zurückgegeben. Dieser gilt fortan für eine ritterliche Person und trägt die aufgereihten Glieder als Ehrenkette bei Festlichkeiten.[1]

Theobald, der Heerführer der Umber wider die Griechen, die Benevent inne hatten, ließ allen Gefangenen die Geschlechtsteile abschneiden, bis ein Weib von Benevent vor ihn kam, deren Mann auch gefangen war, und ihn also bat: „O Theobald, was haben wir Dir zu Leide gethan, daß Du uns den Krieg ankündigst. Warum schneidest Du unsern Männern das beste Kleinod weg, und beraubst uns Weiber dadurch aller Wollust? Unsere Männer haben ja Augen, Nasen, Hände, die Du immerhin abschneiden, nicht aber dasjenige, welches die Natur uns Weibern zu unserem Gebrauche gewidmet, mit unter das Kriegsrecht ziehen möchtest." Über diese ernsthafte Rede war Theobald sehr lustig geworden und ließ den Mann unverletzt frei.[2]

Sonst hat man von altersher Juden, die mit einer Christin Ehebruch getrieben, zur Strafe die Geschlechtsteile abgeschnitten.[3]

---

[1] Joh. Hugo von Lindenschott Teil 2. der Orient. Indion Cap. 41. pag. 123. Hans Dietrich und Hans Israel von Bey in den eigentlichen und wahrhafften Fürbildungen aller fremden Völcker im Orient. 1598.

[2] Camerar. cent. 1. horar. subcisio. c. 99. pag. 465. Henel in otio Uratislav. c. 35. pag. 296 297.

[3] Paulus Grillandus: tractatus de poenis quaest. 12. Ludovicus Carerius: practica causarum criminalium pag. 199. Andreas Hondorf promptuarium Exemplorum pag. 343. Theatrum vitae humanae lib. 13.

Auch bei den Persern werden die Ehebrecher also behandelt.[1])

Bei den alten Egyptern wurden den Ehebrechern die Geschlechtsglieder abgeschnitten, oder, wenn man gnädig war, liefs man es bei dem Ohrenabschneiden bewenden.[2]) Ebenso verfuhren auch die Japaner.[3])

Die Römer haben an den Ehebrechern dieselbe Strafe vollzogen.[4])

Als die Türken Konstantinopel erobert, haben sie erst mit den Weibern ihren fleischlichen Gelüsten gefröhnt, dann dieselben nackend ausgezogen, lebendig an die Bäume gebunden, und mit Pfeilen ihnen nach den Geburtsgliedern geschossen, manchen die Herzen aus dem Leibe geschnitten und die Kinder gespiefst.[5])

Die Gregorianer in Albanien haben Diebe, die keinen zu grofsen Diebstahl begangen, ihrer Mannheit beraubt, damit sie keine Kinder zeugen möchten, die den Alten nachschlügen.[6])

Das Abschneiden der Brüste.

Die Stadt Wimpffen am Neckar in Schwaben hat vor alters Cornelia geheifsen und war wegen ihrer Befestigungen eine Zuflucht für die Umwohner. Als sie Attila aber eingenommen, liefs er die Männer töten, die Weiber schänden und dann allen die Brüste abschneiden; darnach soll der Ort Weibes-Pein, d. i. zusammengezogen Wimpffen, genannt sein.[7])

---

[1]) Johann Stiefler: Geistlicher Historienschatz cap. XI. pag. 611. Erasm. Franciscus; Neupolirter Geschichts-, Kunst- und Sittenspiegel pag. 403.

[2]) Diodorus Siculus: Biblioth. lib. 2. c. 3. p. 36.

[3]) Jac. Dan. Ernst: Confect-Tafel lib. 2. n. 80. p. 709.

[4]) Horatius lib. I. Serm. Plautus: Poenulus Act 4. Scene 2. Vers 40. 41.

[5]) D. Herlicius: Von Mahomets Reich.

[6]) Erasmus Franciscus: Auswärtiger Sittenspiegel pag. 410.

[7]) Münster: Cosmograph p. 599. M. Rudolph Roth: Attila Hunnorum rex § 29. Oldenburger berichtet in seinem Simnaeuse-nucleatus lib. 4. c. 63, dass auf dem Rathause zu Wimpffen folgende Verse zu lesen seien:

Cornelia war diese Stadt
Vorzeitn genannt, ietzund so hat

Das Abhauen der Hände und Füsse.

Die Athener liefsen dem Selbstmörder die Hand, womit er die That begangen, abschlagen, wegwerfen und unbegraben liegen; den Leib bedeckten sie mit Erde[1]

Herachius liefs Kaiser Phocas, als er ihn in Konstantinopel gefangen genommen, wegen seiner Ehebrüche und Hurereien Hände und Füfse abhauen, den Körper von den Soldaten im Koth herumschleifen und dann verbrennen.[2]

Papst Sergius III. liefs seines Vorgängers Fermosus Leichnam ausgraben und vor Gericht stellen. Es wurde der Tote natürlich verurteilt und ihm die 3 Finger der rechten Hand, womit er consecriert hatte, abgeschlagen und in den Tiber geworfen.[3]

Ein Graf von Hardeck, der 1594 für zwei Säcke Gold die Festung Raab an die Türken verraten hatte, wurde in Wien verurteilt: zunächst ward ihm die rechte Hand, dann der Kopf abgehauen.[4]

Im Herzogtum Hannover verlor die Hand, der arglistig und wider Verbot Reiher fing.[5]

Die Egypter straften die Falschmünzer mit Abhauung der Hände.[6] Ebenso verfuhren die Griechen.[7] Die Longobarden und auch Karl der Grofse verhängten dieselbe Strafe.[8]

Sie den Nahmen verwandelt, heist
Wimpfen, kömt daher wie man weiss,
Dass zu Zeit des Königs Attila
Die Hungar sie zerschleiffet gar
All Mannsbild sie tödten behend,
Die Weibsbilder erstlich all geschänd:
Hernach ihr Brüste abgeschnitten,
Darum die Stadt auf Teutsche Sitten
Weibs-Pein, ietzt Wimpfen, sonst gar fein
Mulierum-poena zu Latein.

[1] Aeschines in Orat. advers. Ctesiphonem.
[2] Nicephorus lib. 18. cap. 55.
[3] Platina: Vita Sergii.
[4] Chron. Levin Hulsii, Michael Sachs p. 4 Alphabeth. Hist. p. 241.
[5] Anton Seidenstücker: von Wilddieben thes. 47.
[6] Dio dorus Siculus lib. 2. cap. 3.
[7] Harmenop. 1. 6. cap. 14.
[8] Lib. 1. Leg. Langobard. tit. de eo, qui falsa moneta. Tarolus M. Capitulare de fals. monet.

Die Römer bestraften mit Abhauen der Hände Kinder, die ihre Eltern schlugen.[1])

Kaiser Galba liefs einem untreuen Steuereinnehmer die Hände abhauen und an den Zahltisch nageln.[2])

Die Verfasser ketzerischer Bücher, die von Teufels- und anderen verbotenen Künsten, Sodomiterei, Hurerei handelten, ebenso Verfasser von Schmähschriften wurden mit Handabschlagen bestraft.[3])

Wenn Jemand bei den Franken am Sonntage arbeitete, ward er geprügelt, im Rückfalle ward ihm die rechte Hand abgeschlagen.[4])

Es wird auch von einem alten Gesetze berichtet, nach dem die mutwilligen Beschädiger junger Weidenbäume die rechte Hand verloren.[5])

In Mexico bestand unter Montezuma II. ein besonders vornehmer Ritterorden, von dem der Herrscher selbst Grofs- meister war. Die Novizen mufsten sich den Arm mit Pfriemen durchstechen.

In China schrieb man mit einem glühenden Eisen auf den linken Arm des Verurteilten sein Vergehen.

In Achem pflegte man Verbrechern die Arme ab- zuschneiden.

Nach dem birmanischem Gesetz wird dem rückfälligen Diebe ein Arm abgeschnitten.

Die Beduinen der Insel Socotora pflegen zu gewissen Zeiten ein sehr strenges Fasten, so insbesondere 60 Tage vor Weihnachten zu beobachten. Die dreimalige Verletzung dieser Vorschriften wird mit dem Verlust eines Armes bestraft.

Die Römer zerschlugen den Gekreuzigten die Arme. Das Ausreifsen der Arme wurde gegen einige Makkabäer an- gewendet.[6])

---

[1]) Rosin lib. 8. Antiq. Rom. cap. 34. cum Not. Dempster pag. 875.

[2]) Luetonius: Vita Galbae c. 9.

[3]) Nov. 42. 3 § 2 Besold in thes. pr. v. Sodomiterei.

[4]) Lex Baju var. tit. 6. cap. 2. § 3.

[5]) Joh. Stiefler: Geistlicher Historien-Schatz cap. 10. p. 460.

[6]) Josephus.

Das Ausstechen der Augen.

Das Augenausstechen ist eine sehr alte Strafe, Auge um Auge, gilt bereits als Grundsatz im mosaischen Recht.

Die Griechen wandten die Strafe vornehmlich gegen Ehebrecher an. Zalenkos gab den Lokrensern ein Gesetz, dafs Ehebrechern beide Augen ausgestochen werden sollten.[1] Später wurde der Kirchenräuber geblendet. Auch wer einen Anderen vorsätzlicher Weise des Augenlichtes beraubt, wurde talionsgemäss, meist jedoch nur mit dem Verlust eines Auges bestraft.[2]

Die Westgothen bestraften die Abtreibung der lebenden Frucht an dem Vater oder der Mutter durch Ausstechen beider Augen.[3]

Die Longobarden liefsen einfachen Dieben ein Auge ausstechen.[4]

Zu König Chilperichs und in späteren fränkischen Zeiten war das Augenausstechen sehr üblich.[5] Insbesondere diebische Sklaven[6], Strafsenräuber[7], Verschwörer wurden so bestraft.

Ein Graf Herbert zu Rothenburg hat etlichen ungerechten Richtern beide Augen, einem, der sein Gevatter war, und damit er die anderen heimführen könne, nur eins ausstechen lassen.[8]

Kaiser Friedrich I. liefs Überläufern und Verrätern die Augen ausstechen und die Zunge abschneiden.[9]

Auf der Insel Ormus soll der erwählte König seinen Brüdern und den sonstigen nächsten Verwandten die Augen ausstechen lassen, aber sie erhalten reichlichen Unterhalt lebenslänglich.[10]

---

[1] Valerius Maximus lib. 6. c. 5. Aelianus lib. 3.

[2] Const. Nov. Leonis 92.

[3] Codex Wisigothorum lib. 6. tit. 3.

[4] L. si quis latro, de latron. in Seges Langobard.

[5] Gregor von Tours Hist. lib. 6. cap. 46.

[6] Lex Bajuvariorum tit. 15. § 1.

[7] Capitulare aus dem Jahre 744 cap. 22. und 779.

[8] Stiefler: Geistlicher Historienschatz c. 25. p. 1604.

[9] Günther lib. 8. vers 400.

[10] Lindschott part. 3. Ind. Orient cap. 6. pag. 25.

Abas, Schah von Persien, und der berüchtigte Sefi haben gleichfalls Verwandte blenden lassen.[1]

Die Strafe des Blendens konnte auf drei Weisen vollzogen werden, entweder man fuhr mit einem glühenden Eisen über die Augen, oder man durchstach sie mit einem spitzen Instrument, oder man rifs sie aus den Augenhöhlen. Ursprünglich eine Strafe des griechischen Altertums, wurde sie besonders unter den fränkischen Herrschern, den Merowingern und Karolingern vollzogen.

So liefs Ludwig der Fromme den Geliebten seiner Schwester blenden. Bernhard, König von Italien, ein Enkel Karls des Grofsen, wurde ebenfalls geblendet.

Das Abschneiden der Lippen und der Zunge.

Die Gesetze des Königreichs Frankreich befohlen, dafs ein Gotteslästerer beim ersten Vergehen auf einen Pfeiler von ein bis neun Uhr einen Monat lang gesetzt, mit allerhand Unflat beworfen und nur mit Wasser und Brot gespeist werden sollte. Im ersten Rückfall soll er wieder auf den Pfeiler gesetzt, mit einem glühenden Eisen ihm die Oberlippe aufgerissen werden, dafs die Zähne heraussstehen. Wird er zum zweiten Mal rückfällig, so wird die untere Lippe aufgeschnitten, und beim dritten Mal werden Lippen und auch Zunge abgeschnitten.[2] Diese Strafen sind auch unter der Regierung Philipps von Valois in Paris vollstreckt worden.[3] Ebenso liefs Ludwig der Heilige sie anwenden.[4]

In Spanien wurde rückfälligen Gotteslästerern mit einem glühenden Eisen das Zeichen des Kreuzes auf die Lippen gebrannt, beim dritten Mal wurde ihnen die Zunge ab-

---

[1] Olearius: Persische Reise-Beschreibung pag. 435.

[2] Boer. Decis. 301 n. 15. vers. sed per aliorum Regum Franciae ordinationes ect Damhouder: praxis criminalis cap. 61. n. 32.

[3] Petrus Gregor. Tholosan. lib. 33. Syntagm. Juris c. 12. Vivius decis. Neapol. 388. Berlich part. 4. Concl. in n. 52. Eberhard Speckhau cent. qu. 93. Heinrich Günther Bötticher: disp. niang. de amput. meubr. in his, qui delinquent § 12.

[4] Thesaurus decis. Pedemont. 24 Besold p. 2. Cons. 48. Lud. Gilhausen: arb. iud. crim. c. 2. tit. de Blasphem. n. 6. ect.

geschnitten; das erste Mal waren sie nur geprügelt worden.)
In Neapel wurde den Gotteslästerern die Zunge öffentlich
durchbohrt.[2])

Nach dem holländischen Kriegsrecht ward dem, der
im Rückfall den Namen des Herrn lästert oder mifsbraucht,
die Zunge mit einem glühenden Eisen durchstochen.[3])

Die Aegypter haben den Überläufern und Verrätern
die Zunge ausschneiden lassen.[4])

In Prag wurde 1672 ein berühmter jüdischer Arzt, der
die Jungfrau Maria gelästert haben sollte, mit seiner Zunge
an die Schandsäule geheftet, dann mit Ruten gestrichen und
Landes verwiesen. 1677 ist einem Soldaten zu Königgrätz,
der nach dem Crucifix geschossen, die Zunge ausgeschnitten
worden[5]).

Das Stadtrecht von Nürnberg wie der Rat zu Strafsburg
straften die Gotteslästerer mit Abschneiden der Zunge.[6])

Das Zermalmen der Kinnbacken und Ausbrechen der Zähne.

In Spanien wurde dem meineidigen und falschen Zeugen
der fünfte Teil der Zähne zur Strafe ausgebrochen.[7])

In Ardebil in Persien soll man einem Wucherer, der
monatlich $1\frac{1}{2}\%$ Zinsen genommen, mit einem Hammer die
Zähne eingeschlagen haben.[8])

König Johann von England hatte, als er 1206 durch
seinen Krieg mit Philipp von Frankreich in grofse Geldnot
gekommen, den Juden ihre Güter wegnehmen und einem, der sein
Geld versteckt hatte, täglich einen Zahn ausbrechen lassen,

---

[1]) Didai. Covarruv. in c. quamvis 2. part. I. § 7. n. 22.

[2]) Grammat. Decis. 50. n. 1 ect.

[3]) Holländisches Kriegs-Recht art 1. Papp. in Corp. Jur. milit.
p. 275.

[4]) Diodorus Siculus lib. 2.

[5]) Henr. Roch: Bömische Chronik p. 112. 118.

[6]) Conrad Celtes: de moribus et instit Nornnberg c. 14 Theodor
Zwinger: Theatrum vitae humanae vol. 6. lib. 5. fol. 3091.

[7]) Covarruv ad c. quamvis de Pact. in 6 part. I. § 7. n. 9. Zahn
de Mendaciis lib. 3. c. 17. n. 21.

[8]) Erasm Francisci: Neu Polirter Geschichts-, Kunst- und Sitten-
Spiegel lib. 2. disc. 8. pag. 403.

bis er die verborgenen Schätze angab; sieben Zähne waren ihm bereits ausgebrochen worden.[1]

In Siam pflegte man bei leichteren Vergehen den Übelthätern die Zähne auszubrechen.

In Polen wurde Fastenbruch durch Zähneausreifsen bestraft.

Das Abschneiden der Ohren und Nasen.

Die Persischen Könige sollen bisweilen ihren Trabanten und Gefangenen Ohren und Nasen haben abschneiden lassen.[2]

Alexander der Grofse liefs seinem ehemaligen Freunde Telesphorus Nase und Ohren abschneiden.[3]

Julius Caesar berichtet von sich selber, dafs er diese Strafen zu vollziehen befohlen.[4]

Die Egypter liefsen ehebrecherischen Weibern die Nasen abschneiden.[5]

Bei den Longobarden wurden die Diebe und Landesverräter also bestraft.[6]

In Rufsland schlitzte man denjenigen, die wider Verbot Schnupftabak einführten, die Nase auf, ein Fall, der sich nicht selten ereignete.[7]

Als im 13. Jahrhundert n. Chr. die Tartaren in Polen und den Nachbarländern eingefallen, sollen sie den in der Schlacht gefallenen Christen die Nasen abgeschnitten haben.

In Mexico war Nase- und Ohrenabschneiden die Strafe für ehebrecherische Weiber, ebenso bei den Stämmen am Missouri.

Im Königreich Achem waren Verstümmelungen die einzigen Strafen. Man schnitt den Schuldigen Hände und

---

[1]) Gotefrid. Historia Chronica pag 570.

[2]) Herodot lib. 30. Justin. l. 1 cap. 9. Dionys. lib. 7. c. 2. Diodor Siculus lib. 17.

[3]) Justin. lib. 15. Seneca 9 decta c. 17. Plutarch: de exilio.

[4]) Bellum Gallicum lib. 7.

[5]) Diodorus Siculus lib. 1. cap. 3.

[6]) L. de compiratoribus in Leg. Longob.

[7]) Olearius: Persische Reisebeschreibung p. 171.

Füfse ab, band ihnen die Arme an Krücken und schickte sie nach Hause.

Ein englischer Jurist, der zur Zeit der Königin Elisabeth wider Komödientänze und Maskeraden geschrieben, ward deshalb gefangen genommen, man schnitt ihm die Nase ab und liefs ihn 25000 Pfund Sterling Bufse zahlen.[1] Ein anderer, der gegen die Königin beleidigende Reden ausgestofsen, wurde zu ewigem Gefängnifs verurteilt, aufserdem wurden ihm die Ohren abgeschnitten und er mufste 5000 Thaler Strafe zahlen.[2]

In Hessen wurde einem Oberförster, der pflichtwidrig sich vergangen, das rechte Ohr abgeschnitten und er dann landesverwiesen.[3]

Das Beinbrechen.

Das Beinbrechen war bei den Griechen wie bei den Römern üblich; hauptsächlich ward die Strafe gegen Knechte angewandt;[4] bisweilen auch gegen Freie.[5]

Kaiser Augustus hat seinem Schreiber Thallo, der für Geld den Inhalt der kaiserlichen Correspondenz verraten hatte, die Beine zerbrechen lassen.[6]

In Frankreich wurden denen, die zum Rad verdammt waren, nicht mit dem Rade, wie in Deutschland, sondern mit einem dünnen und breiten Eisen Arme und Beine entzweigeschlagen.[7]

Das Beschlagen der Hände und Füsse mit Hufeisen

beliebte Schah Sefi von Persien anzuwenden, er liefs einen Rebellen also behandeln, dann nach drei Tagen auf eine Vogelstange binden und nun mit Pfeilen auf ihn schiessen, so dafs er in einer Stunde so mit Pfeilen bedeckt war, dafs man seinen Leib nicht mehr sehen konnte.[8]

---

[1] Theatrum Europaeum ad Annum 1634 pag. 179.

[2] ibid pag. 805. Caspar Zillesius, de mulita et iure mulitandi cap. 12. not. 142.

[3] Anton Seidensticker, dissert von Wild-Dieben.

[4] Plautus: Asinaria Act 2 Scene 4.

[5] Seneca: de ira lib. 3. cap 18.

[6] Sultou: Vita Augusti.

[7] Constitutio Francisci I Regis Galliarum Anno Domini 1534.

[8] Olearius, Persische Reisebeschreibung Buch 5, Cap. 3, S. 547.

Die Türken liefsen auch auf dem Kopfe Hufeisen mit Nägeln anheften, dafs die Nägel ins Fleisch wuchsen und so Jahrelang verblieben.[1]

Schlagen und Aufschneiden der Fusssohlen.

In den asiatischen und afrikanischen Ländern ist die Talaka üblich; es ist das eine Art Bock, in den die Füfse eingespannt werden. Mit einem Strick oder Farrenwedel wird nun auf die Fufssohlen geschlagen. Wenn 200 Schläge gethan sind, so ist die Fufssohle meist so zerquetscht, dafs man dieselbe aufschneiden und das Blut heraus lassen mufs.[2]

In der Türkei werden nicht nur die Sclaven, sondern auch Verbrecher, sonderlich die mit Mafs und Gewicht beim Verkauf von Brod, Fleisch und Korn fälschlich umgegangen, mit Schlägen auf die Fufssohlen bestraft.[3]

In Sina schlägt man die Diebe auf das Dicke an den Waden, indem man sie auf die Erde mit dem Gesicht nach unten legt. Die Hände sind auf den Rücken gebunden.

Das Abhauen der Finger und Zehen.

Eidbrüchige wurden mit Abhauen der Schwurfinger bestraft. Es werden aber nicht immer die ganzen Finger, sondern nur das oberste Gelenk derselben abgehauen.[4]

Die Sieger hieben den Überwundenen bisweilen Daumen und Zehen ab, um sie dadurch in der Waffenführung und Gehfähigkeit zu hindern.[5]

---

[1] Spectaculum Historicum, Cut. 1, Hist. 40, p. 83, 84.

[2] Allain Manesson Mallet: Beschreibung des gantzen Weltkreyses. Pars 3. Africa pag. 12, 13. Georg Andersen: Orientalische Reise-Beschreibung lib. I. cap. 24. p. 39.

[3] Erasmus Franciscus: Neu Polirter Kunst- und Sittenspiegel lib. 2. disc. 8. pag. 404 ff. Thevenot: Morgenländische Reise-Beschreibung lib. 1. cap. 69, pag. 93, 94.

[4] Carpsov For. par. 4. Const. 48. de f. 2.

[5] Andr. Tiraquellus in addit. ad cap. 26 lib. 4. Genial dier. Alexander ab Alexand. pag. 607.

Im Buch der Richter lesen wir, dafs die Juden dem Herrscher der Cananiter die Daumen und grofsen Zehen abhauen liefsen.

Die Athener sind in gleicher Weise gegen die abtrünnigen Aegineten verfahren.[1]

Die Indianer hauen Räubern und Meineidigen Finger und Zehen ab.[2]

Die Strafe des **Aufhängens in den Achseln** wurde in Spanien angewendet. Sie ist nicht zu den Todesstrafen zu rechnen, denn ihr Vollzug hatte mehr den Zweck der Beschimpfung, wie z. B. das Ausstellen am Pranger. An einem regelrechten Galgen wurde der Delinquent an zwei unter den Achselhöhlen durchgezogenen Stricken aufgehängt. Zwei weitere Stricke führten bis zu seinen Füfsen und endigten hier in einem Brettchen, auf welchem der Verurteilte stehen konnte. Man zog nun die Stricke derartig an, dafs das Gewicht des Körpers teils auf den Füfsen, teils in den Achselhöhlen ruhte. Die Procedur war äufserst schmerzhaft. Es kam auch vor, dafs der Bestrafte durch die Execution den Tod erlitt; in diesem Falle hatte man meist das Brettchen fortgenommen, so dafs durch die Einschnürung unter den Armen die Circulation des Blutes und die Athmung gehindert wurde.

Bei den Carthagern und Juden wurde die Todesstrafe **durch Elephanten** vollzogen, welche mit ihren Füfsen die am Boden liegenden Delinquenten zermalmten. Diese Strafe war auch auf Java in Gebrauch.

---

[1] Lud. Coel. Rhodigin. lib. 15. Antiq. Lect. c. 27. p. 581. Petr. Gregor. Tholosan. lib. 35. c. I. n. 35. Syntag Jur. univ. Aelianus lib 2. var. hist.

[2] Erasmus Francisci: Neu Polirter Geschichts-, Kunst- und Sittenspiegel lib. 2. disc. 2 p 309. Pappus, in not. ad Corp Jur. milit pag. 280.

Aufhängen in den Achseln.

Zertreten durch Elephanten in Carthago.

Die Strafe des Aufspiessens.

Erfinderisch in der Bestrafung seiner Sklaven und der gefangenen Christen war der grausame König von Marokko, Mouley Ismael, welcher zu Anfang des XVIII. Jahrhunderts lebte. Unter den Fenstern seines Palastes hatte er lange Stangen aufstellen lassen, die mit spitzen, nach oben gerichteten Eisenstacheln versehen waren. Auf diese wurden die unglücklichen Opfer aufgespiefst, während Ismael von seinen Fenstern aus sich an dem schrecklichen Anblicke weidete.

Eine andere Strafe in Persien war die des **Einschmiedens in 2 eiserne Rinnen.** Wie von einem Mantel war der Körper des Verurteilten durch 2 starke eiserne Rinnen eingeschlossen, nur der Kopf sah aus einer Öffnung hervor. In dieser Hülle, welche nicht die kleinsten Körperbewungen zuliefs, wurde der zu Bestrafende aufrecht an einen Pfahl gestellt und derartig festgebunden, dafs das Gesicht zur Sonne gewendet war. Bald kamen die Fliegen und Mücken und setzten sich auf das Gesicht des Unglücklichen, während von unten die Ameisen und Würmer sich des wehrlosen Körpers bemächtigten. Um zu verhindern, dafs der Verurteilte zu früh durch Durst und Hunger umkäme, zwang man ihn gewaltsam, Speise und Trank zu nehmen. So dauerte es oft 8 bis 14 Tage, ehe der Gemarterte den vielen Qualen erlag.

Entsetzlich waren auch die Strafen, welche Sefi II., Schah von Persien, für die von ihm zum Tode Verurteilten erdachte. Einen Hofbeamten, welcher in unerlaubte Beziehungen zu einer Haremsdame getreten war, liefs er wegen dieses Vergehens auf einer Bank an allen Gliedern festbinden. Zwei Schergen schlugen in den nackten Körper des Gefefselten viele spitzige Pflöckchen, deren Köpfe mit Pech beschmiert waren. Sefi liefs immer diese Pflöckchen in Brand setzen, so dafs der ganze Körper illuminiert war, und unter den schrecklichsten Qualen hauchte der Gemarterte allmählich sein Leben aus.

Spiessen in Marokko.

Anschmieden.

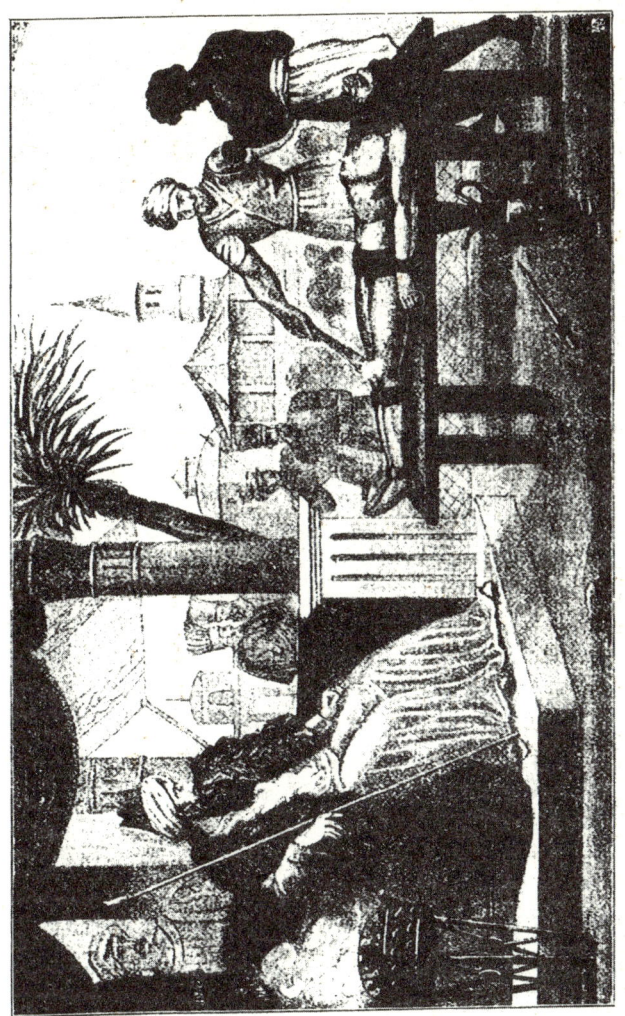

Brennen in Persien.

Die Beseitigung der Körperstrafen in Deutschland.

Die Härte der Strafbestimmungen der Carolina, die man wohl durch spitzfindige iuristische Deduktionen oder gewaltsam herbeigezogene Milderungsgründe abzuschwächen und zu umgehen suchte, machte sich immer fühlbarer Im Anfange des 17. Jahrhunderts begann man die Verurteilung zu Zucht-, Werk- und Arbeitshäusern auszusprechen. Erst seit Anfang des 18. Jahrhunderts verschwinden die verstümmelnden Strafen und wird auch die öffentliche Auspeitschung durch Gefängnifsstrafe ersetzt. Der Satz: salus publica summa lex esto, fing an, auch die Criminalpolitik zu beherrschen, und man brachte nach niederländischem Muster arbeitslose Vagabunden u. s. w. in diesen nunmehr auch in Deutschland entstehenden Häusern unter. In Lübeck waren 1613, in Hamburg 1615 die ersten Häuser eingerichtet. Das Zuchthaus in Spandau ist 1687, in Frankfurt a. M. 1681, Magdeburg 1688, Celle 1710—31, Halle 1717, Cassel 1720, Ludwigsburg 1736, Dessau 1766 u. s. w. erbaut worden. Die Behandlung in diesen Anstalten, die bisweilen auch als Kranken- und Irrenhäuser dienten, war eine sehr verschiedene und damit die Strafe des Richters völlig unbestimmt. Meistens ist ein „Willkomm" von 40 Hieben beim Eintritt des Sträflings ins Zuchthaus üblich: bei Vergehen gegen die Anstaltsordnung konnten 3 Schläge vom Aufseher selbständig, mehr mit Genehmigung des Direktors oder Commissars erteilt werden.[1])

Inzwischen fingen nun auch die Einzelstaaten an zu codificieren.

Der Codex iuris Bavarici criminalis von 1751 hat das Lebendigbegraben und Pfählen zwar abgeschafft,

---

[1]) Historische Nachrichten und Bemerkungen über die merkwürdigsten Zuchthäuser in Deutschland. Nebst einem Anhange über die zweckmässigste Einrichtung der Gefängnisse und Irrenanstalten. Von H. B. Wagnitz. Halle 1791.

Über Gefängnisse und Zuchthäuser. Ein Auszug aus dem Englischen des William Howard. Mit Zusätzen und Anmerkungen und Kupfern von Gottl. Ludolf Wilhelm Köster. Leipzig 1780.

aber die qualificierten Todesstrafen der Carolina sind noch beibehalten; so wird „der arme Sünder zur Richtstatt geschleifet, mit glühenden Zangen gerissen, Riemen aus ihm geschnitten, die Hand abgehauen, die Zunge ausgerissen, der entseelte Körper aufs Rad gelegt, verbrannt, geviertheilt und die Viertheile an offener Straſse ausgehängt, welch Letzteres jedoch zur Vermeidung unnöthiger Kosten hinführo unterlassen werden soll."[)]

In P r e u ſ s e n ward am 3. Juni 1740 die Folter abgeschafft; sie soll nur noch bei „dem Crimen laesae Maiestatis (Hochverrath) und Landesverrätherei, auch denen groſsen Mordthaten, wo viele Menschen ums Leben gebracht, oder viele Delinquenten, deren Connexion herauszubringen nöthig ist, impliciret sind." Vollständig vird die Folter beseitigt durch die Ordres vom 24. Juni und 4. August 1754, und für Schlesien vom 8. August 1754 und 18. November 1756.

In S a c h s e n galt bis zur Emanation des Sächsischen Criminalgesetzbuches von 1838 gemeines Recht, modificiert durch den Sachsenspiegel, Landes- und Gewohnheitsgesetze. 1770 beseitigte Kurfürst August III. die Folter. Das neue Gesetzbuch hatte von Körperstrafen nur die von allen Schärfungen befreite Todesstrafe, und bei der Zuchthausstrafe ersten Grades Beineisen bei den Männern, bei den Weibern Klotz. Die Zuchthausstrafe beider Grade konnte bei Männern a. a. durch Züchtigung mit 30 bis 90 Rutenstreichen verschärft werden; ebenso konnte Gefängniſs und Handarbeitsstrafe in körperliche Züchtigung, besonders bei Vagabunden und Bettlern, umgewandelt werden. Das neue Sächsische Strafgesetzbuch von 1855 zeigt noch manche Härten; rückfällige Zuchthausgefangene können, wenn ihr körperlicher Zustand es gestattet, mit 20—60 Hieben bestraft werden, die mit einer am Griffe nicht über einen Viertelzoll starken Rute, oder mit einer Rute von zusammengebundenen Birkenreisern und zwar in beiden Fällen entweder auf den Rücken oder auf das Gesäſs vollstreckt werden.

[)] Die Strafgesetzgebung in Deutschland vom Jahre 1751 bis zur Gegenwart. Von Dr. Albert Friedrich Berner. Leipzig 1867.

So ist denn die Züchtigung auch gegen weibliche Personen,. die im Gesetzbuch von 1838 ausdrücklich ausgenommen waren,. möglich. Beineisen und Klotz kennt das neue Gesetzbuch gleichfalls noch.

Wesentlich milder ist das Bayerische Strafgesetzbuch von 1813. Die qualificierten Todesstrafen sind aufgehoben, Verstümmelungen kommen nicht mehr vor, körperliche Züchtigungen finden wir nur noch da angeordnet, wo das Verbrechen Mutwillen oder grofse Rohheit bekundet. Durch ein Gesetz vom 12. Mai 1848 ward auch die körperliche Züchtigung abgeschafft. Nach dem Strafgesetzbuch von 1861 soll körperliche Züchtigung auch als Disciplinarstrafe in allen Strafanstalten und Gefängnissen unbedingt ausgeschlossen sein.

Fast drei Jahrhunderte hat Württemberg gebraucht, um ein eigenes Gesetzbuch zu bekommen; 1565 erfolgten schon die ersten Anregungen; am 15. Mai 1839 war man am Ziele angelangt. Körperstrafen kennt das Gesetz nicht, aufser der Züchtigung bis zu 50 Streichen bei Verschärfung der Zuchthausstrafe und als Disciplinarstrafe in den Strafanstalten.

Den Strafvollzug in süddeutschen Zuchthäusern in der ersten Hälfte des XIX. Jahrhunderts schildert Reinhard in seinem in Form eines Romanes gehaltenen Buche „Lenchen im Zuchthause", dessen erste Auflage 1840 in Karlsruhe i. B. erschien. Das Buch verfiel bald wegen seines anstöfsigen Inhaltes der Beschlagnahmung, ebenso wurden die geänderten Nachdrucke neuerdings verboten.

Ich lasse hier noch aus dem Reglement eines deutschen Zuchthauses im Jahre 1835 die Paragraphen folgen, welche den Vollzug der körperlichen Züchtigung betreffen.

§§ 83/84 des Reglement für die Strafanstalt zu Rawicz vom 4. November 1835:

„Wenn eine körperliche Züchtigung bei den männlichen Sträflingen vollstreckt werden soll, so mufs der Direktor, sobald ein Bedenken vorwaltet, ob der Sträfling ohne Nachtheil seiner Gesundheit die Strafe erleiden könne, zuvor das Gutachten des Arztes oder Wundarztes einholen.

Die Züchtigung geschieht nur mittelst einer Peitsche auf den Hintern, nachdem der Sträfling auf der dazu bestimmten Maschine befestigt worden.

Die Züchtigung soll nur im Beisein des Direktors oder eines andern von ihm bestellten Oberbeamten der Anstalt vorgenommen werden.

Die öffentliche Vollstreckung auf dem Hofe soll nur stattfinden, wenn der Direktor dies aus besonderen Gründen für nötig hält und ausdrücklich bestimmt.

§ 84. Sobald eine weibliche Gefange gezüchtigt werden soll, muss sie, wenn ihre Züchtigungsfähigkeit irgend ein Bedenken erregt, zuvörderst von dem Arzt oder Chirurgus der Anstalt, aber auch davon abgesehen, jedesmal von einer weiblichen Person der Anstalt (Krankenwärterin, Köchin) untersucht werden.

Wird bei der Untersuchung wahrgenommen, daſs die Person im Begriff steht zu menstruieren, oder schon im Menstruieren begriffen ist, so ist dies anzuzeigen, und die Züchtigung wird auf 8 Tage ausgesetzt. Nach dem Ablauf dieser Zeit wird die zu bestrafende Person von der Krankenwärterin dahin untersucht, ob der vorgedachte Naturprozess gänzlich vorüber ist. Sobald sich dies bestätigt, wird der zu züchtigenden Person, nachdem sie vorher gebadet und mit reiner Wäsche versehen sein wird, im Beisein einer vertrauten Aufseherin, Wärterin oder weiblichen Gefangenen, in einem besonderen Zimmer, wo beide allein sind, ein paar Beinkleider von gewöhnlicher Hemde-Leinwand, welche, statt wie bei den Männerhosen mit Latz und Knöpfen, unter der Brust mit einem Zugbande verschlossen und befestigt werden, angezogen und dann die Züchtigung selbst mit birkenen Ruthen oder mit einer dünnen Peitsche auf den Hintern in einem besonderen Lokale, oder doch so, daſs die zu Züchtigende den Augen neugieriger Personen entzogen werde, nur in Gegenwart derjenigen Personen, welche bei diesem Akte gegenwärtig sein müssen, unter Benutzung der Züchtigungsmaschine wirksam vollzogen."

Obwohl in Braunschweig [1]) die Carolina — seit 1568 dort eingeführt — bis zur Mitte des 19. Jahrhunderts formell gültiges Gesetz blieb, so wich sie doch in der Praxis einem Gewohnheitsrechte, das qualifizirte Todesstrafen und verstümmelnde Körperstrafen, gegen Ende des vorigen Jahrhunderts die Folter, ausser Gebrauch setzte, die einfache Todesstrafe aber nur bei den schwersten Verbrechen anwendete. Dieses Gewohnheitsrecht ward schliefslich kodifizirt durch das braunschweigische Strafgesetzbuch vom 1. Oktbr. 1840, das für die Verbrechen des Hochverrates, des Mordes, und — unter gewissen Umständen — für Meineid, Verfälschung und Unterdrückung von Urkunden, Mifshandlung von Angeschuldigten und Zeugen, sowie Beugung des Rechtes die einfache Todesstrafe bestimmte, die Strafe der körperlichen Züchtigung aber ausschlofs.

Hannover [2]), in welchem früher das gemeine Recht später (in Ostfriesland, in Lingen und auf dem Eichsfelde) das allgemeine preufsische Landrecht galt, trat am 1. November 1840 das Kriminalgesetzbuch für das Königreich Hannover in Kraft. Die Todesstrafe konnte durch Schleifen auf einer Kuhhaut zum Richtplatze verschärft werden. Diese Verschärfung ward indessen 1859 aufgehoben. Aufserdem bedrohte jenes Strafgesetzbuch Vagabunden, Bettler und jugendliche Verbrecher mit körperlicher Züchtigung.

Baden [3]) behielt bis zu Anfang des 19. Jahrhunderts die Carolina bei, indessen — wie in Braunschweig — keineswegs in der Praxis, deren mildere Form durch Strafedikt von 1803 kodificirt wurde. Obwohl dasselbe sich der Carolina anschloss, hob es doch die verstümmelnden Körperstrafen, sowie die qualificirte Todesstrafe auf.

Auch die übrigen kleinen Staaten Deutschlands schafften die verschärfte Todesstrafe — zum Theil auch die einfache — ab, behielten jedoch vereinzelt die körperliche Züchtigung bei, in welche auch, wie z. B. in Oldenburg, Festungs- und

---

[1]) J. Georg, Humanität u. Kriminalstrafen, Jena 1898, Seite 203 flg
[2]) „ „ „ „ „ 204
[3]) „ „ „ „ „ 207

Arbeitshausstrafe für ausländische Vagabunden, Bettler etc. umgewandelt werden konnte.

Das deutsche Reichsstrafgesetzbuch kennt aufser den Freiheits- und Geldstrafen nur die einfache mittels Fallbeils zu vollstreckende Todesstrafe und schliefst auch die körperliche Züchtigung absolut aus. Die Anwendung der letzteren in den Strafanstalten bestimmen die einzelnen Bundesregierungen. Dagegen schreibt eine allerhöchste Verordnung von 1896 für die Eingeborenen der deutschen Schutzgebiete als gerichtliche Strafen Todesstrafe, sowie körperliche Züchtigung vor.

Die körperliche Züchtigung in deutschen Strafanstalten als Disciplinarstrafe.

Hat das deutsche Reichsstrafgesetzbuch mit jeder Art Körperstrafe aufgeräumt, mit Ausnahme der für die deutschen Schutzgebiete in Afrika kraft kaiserl. Verordnung zugelassenen körperlichen Züchtigung, so ist diese doch in den Strafanstalten gebräuchlich.*)

Sie ist zugelassen in den Gefängnissen verschiedener deutscher Staaten, in allen preussischen Zuchthäusern, in dem sächsischen Zuchthause Waldheim und einigen andern. Ausgeschlossen ist sie in den bayrischen Strafanstalten.

Gehandhabt wird sie mittels Stock- und Rutenschlägen. Als zulässige Höchstzahl gelten meist sechszig Stock- oder Rutenhiebe, die bei weiblichen Personen auf das mit einem Hemd bekleidete, bei männlichen Personen auf das entblösste Gesäss verabreicht werden.

Die Zahl von sechszig Hieben kann von der Oberbehörde noch erhöht werden.

In preussischen Zuchthäusern wird die Flucht oder der Fluchtversuch in der Regel mit dreissig Stockschlägen, auch Peitschenhieben, bestraft. Gleiche Strafe trifft diejenigen Sträflinge, die ihr „Pensum" nicht aufgearbeitet haben.

---

*) Vergl. 416 flg.

Nach einer Zuchthausordnung für die Strafanstalt zu Waldheim aus den sechsziger Jahren*) waren Rutenschläge auf den Rücken statthaft. Ausserdem war es zulässig, dass Rutenschläge auf Waden, Hände oder Unterarm verabfolgt wurden.

Ausser der körperlichen Züchtigung hat man in verschiedenen Strafanstalten noch folgende Körperstrafen:

Die Lattenstrafe.

Sie wird in heller oder auch dunkler Zelle verbüsst. Die Strafzelle ist entweder nur am Fussboden oder, im verschärften Grade, am Fussboden und an den Wänden mit dreieckigen Latten bekleidet.

Der Delinquent bringt in einfacher wollener oder leinener Bekleidung und ohne Schuhe, überhaupt ohne jedwede feste Fussbekleidung, die ihm auferlegte Strafzeit, die zuweilen die Dauer von 24 Stunden erreichen kann, zu.

Das Krummschliessen und das Anlegen der Zwangsjacke.

Das Krummschliessen geschieht dergestalt, dass wechselweise eine der beiden Hände über dem Knöchel des entgegengesetzten Fusses befestigt wird.

Hartes Lager

d. h. nächtliches Verweilen in einer gedielten Zelle ohne jede Lagerstatt.

Klotz und Kette.

Ein Klotz von regelmässiger Gestalt mit einer Kette von etwa $1\frac{1}{2}$ Meter Länge wird mittels einer Schelle an das Bein befestigt. Der Klotz wiegt — je nach dem Grade der Strafe — 5, 10 und 15 Kilogramm. Die Kette mit Schelle hat ein Gewicht von ca. 2 Ko.

Der Delinquent ist auch genöthigt, beim Gehen den Klotz stets in der Hand zu tragen.

Eisenstrafe.

Diese ist ebenfalls in drei Grade eingetheilt und besteht im Anlegen eines Beineisens von 3, beziehentlich $4\frac{1}{2}$, resp.

---

*) Krause, Das deutsche Zuchthaus, Dresden 1898, Anhang

6 Ko. Gewicht. Diese Strafe wird nur bei männlichen Züchtlingen angewendet.

Zu früheren Zeiten ist die körperliche Züchtigung in den Strafanstalten ausser mit dem Stocke, der Peitsche und der Rute auch mit dem Kantschu, der Karbatsche und dem Ochsenziemer gehandhabt worden.

In Oesterreich ist seit einer Reihe von Jahren in den Strafanstalten als einzige Körperstrafe „schwerer Kerker durch Fasten verschärft" zulässig. Dagegen waren vor Jahrzehnten noch Schläge gebräuchlich, so namentlich während einer Zeit, da die Leitung verschiedener Strafanstalten Klosterschwestern übertragen war.

Erwähnt sei noch, dass in verschiedenen deutschen Bundesstaaten die körperliche Züchtigung auch in Arbeits- und Armenhäusern, in Corrections- und Versorgungsanstalten als Disciplinarstrafe zulässig ist. Meist besteht sie in Stockschlägen, wozu der Haselnussstock und das spanische Rohr verwendet wird, auf den Rücken oder auf das Gesäss.

Ausnahmsweise sind auch Gerte, Peitsche, Riemen und Kantschu in Gebrauch.

Die Prügelstrafe wird sowohl an Personen männlichen wie hier und da auch an solche weiblichen Geschlechts, theilweise unbeschadet ihres Alters, vollstreckt.

Hier und da, wie z. B. im Arbeitshaus zu Breslau, ist die Prügelstrafe abgeschafft worden.

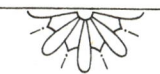

III.

Militärische Körperstrafen.

Abgesehen von der Todesstrafe, deren Character sich meist dem der im civilstrafrechtlichen Verfahren üblich gewesenen anpasste, und die noch im vorigen Jahrhundert im Henken, jetzt aber ausschliesslich im Erschiessen besteht, kam bei den Soldaten meist die Prügelstrafe in Anwendung.

Die letztere bestand im Spiessrutenlaufen und in Stock- und Peitschenschlägen. Das

Spiessrutenlaufen

geschah in Oesterreich beispielsweise folgendermassen:

Auf dem Kasernenhofe wurde eine Gasse von 300 Mann, 150 auf jeder Seite, gebildet, und die höchste Strafe, auf welche das Kriegsgericht erkennen konnte, bestand in zehnmaligem Auf- und Ablaufen, bei dreimal gewechselten Ruten, so dass der Bestrafte dadurch 6000 Hiebe auf das blosse Fleisch des Rückens erhielt, was meist auf Leben und Tod ging.

Wenn ein Soldat zum Spiessrutenlaufen verurtheilt worden war, was bei wiederholter Desertion, grober Insubordination, frechem Diebstahl, rohen wiederholten Excessen und derartigen Vergehen geschah, so wurde ihm das Hemd ausgezogen und der blosse Rücken dadurch den Streichen preisgegeben.

Auf den Kopf erhielt er eine dicke Filzmütze, die das Gesicht vor etwaigen Hieben schützte, während die Arme vorne gebunden waren. So ausgerüstet und eine bleierne Kugel im Munde, um den Schmerz zu verbeissen, musste er in die Gasse hinein und solche mit langsamem Schritt durch-

Spiessrutenlaufen.

schreiten, wobei die auf beiden Seiten aufgestellten Tamboure laut auf ihren Trommeln wirbelten, um dadurch die Schmerzensausrufe des Gestraften zu übertönen.

Die Birkenruten, mit denen geschlagen wurde, hatten ungefähr die Länge eines Armes und am unteren Ende die Dicke eines kleinen Fingers. Ein Stabsofficier commandirte das Ganze, während Unterofficiere an den Seiten umher= gingen und darüber wachten, dass die Soldaten au h gehörig schlugen.

Nach beendeter Execution musste der Bestrafte an den commandirenden Officier herantreten und die vorgeschriebenen Worte: „Ich danke vielmals für gnädige Strafe" laut aussprechen, worauf er dann in das Lazarett zur Heilung, die oft einige Wochen in Anspruch nahm, abgeführt wurde.

Die Wirkung dieser Strafe war eine solche, dass der davon Betroffene manchmal noch vor Beendigung der Execution todt zur Erde stürzte.

Brach ein Delinquent vor Schmerz und Erschöpfung zusammen, so wurde er auf eine Bank gebunden, und nun erhielt er die an der ihm zudictirten Anzahl noch fehlenden Schläge von den Soldaten, die zu diesem Zwecke an ihm vorüber gingen.

Auch in Deutschland gehörte das Spiessrutenlaufen früher, und zwar noch in den ersten Jahrzehnten dieses Jahrhunderts zu den militärischen Körperstrafen. Insbesondere war dies zu Kriegszeiten der Fall.

In einem Original-Spiessrutenurtheil, erlassen von dem preussischen General Carl Eugen von Württemberg 1757, aufbewahrt in dem historischen Museum auf der Burg Oybin bei Zittau, heisst es:

„Ew. Hochwohlgeboren remittire hierbei die Verhöre, welche wegen der desertirten 4 Rekruten*) dorten aufgenommen werden, und ersucht dieselben, sowohl den Heinrich Haffter, als auch den Ilna und König jeden mit achtmaligem, den Gross aber mit zehnmaligem Gassenlaufen durch 200 Mann abstrafen zu lassen,

---

*) Dieselben hatten sich verleiten lassen, zu einem anderen Regimente überzutreten.

und diese 4 Bursche, ebenso wie die zwei vorhergehenden, nämlich Ludwig und Schmidt, mit der ersten Escorte nach Stettin an das Kgl. Preussische Regiment abzuschicken."

Gebräuchlich war die Strafe des Spiessrutenlaufens bereits im 17. Jahrhundert. Sie existirte ausser in Deutschland und in Oesterreich auch in Frankreich und in Schweden.

König Gustav Adolf von Schweden soll sie eingeführt haben.

Das Maximum von zehnmaligem Gassenlaufen ist übrigens oft überschritten worden; so mussten 1705 in Zittau i. S. sechs Deserteure, nachdem ein siebenter nach dem Loose an einer Säule gehenkt worden war, dreimal achtmal durch 336 Mann Gassen laufen.

Und unterm 8. August 1791 bestätigt Friedrich Wilhelm II. von Preussen ein kriegsgerichtliches Urtheil, wonach wegen dreimaliger Desertion ein Musketier zu dreissigmaligem Gassenlaufen durch 200 Mann in drei Tagen (und ausserdem zu dreijähriger Festungshaft) verurtheilt wird.

Länger als diese Art der körperlichen Züchtigung hat sich die der Stock- und Peitschenschläge erhalten. In neuerer Zeit sind auch diese zumeist abgeschafft worden. In Russland dürfen seit 1863 nur die Soldaten der zweiten Abtheilung der Strafklasse körperlich gezüchtigt werden.

Zulässig sind Rutenhiebe in der Anzahl bis zu 50. Früher jedoch wurden meist Stockschläge appliziert und zwar in der Weise, dass man den Delinquenten entweder auf die Bank legte oder ihn an einen Baum band.

Es kam vor, dass bis zu 300 Stockschläge verabreicht wurden, und zwar sowohl auf den Hintern als auch auf den Rücken.

In der Mitte dieses Jahrhunderts stand russischen Offizieren noch das Recht zu, die Frauen der Unteroffiziere und der Soldaten zu züchtigen.

In den Niederlanden herrschte gleichfalls die Prügelstrafe, die mit dem spanischen Rohre vollzogen ward. In früheren Jahren kam es vor, dass der Stock mit Pechdraht umwickelt wurde.

In der englischen Armee herrschte der Ochsenziemer.

Der Delinquent wird an einen Pfahl festgebunden, und er erhält die Schläge auf den entblössten Hintern oder auf die Beine.

Früher war die neunschwänzige Katze in Gebrauch.

Bei dem französischen Militär wurden früher gleichfalls körperliche Züchtigungen verhängt und zwar Stockschläge, Peitschenhiebe und Streiche mit einer ledernen Sohle.

Auch in der italienischen Armee wurden Stockhiebe eingeführt und zwar namentlich in der Zeit des österreichischen Regiments.

Spiessrutenlaufen und Stockschläge bildeten die hauptsächlichsten Disciplinarstrafen beim österreichischen Militär. Beides ist heute abgeschafft. Meist war die Zahl der Stockhiebe 25, es wurden aber auch nach kriegsgerichtlichem Urtheil bis zu hundert Schläge verabfolgt.

Im Deutschen Reiche ist die körperliche Züchtigung als militärgerichtliche sowie als disciplinelle Strafe abgeschafft. Dagegen bestand sie noch vor Jahrzehnten und zwar ausser im Spiessrutenlaufen in Stockhieben.

In Baden wurden die Schläge mit dem spanischen Rohre in der Zahl von 25 bis 50 verabreicht.

In Preussen durften nur Soldaten der zweiten Klasse des Soldatenstandes geschlagen werden. Vorgeschrieben waren 10 bis höchstens 40 Stockschläge. Bei Umwandlung der Prügelstrafe in Freiheitsstrafe wurden 20 Stockschläge gleich eine Woche strengem Arreste gerechnet.

Ausser diesen beiden Strafen sind noch folgende militärische Körperstrafen zu erwähnen:

In Deutschland das

Reiten auf dem Esel,

welche Strafe dadurch verschärft wurde, dass man an die Füsse des Delinquenten Kanonenkugeln hing. Diese Strafe verschwand in der Mitte des vor. Jahrh.*)

---

*) Als 1620 die Brandenburg-Jägerndorfer Görlitz besetzt hielten, wurde auf dem Altmarkte ein Soldatengalgen aufgerichtet und ein Esel von Brettern zusammengebaut und „auf dem Rücken geschärft". („Geschichte von Görlitz.")

Das Spannen in den Stock, eine Strafe, die namentlich im dreissigjährigen Kriege bei der Reiterei Wallensteins üblich war. Der Delinquent wurde derart gefesselt, dass sein rechtes Bein in horizontaler Lage durch die Oeffnung eines starken, aus zwei Hälften bestehendem

Das Spannen in den Stock.

Holzes gesteckt war, aus welcher er es nicht wieder herausziehen konnte. Auf einem hohen Pfosten wurde die Montur gewissermassen an den Pranger gestellt. Die Bestrafung geschah öffentlich.

Pontons.

Das P f a h l s t e h e n — ebenfalls in Deutschland gebräuchlich — bestand darin, dass man den Verurtheilten mit
beiden Händen an eiserne Ringe schloss, während er zugleich
nach Ablegen der Fussbekleidung auf den zugespitzten Pfählen
stehen musste. — Die

Pontons

(in England gebräuchlich) waren kleine schiffsartige Gelasse,
die an der Decke der Zwischendeckräume in Kriegsschiffen
hingen. Insbesondere wurden Kriegsgefangene angeschlossen.*)
Auch in Neapel und Mesina waren die Pontons gebräuchlich,
aber man hat sie dort abgeschafft und mit Bagno-Gefängnissen
vertauscht. Saint Édmé bezeichnet diese Pontons als Er-
stickungshöhlen, in denen alles dazu eingerichtet war, um
den Tod des Gefangenen herbeizuführen. Von Tausenden
solcher Ponton-Gefangenen waren es nur wenige, die die
Strafe überstanden und somit Nachricht bringen konnten von
den Leiden, die sie erduldet.

Liessen die Ventilationseinrichtungen bei Kajüten früherer
Schiffe ohnedies zu wünschen übrig, und war dies insbesondere
bei den Zwischendecks der Fall, so muss die Atmosphäre,
in der die Gefangenen, dicht unter der niedrigen Decke,
lebten, eine entsetzliche gewesen sein, und es ward berichtet,
dass sie so wenig sauerstoffhaltig war, dass eine Lichtkerze
darin sofort verlösche.

Die Pontonstrafe gestaltete sich somit in den meisten
Fällen als eine qualifizirte Todesstrafe.

Bei der französischen Marine war früher die Strafe der
Eisenstange, die

Barres de fer

gebräuchlich. Sie bestand darin, dass der Delinquent mittels
Riemen, die um die Fussgelenke gelegt waren, an eine Eisen-
stange geschlossen wurde. Ausserdem sind an den beiden
Enden der Stange Stricke angebracht, die unter den Armen

---

*) Der französische Marschall Pillet, der ebenfalls längere Zeit in
England Pontongefangener gewesen war, schildert in einem Werke
die grässlichen Leiden, die er und sein Schicksalsgefährte auszustehen
hatte. Saint Édmé, Dict. de la pénalité, Paris 1828.

Barres de fer.

Estrapade.

des Sträflings über den Rücken laufen und dann über die Schultern herabhängend von dem Delinquenten mit den Händen erfasst werden. An diesen Stricken hebt er die Eisenstange, wenn er sich bewegen will, ein wenig empor.

Sie hatte eine Länge von etwa 1½ bis 2 Meter, und es kam vor, dass vier und fünf Delinquenten daran geschlossen wurden.

Bei schlechtem Wetter oder bei Uebungen der Mannschaften wurde die Strafe im Zwischendeck vollzogen, um die Sträflinge vor dem Unwetter zu schützen oder um auch Arbeiten auf Deck nicht zu stören. In der Matrosensprache nannte man diese Strafe „An der Spindel stehen!"

Noch eine militärische Körperstrafe ist zu erwähnen, und zwar die

Estrapade,

die in Frankreich*) gebräuchlich war, und die auch bei den Verfolgungen der Protestanten dort eine Rolle spielte.

Diese Strafe bestand darin, dass dem Verbrecher die Hände auf dem Rücken mit einem Stricke zusammengebunden wurden. Der Strick lief über einen auf einem hohen Pfosten angebrachten Globen, und der Delinquent ward nun an ihm in die Höhe gezogen, um dann jählings fallen gelassen zu werden.

Bei der Marine benutzte man eine Segelstange, und den Uebelthäter liess man ins Meer fallen, um ihn dann an der Seite wieder herauszuziehen, was des öfteren wiederholt wurde.

Einige Historiker schreiben die Erfindung der Estrapade (Wipp- oder Schnellgalgen) dem französischen Könige Franz I. zu. Sicher ist, dass dieser Fürst die Protestanten auf einem Platze verbrennen liess, der bis in die neueste Zeit sich den Namen Place de l'Estrapade erhielt. Die Marter geschah mittels der Estrapade hierbei in der Weise, dass man den Globen am Ende eines Querbalkens anbrachte, der etwa zwanzig Fuss über dem Erdboden sich erhob, und darunter die Scheiterhaufen anbrannte. Es wurden auf einmal sechs dieser Unglücklichen mittels des Seils auf- und nieder „gewippt"

---

*) Saint Édmé, Dict. de la pénalité.

und zwar während der Dauer von 3 bis 4 Stunden. Die Meisten kamen in den Flammen um; die Wenigen, die die Tortur überstanden hatten, waren infolge der Verrenkungen und der Brandwunden für den Rest ihres Lebens Krüppel geworden.

Erwähnt möge hierbei werden, dass die Estrapade auch anderwärts in Gebrauch kam, aber nicht als Militärstrafe, so als Torturwerkzeug in Rom, wo man sie die peinliche Frage durch den Strick nannte, ferner in Sardinien, in Venedig und auch in Russland.

IV. Herrenrechtliche Körperstrafen.

Hat in früheren Zeiten, so namentlich in der letzten Periode des Mittelalters, in Deutschland der Brauch bestanden, auch durch Torturen, wie Anlegung der Daumenschrauben, Abschneiden der Zunge u. a. die Unfreien zu bestrafen, so war doch seit alters her das Ertheilen von Schlägen an die der herrenrechtlichen Gewalt Unterstehenden üblich, und in der neueren Zeit ist es die ausschliessliche Form der Körper-

Si fueris seruus nugax, animig, superbi,
Wan trewer Knecht der find man vil/
Wen trewe Knecht erzichen wilt

Longe abeat, frugi non erit is famulus.
Der laß im nicht zu lang den Zügel/
Daß er nit streg/dropff in die Zügel.

Ungezogener Knecht.

strafe, der auch der moderne Rechtsstaat durch die respektiven Gesindeordnungen die Zulässigkeit gewährt.

Als am meisten angewendetes Züchtigungsinstrument

galt im Alterthum bis in das späte Mittelalter hinein die Geissel. So wurden bei den Römern die Unfreien gegeisselt, nicht minder die Kriegsgefangenen, die — wie früher in Griechenland — zu Sklaven degradirt wurden.

In späterer Zeit wird die Geissel verdrängt durch das Bambusrohr, das spanische Rohr, die Knute, den Kantschu, den Ochsenziemer, die Karbatsche, die Peitsche.

Am meisten und hinsichtlich ihrer Härte am weitgehendsten dürften die herrenrechtlichen Körperstrafen in Gestalt von körperlichen Züchtigungen in Amerika und in den niederländischen Kolonien gegenüber den Sklaven, sowie in Russland gegenüber den Leibeigenen verhängt worden sein.

In Russland wurden die Leibeigenen, welche sich eines Vergehens schuldig gemacht hatten, gewöhnlich mit der Rute oder der Knute bestraft.

Waren die Herrschaften auf die Vollziehung der Strafe in ihrem eigenen Hause nicht eingerichtet, so schickten sie die straffälligen Domestiken nach der nächsten Polizeistation mit einem Zettel, auf welchem die Anzahl der gewünschten Hiebe verzeichnet war. Diese wurden dann prompt zugemessen.

In seinem Buche „Voyage en Sibérie" schildert uns der Abbée Chappe d'Auteroche den Vollzug der Rutenstrafe wie folgt:

„Auf meiner Rückreise von Tobolsk nach St. Petersburg war ich Zeuge der Vollstreckung der Rutenstrafe, wie sie meist die weiblichen Dienstboten zu erleiden haben. Ich hatte mich an einem nach dem Hofe des Polizeihauses führenden Fenster aufgestellt, als bereits zwei russische Leibeigene die Delinquentin an den Armen herbeischleppten. Es war ein junges Mädchen im Alter von 14 Jahren, gross und schön gewachsen. Das Haupt, von welchem die Haare in üppiger Fülle auf die Schultern fielen, trug sie gesenkt. Ihre Augen, welchen die Thränen in Strömen entflossen, waren auf ihre Henker gerichtet. Unter flehentlichen Ausrufen bat sie diese um Gnade und Schonung, doch vergeblich;

— die beiden Männer zerrten die Unglückliche bis auf die Mitte des Hofes, wo sie dieselbe in wenigen Augenblicken ihrer Kleidung bis auf die Hüften völlig beraubten. Dann legten sie dieselbe ausgestreckt auf den Bauch an den Boden, und der eine der Männer klemmte knieend ihren Kopf zwischen seine Schenkel, während der andere die unteren Theile des Opfers mit seinen Knieen niederhielt. Nun wurden vier Ruten herbeigebracht und mit beiden Händen bearbeiteten die Schergen den in ihrer Gewalt befindlichen Körper auf das Schrecklichste. Als man das Mädchen nach dem letzten Streiche aufhob, war es kaum noch erkenntlich. Von den Schultern bis zu den Hüften strömte das Blut herab, der Schaum stand ihr vor dem Munde und die erst so lieblichen Gesichtszüge waren von Schmerz entstellt. Ich nahm an, dass angesichts dieser harten Bestrafung das Mädchen ein schweres Verbrechen begangen haben müsse. Dem war aber nicht so. Die Züchtigung war ihr nur von ihrer Herrin zuerteilt worden, weil sie sich wiederholt ungeschickt benommen hatte! Die Russen behaupten, dass sie gezwungen sind, ihre Dienstboten auf diese Weise zu behandeln, damit sie der Treue derselben sicher sind!"

Wie die russische Frau es als selbstverständlich hinnimmt, dass ihr Gatte sie prügelt, so war sie auch ebenso unerbittlich wie grausam gegen ihre Untergebenen, insbesondere gegen das weibliche Gesinde. Es ist vorgekommen, dass hochstehende Herrinnen ihre Dienstmädchen, Zofen bis aufs Blut gepeitscht haben, und dass sie sich daraus ein Vergnügen bereiteten.

Auch das „jus primae noctis" gehörte zu den Herrenrechten, und wehe der Leibeigenen, die ihren Herrn in seinen Erwartungen täuschte; sie wurde mit Ruten- und auch Peitschenhieben bestraft und ward ausserdem der öffentlichen Schande ausgesetzt.

In früheren Zeiten geschah die Züchtigung des Gesindes im eigenen Hause; das Gesetz gestattete vierzig Streiche mit der Birkenrute oder fünfzehn Stockhiebe. Oft genug mag diese Zahl überschritten worden sein.

Später bürgerte sich der Brauch, die Domestiken durch

die Polizei mittels körperlicher Züchtigung bestrafen zu lassen, mehr und mehr ein.

Als ein Ausfluss herrenrechtlicher Zuchtgewalt erscheint auch der Brauch, dass freie Bauern, die ihrem Gutsherrn den Gehorsam verweigert hatten, durch Soldaten gezüchtigt werden. Einen solchen Fall erzählt Tolstoi im „Daily Chronicle", wonach eine Anzahl Bauern wegen gedachten Vergehens mit Peitschenhieben traktiert wurden. Unter den Opfern dieser Misshandlungen befanden sich ehrenwerthe, angesehene Männer, von denen einer 70 Peitschenhiebe erhielt.

Die herrenrechtliche Bestrafung leibeigener Personen auf dem Polizeibureau geschah nach dem Berichte eines französischen Offiziers dergestalt, dass Schuldige männlichen Geschlechts an Händen und Füssen auf ein Kreuz, so dass sie sich nicht bewegen konnten, festgeschnallt wurden und in dieser Lage nun die Hiebe mit dem Kantschu (einer aus etlichen übereinander genähten, etwa zwei Finger breiten Riemen bestehenden Peitsche) auf den entblössten Rücken erhielten, während weibliche Personen ebenfalls festgeschnallt wurden, die Schläge aber nicht auf den Rücken, sondern auf das Gesäss empfingen.

Mit der Leibeigenschaft hörte keineswegs in Russland die herrenrechtliche Züchtigungsbefugniss auf, und diese wurde besonders in Distrikten, wo Mangel an weiblichen Dienstboten herrschte und diese durch sibirische Sträflinge ersetzt wurden, ausgeübt.

Hierzu trat noch ein anderer Brauch, der, nach Aufhebung der Leibeigenschaft in Russland eingeführt, diese zu ersetzen geeignet war. Er bestand in dem gesetzlich sanktionirten Rechte von geschäftlichen Unternehmern, dass ihre weiblichen Angestellten, durch Abschluss gewisser Kontrakte, deren Tragweite sie nicht zu erkennen vermochten, bis zum 21. Lebensjahre an die betreffende Herrschaft gebunden waren. Es ist vorgekommen, dass erwachsene Mädchen nackend und vor dem gesammten Personale mit Peitschenhieben regaliert worden sind, und die Gerichte standen diesem Brauche machtlos gegenüber, weil der Kontrakt, der der Dienstherrin oder dem Dienstherrn die Züchtigung gestattete, eingebürgert und gesetzlich sei.

Wie in Russland auch heute noch die körperliche Züchtigung in Gestalt von Stock-, Peitschen- etc. Schlägen als Gerichts- und Polizeistrafe üblich ist, so steht sie dort auch noch im Dienste des Herrenrechtes.

In Amerika bestanden die Körperstrafen, die über die Sklaven verhängt wurden, lediglich in Peitschen- und Stockschlägen, vornehmlich aber in ersteren.

Die Anlässe hierzu waren verschiedener Art. Zumeist wohl wirkliche oder auch nur angebliche Trägheit oder Unzuverlässigkeit. Sehr hart bestraft wurde auch zu spätes Aufstehen und unbefugtes Plaudern mit anderen Sklaven, ferner Ungehorsam.

Aber auch andere Ursachen spielten bei derartigen Bestrafungen eine Rolle, insbesondere den weiblichen Sklaven gegenüber; so in den Fällen, dass eine Sklavin ihrem neuen Herrn nicht gefiel, oder aber seinen Wünschen sich widersetzte, ferner wenn eine Sklavin eine Liebschaft hatte, die ihr Herr oder ihre Herrin aus irgend welchen Gründen nicht billigte.

Die Züchtigung wurde dergestalt gehandhabt, dass der Sklave resp. die Sklavin nackt auf die Erde sich legen musste und sodann auf den entblössten Körper die Streiche empfing.

Andere Arten zu strafen waren folgende:

Es wurden vier Pfähle in die Erde getrieben, und zwar in solcher Entfernung, dass die Hände und die Knöchel des Sklaven daran gefesselt werden konnten. Mit dem Gesicht lag der gänzlich entblösste Sklave gegen die Erde zugekehrt.

Oder aber die Sklaven mussten, das Gesicht zur Erde geneigt, auf Händen und Knieen niederkauern, und nun empfingen sie die Streiche auf die emporstehenden entblössten Fusssohlen.

Andere wurden durch den „Sklavenbändiger", eine kurze Kette, deren doppelten Verschlussringe Hände und Füsse zusammenfesselten, in eine solche Stellung gebracht, dass sie eine gekrümmte Haltung einnehmen mussten. Durch ein eisernes, um die Kniee gelegtes Band wurden sie am Zusammenknicken verhindert.

Eine ähnliche Vorrichtung, die in Fussbügeln und in Ringen Hände und Füsse der zu Züchtigenden fest umklammerte, nöthigte den Körper, einen Winkel zu bilden, sodass die Gesässmuskulatur hervortrat und die Haut darüber straff gespannt war.

Ebenfalls eine maschinelle Vorrichtung war folgende: An der Diele waren Fussbügel an kurzen Kettchen angebracht. In diese Bügel musste der Sklave seine Füsse stellen. Von der Decke hingen zwei Riemen eines Seiles herab, an welche seine Hände festgebunden wurden. Sodann ward das über Rollen laufende Seil vermittelst einer drehbaren Kurbel angezogen, sodass die Muskeln des nackten Körpers, dessen Fussspitzen den Boden nicht mehr berührten, auf das Schärfste hervortraten, wodurch die Schmerzen, die der Gezüchtigte auszustehen hatte, unerträgliche wurden.

Diese Vorrichtung diente eines Theils dazu, um eine schmerzhaftere Wirkung der Peitschenhiebe zu erzielen, anderen Theils dazu, um ein Zusammensinken der Gepeinigten zu vermeiden.

Dem gleichen Zwecke diente auch folgender Brauch: Dem Sklaven wurden beide Daumen mit einem dünnen Strick zusammengebunden und letzterer an einem Nagel, der in reichlicher Manneshöhe in einen Baum eingeschlagen war, derart angezogen, dass nur die Zehen der zu Züchtigenden den Erdboden berührten.

Statt des Baumes wurde auch ein Pfahl benutzt, an welchen der Sklave dergestalt befestigt wurde, dass er den Kopf nicht bewegen konnte.

Als Strafverschärfung diente der barbarische Brauch, nach geschehener Züchtigung den halbzerfleischten, über und über blutenden Rücken des Gepeinigten mit einem heissen Absud spanischen Pfeffers zu waschen, was einen entsetzlichen Schmerz verursachte.

In den meisten Fällen wurden die Hiebe seitens des Sklavenaufsehers verabreicht, oft auch ohne Anordnung und Wissen der Herrschaft.

Als Züchtigungsinstrumente dienten folgende:

Die Peitsche.

Dieselbe bestand aus einem geflochtenen Riemen. Zuweilen ward auch eine Reitpeitsche benutzt oder eine Hykorigerte, die man einfach aus dem nächstgelegenen Walde abschnitt; sie wurde vor dem Gebrauche mit Fett eingeschmiert.

Die Schnur der Peitsche, an einem etwa 60 cm langen Stocke befestigt, hatte eine Länge von etwa 3 Metern. Aus mehreren schmalen Streifen von trockener, ungegerbter Bockhaut fest zusammengeflochten, ist sie am Stocke fingerstark, am Ende dagegen ganz dünn und läuft in eine eingeflochtene kurze Seidenschnur aus. Die

Hykorigerte

hat eine Länge von etwa 2 Metern. Ihre Wirkung soll eine solche gewesen sein, als ob dem Opfer siedendes Wasser über den Rücken gegossen werde. Ferner der

Ochsenziemer.

Uebrigens waren in den amerikanischen Südstaaten Hykorigerte und Ochsenziemer allmählich durch die Peitsche verdrängt worden, deren Wirkung eine geradezu furchtbare war, denn geschickt angewendet, zerschnitt diese Peitsche das Fleisch so scharf wie ein Messer.

Es verdient erwähnt zu werden, dass die Sklavenaufseher sich im Peitschen übten, um eine gewisse Fertigkeit darin zu erlangen. Sie schlugen auf eine freihängende Figur, bis sie es dahin gebracht hatten, dass sie eine Fliege zu treffen vermochten!

Die weitverbreitete Handhabung jener Peitsche war gewiss dem Umstande zu verdanken, dass der Schmerz ein viel grösserer, nachhaltigerer war, während andererseits die Wunden leichter zu heilen waren und keine wesentlichen Spuren zurückliessen.

Ausser der Züchtigung mit den genannten Geisselinstrumenten wurden in Südamerika die Sklaven auch derart bestraft, dass man mit einem flachen, nach vorn etwas breiter auslaufenden Holze sie auf die Handflächen schlug. Diese Strafe geschah wegen geringfügiger Vergehen, während

schwerere Sünden an den Sklaven durch Peitschenhiebe
gesühnt wurden, deren zulässige Zahl ein späteres Gesetz auf
fünfzig beschränkte. Sie wurden in der Regel abends von
dem Oberaufseher verabreicht.

Auch in den niederländischen Kolonien wurden die
Sklaven unbarmherzig gepeitscht. Dort herrschten Verhältnisse, die denen in Russland insofern ähnelten, als die niederländische Polizei das Amt der Sklavenpeitscher übernahm
und die Züchtigung an denselben vollzog.

Die Schläge wurden mit einer Peitsche oder mit Gerten
— äusserst zähe Zweige der Tamarinde — verabreicht.

Ein anschauliches Bild davon, wie noch in den fünfziger
Jahren die herrenrechtlichen Befugnisse unter dem Schutze
und mit Unterstützung niederländischer Behörden ausgeübt
wurden, giebt folgender „Eine Schande des 19. Jahrhunderts"
überschriebene Artikel der „Gartenlaube".

„Auf dem Hofe sieht man zwei roth angestrichene Pfähle
über der Einfriedigung emporragen. Zwischen beiden steht
ein mit einem eisernen Fussbügel versehenes Fussstück, zur
Aufnahme eines dritten Pfahles bestimmt. Das ist das unheilvolle Marterwerkzeug für jene Unglücklichen. Dorthin
stellt die königlich holländische Polizei Surinams ihre Diener
zur Verfügung, um die täglich durch die Bürger ausgesprochenen
Urtheile ohne jegliche weitere Untersuchung und äusserst
billig, gegen einen Preis von nur einem halben Gulden (ungefähr acht Neugroschen), vollziehen zu lassen.

„Fast jeden Morgen und Abend kann man Sklaven und
Sklavinnen, fest geknebelt und durch Polizeiagenten geführt,
hier ankommen sehen. Um den schrecklichen Anblick noch
abscheulicher zu machen, benützt man oftmals zur Trans-
portirung der Sklaven, der Billigkeit wegen, keinen Polizeiagenten, sondern einen andern Farbigen, dessen Loos es
vielleicht morgen ist, zu demselben Zwecke hierhergeführt
zu werden. Der unseelige Platz ist erreicht. Man klopft an
das Fenster eines an der Strasse liegenden Zimmers, wo
der wachthabende Polizist sich aufhält und die Taue zum
Knebeln und die Peitschen aufbewahrt werden. Dann wird
die Pforte des Platzes geöffnet und der Zug tritt ein.

„Der Sklave oder die Sklavin wird sofort gezwungen, die Kleider abzulegen und behält nur einen einfachen Schurz, um die Lenden zu bedecken. Durch ein an die Hände befestigtes Tau, das an der Spitze der beiden rothen Pfähle durch zwei Einschnitte läuft, wird der Delinquent aufgezogen und bald hört man das Klatschen der Peitsche und das Angstgeschrei, das Klagen und Heulen des Dulders oder der Dulderin. Hat man den Muth, einen Blick auf die Schenkel des oder der Gemarterten zu werfen, so sieht man das Blut auf den Boden rieseln. — Von ärztlicher Untersuchung ist nicht die Rede. Die Beurtheilung der Körperbeschaffenheit oder der Krankheitssymptome ist rohen und unwissenden Polizeibeamten überlassen.

„Die Bestrafung geschieht auf einfache Forderung des Besitzers. Der Herr schickt eigenmächtig seine Leibeigenen so oft zur Marterstätte, als es ihm gutdünkt, es giebt folglich in Paramaribo, der Hauptstadt Surinams, so viele Richter als es Sklavenbesitzer giebt.

„Keine Macht der Erde kann die armen Sklaven von der Vollziehung des gesprochenen Urtheils befreien. Sein Herr kann ihn ebensowohl für das Rechts- oder Linksdrehen des Hauptes mit 25 Streichen züchtigen lassen, als für Diebstahl oder sonstige Vergehen. Der Polizeibeamte hat sich keineswegs um das geübte Verbrechen zu kümmern, sondern nur um die Körperkräfte des Sklaven hinsichtlich der ihm zudekretirten Strafe und um die Befugtheit der Person, welche sie fordert. So werden die Gouvernementsbeamten zur Vollziehung körperlicher Züchtigung erniedrigt, auch wenn sie davon überzeugt sind, dass jene ungerecht, und die niederländische Polizei giebt ihre Diener zum Martern Unglücklicher her, die sich nicht vertheidigen können, die nie gehört werden und denen selbst das Anrufen des königlichen Rechtes der Gnade, das selbst der verächtlichste Mörder beanspruchen kann, verweigert ist. Von den vielen abscheulichen Missethaten hier nur eine.

„Lydia war eine junge, schöne Mulattin, sie gehörte einer freien Schwarzen, die wir Johanna nennen wollen. Sie verrichtete täglich bei ihrer Herrin die Hausarbeit, bereitete das Essen und hielt die Wohnung in Ordnung. Ist dies um zehn oder elf Uhr vormittags verrichtet, so wird sie ausge-sandt, um „Arbeit zu suchen", d. h. 32 Cents zu verdienen, die sie dieser Johanna jeden Abend abliefern muss.

„Ein „Freier", Franz genannt, heirathet Lydia. Er ist Bote und Reiniger in einem Landhause und hat einen ziem-lichen Verdienst. Die arme Sklavin ist gerettet. Jeden Morgen, wenn sie die Wohnung ihrer Herrin verlässt, geht sie zu der ihres Gatten, ordnet seinen Haushalt, verlebt mit ihm einige sorglose Stunden und empfängt dann von ihm jene 32 Cents. Franz hat ein kleines Häuschen auf dem Platze des Herrn A., liebt seine Lydia von ganzem Herzen und ist dort mit ihr ganz glücklich, während Lydia mit einer Liebe und Treue ihm anhängt, die als Beispiel dienen könnten. Aber immer hängt über der Gatten Häupter ein drohendes Schwert. Ihre Vereinigung dauert, so lange Lydias Herrin sie erlaubt. Diese ist ihr bis jetzt noch unbekannt: sie glaubt, die Sklavin suche und finde Arbeit und bringe darum so regelmässig ihre 32 Cents.

„„Aber wenn sie die Wahrheit erfährt', seufzte eines Tages Lydia, als sie gegen den Abend hin einige selige Augenblicke mit ihrem Franz verlebte.

„„Nun, wenn sie es erfährt!' antwortete ihr Gatte. ,Es kann ihr doch einerlei sein, von woher sie am Abend ihr Geld empfängt, wenn du es nur bringst.'

„„Und doch, Franz, sagt mir eine bange Ahnung, dass es besser sei, ihr die Wahrheit zu verschweigen.'

„„So thue es, Frau, und rechne immer auf mich.'

„Lydia hatte nicht umsonst gebebt. Als sie einige Monate in dieser seligen Verbindung gelebt hatte, erfuhr ihre Herrin, mit wem sie lebe. An sich war es ihr ganz gleichgültig, mit wem Lydia ein solches Verhältniss habe, und aus welcher Quelle sie die 32 Cents schöpfe. Aber sie erfuhr den Namen des Mannes und sagte eines Morgens zu ihrer Untergebenen:

„„Dieser Franz ist ein brutaler Mulatte. Ich höre, dass du seine Frau bist und verlange, dass du ihn verlässt und einen andern Gatten nimmst.'

„Die Herrin war ganz in ihrem Rechte. Sklaven heirathen

nicht. Die Verbindungen, welche sie schliessen, können durch ihre Herren jederzeit gelöst werden, ohne dass diese gezwungen wären, darüber Rechenschaft abzulegen. Jetzt war es nur eine Laune, nichts anderes — aber auch dann muss der Sklave gehorchen. — Lydia gehorchte nicht. Wenn auch ihre Schönheit ihr die Gelegenheit gab, auf andere Weise die 32 Cents zu verdienen — sie liebte ihren Gatten und war zu jeder Aufopferung für ihn bereit. Lydia gehorchte nicht, und somit machte ihre Herrin von dem Gebrauch, wozu sie gesetzlich befugt war. Sie sperrte eines Sonntags ihre Sklavin auf 24 Stunden ohne jegliche Nahrung ein. Aber am folgenden Tage ging Lydia wieder zu ihrem Franz.

„Ihre Herrin war geduldig und langmüthig. Sie ermahnte, warnte, drohete — aber Lydia schwieg zu allem und ging täglich zu dem „brutalen Mulatten".

„Darf man sich darüber wundern, dass Johanna endlich die Geduld verlor? Wer sollte sie bei solchen „starrköpfigen" Sklaven nicht verlieren? Es ist sonnenklar, dass Lydia, trotz des Verbotes, noch immer mit jenem Manne lebt, den sie liebt und dem sie dankbar ist, während ihre Herrin verlangt, dass sie mit einem andern lebe, einerlei mit wem, nur gerade nicht mit ihm. Das Mass ist voll. Johanna macht Gebrauch von ihrer gesetzlichen Befugniss.

„Ein schrecklicher Zug naht dem Richthofe. Zwei Frauen sind es, die eine gefesselt und durch einen Polizisten geführt, die andere frei und ohne weitere Begleitung. Die eine, strahlend in Schönheit, aber zitternd vor Angst und das Auge vor Scham gesenkt, ist die unschuldige Lydia, die andere, aus deren Zügen wilde Wuth spricht, ihre Herrin Johanna, welche ganz „in ihrem Rechte" ist. Man hat den Platz der Schmerzen erreicht. Lydia wird entkleidet; wohl versucht sie ihren wogenden Busen mit den Händen zu bedecken, aber diese werden durch rohe Henkersknechte weggerissen, fest zusammengebunden und bei den Händen wird sie am Marterpfahle emporgezogen. Ueber ihre Wangen fluthen die Thränen, flehend ruht ihr Blick auf ihrer Herrin — aber die Execution geht vor sich. Und warum nicht? S'ist eben nichts mehr, als eine Frau, die von der ihr durch das niederländische Gesetz gegebenen Befugniss Gebrauch macht und niederländische Beamte, die dem Gesetz genügen.

„Da klatscht der erste Peitschenhieb, der zweite — sofort gellt ein furchtbarer Schrei zum Himmel, das Blut strömt von zwei Frauenschenkeln herab — still, es ist schon vorüber. Das Gesetz verbietet, mehr als fünfzehn Hiebe zu geben, und man sieht, mit dem fünfzehnten hört man auf.

„Es ist kein Märchen, das wir erzählen, es ist eine Thatsache, die in den fünfziger Jahren in einer niederländischen Colonie und unter dem Schutze einer europäischen, der holländischen Regierung passiert ist.

„Man darf Sklaven nicht mehr als fünfundzwanzig, Sklavinnen und Knaben zwischen vierzehn und sechszehn Jahren nicht mehr als fünfzehn, Mädchen desselben Alters nicht mehr als zehn Hiebe ertheilen lassen. Und doch giebt es Sklaven, die weit schwerer „gestraft" zu werden verdienen, dennoch giebt es Sklavenbesitzer, die mit einer solchen „Kleinigkeit" nicht zufrieden sind und für ihre Leibeigenen eine Züchtigung fordern, die weit schwerer trifft. Diesem billigen Wunsche kommt der holländische Gesetzgeber entgegen.

„Der Eigenthümer, welcher glaubt, dass ein Sklave wegen Ungehorsam, Widerspenstigkeit oder anderer Fehler eine ernstere Strafe verdient, als er selbst befugt ist, ihm auf dem Richthofe aufzuerlegen, zeigt dies dem Generalprokurator an, der nach gehöriger Untersuchung der Sache den Sklaven auf dem erwähnten Platze schwerer darf züchtigen lassen.

„Worin besteht nun die „gehörige Untersuchung der Sache", welche das Gesetz vorschreibt? Nun, lediglich einige Zeilen eines Sklavenbesitzers reichen aus, dem Sklaven eine furchtbare Strafe zu verschaffen. Hier eins als Beispiel:

„ ‚Unterzeichneter ersucht den Herrn Generalprokurator freundlichst, dem Sklaven N., Eigenthum von B., 50 Peitschenhiebe zuzählen zu lassen.

Paramaribo, den . . . . (Unterschrift).‘
‚Darunter stand:
‚Fiat Bestrafung.
Der Generalprokurator der Colonie Surinam.
(Unterschrift).‘

„Man wird jedoch auch solche Schriftstücke lesen können, welche die Missethat nennen. Wir sahen eins, welches 75 Peitschenhiebe für „Aufwiegelung der Sklaven", eins, das 50 für „Brutalität" verlangte. Häufig waren es zarte Frauenhände, die ohne Beben solche Billets geschrieben hatten.

„Der „schwereren Strafen" giebt es zweierlei, nämlich: Peitschenhiebe, aber in doppeltem oder dreifachem Maasse, und Geisselhiebe mit Tamarindenruten.

„Der Sklave oder die Sklavin wird an einen Pfahl gebracht, die Füsse werden in eiserne Ringe geschlossen, der Mittelleib mit einem breiten Riemen festgeschnürt, und die Hände werden aufgezogen. Nun werden die Schläge mit den Tamarindenruten verabreicht. Jeder Schlag bringt eine tiefe Wunde, das Blut spritzt umher, und nicht selten wird das Fleisch lappenweise aus dem Körper des Unglücklichen gerissen. Man kann sich kaum eine Vorstellung davon machen, in welchem Zustande der Sklave in die Wohnung seines Herrn zurückkehrt. Wochenlang verursacht ihm das zerschlagene Gesäss die unerträglichsten Schmerzen. Der barmherzige Herr versucht dann, ihm die Wunden mit Essig, Salzwasser und andern beissenden Mitteln zu heilen. Man behauptet, dass dies durchaus nöthig sei, um den Tod oder den kalten Brand fern zu halten. Ja, es ist kaum glaublich, es giebt in Surinam Damen, die sich nicht scheuen, die zerrissenen Schenkel ihrer Sklaven zu untersuchen, um zu erforschen, ob die Tiefe der Wunde auch zum bezahlten Gulden im Verhältniss stehe, Damen, die die blutigen Glieder mit spanischem Pfeffer einreiben.

„Die Peitschen sind hier gewöhnlich von Hanf geflochtene, einige sind von Rindshautstreifen, andere aus der Haut des Flusspferdes verfertigt. Aber diese Peitschen hier sind von Bromus ananas geflochten, und sind sehr stark und hart.

„Wir frugen unsern Führer, woher die sonderbare Farbe dieser Peitschen rühre.

„,Blut, meine Herren, Blut!' lautete die Antwort. ,Der erste Schlag mit dieser Peitsche giebt eine Wunde, als wenn sie mit einem Messer geschnitten wäre. Sehen Sie hier!' und er zeigte uns eine andere Peitsche, die schwarz war vom getrockneten und geronnenen Blut. ‚Es werden fast, ebensoviel Weiber als Männer zur Bestrafung gebracht, erzählte der Führer, ‚Mädchen von vierzehn Jahren sowohl, wie Erwachsene. Oft sind ihre Schenkel so weiss, dass man sie von denen eines Europäers kaum unterscheiden kann.‘ ‚Also werden die Frauen auch immer nackt bestraft?‘ ‚Gewiss, sonst würden die Schläge nicht ihre gehörige Wirkung thun. Oft haben wir schöne Mädchen, so weiss wie Sie, an den Pfählen hängen.‘ — —"

In Deutschland erhielten die Leibeigenen Stock- und Peitschenhiebe. Ebenso unterlag das Gesinde der körperlichen Züchtigung, und selbst die heute geltenden Gesindeordnungen lassen als Ausläufer herrenrechtlicher Institutionen, die allerdings mit dem modernen Zeitgeiste in Widerspruch stehen, gegenüber minderjährigen Personen des dienenden Standes ein gelindes Züchtigungsrecht zu, das jedoch keine Misshandlung oder Körperverletzung sein darf.

Hierbei ist allerdings der ehrenrührige Charakter zu bedenken, der nach germanischen traditionellen Begriffen der körperlichen Züchtigung innewohnt. Ursprünglich waren die Germanen ein freies Volk, das den Begriff des Sklaventhums, der Hörigkeit nicht kannte. Erst von Rom her hat die Institution der Hörigkeit auch in Deutschland seinen Einzug gehalten.

„Nur bei den Unfreien wandten unsere Vorfahren die körperliche Züchtigung an.*) Das Stäuben, Besemen, Bleuen oder welche Bezeichnung sonst die Körperstrafe führte, war ihnen eine knechtige Strafe. Ein freier Mann mit ihr belegt, verlor seine Freiheit und Ehre. Schon ein Backenstreich, den er ungerächt hinnahm, machte ihn leibeigen, ein Ausreissen seiner Locke schändete ihn, machte ihn corpore infamis. Nur den Unfreien konnte leibliche Strafe treffen, denn da er kein Vermögen hatte, zahlte er mit Haut und Haaren, den Freien aber traf statt Strafe Busse, denn diese galt dem Vermögen — Vermögen war Macht und Busse also Machtbeschränkung."

---

*) Kühn, die körperliche Züchtigung in „Pädag. Studien für Eltern, Lehrer und Erzieher", Seite 81.

Auch in Oesterreich nahmen die herrenrechtlichen Körperstrafen, die in früheren Zeiten wohl in Torturen bestanden haben, den Charakter der mehr und mehr allgemein in Anwendung kommenden körperlichen Züchtigung an, die dort meist mittels Stockschlägen verabreicht, und — in Ungarn — seitens der Panduren vollstreckt wurde.

V. Pädagogische Strafen.

Wenn das Alterthum Schulen im heutigen Sinne auch nicht kannte, so existirten doch auch schon damals Anstalten, in denen der Jugend verschiedene Kenntnisse und Fertigkeiten beigebracht wurden, und wobei auch Körperstrafen erfolgten.

Diese bestanden lediglich in Verabreichung von Schlägen. Ein in Herkulanum ausgegrabenes Wandgemälde

Römische Schule.

veranschaulicht eine solche Prügelscene. Der Missethäter wird von einem Mitschüler auf den Rücken geladen und an den Händen, die über die Schultern des letzteren reichen, festgehalten, während ein anderer Schüler die Füsse so hält, dass der gänzlich entblösste, nur mit einem Lendentuch bekleidete Körper des zu Züchtigenden eine gestreckte Haltung einnimmt. Nun ertheilt ihm der Lehrer mit einer Gertenrute die Schläge.

Andere Körperstrafen als körperliche Züchtigung kannte die Schuldisciplin des Alterthums nicht.

Die Geisselungen in Sparta, die die jungen Spartaner über sich ergehen lassen mussten, ohne ein Zeichen des Schmerzes von sich zu geben, können insoweit als pädagogische Körperstrafen bezeichnet werden, als sie den Zweck körperlicher Abhärtung und Stärkung des moralischen Muthes verfolgten, also im Dienste der Erziehung, Pädagogik standen.

Nach Einführung des Christenthums und Erstarkung der kirchlichen Macht bemächtigte sich die Geistlichkeit der Kindererziehung, und so dürfen die Klöster als die Uranfänge deutschen Schulwesens betrachtet werden.

Bemerkt sei gleich hier, dass schon seit altersher Begüterte aus vornehmen Familien für ihre Kinder Hauslehrer hielten, denen nur in den seltensten Fällen das Züchtigungsrecht zugestanden wurde. Bekannt ist auch der Brauch, für fürstliche Kinder sogenannte Prügeljungen zu halten, die für alle Unarten der Prinzen zu büssen hatten, indem sie statt jener die Schläge bekamen.

Bei der grausamen Strenge, die im Mittelalter in den Klöstern herrschte, ist es nicht zu verwundern, dass auch die Schulzucht in den Klosterschulen eine harte war.

„Die Klosterschulen", schreibt Kühn a. a. O., „waren die Zuchtstätten der körperlichen Züchtigung, und mit Grauen denkt man jetzt an den teuflischen Erfindungssinn, der mit einer gewissen Raffinirtheit sich dem Studium neuer Strafen hingab. Die Rute war in damaliger Zeit so eng mit jeglichem Erziehungsgedanken verbunden, dass man sich sogar den Jesusknaben nicht ohne diese grosse Lehrmeisterin denken konnte, und Legenden wissen zu erzählen, dass er sie in seiner Jugend ebenfalls gekostet habe. Konrad von Jungbrunn bei Krems in Niederösterreich erzählt gegen Ende des zwölften Jahrhunderts in einem Gedichte: Als der Jesusknabe in die ABC-Schule geschickt und ihm dort der Buchstabe Alpha gelehrt wurde, habe er auch gleich dessen Bedeutung wissen wollen; für diese zu weit gehende Wissbegierde bekommt das Kind auf der Stelle Rutenschläge: „er ihm mit besmen Bluot'".

Doch nicht allein die körperliche Züchtigung, sondern auch entehrende Körperstrafen mannigfacher Art waren in den Schulen früherer Jahrhunderte gebräuchlich.

„So musste*) der leugnende Schulknabe den Besen in der Hand emporhalten, er musste unförmige Mütze n aufsetzen, knieend Abbitte thun oder im hintersten Winkel stehen, auf Erbsen, eckigen Kanten knieen, an dem Schulpranger stehen und den Kopf durch das Schandmäntelchen stecken, oder die Eselsbank auf den Rücken nehmen. Er musste Strick und Rosskette um den Hals tragen oder rückwärts auf dem hölzernen Esel sitzen u. a. m.

Keines dieser Folterwerkzeuge fehlt, wenn wir die Einrichtung einer Schulstube auf alten Holzschnitten**) betrachten, alles ist da in Fülle vorhanden, Rossketten, Rossschwänze, Eselskappen und -Reiter. Sogar die alte kriminalistische Sitte, dem Verurtheilten zuweilen eine dreifache Wahl der Strafe frei zu geben, wiederholte sich ebenfalls im Schulwesen. Erzählt uns ja Luther selbst, dass er während des Vormittagsunterrichts fünfzehn Mal ausgeprügelt worden war, und Melanchthon hatte von seinem Lehrer Hungarius für jeden Lateinschnitzer einen Streich bekommen und fügt dazu: Und also machte er einen Grammatikus aus mir."

Brant sagt im Narrenschiffe:

Die ruet der Zucht vertirbt on smertz
die Narrheit ufs des Kindes Hertz,
on Straffung selten jemand lert.

Ebenso empfiehlt Hans Sachs:

„Ihr sollt halten ewere Kinder unter der Ruthen, die mit schmertzen des Kindes thorheit dreibt aufs dem Hertzen."

Erasmus von Rotterdam erzählte, dass man im Kollegium Montagü die Studenten mit der Peitsche bis aufs Blut ge-

---

*) Kühn, a. a. O., Seite 86.
**) Siehe Illustration auf Seite 452.

Das Innere einer Dorfschule. Nach einem Stich von L. Richter.

schlagen habe, und zwar mit solcher „Hundestrenge", dass er am Liebsten darüber schweigt.

In einem ähnlichen Zustande befanden sich damals alle höheren Schulen. Königin Elisabeth von England fragte bei einem Besuche der Lateinschüler einen Knaben, der ihr wegen seiner hübschen Art ins Auge fiel, ob er auch schon Schläge bekommen habe. Seine augenblickliche Antwort war der virgilische Vers: infandum, regina, jubes renovare dolorem.

Der Epigrammatiker Owen nimmt in seinen Sinnsprüchen eine förmliche Blutrache an dem Birkenbaum, wenn er sagt:

„Verdammter Baum, der Du so oft mein Blut getrunken, jetzt trink ich Deines!"
und saugt dabei den Saft aus dem jungen Stamme.

Der Winterthurer Schullehrer Hans Kugler erhielt als Grabschrift:

„Hier ruht nach langer Arbeit sanft genug,
Der Orgel, Weib und Kinder schlug."

Die Schulzucht drang in alle Kinderfreuden ein, und sie redet noch heute theilweise von ihnen. Selbst das Kinderspiel der damaligen Zeit bemächtigte sich des ernsten Schulmeisters:

„Magister nahm die birkenroot
und schlog dat drückche baal half tud.
De Kinderche krempden de böchelger zo
und lefen glich alle zur schullen erûs."

Ein anderes verbreitetes Volkslied fragt zum Schlusse: Wie machens denn die Schullehrer?

„Sie prügeln die Kinder, dass es kracht,
Ihr Weib es mit ihnen nicht besser macht:
So machen sie's!"

Eine Schulverordnung von 1548 verfügt:

„Der Lehrer soll seine Kinder nicht auf den Kopf schlagen, sie weder mit Tatzen, Schlappen, Maultäschen und Haarrupfen, noch mit Ohrumdrehen, Nasenschnellen und Feinbatzen strafen, keine Stöcke und Kolben zur Züchtigung brauchen, sondern ihnen allein das Hintertheil streichen.

Kein Schüler darf in der Schule deutsch reden, sonst soll er von Stund an mit dem Hintern zahlen."

Ein Schulmann hat über alle Strafen Buch geführt, die er während seiner 51jährigen Amtsführung an die ihm anvertraute Jugend ausgetheilt hat. Ausser 2400 Rutenhieben im „laufenden" ertheilt, erscheinen da noch 3600 Rutenhiebe, die blos für nicht erlernte Liederverse besonders gegeben worden sind. Dazu kommen noch 1700 Einzelfälle, wo die Strafrute nur gehalten werden musste.

Die streng reformirten Berner liessen laut Schulordnung von 1616 die Rutenstrafe nicht nur an den unteren Schulen, sondern auch an den Studenten der Philosophie vollziehen, und nur die Theologen sollten ihr nicht mehr unterworfen sein.*)

Die gebräuchlichen Strafen in deutschen Landen waren: auf einem Erbsensack oder auf einem gerieften Brette knieen, auf scharfen Kanten sitzen, auf einem Esel sitzen, wobei dem Sünder eine Kappe mit langen Eselsohren aufgesetzt wurde.

Ausserdem natürlich das „Streichen mit Ruten", das sich bis auf den heutigen Tag erhalten hat.

Ausser der Rute wurden der Ochsenziemer, die Gerte, das spanische Rohr in den Dienst der körperlichen Züchtigung gestellt.

Heute kommt als Züchtigungsmittel in Anwendung hier und da die Gerte (Reitpeitsche) — zumeist bei Religionsunterricht seitens geistlicher Lehrer gehandhabt — der Riemen, mit welchem auf Rücken und Gesäss geschlagen wird, das Lineal und der Stock aus spanischem Rohr.

Mit dem Lineal und dem Rohrstock werden Schläge auf die innere Handfläche, mit dem Rohrstock auch solche auf das Gesäss ertheilt.

Zuweilen kommt es auch vor, dass die Kinder Schläge mit dem Lineal auf die zusammengehaltenen Fingerspitzen oder auf die Fingerknöchel erhalten.

Am gebräuchlichsten sind die Schläge auf die Hand-

---

*) M. Schuler, Sitten und Thaten der Eidgenossen.

fläche, und zwar wohl deshalb, weil am wenigsten hierbei eine Störung oder Schädigung der Gesundheit zu befürchten ist, und ferner, weil bei dieser Art Körperstrafe das ästhetische Gefühl nicht verletzt wird.

Insbesondere die Mädchen erhalten Schläge auf die Hände, wohl auch Schmitze, Tatzen, Klapse genannt.

Langenhäuser Schuldisciplin.

Die Schulzucht ist durch ministerielle Verordnungen geregelt, welche meist die körperliche Züchtigung nur in Ausnahmefällen, nach vergeblich geschehener Anwendung anderer Strafen, wie Nachsitzen etc., gestattet. Die Bestrafung soll nur mit einem dünnen biegsamen Röhrchen geschehen, und Gesundheit, Sittlichkeit und die Forderungen der Billigkeit nicht verletzen.

Das gilt von Volks- (Bezirks-, Gemeinde-, Armen- und Waisenschulen) und Bürgerschulen. In den höheren Unterrichtsanstalten ist heute die Prügelstrafe ausgeschlossen — mit Ausnahme Preussens, wo in den unteren Gymnasialklassen der Stock noch seine Herrschaft behauptet, seine Anwendung auch anordnungsgemäss gestattet ist, — wenn auch mit thunlichster Beschränkung.

Zuweilen geschehen die Züchtigungen von Schulkindern durch den Schulhausmann oder den Gemeindediener. Diese Strafe trifft besonders schwere Vergehen, sie geschieht mittels Stock- und Rutenschlägen auf das Gesäss des Missethäters, oft auch in Gegenwart des Schuldirektors und einer Magistratsperson, und die begleitenden Umstände charakterisiren sie zu einer Polizeistrafe. Auch in Privatschulen kommen körperliche Strafen vor. Die früheren Körperstrafen, wie auf Erbsen knieen etc., sind heute verbannt.

Zuweilen kommt es vor, dass Lehrer das ihnen zustehende Züchtigungsrecht überschreiten, und sich zu Misshandlungen hinreissen lassen.

So stand vor kurzem ein Lehrer vor Gericht. Die ihm zur Last gelegten Fälle der Körperverletzung und Ueberschreitung des Züchtigungsrechts sind so eigenartige, dass wir hier den Verhandlungsbericht aus den „Bautzner Nachrichten" wiedergeben.

Unter lebhaftem und bis zum Schlusse andauerndem Zudrange des Publikums fand am 17. dieses Monats, beziehentlich anderweit, die Schlussverhandlung statt gegen den seit Anfang des Jahres 1876 amtierenden Kirchschullehrer, Kantor J. S. Er befand sich im Laufe der Jahre bereits mehrfach in disciplinellen Erörterungen wegen Ueberschreitung des Züchtigungsrechts, stand auch vor einigen Jahren schon einmal dieserhalb vor dem Gerichtshofe, der indess damals nach Lage des Falles ein freisprechendes Urtheil fällte. Am 16. September vor. Jahres stand S. abermals unter der Anklage, am 27. und 30. Juni desselben Jahres den am 18. Juni

1891 geborenen August N., ein schwächliches, körperlich und geistig zurückgebliebenes, fast blödes Kind, das lange an der englischen Krankheit gelitten hatte, „weil es etwas nicht lesen konnte", bez. beim Nachsitzen nach der Schreibstunde mit einem Stocke auf den Oberkörper und über die Beine geschlagen zu haben, dergestalt, dass ein hiesiger Arzt, dem der Knabe am 1. Juli zur Untersuchung zugeführt worden war, die unzweideutigsten Spuren (Schwielen, Blutaustritte etc.) feststellte. Die Verhandlung endigte damals mit der Verurtheilung des S. zu fünf Wochen Gefängniss. Weitere Erörterungen, welche bald nach der Verhandlung im September angestellt wurden, führten übrigens zur Aufdeckung einer ganzen Reihe brutaler, das Maass einer schicklichen Züchtigung erheblich überschreitender Vorkommnisse, von denen mehrere besonders schwere Fälle wegen inzwischen eingetretener Verjährung der strafrechtlichen Ahndung nicht mehr zugeführt werden konnten, während betreffs einer Anzahl leichterer Fälle die vorläufige Einstellung des Verfahrens, als für die Strafzumessung unerheblich, beschlossen worden war. Trotzdem umfasste der neue Anklagebeschluss noch die Aufzählung von 6 Schulkindern, welche der Angeklagte wiederholt während des Unterrichtes unter Uebertretung seiner Berufspflicht als Lehrer und unter Ueberschreitung seines Züchtigungsrechts, in einer übermässigen, unangemessenen, unschicklichen und die Gesundheit der Kinder gefährdenden Weise, bez. mittels gefährlichen Werkzeugs gezüchtigt hatte. Aus der Verhandlung, die, mit einer $1^1/_2$-stündigen Mittagspause, von vormittags 9 Uhr bis nachts $^1/_2$12 Uhr währte, ist im Wesentlichen folgendes hervorzuheben: Bezüglich des Vorganges vom 27. Juni mit dem Knaben N. gelangte auf Grund anderweiten sachverständigen Gutachtens, welches das Vorhandensein einer ü b e r t r i e b e n e n Z ü c h t i g u n g in den Stockhieben an die entblössten Waden des kleinen N. verneinte, der Gerichtshof zu einem freisprechenden Urteile. (Die Eltern dieses Knaben hatten übrigens, um ihr Kind fernerer ähnlicher Behandlung zu entrücken, ihren seit Jahren innegehabten Wohnsitz verlegt.)

Dagegen entrollte die Beweisaufnahme betreffs der

weiteren Anklagepunkte ein geradezu erschreckliches und
betrübendes Bild der erzieherischen Thätigkeit S . . . .', das
die in den beteiligten Gemeinden herrschende Aufregung
erklärlich erscheinen liess. Einem 10jährigen Mädchen J . . . .
zog S. wiederholt bei den Sprechübungen mit den Fingern
den Mund auseinander, stiess sie mit der Faust unters Kinn
und zerrte sie an den Ohren. Gegen Ostern 1896 schlug
er die J., weil sie etwas nicht lesen konnte, mit der rechten
Hand zweimal derb aufs linke Ohr, wobei er, um die Wirkung
der Schläge zu erhöhen, mit der linken Hand die rechte
Wange des Mädchens hielt. Mit rotgeschwollener Wange
kam das Mädchen heim und getraute sich zunächst nicht zu
klagen. Bald darnach zeigte sich ein geringer Blutaustritt
und Eiterausfluss aus dem rechten Ohre und erst die zu-
nehmende Schwerhörigkeit des Mädchens gab der Mutter
Veranlassung, nach Jahr und Tag einen Arzt zuzuziehen, der
nunmehr natürlich nicht mehr in der Lage war, einen Zusammenhang zwischen jenen Schlägen und dem schweren
Gehörleiden festzustellen, wie dies ebensowenig der Sach-
verständige in der Verhandlung zu thun vermochte.

Als schwere Schulstrafe hatte S. das „Kantesitzen" eingeführt. Das betreffende Kind musste auf dem nur wenige
Centimeter breiten, nach aussen durch eine vorspringende
Leiste begrenzten Raume des Trittes vor dem Pulte nieder-
sitzen. Auf der Diele zog S. einen Kreidestrich, den das
Kind mit den Fussspitzen nicht überschreiten durfte. Geschah
dies dennoch, so stiess er die Fussspitzen zurück oder schlug
die Kinder mit dem Rohrstocke auf die Füsse oder Unterschenkel. Dabei mussten die Kinder aufrecht, meist mit auf
der Brust gefalteten Händen dasitzen, und wenn sie mit dem
Oberkörper sich vorbeugten, setzte es einen Stoss unters
Kinn, während S. in einigen Fällen das Geradesitzen auch
dadurch zu erreichen suchte, dass er einen Bindfaden unter
der Nase des Kindes wegzog, den er irgendwie am Pulte
befestigte. In dieser Lage mussten die Kinder zuweilen eine
Stunde und darüber verharren! Erträglicher wurde den
Kindern diese Zwangslage manchmal durch den Umstand,
dass das Pult infolge Anlehnens der Kinder ein wenig zurück-

wich und also den Sitzraum ewas verbreiterte. Diese Tortur musste u. A. auch der Schulknabe St. mehreremale über sich ergehen lassen. Einmal liess S. ihm, um ihn am Schreien zu verhindern, durch einen anderen Knaben den grossen Schwamm von der Wandtafel in den Mund stopfen. In seiner Atemnot warf sich der Junge auf die Dielen, worauf ihn der andere Knabe von dem Knebel befreite.

Ein anderer Schüler erhielt eines Tages nach Weihnachten 1897, weil er etwas nicht rechnen konnte, von S. mit einem Rohrstocke einige derbe Schläge über den Kopf, infolgedessen mehrere Beulen entstanden, von denen die eine in Eiterung überging und erst nach Wochen heilte. Der Knabe empfand viel Schmerzen. Auf Beschwerde des Vaters that der Pfarrer dem Lehrer Vorhalt. Darauf schüchterte S. die Kinder so ein, dass sie auf seine wiederholte Frage: „Nicht wahr, St. ist auf einen Stein gefallen!?" dies bejahten aus Furcht vor weiteren groben Züchtigungen. Derselbe Knabe musste überdies auch mehreremale „Kantesitzen", wobei indess der erwähnte Bindfaden nicht gezogen wurde. — Das letztere aber war wiederholt der Fall bei dem Schulknaben M., der freilich durch mehrfache Obstentwendungen u. s. w. dem Lehrer Ursache zur Unzufriedenheit gegeben hatte. Das eine Mal war ein roter Striemen unter der Nase des M. die Folge der fortgesetzten Berührung mit dem Bindfaden. Wiederholt zeigte dieser Knabe Schwielen und rote Flecke an den Füssen infolge von Stockschlägen. Ein andermal konnte derselbe Knabe wegen andauernder Stockschläge auf die innere Handfläche den Schreibstift nicht mehr halten. Ein Mitschüler zählte die Schläge; es waren gegen 20! Bei einer anderen Gelegenheit bekam der Junge Stockschläge auf den Kopf; die schmerzenden Anschwellungen verhinderten das Aufsetzen der Mütze.

Ein 9jähriges Mädchen A. wurde im Sommer 1896, weil sie ein Wort nicht lesen konnte, von S. mit einem Rohrstocke dermassen an die blossen Waden geschlagen, dass fingerstarke Schwielen entstanden und die Kleine zwei Tage lang nicht gehen konnte, sondern auf dem Sofa liegen musste. — Der Knabe H. konnte im Sommer 1894 oder 1895 eines

Tages ein Exempel nicht im Kopfe rechnen. Auf Geheiss des Lehrers musste er die linke Hand mit dem Rücken nach oben auf die Bank legen und nun führte S. mit dem Rohrstocke einen so wuchtigen Schlag darauf, dass eine Knochenhautentzündung mit nachfolgender Knorpelbildung entstand, so dass noch jetzt beim festen Zufassen Beschwerden empfunden werden.

Vor etwa zwei Jahren, ebenfalls beim Rechnen, führte S. mit einem Rohrstocke einen so wuchtigen Schlag über den Kopf des H., dass eine taubeneigrosse Beule die Folge war und der Knabe natürlich heftige Schmerzen litt. — Auf alle diese Thatsachen erklärt S., ein hochgradig nervöser Mann, den die infolge dringenden Kollusionsverdachts verhängte mehrmonatige Untersuchungshaft noch mehr niedergebeugt hat, mit matter, schwer verständlicher Stimme immer nur: darauf könne er sich nicht besinnen, davon wisse er nichts etc. Durch die Beweisaufnahme wurde übrigens noch die Thatsache gestreift, dass S. bereits während seiner früheren Thätigkeit in Preussen ganz unglaubliche Züchtigungsmittel angewendet hatte. — Die Kgl. Staatsanwaltschaft hielt in ihrem längeren Plaidoyer die Anklage bis auf einen nebensächlichen Vorgang aufrecht, dabei mit Nachdruck hervorhebend, dass das Kgl. Ministerium bei Feststellung der zulässigen Strafmittel wohl nicht an die Möglichkeit gedacht habe, dass jemals ein sächsischer Lehrer derartige Zuchtmittel, wie der Angeklagte sie angewendet, ergreifen werde, und dass, wo etwa noch derartige Strafmittel angewendet würden, mit aller Entschiedenheit hiergegen werde eingeschritten werden. Redner schloss mit dem Antrage auf strenge Bestrafung des S. Den Anklagethatsachen gegenüber hatte der Vertheidiger natürlich einen schweren Stand. S. selbst erklärte am Schlusse: Er habe stets nur das Beste der Kinder im Auge gehabt und niemanden verletzen wollen, das könne er offen und ehrlich sagen! — Das nachts $\frac{1}{2}$12 Uhr verkündete Urtheil lautete wegen Körperverletzung unter Uebertretung einer Berufspflicht in acht Fällen, unter Einrechnung der früheren rechtskräftigen Strafe, auf sechs Monate Gefängniss, im übrigen auf Freisprechung. Die Untersuchungshaft kam voll in Anrechnung. S. unterwarf sich sofort dem Urtheile und wurde darauf auf Antrag der Vertheidigung einstweilen auf freien Fuss gesetzt.

In Oesterreich ist seit 1868 die körperliche Züchtigung in den Volksschulen aufgehoben.*) Sie wurde vordem namentlich mit dem Rohrstocke gehandhabt, und insbesondere spielte sie in den klösterlichen Stiftsschulen für Mädchen eine Rolle. Dort wurden die Mädchen, oft Jungfrauen im Alter von 18, 19 und 20 Jahren, mit Ruten auf den entblössten Rücken und auf das entblösste Gesäss gepeitscht.

Der gleiche Brauch herrschte in den englischen Pensions-anstalten,**) und für erwachsene Töchter ist die Rute auch heute noch in England ein, wie es scheint, unentbehrliches Erziehungsmittel.***)

---

*) Ebenso auch als Gerichts-, Polizei- und Disciplinarstrafe in den Strafanstalten.

**) Interessante Mittheilungen hierüber sind enthalten in Cooper, der Flagellantismus etc, in das Deutsche übertragen von H. Dohrn, Dresden 1899.

***) Hansen, Stock und Peitsche im 19. Jahrhundert, I. Band, Dresden 1899.

VI. Häuslich züchtigende, kuriose und sexuelle Körperstrafen.

Ueber die ersteren ist wenig zu sagen. Zu allen Zeiten dürften sie in der Verabfolgung von Schlägen bestanden haben.

Die Art der Züchtigung richtete und richtet sich naturgemäss nach der zur Zeit und in dem betreffenden Lande allgemein üblichen und üblich Gewesenen: hier Stock und Rute, in Russland die Knute, anderwärts der Ochsenziemer etc.

Unter häuslicher Züchtigung ist in erster Linie die Ausübung der elterlichen Zuchtgewalt den Kindern gegenüber zu verstehen.

In Deutschland ist sie gesetzlich festgelegt, es gab aber eine Zeit, und zwar das Mittelalter, wo die Kinder von Freien nicht geschlagen wurden,*) weil nur die „Unfreien", die Leibeigenen, Knechte, der körperlichen Züchtigung unterworfen waren.

Höchstens liess man die Kinder die Rute küssen, und am Tage der Mündigkeit, die nach verschiedenen Rechten, wie dem fränkischen, longobardischen, angelsächsischen u. a. m. beim Knaben nach Erfüllung des 12. Lebensjahres eintrat, erhielt der Knabe mittels des Aktes der „Schwertleite" den „letzten symbolischen Streich".

In heutiger Zeit, die den Begriff der Leibeigenschaft, der Hörigkeit nicht mehr kennt, wird wohl allenthalben die

---

*) Kühn, a. a. O.

väterliche Zuchtgewalt ausgeübt. Sie ist den Eltern durch Gesetz gestattet, zugleich aber insofern begrenzt, als die Züchtigung keine die Gesundheit und das Leben gefährdende sein darf, in welchem Falle sie als leichte resp. schwere Körperverletzung bestraft wird.

In den meisten Fällen erfolgt die Bestrafung mittels des spanischen Rohres, des Riemens, der Gerte, hier und da auch mit dem Kantschu, und auf dem Lande mag es oft vorkommen, dass auch der Ochsenziemer in den Dienst der häuslichen Zucht gestellt wird.

In China herrscht die Sitte, dass die Kinder mit viereckigen Bambusstöckchen auf die Handfläche oder auf die Fusssohlen geschlagen werden.

Im Gegensatze zur Schulzucht unterliegt die elterliche Zucht hinsichtlich der Strafmittel und des Strafmaasses nicht besonderen Bestimmungen; infolge dessen werden die Eltern leicht in die Lage kommen, aus Unkenntniss der Folgen der Züchtigung das Maass derselben zu überschreiten, und, indem sie sich der Körperverletzung schuldig machen, mit dem Strafgesetz in Konflikt zu gerathen. Immerhin zieht die Rechtsprechung in Deutschland sehr weite Grenzen; insbesondere auch fragt sie gar nicht darnach, in welchem Verhältnisse Vergehen und Strafe zu einander stehen.*)

Selbst in den Fällen, da Bestrafungen wegen Körperverletzung erfolgen, verbleibt das Kind bei den Eltern. Die Misshandlungen müssen fortgesetzte sein, einen sehr hohen Grad erreicht haben und das Leben des Kindes bedenklich gefährden, ehe von obrigkeitswegen das Kind den unnatürlichen Eltern entzogen werden kann.

Noch weiteren Spielraum gewährt die Rechtspraxis allenthalben (mit Ausnahme Amerikas) der häuslichen Zucht, sobald sie der Ehefrau gegenüber angewendet wird.

Es gab eine Zeit, da dem Ehemanne gegenüber dem Weibe das Züchtigungsrecht ausdrücklich eingeräumt war. Ist dies auch heute nicht mehr der Fall, so geniesst es doch

---

*) Ausführliches hierüber enthält Hansen, Stock und Peitsche im 19. Jahrhundert, Dresden 1899.

namentlich insofern stillschweigende Sanktion, als die körperliche Züchtigung — sobald sie etwa nicht in eine Leben und
Gesundheit beeinträchtigende Misshandlung ausartet — durchaus kein Scheidungsgrund ist.

Im Alterthum, in der Zeit, da die Ehefrau gekauft ward
und — abgesehen von ihren aus der ehelichen Gemeinschaft sich
ergebenden Verpflichtungen — nichts anderes war, als die
Haussklavin, war das Recht des Mannes, die Ehefrau zu
züchtigen, selbstverständlich. Aber dieses Recht hat sich
vererbt auf unsere Tage, es geniesst allenthalben stillschweigende Anerkennung und wird von den Männern eben
so selbstverständlich ausgeübt, wie von den Frauen erduldet.

Die Werkzeuge, mittels welcher die körperliche Züchtigung vollzogen wird, sind die verschiedensten. Im Allgemeinen sind es wohl der Stock, die Rute, die Gerte, hier
und da die Peitsche, in Russland auch die Knute; in China
werden die Ehefrauen, namentlich wenn sie gelogen haben,
mittels eines an einer Lederschwinge befestigten Lederfleckes
auf den Mund geschlagen.

Dass diese häuslichen Züchtigungen oft schon im Vorn-
herein den Character einer Misshandlung tragen, indem der
Ehemann zu dem ersten besten Gegenstande, sei es ein
Stuhl, eine Latte, ein Feuerhaken u. a. m., greift, der ihm
gerade in die Hand kommt, ist allgemein bekannt.

Auf dem Lande, wo an sich schon die Ehefrau die
Rolle einer Magd zu spielen meist genöthigt ist, sind häusliche
Züchtigungen ihr gegenüber gang und gäbe. So theilte mir
ein Lehrer mit, dass in einem Gehöft die Frau im Hofe von
ihrem Ehemanne auf das entblösste Gesäss mit einer Gerte
Schläge erhielt, während die Mägde umherstanden. Dieser
Vorgang wiederholte sich fast jede Woche. Die Frau schrie
und heulte wohl jämmerlich, aber nach erhaltener Züchtigung
ging sie ihrer Arbeit nach, als ob nichts geschehen wäre.

Freilich ist es nicht immer der Mann, der das Weib
züchtigt, sondern auch umgekehrt, in welchem Falle der
tiefsinnige Ausspruch gilt: „Sie hat die Hosen an!" Einen
solchen Kampf um die Hosen, d. h. um das Haus- und damit
auch Züchtigungsrecht, veranschaulicht das nachstehende Bild.

Der Kampf um die Hosen.
Faksimile des Kupferstichs von Israel von Meckenem.
Aus von Hellwald, Kulturgeschichte.

Eine solche Züchtigung kann nicht anders denn als kuriose Körperstrafe bezeichnet werden.

Das Gebiet der letzteren ist ein mannigfaltiges, und doch

Prügelmaschine à la Prügeloff aus den „Fliegenden Blättern" 1856.

wiederum ein zu unbedeutendes, als dass es eine ausführliche, in alle Details eindringende Besprechung an dieser Stelle rechtfertigen könnte.

Ueberdies sind solche Körperstrafen oft nicht an sich kurios, sondern sie werden es erst durch die begleitenden Umstände, wie z. B., wenn ein Liebespaar durch die Strasse gepeitscht wird, wobei die Musik einen „Kosak" spielt, oder wenn unter dem Absingen eines fröhlichen Liedes und nach dem Takte desselben Jemand geprügelt wird.

Kurios würde auch jene Art sein, mittels einer Maschine körperlich zu strafen, mit deren Abbildung s. Z. die „Fliegenden Blätter" mit deutlichem Hinweis auf russische Zustände die Prügelmanie persiflierten.

Als kuriose Körperstrafen endlich würden auch die gerichtlichen Strafen, wie sie früher in Uebung waren, zu gelten haben, wie z. B. die Geige, die Doppelgeige, die Strafmaske (neuerdings noch in verschiedenen Strafanstalten die Diebeskappe), der Schandmantel u. a. m.

Auch das „am Pranger stehen" ist hierunter zu zählen.

Noch eine Kuriosität, die einer körperlichen Züchtigung durch die begleitenden Umstände innewohnt, möge erwähnt werden. Die „Gartenlaube" erzählte vor mehreren Jahren in einem Artikel über die berühmte Löwenbändigerin Miss Senide von einem Löwenbändiger, der wegen seiner Strenge von den Bestien gefürchtet war; fast täglich schlug er sie mit der Gerte — aber desselbigen Abends erhielt er von seinem Weibe eine geordnete Tracht Prügel.

Was nun die

sexuellen Körperstrafen

betrifft, so befinde ich mich zu meinem Bedauern mit dem Verfasser der vorangegangenen Blätter insofern in Widerspruch, als meiner Ueberzeugung nach es sexuelle Körperstrafen nicht giebt!

Es kann und soll nicht geleugnet werden, dass auf dem Gebiete des Sexuallebens auch Handlungen geschehen, die hinsichtlich ihrer Erscheinung und ihrer physischen Wirkung den Körperstrafen gleichgestellt werden könnten, so die masochistischen und sadistischen Handlungen. Aber sie sind ihrem Ursprunge nach Aeusserungen des Sexual-Empfindens, nicht solche der Rache, des Vergeltungstriebes, der Erziehungsthätigkeit — mit einem Worte, sie sind keine (Körper-)

Strafen, und nur mit solchen hat das vorliegende Werk zu thun.

Soweit es sich aber um Körperstrafen, namentlich um körperliche Züchtigungen handelt, die mit der vita sexualis in Verbindung stehen, wie z. B. das Züchtigen der Dirnen seitens ihrer Zuhälter u. A. m., konnte derartigen ‚Strafen‘ deshalb ein besonderer Platz hier nicht eingeräumt werden, weil der ursprüngliche Verfasser die Körperstrafen nicht in erster Linie nach ihrem Wesen, sondern nach ihrer Anwendung kategorisirt hatte.

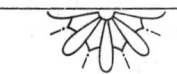

Inhalts-Verzeichniss.

Verzeichniss der Illustrationen.

Sach-Register.